创意城市蓝皮书

中国创意产业发展报告

Chinese Creative Industries Report

(2022)

主　编　张京成

中国经济出版社
CHINA ECONOMIC PUBLISHING HOUSE
·北 京·

图书在版编目（CIP）数据

中国创意产业发展报告 . 2022 / 张京成主编 . -- 北京：中国经济出版社，2022. 9
ISBN 978 - 7 - 5136 - 7101 - 9

Ⅰ. ①中… Ⅱ. ①张… Ⅲ. ①文化产业 - 研究报告 - 中国 - 2022 Ⅳ. ①G124

中国版本图书馆 CIP 数据核字（2022）第 178054 号

责任编辑 严 莉
责任印制 马小宾
封面设计 任燕飞设计室

出版发行 中国经济出版社
印 刷 者 北京建宏印刷有限公司
经 销 者 各地新华书店
开 本 710mm × 1000mm 1/16
印 张 27
字 数 439 千字
版 次 2022 年 9 月第 1 版
印 次 2022 年 9 月第 1 次
定 价 128.00 元
广告经营许可证 京西工商广字第 8179 号

中国经济出版社 **网址** www.economyph.com **社址** 北京市东城区安定门外大街 58 号 **邮编** 100011
本版图书如存在印装质量问题，请与本社销售中心联系调换（联系电话：010 - 57512564）

中国创意产业发展报告(2022)
编委会

"创意城市蓝皮书"总序

张京成

城市是生产力发展到一定阶段的产物，并随着生产力的发展而不断升级。时至今日，伴着工业文明的推进和文化水平的提升，以及服务业的大力发展，经济增长方式的转变和产业结构的调整正在推动一部分城市向着一个前所未有的高度迈进，这就是创意城市。

创意城市已经为众多有识之士所关注、所认同、所思考。在全球性竞争日趋激烈、资源环境束缚日渐紧迫的形势下，城市追求可持续发展，必然要大力发展附加值高、环境友好、成效显著的创意经济。发展创意经济实质上就是要大力发展创意产业，而城市是创意产业发展的根据地和目的地，创意产业也正是从城市发端、在城市中集聚发展的。创意产业的发展又激发了城市活力，集聚了创意人才，提升了城市的文化品位和整体形象。

综观伦敦、纽约、东京、巴黎、米兰等众所周知的创意城市，大都离不开创意经济。首先，这些城市都在历史上积累了一定的经济、文化和科技基础，足以支持创意经济的兴起和长久发展；其次，这些城市都已形成了发达的创意产业，而且能以创意产业支持和推进更为广泛的经济领域创新；最后，这些城市都具备了和谐包容的创意生态，既能涵养相当数量和水平的创意产业消费者，又能集聚和培养众多不同背景和个性的创意产业生产者，使创意经济行为得以顺利开展。

对照上述特征不难发现，我国的一些城市已经或者正在迈向创意城市，从北京、上海到青岛、西安等二线城市，再到义乌、丽江等中小城市，我们自 2006 年起每年编撰的《中国创意产业发展报告》一直忠实记录着它们的创意轨迹。今天，随着创意产业蔚然成风，其中的部分城市已经积累了相当丰富的实践经验以及大量可供研究的数据与文字资料，对其进行专门研究的时机已经成熟。

因此，我们决定在《中国创意产业发展报告》的基础上，逐步对中国各主要创意城市的发展状况展开更加深化、细化和个性化的研究和发布，由此产生了"创意城市蓝皮书"，这也是中国创意产业研究中心"创意书系"的重要组成部分。希望这部蓝皮书能够成为中国每一座创意城市的忠实记录者、宣传推介者和研究探索者。

是为序。

2011 年 11 月

Preface to the Blue Book of Creative Cities

Zhang Jingcheng

City came into being while social productivity has developed into a certain stage and upgrades with the progress of the productivity. Along with the marching of industrial civilization, cultural development, the growth of the service industry, the transformation of economic growth and the adjustment of industrial structure, cities worldwide have by now entered an unprecedented stage as of the era of creative cities.

Creative cities have caught the attention from various fields these years. While the global competition for limited resources gets heated, sustainable development has become the only solution for cities, which brings creative economy of high added value and high efficiency into this historic stage. Creative industries is the parallel phrase to creative economy, which regards cities as the bases and the core of the development, and citics is also the place where creative industries started and clustered. On the other hand, creative industries helped to keep the city vigorous, attract more talents and strengthen the public image of the city.

From the experiences of world cities such as London, New York, Tokyo, Paris, and Milan, creative economy has been their common characteristic. First, histories of these cities have provided them with certain amount of economic, cultural and technological resources, which is the engine to start and maintain creative economy; second, all these cities have had sound creative industries which can function as a driving force for the innovation and economic growth of the city; finally, these cities have fostered harmonious and tolerant creative ecology through time, which conserves consumers of creative industries, while attracting more creative industries practitioners.

It can be seen that some Chinese cities have been showing their tendency on the way to become creative cities, such as large cities of Beijing and Shanghai, medium - size cities of Qingdao, Xi'an and even small cities of Yiwu and Lijiang, whose development paths have been closely followed up in our *Chinese Creative Industries Report* started in 2006. By now, some cities have had rich experiences, comprehensive data and materials worthy to be studied, thus the time to carry out a special research has arrived.

Therefore, based on *Chinese Creative Industries Report*, we decided to conduct a deeper, more detailed and more characteristic research on some active creative cities of China, leading to the birth of *Blue Book of Creative Cities*, which is also an important part of *Creative Series* published by China Creative Industries Research Center. We hope this blue book can function as a faithful recorder, promoter and explorer for every creative city of China.

前　言

2021年是具有里程碑意义的一年，中国共产党带领全国人民实现了第一个百年奋斗目标，开启了向第二个百年奋斗目标进军的新征程。这一年，中国沉着应对百年变局和世纪疫情，构建新发展格局迈出新步伐，高质量发展取得新成效，实现了“十四五”良好开局。中国的创意产业在这一年中延续了2020年下半年的复苏态势，在国内国际双循环中的韧性得到提升，产业整体向好。

2021年，大数据、云计算、人工智能等数字技术加速发展，5G、数字场馆、数据中心等文化新基建不断落地，智慧文旅、智能文化装备制造、沉浸式文旅、网络视听、传统文化数字化、IP策划运营等多种新业态和新场景层出不穷，文化与科技、文化与旅游融合不断深化。同时，中央和地方政府的数字创意经济政策体系持续优化，各级政府在“十四五”相关规划中明确将文化创意发展置于数字经济背景下大力推动，中国创意产业的数字化转型升级进程不断加快。

《中国创意产业发展报告(2022)》以“科技赋能数字文创”为主题，通过北京、天津、石家庄、哈尔滨、扬州、宁波、南昌、抚州、青岛、武汉、广州、贵阳、西安、西宁、澳门等15个城市创意产业的发展反映全国总体情况。关注各城市如何通过科技创新赋能文化创意产业，推动创意产业数字化转型升级；详细阐述这些城市创意产业发展现状、创新模式与特点，总结科技赋能数字文创的成功经验，发现问题与短板，结合创意产业所处国内国际大环境，探索应对措施及发展方向。

本年度报告继续以总报告为统领，以各城市报告为支撑，发布“中国城市文化创意指数排行榜”，从文化创意+创意生态、赋能能力、审美驱动力、创新驱动力4个方面16个指标45个数据项对31个省级行政区和香港、澳门2个特别行政区共140个城市的创意产业发展给予评价分析，形成指数报告，对直辖市、副省级城市和地级市分级排名，并对“粤港澳大湾区、长三角、京津冀”三大城市群文化创意指数进行对比分析。

经受住了疫情冲击的创意产业在2021年面临更加复杂多变的国内国际形势，同时也通过数字化革新获得了强劲的发展动力，相信随着科学技术的进步和文化内容的开发，我国创意产业将持续推进发展，真正成为国民经济的支柱产业。

《中国创意产业发展报告》连续 17 年跟踪观察中国创意产业的发展，较为完整地记录了创意产业在中国主要城市的发展历程。在此，对参与本书撰稿的各创意城市的专家学者、相关政府部门和协会的领导表示衷心感谢。同时还要感谢北京市科学技术研究院首都高端智库对《中国创意产业发展报告》编撰工作的一贯支持，作为智库产品的重要载体，这本蓝皮书将继续丰富首都高端智库的成果内容和形式。

Foreword

2021 was a year of milestone. The Communist Party has led people of the whole nation to achieve the first Centenary Goal and has taken another step leap forward to the second Centenary Goal. Over the past year, while responding with composure to changes and the pandemic both unseen in a century, China has made new advances in fostering a new development paradigm and pursuing high - quality development, and got off to a good start in implementing the 14th Five - Year Plan. Creative industries of China have maintained continued recovery of the second half of 2020 and has strengthened resilience in the dual circulation domestically and internationally. The industry as a whole seemed favorable.

In 2021, the development of digital technologies include but not limited to big data, cloud computing, and artificial intelligence has been accelerated; new cultural infrastructure such as 5G, digital venues, data centers have been landed; a variety of new businesses and new scenes such as smart tourism, intelligent cultural equipment, immersive cultural tourism, internet audiovisual, traditional culture digitization, IP planning operations and so on have been emerging constantly; the integration of culture - technology and culture - tourism has been deepened. At the same time, the policy systems of digital creative economy in central and local governments have continuously optimized. Governments at all levels in China have made clear to promote the development of cultural and creative industries vigorously in the context of digital economy in the 14th Five - Year Plan. The process of digital transformation and upgrading of the cultural and creative industries will be accelerating continuously.

The Chinese Creative Industries Report 2022 is themed with "Technology empowers the digital cultural and creative industries". Fifteen cities, including Beijing, Tianjin, Shijiazhuang, Harbin, Yangzhou, Ningbo, Nanchang, Fuzhou, Qingdao, Wuhan, Guangzhou, Guiyang, Xi'an, Xining, Macau, have joined and contributed in the report to reveal the overall development of creative industries in the whole country. The report focuses on how each city have empowered cultural and creative industries through technological innovation, and have promoted the digital transformation and upgrading of creative industries. The report also elaborate the current development status, innovation modes and characteristics of creative industries in these cities, and summarizes successful experience on how technology has empowered the digitization of cultural and creative industries. After finding out problems and weaknesses in the creative industries, solutions and future development directions have been proposed under the current domestic and international circumstances.

This annual report is led by the general report as usual, which is followed by reports of cities. It continues to issue the Chinese urban cultural creativity index rankings, and to offer comments and analysis on the creative industries development covering 31 provincial - level administrative regions and the two special administrative regions, namely Hong Kong and Macao, 140 cities in total, based on four aspects (cultural creativity + creative ecology, empowering skills, aesthetic driving force and innovation driving force), 16 indexes, and 45 data items. The index report is followed by rankings of municipalities, sub - provincial cities and prefecture - level cities. Comparative analysis has also been presented for three city clusters, namely Guangdong - Hong Kong - Macao Greater Bay Area, Yangtze River Delta, and Beijing - Tianjin - Hebei region.

In 2021, creative industries have survived the Covid - 19 pandemic and rapidly changing situation both home and abroad, and at the same time have gained momentum for development through digital innovation. It is believed that creative industries of the country will prosper and become a real pillar industry of the national economy.

The Chinese Creative Industries Report has been tracking the development of Chinese creative industries for 17 consecutive years, offering detailed records of the development history of creative industries in major cities of China. Hereby, we would like to express heartfelt gratitude to all the participating experts, scholars, and officials from relevant governmental departments and associations. We also thank Beijing Academy of Science and Technology for continuously supporting the compiling of *The Chinese Creative Industries Report*. As an important carrier of think tank products, this blue book will further enrich the content and form of the think tank achievement.

目 录

Contents

The year 2021 being the start of the 14th Five－Year Plan period, when facing the complex domestic and international situation and the changes concerning the pandemic, creative industries of China have recovered well, with resilience improved in the domestic and international double cycle. Policy planning and institutional environment has been further refined. Increasingly improved top－level design has provided basis for supervising emerging industries. Intelligent technology and application scenarios have unlocked new tracks in cultural and creative industries. The digital transformation and upgrading process of the Chinese culture industries has been accelerating.

Being a city with rich historical and cultural resources, as well as unmatched scientific and technological resources, Beijing has witnessed huge development in areas of digital cultural industries, such as internet audiovisual, animation and games, digital design, smart museum and so on, thanks to the joint efforts of policy guidance, technological innovation and consumption. During the 14th Five－Year Plan period, scientific and technological innovation, and integration of culture and technology, will be the inevitable choice for Beijing to achieve high－quality development in cultural and creative industries.

The year 2021 is the start of Tianjin's 14th Five - Year Plan period. Faced with tremendous changes in industry development, it bred new opportunities. Tianjin actively dedicated to relieving Beijing of functions non - essential to its role as China's capital and promoting the coordinated development of Beijing - Tianjin - Hebei Region. It has made new progress in red tourism, wisdom tourism, digital resources sharing, etc. Overall upgrading has been achieved in management and service. Tianjin actively met new changes and opportunities in the development of cultural and creative industries and propelled the integration of technology and cultural creativity. New breakthroughs have been made in creative industries of Tianjin.

In 2021, The 19th Central Committee of the Communist Party of China proposed in the sixth plenary session that to uphold the central role of innovation in the modernization drive and to take the commitment to independent innovation in science and technology as strategic support to national development. Shijiazhuang insisted on innovation - driven development, accelerated development and transformation of cultural resources, innovatively developed new cultural formats, improved modernized system for cultural industries, sustainably optimized environment of cultural industries, endeavored to build a world - class city cluster with capital as its core to welcome the successful opening of the 20th National Congress of the Communist Party of China.

Using "icy summer and fashionable Harbin" as a cultural tourism brand to promote Harbin in building as a world - class well - known city and national ecotourism destination. Culture - tourism industry has become one of the four leading industries of Harbin in establishing a "4 + 4" modern industrial system. Culture - tourism is the leading industry in Harbin. It is a pillar industry of stimulating economic development and an industry of happiness to enhance people's quality of life.

Following the deep integration of culture and technology, cultural and creative industries not only have changed dramatically in format and mode driven by emerging technologies, but also have bred new way of thinking and belief. Enhanced by digital technologies, cultural and creative industries of Yangzhou seemed to be favorable. The number of cultural businesses have been rapidly increasing, industrial structure has been continuously optimizing, substantial increases in benefits have been seen and remarkable achievements in digital cultural creativity have been obtained which have been empowered by technology. These all shed light on the future development of cultural and creative industries of Yangzhou.

The building of "Cultural Ningbo" has been moving towards a deeper digital transformation under the complex changes of the epidemic in 2021. Cultural and creative industries of Ningbo have been dedicated to realizing the dynamic updating and upgrading assisted by digital power to achieve the development goal of ideal life based on the notion of common prosperity. Ningbo also endeavored to build a nationwide new cultural highland and modernized coastal tourist city. Followed by this, Ningbo will lead people to be involved with creating a wonderful cultural life via differentiate coordina-

Since the release of the 13th Five－Year Plan, Nanchang has strengthened cultural confidence, practiced strategies of culture－rich province of Jiangxi and accelerated promoting the development of culture industries. In 2021, Nanchang government actively boosted technology empowering new formats of cultural industries, assisted and strengthened small and micro enterprises and continued to enlarge the scale of culture industries. Creativity leads as technology empowers, this new "culture plus" format can be seen everywhere which has triggered vigor and development opportunities of the ancient city. The worldly VR city will gradually become a new name card and cultural label of Nanchang.

The soul of a city is history and culture. Implementing sustainable development strategy needs to cope with the relationship between urban renewal and development and cultural heritage protection. Cultural relics and museum industry has been undergoing renovation triggered by emerging technologies. Cultural relics and museum industry has been exploring various ways of digital demonstration and utilization of cultural resources. The digital construction of cultural relics and museum industry businesses has reached a new height. Under the deployment of the construction of digital cultural relics and museum industry of Fuzhou in Jiangxi Province, innovative integration of digital technology and ancient village museum, and the development of digital cultural creativity empowerment of cultural relics have unlocked digitalized transformation of cultural relics and museum industry.

The essence of technology empowering digital cultural creativity is the integration of culture and technology. In 2012, Qingdao became among the first rank national cultural industries demonstration base. During the ten-year development, following the penetration of the application of emerging information technology including 5G, VR/AR, cloud computing in culture industries, deep integration of culture, technology and tourism, Qingdao has been consistently seeking new formats and modes in cultural and creative industries. It has also brought about constant variable innovation and incremental release in aspects of consumption experience, mode of production, industrial boundary, etc.

In 2021, cultural and creative industries of Wuhan maintained strong momentum. Generally, it remained steadily growth. The potential of cultural and tourism consumption has been further released and its advantage as the capital of design has become more evident. In the new round of technological revolution and industry transformation, Wuhan seized the major national strategic opportunities tightly, strengthened deep integration of technological advantage and cultural and creative industries, consolidated basis of digital cultural and creative industries, explored pathways of transformation, upgrading and digital reconstruction of the integration of culture and tourism, as well as expanded new growth driver in industry development under the digital context, to actualize the high-quality leap of the digitalized cultural and creative industries of Wuhan.

As the center of Lingnan culture, seedbed of modern revolution, birthplace of the Maritime Silk Road, and frontier of reform and opening - up, Guangzhou not only has rich cultural heritage, but also has development advantages such as strong economic basis, high - level residents' income, etc. In 2021, driven by digital technology, Guangzhou has strengthened the brand building of four aspects in the city culture - Lingnan Culture, Red Culture, Maritime Silk Road Culture and Innovation Culture. The technological innovation empowerment has driven the cultural industries of Guangzhou to switch to the high - quality mode from its previous high - speed mode.

People's cultural consumption patterns and cultural needs have been transformed speedily under the impact of Covid - 19 pandemic, calling for new modes in the cultural industries development. Thanks to technological methods such as new media technologies, cultural industries in some regions has been gradually moving towards a connecting and intelligent direction. In this context, Guiyang, adhering to the new development concepts, has focused on promoting high - quality development, by adopting emerging media technologies and developing new digital cultural products, and thus has opened up new prospects of digital cultural and creative industries development.

The phenomenal progress of technological advancement, especially in information technology, digital technology and Internet technology, has brought about a profound transformation in ways of culture production and has formed brand – new digital cultural and creative industries. Technology has optimized and upgraded the whole industry chain in mode of production, form of manifestation and channel of communication. Based upon the richness in cultural heritage, Xi'an has stimulated innovation of traditional culture using digital method and has practiced cultural confidence via digital manner to realize the integration of culture, technology and creativity, outlining a prosperous future of the digital development of creative industries in Xi'an.

Cultural and creative industries of Xining in 2021 as a whole has steadily expanded. The integration of culture and tourism exhibited vitality. Its leading function of international tourism destination was prominent. The inclusivity of public culture seemed to be balanced. Artistic creation has yielded favorable results. The utilization of conservation of cultural relics proved to be strengthened. The outcomes of cultural and creative industries in stimulating economic growth and promoting industrial restructuring and upgrading seemed to be more significant. At the same time, the digital development and utilization level of Xining's cultural resources has been improving, deeper integration of online – offline cultural events has realized. Xining has endeavored to build an industry chain based on plateau cultural industrial park.

Culture is an important component of national soft power. While promoting economic development, cultural industries also significantly enhances national cultural competitiveness. Technology is an important factor and driving force for promoting the modern productivity development. Thus it functions better when technological factors integrate with cultural industries. Macao has a rich body of Chinese and western cultural heritage. Taking great efforts to develop digital cultural industries would not only transform cultural advantage into cultural effectiveness, but also facilitate moderate diversified development of Macao's industrial economy. Tendency of convergence in policy, community, industry, technology, region as such has been displayed.

The Chinese urban cultural creativity index rankings 2021 aims to enrich and enlarge in data sources and the measurements. Along with data from government reports, statistical bulletins, and statistical yearbooks, data from third-party platforms have been introduced for the first time, which has improved the validity and objectivity of the report. According to the index model, Beijing, Shanghai, Shenzhen, Guangzhou, Hangzhou, Chengdu, Wuhan, Xi'an, Suzhou and Nanjing become the top ten cities this year.

第一章

总报告：科技赋能我国数字文创产业高质量发展

一、我国文化创意产业发展的概况及规划

二、科技赋能数字文创的政策环境

三、数字文创重点领域及地区

四、科技赋能数字文创发展新趋势

五、创意产业发展展望

2021年是党和国家历史上具有里程碑意义的一年，中国共产党成立一百周年，实现了第一个百年奋斗目标，开启了向第二个百年奋斗目标进军的新征程，沉着应对百年变局和世纪疫情，构建新发展格局迈出新步伐，高质量发展取得新成效，实现了"十四五"良好开局。2021年以来，在主要经济体持续宽松的财政货币政策以及全球疫苗生产和接种加速等因素的共同促进下，全球经济状况明显改善。中国创意产业在国内国际双循环中的韧性得到提升，高质量发展持续推进。

一、我国文化创意产业发展的概况及规划

2021年是"十四五"开局之年，面对复杂的国内外形势及疫情变化，中国创意产业整体恢复情况良好，新业态发展动力强劲，拉动作用明显。

（一）总体情况

2021年，中国文化创意产业在疫情防控中保持了良好的发展势头。国家统计局数据显示，全国规模以上文化及相关产业企业2021年实现营业收入119064亿元，按可比口径计算，比上年增长16.0%，两年平均增长8.9%，行业整体恢复情况良好。分产业类型看，从制造业、批发零售业到服务业均录得两位数增长，文化制造业营业收入44030亿元，比上年增长14.7%，两年平均增长6.6%；文化批发和零售业18779亿元，增长18.2%，两年平均增长6.2%；文化服务业56255亿元，增长16.3%，两年平均增长11.8%。分行业类别看，9个行业类别全部实现两位数增长，除文化娱乐休闲服务外均好于疫情前2019年水平，其中新闻信息服务营业收入13715亿元，比上年增长15.5%；内容创作生产25163亿元，增长14.8%；创意设计服务19565亿元，增长16.6%；文化传播渠道12962亿元，增长20.7%；文化投资运营

547亿元，增长14.3%；文化娱乐休闲服务1306亿元，增长18.1%；文化辅助生产和中介服务16212亿元，增长14.6%；文化装备生产6940亿元，增长13.6%；文化消费终端生产22654亿元，增长16.2%。综合来看，文化核心领域营业收入73258亿元，比上年增长16.5%，两年平均增长9.9%；文化相关领域45806亿元，增长15.2%，两年平均增长7.3%。

分区域看，东部、中部、西部及东北地区均已恢复到疫情前2019年水平，东部地区实现营业收入90429亿元，比上年增长16.5%，两年平均增长9.2%；中部地区17036亿元，增长14.9%，两年平均增长7.9%；西部地区10557亿元，增长13.7%，两年平均增长8.8%；东北地区1042亿元，增长11.0%，两年平均增长0.7%。需要注意的是，区域集聚效应更加凸显。东部占全国比重为75.95%，比上年增加0.89百分点；中部占全国比重为14.31%，比上年减少0.57百分点；西部占全国比重为8.87%，比上年减少0.31百分点；东北占全国比重为0.88%，比上年减少0.01百分点。仅东部占全国比重在增加，延续了上年区域间差距扩大的趋势。

新冠肺炎疫情对全球和全国的文化产业产生了前所未有的影响，不断改变着文化产业发展的产业逻辑和商业模式。据国家统计局发布公告，经核算，2020年全国文化及相关产业增加值为44945亿元，比上年增长1.3%，占国内生产总值的比重为4.43%，比上年下降0.07个百分点；从增长速度看，内容创作生产增长速度最快，实现增加值10321亿元，比上年增长11.1%；文化娱乐休闲服务受疫情影响最严重，实现增加值1922亿元，比上年下降19.8%。上述数据显示，虽然2020年新冠肺炎疫情暴发，多地文化产业几乎停摆，文化娱乐休闲服务受重挫，但产业转型升级的方向没有受影响，市场对优质内容的需求依然坚挺。因受疫情等不确定因素影响，对于地方年文化产业增加数据相比2019年以前虽然部分城市小幅回落，但大部分城市仍保持增长势头。

总体而言，受疫情持续影响，2021年文化产业发展趋于缓慢，尤其是线下文化消费受到疫情严重冲击，大量企业面临业绩下滑、经营困难、人员流失等窘境。但随着文化与科技的深度融合，疫情之下，云演出、云会展、云观影等“云经济”的产业地位不断提升，数字影视、线上社交、电子竞技、直播购物等细分领域增长迅速，进一步加快了文化产业的数字化转型升级，同时促使文化产业与科技、商业、零售、制造、服务等领域进一步融合。在疫情防控常态化、科技不断发展、人民对美好生活需要日益提高的背景下，数字技术发展深刻地改变了人们的娱乐方式，大众消费数字文化产品和服务的频次越来越高，尤其是年轻消费者对于应用最新技术、新鲜度和体验感强、极具创意和能引领时尚潮流的数字产品青睐有加。随着虚拟现实、大数据、区块链、全息成像、裸眼三维、人工智能等高新技术的加速应用，数字文化产业取得了爆发式增长，行业内生动力不断增强。国家统计局对全国规模以上文化及相关产业企业调查数据显示，文化新业态特征较为明显的16个行业小类在疫情影响下保持强劲增长，2020年实现营业收入31425亿元，比上年增长22.1%；2021年实现营业收入39623亿元，比上年增长18.9%。这凸显了新业态的增长拉动作用。

旅游业则具有较强的综合性和敏感性，经济、政治、自然灾害等外部环境的变化往往会对旅游业产生直接影响。疫情前全球旅游业发展迅速，对全球GDP的贡献越来越大。2020年，新冠肺炎疫情暴发，全球旅游经济跌入谷底。2021年由于不断出现新的病毒变种，疫情持续变化，致使全球旅游陷入全面深度衰退之中。根据《中华人民共和国2021年国民经济和社会发展统计公报》，2021年全年国内游客32.5亿人次，比上年增长12.8%，达到2019年54.1%水平；国内旅游收入29191亿元，增长31.0%，达到2019年51.2%水平。旅游业受疫情冲击明显，离全面复苏还有距离。疫情暴发以来，旅游市场的近程化明显。中国旅游研究院（文化和旅游部数据中心）专项调查数据显示，自2020年的国庆假期以来，游客平均出游距离和目的地平均游憩半径呈现双收缩趋势。国庆假期游客平均出游距离从2020年的213公里下降到2021年的141.3公里；游客目的地平均游憩半径从2020年的14.2公里收缩到2021年的13.1公里，在2021年春节期间一度收缩到7.6公里。

（二）“十四五”相关规划

2021年底以来，从国家部门到地方政府出台了多部“十四五”文化产业规划，明确了未来5年的发展目标，畅想了2035年的远景。国家层面的文件包括《“十四五”文化和旅游发展规划》《“十四五”文化产业发展规划》等。这些规划文件提出，在推动产业结构优化升级方面，要培育30个旅游演艺精品项目、100个线上演播项目、100个沉浸式体验项目、100个数字艺术体验场景。同时在推动区域协调发展方面，提出要使国家级文化产业示范园区达到50家、国家级文化产业示范基地达到500个。还扩大到引导文化消费方面，提出国家文化和旅游消费示范城市达到30个，并建设60个区域文化和旅游消费中心城市和200个以上国家级夜间文化和旅游消费集聚区。同时，《“十四五”数字经济发展规划》还从数字经济角度对涉及文化产业发展的工作进行了明确。副省级城市“十四五”时期文化产业规划显示，产业预期谨慎乐观。《广州市文化和旅游发展“十四五”规划》在2025年主要指标中提出了文化产业增加值占全市GDP比重≥7%（2020年为7.08%）、市级以上文化产业示范园区≥50家等2项指标，略显谨慎。深圳对文化产业预期较为乐观，《深圳市文化产业高质量发展规划（2021—2025）（征求意见稿）》对文化产业增加值、占GDP比重、数字文化产业业态产值、市场主体培育等16个具体指标逐一明确，其中，到2025年文化产业增加值达到3200亿元以上，占全市GDP比重超过8%。《杭州市文化产业发展“十四五”规划》显示，到2025年，全市文化产业增加值实现3000亿元，总产出突破1万亿元，文化产业占GDP比重力争突破16%；尤其提出，届时全市规模以上数字文化企业营业收入占规模以上文化企业营业收入65%以上，超出深圳提出的60%以上的指标5个百分点。为保持高位发展态势，成都在发布了《成都市数字文化创意产业发展“十四五”规划》后，又制定出台了《成都市“十四五”世界文创名城建设规划》，后者提出，到2025年，成都文创产业增加值将达到3100亿~3400亿元，占GDP比重超过12%，上市（挂牌）文创企业不低于50家等，力争2035年建成具有全球影响力的世界文创名城。

二、科技赋能数字文创的政策环境

2021年，大数据、云计算、人工智能等数字技术加速发展，5G、数据中心等文化新基建不断落地，文化产业与新一代信息技术深度融合，催生智慧文旅体、文化装备制造、网络视听内容、传统文化数字化、IP策划运营、虚拟文化产业多种新业态和新场景，持续深化文化与旅游等相关产业的跨界融合，不断加速我国文化产业数字化的转型升级进程。

数字文化经济的多种产业形态，包括网络文化产业、数字内容产业、数字创意产业和数字文化产业等，都在国家级政策文件中有明文表述或出台过专门政策。这些政策既有侧重数字产业化方面的，也有侧重产业数字化方面的；既有数字经济发展规划中与数字文化经济相关的部分，也有总体规划或文化发展规划文件中与数字文化经济相关的部分、文化科技发展规划及相关政策，以及数字文化经济专门政策。

(一)“十四五”之前的政策准备

进入21世纪之后，网络信息技术和数字技术开始影响我国传统文化行业，催生了一大批新的文化形态和文化业态。从“十一五”开始，文化领域的建设规划明确将数字文化经济作为支持对象。在“十三五”期间出台了第一个数字文化产业专门政策，并在科技领域同步部署促进文化科技融合相关工作。最终在“十三五”收官之际水到渠成，文化产业数字化战略正式提出，同年第二个数字文化产业专门政策出台。“十二五”和“十三五”时期实施的上述政策，积极推动了包括文化产业数字化在内的文化数字化建设，为“十四五”打下了良好的基础。

我国政府很早就关注网络文化产业、数字内容产业等新兴业态，并对数字文化经济予以政策支持。2006年发布的《国家“十一五”时期文化发展规划纲要》就提出要“积极发展网络文化产业”，同时还提出要“积极发展以数字化生产、网络化传播为主要特征的数字内容产业”。2009年发布的《文化产业振兴规划》是我国首部国家级文化产业专项规划，它标志着发展文化产业已经上升到国家战略层面。这部规划中不仅提出将数字内容作为九大重点发展的文化产业之一，而且其提出的“发展新兴文化业态”部分，事实上大部分与数字文化相关，主要内容是：采用数字、网络等高新技术，大力推动文化产业升级；支持发展移动多媒体广播电视、网络广播影视、数字多媒体广播、手机广播电视，开发移动文化信息服务、数字娱乐产品等增值业务，为各种便携显示终端提供内容服务；加快广播电视传播和电影放映数字化进程；积极推进下一代广播电视网建设，发挥第三代移动通信网络、宽带光纤接入网络等网络基础设施的作用，制定和完善网络标准，促进互联互通和资源共享，推进三网融合；积极发展纸质有声读物、电子书、手机报和网络出版物等新兴出版发行业态；发展高新技术印刷；运用高新技术改造传统娱乐设施和舞台技术，鼓励文化设备提供商研发新型电影院、数字电影娱乐设备、便携式音响系统、流动演出系统及多功能集成化音响产品；加强数字技术、数字内容、网络技术等核心技术的研发，加快关键技术设备改造更新。

从2012年开始，文化数字化内容出现在文化改革发展规划、文化产业规划等很多政策文件，特别是“五年规划”类文件当中。标志性的政策文件是

2012年2月《国家“十二五”时期文化改革发展规划纲要》。这个国家级文化战略文件明确提出要“实施文化数字化建设工程”，其主要内容是文化资源数字化、文化生产数字化、文化传播数字化。具体为：文化资源数字化涉及完成红色历史文化资源的数字化修复与整理，完成广播电台存留音频资料、新闻纪录片、电影档案影片、国产影片的数字化修复和保存，完成中华字库工程，加快国家知识资源数据库、全国文化遗产数据库、老唱片数字资源库等建设，加快数字图书馆、数字博物馆、数字美术馆、少数民族文化资源数字化建设；文化生产数字化涉及发展数字影视制作，加快电视节目制播高清化，发展数字出版，完成数字复合出版系统、数字版权保护技术研发工程，建立数字内容生产、转换、加工平台，形成覆盖网络、手机以及适用于各种终端的数字出版内容供给体系。发展动漫、网络游戏，实施国产动漫振兴工程，发展电子阅读及有声阅读，开展电子书包试验，培育以3D立体显示技术为核心的立体视觉产业，重视印刷复制装备制造业的自主研发，发展数字印刷；文化传播数字化涉及加快有线电视网络数字化、双向化改造，加强下一代广播电视网建设，加快移动多媒体广播电视覆盖和地面数字电视覆盖，加快电信宽带网络建设，完善国家数字图书馆建设和推广，加快推进出版物发行数字化改造，建设规模化数字出版物投送平台。文化领域数字化的工作不仅促进了公共文化领域的数字化，也促进了文化经济的数字化。2012年8月由科技部、中宣部、财政部、文化部、广电总局、新闻出版总署六部委联合发布的《国家文化科技创新工程纲要》，是为深入贯彻党的十七届六中全会精神、落实《国家“十二五”时期文化改革发展规划纲要》部署而制定的。该纲要认为，“科技与文化融合态势凸显，主要由数字技术和网络信息技术掀起的高科技浪潮在改造提升传统文化产业的同时，还催生了一大批新的文化形态和文化业态”。该纲要提出了我国至2020年的文化科技发展目标，并部署了五方面的主要任务：加强文化领域共性关键技术研究；促进传统文化产业的优化和升级；推动新兴文化产业的培育和发展；提升文化事业服务能力；加强文化科技创新发展环境建设。

第一个数字文化产业专门政策是2017年出台的，这一年我国政府刚刚把“数字经济”写入国务院政府工作报告。数字文化产业是数字经济最重要的一个组成部分，文化产业主管部门需要通过制定数字文化产业发展专门政策来强化文化产业与数字经济的关系。2017年4月，文化部发布了《关于推动数字文化产业创新发展的指导意见》。文件将数字文化产业的含义阐述为：数字文化产业以文化创意内容为核心，依托数字技术进行创作、生产、传播和服务，呈现技术更迭快、生产数字化、传播网络化、消费个性化等特点，有利于培育新供给、促进新消费。从这一阐述看，所谓数字文化产业，主要内容就是文化产业（尤其是内容产业）的数字化问题，旨在改造提升传统文化产业，培育发展新兴文化产业。所以，发展数字文化产业，就是要通过数字技术与文化的结合生产、传播文化内容，满足数字化文化消费。这一文件中工作任务方面的内容可以概括为四点：一是引导数字文化产业发展方向。包括三个方向：优化数字文化产业供给结构；促进优秀文化资源数字化；推进数字文化产业与相关产业融合发展。二是着力发展数字文化产业重点领域。包括六个重点领域：推动动漫产业提质升级；推动游戏产业健康发展；丰富网络文化产业内容和形式；增强数字文化装备产业实力；发展数字艺术展示产业；超前布局前沿领域。三是建设数字文化产业创新生态体系。包括六个方面：培育数字文化产业市场主体；推进数字文化产业创新创业；引导数字文化产业集聚发展；参与数字文化产业国际分工与合作；构建数字文化领域标准体系；优化数字文化产业市场环境。四是加大数字文化产业政策保障力度。包括四个方面：落实相关财税金融政策；强化创新服务和人才支撑；持续推动“放管服”改革；加强组织领导。《关于推动数字文化产业创新发展的指导意见》首次完整而系统地表达了文化产业主管部门在数字经济发展背景下如何发展文化产业的基本战略思想和规划思路，提出了形成导向正确、技术先进、消费活跃、效益良好的数字文化产业发展格局，以及在数字文化产业领域处于国际领先地位的战略目标。

在 2017 年 5 月国务院办公厅印发的《国家“十三五”时期文化发展改革规划纲要》（以下简称《纲要》）中，“强化文化科技支撑”是“完善现代文化市场体系和现代文化产业体系”的重要内容之一。《纲要》提出：落实中央财政科技计划管理改革的有关要求，通过优化整合后的科技计划（专项、基金等），支持符合条件的文化科技项目。运用云计算、人工智能、物联网等科技成果，催生新型文化业态。加强虚拟现实技术的研发与运用。推动“三网融合”。制定文化产业领域技术标准，深入推进国家文化科技创新工程。依托国家级文化和科技融合示范基地，加强文化科技企业创新能力建设，提高文化核心技术装备制造水平。加强文化资源的数字化采集、保存和应用。《纲要》以专栏形式就“文化科技创新工程”的内容进行了说明，主要内容包括宽带广电建设、广播影视数字化提升、数字出版创新、艺术呈现技术提升等四个方面。其中，宽带广电建设涉及加快建设下一代广播电视网，开发智能电视操作系统和融合终端，发展“电视+语音+互联网+智能家居+智慧城市”等综合业务；广播影视数字化提升涉及推进广播电视台数字化建设，建设影院信息化管理与服务体系和电影市场技术监管体系，加强电视和电影前沿技术研究应用；数字出版创新涉及建立国家知识服务平台，搭建新闻出版内容生产与分销等平台，支持发展绿色印刷、纳米印刷；艺术呈现技术提升涉及加快新型灯光、音响、机械、视效、特效、智能展示等研发应用，提升艺术展演展陈数字化、智能化、网络化水平。

文化科技政策是数字文化政策的重要组成部分，凸显了政府部门对文化与科技融合发展的极大关注，文化科技政策通过积极推动文化科技创新，以科技提升文化产业和文化发展水平。2012 年 9 月文化部印发《文化部“十二五”文化科技发展规划》，2017 年 4 月文化部发布《文化部“十三五”时期文化科技创新规划》。文化主管部门的这两个“五年规划”都是为贯彻当时已经制定的文化发展“五年规划”而发布的，具有较强的连续性。这两个文化科技“五年规划”的发布具有不同的历史背景：2012 年的背景是文化科技发展呈现新趋势，而当时我国国民经济正进入“新常态”。2017 年发布时，我国新一轮科技革命和产业变革孕育兴起，信息网络、大数据、智能制造等高新技术广泛渗透到创作、生产、传播、消费的各个层面和环节。

2019 年，科技部、中央宣传部、中央网信办、财政部、文化和旅游部、广播电视总局等六部门联合印发的《关于促进文化和科技深度融合的指导意见》，是在国家大力推进网络强国建设和数字经济发展背景下推出的文化科技专门政策。文件提出，到 2025 年，基本形成覆盖重点领域和关键环节的文化和科技融合创新体系，实现文化和科技深度融合。其重点任务包括：加强文化共性关键技术研发；完善文化科技创新体系建设；加快文化科技成果产业化推广；加强文化大数据体系建设；推动媒体融合向纵深发展；促进内容生产和传播手段现代化；提升文化装备技术水平；强化文化技术标准研制与推广。其中之一便是“加强文化大数据体系建设”，提出要贯彻国家大数据战略，加强顶层设计，加快国家文化大数据体系建设。提出建设国家文化大数据体系的任务之后，2020 年 5 月中央文化体制改革工作领导小组办公室发布了《关于做好国家文化大数据体系建设工作的通知》，此后全国各地相关部门开展了国家文化大数据体系建设的一系列实际行动。

为落实这些政策，文化及科技主管部门开展了一系列示范基地、实验室的认定工作。2012 年，我国开启评审认定“国家级文化和科技融合示范基地”工作。截至 2021 年末，科技部、中宣部会同相关部门分别于 2012 年、2013 年、2019 年、2021 年分四批共认定了 85 家基地，其中集聚类基地 44 家、单体类基地 41 家，基本形成了以文化为内容核心、以科技创新为重要支撑、文化科技深度融合的产业业态，重点聚焦于文化大数据、公共服务、数字出版、文化装备制造、媒体融合、文旅综合服务等方向，构建了集聚类基地服务地方产业发展与实体经济、单体类基地服务行业技术研发与集成应用的全方位、多层次、开放式创新发展格局。2014 年起，文化部开始组织开展“文化部重点实验室”申报工作，后更名为“文化和旅游部重点实验室”。根据相关管理办法，实验室的主要任务是围绕文化和旅游领域科技创新发展战略和重大行业需求，开展基础研究与应用基础研究，解决行业重大共性关键技术问题，获取创新性科技成果，凝聚和培养优秀科技人才，提升自主创新能力。随着 2021 年公布第三批重点实验室名单，文化和旅游部重点实验室已经达到 37 家。与文化科技创新相关的还有科技部批准的四个媒体融合类国家重点实验室、国家出版业科技与标准实验室、国家广电总局重点实验室等。

文化产业数字化战略是在 2020 年正式提出的。中长期国家战略规划将发展数字经济作为国家战略，文化产业数字化战略成为数字经济国家战略的重要内容。2020 年是“十三五”收官之年，这一年，中央提出了基本规划指引，各部门都开始为“十四五”以及更长远的战略谋篇布局。2020 年 10 月 29 日，党的十九届五中全会通过的《中共中央关于制定国民经济和社会发展第十四个五年规划和二〇三五年远景目标的建议》提出：“发展数字经济，推进数字产业化和产业数字化，推动数字经济和实体经济深度融合，打造具有国际竞争力的数字产业集群。”该建议同时提出实施文化产业数字化战略，明确提出要“实施文化产业数字化战略，加快发展新型文化企业、文化业态、文化消费模式”。在文化方面，该建议提出了两个“数字化”：一是推进公共文化数字化建设；二是实施文化产业数字化战略。这两个数字化共同构成了国家文化数字化战略。关于文化产业数字化的内涵，一般认为是“产业数字化”在文化产业的具体体现，可以从产业数字化的一般规律来认识文化产业数字化。“文化产业数字化”的内涵是通过包括网络通信技术、智能算法技术、数字版权技术、影音编码技术等在内的广义的数字技术对文化产业的生态体系进行更新再造，并最终促成社会效益和经济效益最大化的过程。“十四五”时期文化产业数字化战略的重点内容主要有：一是依托“新基建”，加快文化产业数字基础设施建设，重点是构建国家文化大数据服务和应用体系、发展超高清视频产业与创新技术的引领超高清美学、推动智慧文旅设备及其应用的开发；二是探索 5G、云计算、大数据等数字基础设施与文化产业的商业应用场景，重点是云游戏、人工智能和区块链的发展和应用；三是加快影视等传统文化产业数字化；四是加大文化制造领域新材料、新设备的研发应用。

文化产业数字化战略的提出，直接推动了数字文化产业高质量发展相关政策的制定和发布。文化产业数字化战略是数字经济国家战略的组成部分，是国家为了应对新形势而提出的重大举措。从战略维度而言，首先是经济发展维度，文化产业数字化战略设计需要立足适应国内大市场，适应“双循环”新发展格局，需要切实满足新消费。文化产业数字化的基本内容应是“加快发展新型文化企业、文化业态、文化消费模式”。文化产业数字化不是文化数字化，仍需以经济的、市场的逻辑推动产业发展，这是文化产业数字化战略的经济基础。要大力促进文化产业与相关产业融合，大力促进文化产业与资本市场融合。其次是社会发展维度，从战略的长期性考虑，竞争优势的取得不是一时的技术垄断或产业规模上的遥遥领先，而是健康的可持续的战略优势维持能力。这个能力要来源于法治、规则、有益于社会发展的战略体系。所以，文化产业数字化不仅需要产业促进政策，还需要推动文化数字立法工作，打造“技术向善”的数字文化世界。最后是国际竞争维度，实施文化产业数字化战略，应明确研判世界数字经济发展形势，调动资源构建文化产业数字化中的多层次竞争集群，立足于在中长期建立国际竞争优势，并确保国家的文化安全。

2020 年 11 月出台的《关于推动数字文化产业高质量发展的意见》是文化和旅游部发布的第二个数字文化产业专门政策，是为了落实党的十九届五中全会精神和《中共中央关于制定国民经济和社会发展第十四个五年规划和二〇三五年远景目标的建议》，顺应数字产业化和产业数字化发展趋势，贯彻党中央提出的文化产业数字化战略而推出的宏观性、指导性文件。文化和旅游部在对该文件进行解读时也指出，“我国数字文化产业发展也还面临数字化水平不高、供给结构质量有待优化、新型业态培育不够、线上消费仍需培养巩固、数字化治理能力不足等新问题”。2020 年的新冠肺炎疫情对文化和旅游产业的冲击较大，强化了人们对数字技术与文化产业的关系的认识。作为一种长期应对方案，政府在如何进行文化产业数字化转型方面做了重大布局。所以，疫情成为数字文化经济加速发展的助燃剂。该文件突出了数字文化产业“高质量发展”，与《关于推动数字文化产业创新发展的指导意见》相比，一是突出了“数字文化产业发展基础”这一内容，包括加强内容建设、加快新型基础设施建设、推动技术创新和应用、激发数据资源要素潜力、培育市场主体、构建产业标准体系等六大方面，有利于构建符合我国国情的稳定、持久、高质量的数字文化产业；二是特别突出了培育数字文化产业新业态，主要内容涉及文化资源数字化、产业融合、平台经济、云演艺、云展览、沉浸式、数字装备、新消费等方面，这与新冠肺炎疫情期间数字文化业态逆势上扬有很大关系，决策部门在新业态上的布局，将有利于在未来不确定的环境中维持文化产业满足人民群众文化消费需求、促进经济社会发展的基本作用；三是在数字文化产业生态部分突出了“推动产业链创新与应用”，与《关于推动数字文化产业创新发展的指导意见》不同的是，将市场主体、标准体系等纳入“数字文化产业发展基础”部分，而这部分主要包括产业链创新与应用、两创四众、区域发展战略、市场环境、国家合作等方面，并提出了新的“数字文化产业链”“产业链金融服务平台”“数字文化产业链链长工作制”等方面内容。

（二）“十四五”时期的政策部署

2021 年是我国“十四五”开局之年，中央政府和各地方政府更是将文化发展置于数字经济背景下大力推动，数字文化经济相关政策内容更加丰富、架构更加完整、密度明显增加。

2021 年，我国新一轮科技革命和产业变革深入推进，以大数据、云计算、物联网、人工智能等为代表的新一代信息技术为文化和旅游科技创新提供了不竭动力。这一时期新冠肺炎疫情仍在持续，我国正构建“双循环”新发展格局。由于历史背景不同，“五年规划”的目标、任务和重点领域都有较大的变化，其中最大的不同是技术发展背景明显不同，数字技术迭代发展，一些高新技术进入通用领域，开始影响生产和社会生活。文化产业主管部门相继出台了《“十四五”文化产业发展规划》和《“十四五”文化和旅游发展规划》《“十四五”文化和旅游科技创新规划》《“十四五”文化和旅游市场发展规划》，对“十四五”期间的数字文化产业发展、文化科技融合发展等领域都做了部署。《“十四五”文化产业发展规划》重视数字技术“深度应用”，提出：

顺应数字产业化和产业数字化发展趋势，深度应用5G、大数据、云计算、人工智能、超高清、物联网、虚拟现实、增强现实等技术，推动数字文化产业高质量发展，培育壮大线上演播、数字创意、数字艺术、数字娱乐、沉浸式体验等新型文化业态。《“十四五”文化和旅游发展规划》强调了技术在推动文化产业结构优化升级中的作用，提出：顺应数字产业化和产业数字化发展趋势，推动新一代信息技术在文化创作、生产、传播、消费等环节的应用，推进“上云用数赋智”，加强创新链和产业链对接，推动数字文化产业加快发展，发展数字创意、数字娱乐、网络视听、线上演播、数字艺术展示、沉浸式体验等新业态，丰富个性化、定制化、品质化的数字文化产品供给，加强手机（移动终端）动漫国际标准和数字艺术显示国际标准的应用推广，深入推进数字文化产业标准群建设。

2021年出台的还有《广播电视和网络视听“十四五”发展规划》《广播电视和网络视听“十四五”科技发展规划》等，将“产业高质量发展，成为发展数字经济、扩大内需的强力引擎”作为发展目标之一，提出：广播电视和网络视听产业结构和布局更加合理、产业体系进一步升级、营商环境进一步优化，涌现一批特色鲜明、有较强竞争力和影响力的龙头骨干企业，做强一批集聚引导效应显著的产业基地（园区），打造一批功能融合、服务多元、优势独具的新产品新业态，带动形成新时代大视听全产业链市场发展格局，在拉动文化信息和电子设备消费方面发挥中坚作用，成为繁荣文化产业、发展数字经济、扩大内需的强力引擎。

地方层面，2020年之后各省市政府部门都着手“十四五”时期的文化发展规划编制和文化经济政策制定，其中数字文化经济政策是很重要的板块。例如，2021年9月发布的《上海市社会主义国际文化大都市建设“十四五”规划》将“聚焦数字城市建设，推动城市文化数字化转型升级”作为十大任务之一，提出要提高文化创意产业数字创造力，提升数字文化消费水平，实施文化创意产业数字化战略。又如，2021年10月，江苏省政府办公厅印发《江苏省“十四五”文化和旅游发展规划》，其中专门设“大力发展数字文化和智慧旅游”一章，提出要深入实施科技创新驱动战略，顺应数字产业化和产业数字化发展趋势，实施数字文旅产业水平提升行动，以数字化转型整体驱动文化和旅游高质量发展，推动全民畅享数字文旅生活。

三、数字文创重点领域及地区

(一) 影视动漫领域

影视动漫领域并非由数字技术造就，但其生产流程及传播方式已经被数字技术完全革新。数字技术赋能影视动漫最直接地体现为创造出现实中不可能出现的场景，丰富了观众的视觉享受。20 世纪 70 年代《星球大战》揭开了电影数字时代的序幕，90 年代迪士尼推出世界上第一部纯电脑三维动画《玩具总动员》，以较二维平面动画更加真实的三维视觉效果宣告三维动画时代的到来。此后，计算机图形技术成为动漫技术的核心，三维动画迅速取代传统平面动画。影视动漫制作领域的“数字化”还体现为数字化编剧、制作管理，数字摄影机拍摄，并将影像以数字形式保存在硬盘上，以及数字化剪辑及数字化后期。数字化的制作最终推动了影院银幕及家庭放映设备的数字化。如今，自动三维成像技术、三维立体显示技术、表情捕捉仪、全息投影、沉浸式头盔、数据手套等工具已广泛用于影视特效和三维动画制作当中，三维影像、实时渲染、虚拟现实、人工智能等新技术正推动影视动漫走进前所未有的广阔发展空间。大数据技术还可用于打造特色影视产品。利用大数据技术可以对用户的习惯偏好进行分析，从而挖掘个性化需求，创作出具有良好市场预期的作品，改变原有影视产业的游戏规则。例如，美国 Netflix 开发自适应流媒体算法，预测观众的偏好，确定如何优化内容以实现其最大潜力进而优化流媒体质量，创造出个性化的用户体验。Netflix 发起的 Netflix Prize 百万美元竞赛，是推荐算法系统领域最具标志性的事件之一，吸引了众多专业人士投身于该领域研究工作，同时让这项技术一举获得巨大商业价值。

网络与影视动漫的结合形成了文化产业中最具活力与影响力的领域之一，网络视听领域。这一领域主要涉及以视频、音频为基本生产元素，经过加工生成为存在于互联网中的产品和服务，其概念和边界随着技术、业态创新等不断发展，目前包括但不限于网络电影、网络剧、网络综艺、网络动画片、网络纪录片和短视频等。大量科技成果率先应用于网络视听行业或以网络视听作为主要应用场景，而市场和消费的快速变化又不断推动技术加速迭代升级。例如，5G 与 4K、8K 超高清技术结合，推进网络视听业全面升级；5G

与多屏多视角技术结合，实现实时全方位观景。增强现实与虚拟现实技术为观众提供了全新的沉浸式体验，甚至通过创造虚拟人物，实现全天候、可交互乃至可定制的视听体验，重塑了视听消费生态。大数据与人工智能技术则已成为视听领域的底层技术，参与内容生产与审核，通过算法实现用户定位、内容决策、目标推送等，颠覆了行业的发展逻辑。网络技术为视听传播提供的交互功能使得这一领域有别于传统视听领域，不仅可实现内容定制化，还催生了新的营销模式，变现路径多元化，商业价值持续提升，市场规模持续扩大。

（二）游戏电竞领域

据游戏行业数据分析公司 NEWZOO 估计，全球游戏市场在 2021 年创造了 1803 亿美元的收入，而新技术变革带来的游戏体验颠覆正在加快这一市场的扩张。虚拟现实、增强现实、人工智能等技术的应用，让电子游戏在可玩性、沉浸感以及交互性方面取得了突破性进展，玩家可以获得更强的感官刺激和体验冲击。电子游戏比赛即电子竞技，利用电子设备作为运动器械，在统一的竞赛规则下进行人与人之间智力与反应的对抗，是早已获得体育主管部门认定的国家级体育项目，2022 年杭州亚运会上电子竞技也将作为正式竞赛项目。新技术的应用提升了电子竞技的观赏性，使得电子竞技更具商业价值。《王者荣耀》总决赛赛事打造了电影级置景，以全息特效和数字化模拟应援等技术手段，提供前所未有的“云观赛”体验，门票被一抢而空。与传统体育项目相比，电子竞技的娱乐属性更加突出，在资本和技术加持下消费门槛不断降低，产业呈现爆发式增长。同时，随着世界级赛事在中国举办以及中国选手在国际赛事中的出色表现，我国已经成为全球范围内拥有核心电竞爱好者最多的区域。据艾瑞咨询发布的《中国电竞行业研究报告 2021》，截至 2020 年，我国电竞用户规模达到 5 亿人，市场整体规模达 1474 亿元。2021 年受疫情和未成年人网络游戏防沉迷政策的影响，我国电竞市场销售收入增速比前两年稍有下降，市场规模约为 1826 亿元，但预计市场规模还将持续稳步上升，2022 年电竞市场整体规模仍将超过 2100 亿元。2020 年，亚奥理事会宣布电子竞技项目成为亚运会正式比赛项目，并入选 2022 年杭州亚运会比赛项目。杭州 2022 年第 19 届亚运会正式公布了入选的 8 个电竞项目，分别是《AoV 亚运会版》（王者荣耀）、DOTA 2、《梦三国 2》、EA SPORTS FIFA、

《炉石传说》、《英雄联盟》、《和平精英亚运版》、《街霸5》。此外，官方还新增了两个示范项目，分别是AESF机器人大师赛和AESF VR运动。

近年来，中国游戏电竞市场保持着高速的增长，生态不断扩张，国内多个地区纷纷出台政策促进游戏电竞产业发展，形成了一定的产业规模和经济效益，形成了长三角、粤港澳、京津冀、成渝文化圈等电竞产业布局圈，初步构建起了游戏电竞与文创、科技、旅游、娱乐等多产业融合发展的创新发展格局。自2019年以来，北京、上海、广东、江苏、福建、浙江、四川、湖南、云南等省份先后出台了促进游戏电竞产业发展的政策措施或行动方案。上海作为国内电竞产业起步最早的城市，早在2017年就提出打造“全球电竞之都”的产业蓝图。上海市电子竞技运动协会、毕马威企业咨询（中国）有限公司2021年12月联合发布的《全球著名电竞城市产业发展指数指标体系设计与排行报告》显示，在2021年全球著名电竞城市综合排名中，洛杉矶、上海、首尔名列前三。2019年北京出台《关于推动北京游戏产业健康发展的若干意见》，提出2025年建成“国际网络游戏之都”、游戏产业年产值达到1500亿元等目标。《2021广东电竞产业发展报告》显示，2021年广东电子竞技从业人数在全国占比达到31.6%，电竞从业人数全国第一。深圳市、西安市、成都市、昆明市、银川市等也均在电竞产业政策中确立建设“电竞之都”的发展目标。例如，深圳市要打造“粤港澳大湾区里的全球电竞之都”；西安市要打造“丝绸之路国际电竞之都”；成都市、银川市分别提出建设“电竞文化之都”“电竞之都”。《福建省促进电竞产业发展行动方案（2021—2023年）》提出，力争到2023年将福建建成具有一定影响力的“海峡国际电竞港”。

2021年印发的《“十四五”文化产业发展规划》提出，要推动电子竞技与游戏游艺行业融合发展，并鼓励开发沉浸式娱乐体验产品。在此基调下，“十四五”时期，游戏电竞产业将继续以品牌创建为引领，以产业集群园区为发力点，在一线城市、新一线城市、文化科技融合度高的二、三线城市中加快发展。

（三）数字文旅领域

在近几年促进数字赋能文化旅游政策频出的推动下，数字文旅发展思路逐渐清晰。受疫情影响，旅游业主动拥抱数字化，一方面通过数字化运营开拓消费新方向以维持疫情下生存，另一方面通过文化资源数字化创造新产品以实现产业升级。从用户洞察、服务综合管理、应急管理，到虚拟体验、互动体验、沉浸体验，文旅产品更加丰富、体验更加多样。疫情防控中休闲旅游更趋本地化、微型化，文旅目的地的打造更加注重内涵挖掘，同时也更加快速灵活，并逐渐呈现全龄化、全时化等特点。

例如以自然历史文化资源为核心竞争力的博物馆，数字化策略成为其进一步提升旅游体验、增强吸引力的关键。数字化技术不仅不断丰富了博物馆的现场体验，还打造出独具特色的线上体验。如依托古蜀文明遗址——金沙遗址建设的成都金沙遗址博物馆，早在2014年即被列为全国首批7家智慧博物馆试点单位之一，通过对文物和遗址进行三维数据采集、开展藏品智慧管理系统构建、文物科技保护及文物保存环境监测等方面进行的大量探索，现已打造智慧金沙导览系统、“再现金沙”VR眼镜、“创意金沙”AR、知识驿站、“考古时空门”祭祀区虚拟漫游、“金沙祭祀”沉浸式体验等项目，为来访观众展示了神秘的古蜀文明。2020年成都金沙遗址博物馆策划开展了30场内容鲜明、主题突出、形式多样的线上直播，总观看量超867万次。

数字文旅也成为近年来红色文化旅游资源开发的重要途径，人工智能、三维影像、虚拟现实等技术落地应用速度大大加快，红色文化旅游资源的数字化进程也从简单的数字化复刻转变为动态关联，展览和作品既能线上留痕，也可以通过数字展品的形式永久收藏。中共中央办公厅、国务院办公厅先后印发的《关于实施中华优秀传统文化传承发展工程的意见》《关于实施革命文物保护利用工程（2018—2022年）的意见》等文件，均指出要强化战略思维，加强对红色文化资源数字化的组织领导，强调要切实做好“革命文物资源目录和大数据库”“适度运用现代科技手段，增强革命文物陈列展览的互动性体验性”等工作。中宣部文化体制改革和发展办公室于2020年和2021年分别公布了两批红色基因库建设试点单位，各试点单位将对陈列品、纪念碑（塔）、出版物、音视频等进行高精度数据采集，按照国家文化大数据体系统一标准进行结构化存储，并以历史事件、英烈人物、感人故事为线索，对红色文化数据进行专业化标注、关联，并实现了全国联网。2021年6月，为庆祝中国共产党成立100周年，深入推进“党的诞生地”红色文化传承弘扬工程，上海市委宣传部联合中宣部宣传舆情研究中心和市各有关单位在“学习强国”“随申办”系统上建设的上海红色文化资源信息应用平台——“红途”正式上线，实现了红色文化资源“一网统管”、红色文化应用“一网通办”、红色文化载体“一站服务”、红色文化信息“一站共享”，推进了上海市红色资源的展示利用、服务管理向科学化、精细化、智能化发展[①]。在上海首条“红色经典步道”中，使用手机扫描导览系统牌的二维码，便能出现历史与现实交叠的画面，借助智能定位、多传感器信息融合、地图导航与AR实时三维渲染等技术，在真实拍摄的道路画面上，以三维实景动态指引箭头将人们带入红色旧址、遗迹和场馆，重温峥嵘岁月。各地诸如此类的数字化基础工程在不断增加，红色文化资源内涵的挖掘得到加深，推动开发新的展陈方式、文旅场景、数字文创产品，为民众带来突破时空界限的丰富体验。

除了对现有文化资源进行深挖外，通过创造IP打造沉浸式文旅消费场景也成为近年来数字文旅领域的新赛道。从单体型的沉浸式剧本杀、密室逃脱、实验戏剧演艺等，到集合型沉浸式商业空间例如“文和友”“和平菓局”“这有山”等，再到沉浸式主题乐园如只有河南·戏剧幻城、北京环球度假区，沉浸式娱乐项目在国内遍地开花，在线下娱乐场所因疫情影响受到重挫的大环境下，以其更强的娱乐体验和社交属性、更高的客单价及更快的内容迭代等特点，成为新一代消费者的主流线下娱乐方式，拥有近千万的消费者，市场规模达到百亿元级别。2021年6月开业的只有河南·戏剧幻城以独特的“实景演艺+主题公园”模式一举成为现象级打卡点，拥有可同时容纳5000名观众的56个格子、21个剧场，每天近700分钟不重复的演出戏剧，由声光电技术与近800位演员共同营造的沉浸式戏剧成为主题乐园的被消费主体。目前，中国沉浸式产业的规模及项目数量已经在全球范围内跻身前列，还在客观上助推了中国文化在全球的输出。虽然近三年线下娱乐场所因疫情影响受到重挫，沉浸式娱乐依然代表着未来线下娱乐的重点发展方向。

（四）数字藏品领域

数字藏品是指使用区块链技术进行唯一标识的经数字化的特定作品、艺术品和商品，包括但不限于数字画作、图片、音乐、视频、模型等各种形式，为虚拟数字商品而非实物，在保护其数字版权的基础上，实现真实可信的数字化发行、购买、收藏和使用。数字藏品与虚拟货币等同质化代币不同，每

① 上海红色文化资源信息应用平台——“红途”正式上线！[EB/OL].（2021-06-21）. http://www.shwmsj.gov.cn/xxxc11gc/2021/06/21/Tfe9751-abae-43ce-913a-bf67de88ab3e.shtml.

一个数字藏品都代表特定作品、艺术品和商品或其限量发售的单个数字复制品，以特定作品、艺术品和商品的实际价值做支撑，但不具备支付功能等任何货币属性，因此数字藏品可以看成去金融属性的非同质化代币（NFT）。NFT作为可锚定现实物品的数字凭证，其预想中的最宏大的应用场景当属元宇宙，在被称为“元宇宙元年”的2021年，NFT也呈现爆发式增长。2021年3月，数字艺术家Beeple的艺术品*Everydays：The First 5000 Days*在英国拍卖平台佳士得以6934.625万美元卖出，成为当时价格最贵的NFT艺术品。2021年12月，被粉丝誉为“NFT界毕加索”的艺术家Pak的项目“Merge”在NFT交易平台Nifty Gateway向公众公开发售，9180万美元的成交价格超过杰夫·昆斯成交价9107.5万美元的实物雕塑《兔子》，Pak一举成为“全球最贵在世艺术家”。

在国内，数字藏品的开发风生水起，从互联网企业到传统企业，都开始发行数字藏品，其中依托文化遗产开发的数字藏品广受好评。随着文物数字化的持续推进，互联网上公众可触及的文博文物数字内容呈现爆炸性增长，区块链技术在保护并合理利用数字文物资源方面提供了一个解决方案，即对数字作品进行标记生成唯一数字凭证，使得数字作品在发行、购买、收藏和使用等全生命周期真实可信，明确了数字内容的权利归属，有效保护了发行者版权和消费者权益，区块链将成为文博文物数字化新一代基础设施。2021年10月支付宝旗下的蚂蚁链粉丝粒（鲸探的前身）推出针对文博领域的“宝藏计划”，故宫、国家博物馆、湖北省博物馆、湖南省博物馆、河南博物院等多家文博单位与其合作发行了源自馆藏的文创数字藏品。随后“宝藏计划”拓展至文旅、非遗领域，推出了多个数字藏品。2021年11月，成都金沙遗址博物馆在线上发售4款数字藏品，这些藏品以金沙遗址藏品IP为基础，在二次创作中融入了博物馆建筑及古蜀文化，4万份产品不到一分钟即售罄。湖北省博物馆依托镇馆之宝“越王勾践剑”与鲸探开发发售的1万份数字藏品每份售价19.9元，不到3秒即告售罄。发行文物数字藏品对于文物保护、文化传承与传播具有重要意义，拓展了文化产业的可能性边界。文物数字藏品的热销展现了文化保护与传承的新途径，文物数字藏品成为让文物“活起来”的新型载体，较低的单价降低了大众参与难度，而高销量带来的可观收益又可以反哺文物保护工作。

另外，因数字藏品多依托已有的文化资源甚至是文物资源，虽然实现了文化遗产的“数字永生”，扩大了文化传播范围，但由于其生成规律涉及文物相关权利的分离，具有投资与管理风险，相关监管需要得到加强和完善。文物数据的拷贝与传播有可能影响文物安全，甚至会对文化资源与知识产权造成威胁。限量发售的文物数字藏品还可能面临恶意炒作与二级交易的财产风险，与文物保护与传承的初衷背道而驰。2021 年 6 月，支付宝联名敦煌美术研究院推出敦煌飞天和九色鹿皮肤的数字藏品，数秒售罄后一度被炒到原价数万倍的价格，监管部门因此叫停了二级市场交易。2021 年 10 月，由国家版权交易中心联盟牵头，中国美术学院、浙江省杭州互联网公证处、央视动漫集团、湖南省博物馆、蚂蚁集团、京东科技、腾讯云等共同发布了《数字文创行业自律公约》。这是国内首个面向数字文创领域的行业公约，提出“坚决抵制任何形式的以数字文创作品为噱头，实质发行和炒作虚拟货币的行为；坚决抵制任何形式的数字文创作品价格恶意炒作，防范投机炒作和金融化风险”。文化遗产数字藏品要保持文化保护与传承的初心，需要继续建立健全监管机制与法律法规，恪守技术向善，最终形成健康稳定的数字藏品市场。

（五）文化大数据领域

文化大数据领域以提供涉及文化的数字化产品及服务为人们所知。在这一领域，数据作为基础性资源推动资本积累和再生产发展。随着互联网、物联网、云计算、人工智能等新兴信息技术的发展，个体和组织的活动痕迹能够实现实时记录，形成海量数据，并可以对这些数据进行加工、分析、传播和利用，提供高附加值的数据产品和增值服务。我国文化大数据产业诞生并兴起于腾讯、阿里巴巴等互联网公司大举进军文化产业，传统影视、游戏等文化企业则凭借其优势资源及创新技术入局，字节跳动等原生大数据公司横空出世，多元布局激发整个产业链价值提升，将大数据技术引入文化创意产业，通过大数据分析和网络营销，刺激和拉动文化创意产品的消费需求，改变传统文创产业的运营模式。

文化大数据最直接的、广为人知的应用场景是文化产品和服务的精准营销。通过大数据、人工智能等技术，对大规模人群的喜好数据进行分析，明确细分目标受众的品位和需求，形成对消费者全面完整、详细精准的认知，清晰的用户画像可用于进一步深度洞察需求，进而引导需求，实现个性化推荐和精准式营销，在此基础上还可以挖掘潜在需求，创造出适销对路的文化产品。字节跳动旗下的今日头条主要是依靠人工智能维持运作，根据读者的点击习惯，洞悉用户喜好，大量推送相关的内容，在感官上服务用户，形成较高的用户黏着度。相比之下，同时期的以腾讯、新浪、网易和搜狐为代表的传统资讯类软件采用的还是旧式的人力编辑模式。今日头条模式一举成为爆款。

文化大数据同样可以作为服务宏观行业管理的利器。行业主管部门决策离不开翔实、可靠的行业发展信息。大数据的统计分析数据大、干扰性少、反映面广，而且真实、客观、可靠、准确，更能反映企业、消费者等行业主体的真实动态。政府部门通过大数据可以更快地获取和验证行业数据，针对行业发展现状和问题开展多视角、多层次、多维度分析，服务于政策制定和评估，提高政府决策效率，降低决策风险和成本。

（六）数字文创重点地区

北京、上海、深圳等地是我国文创产业重镇，同时也是科技创新中心，科技赋能数字文创是文创产业不约而同的选择。从地方政府的行动来看，长三角城市正在跑步进入这一全新赛道，粤港澳大湾区则以其特殊的地理位置成为中国数字文创的窗口地区。

上海是我国较早发展文化创意产业的城市，产业发展一直居于全国领先地位。2019 年，上海市委、市政府印发《关于加快本市文化创意产业创新发展的若干意见》，围绕推动全球影视创制中心、艺术品交易中心、亚洲演艺之都、全球电竞之都“两中心两之都”建设目标，以推动长三角一体化更高质量发展和自贸试验区改革开放全面深化为契机，充分发挥“源头”和“码头”优势，从继续深化改革、改善服务环境、完善政策保障、壮大市场主体、提升产业能级和核心竞争力等方面，全面打响“上海文化”品牌，促进文化和科技深度融合。以数字技术为载体的新兴文化产业形态迅速崛起，文化产业呈现内容化、移动化、智能化、深融合的特点。近年来，围绕上海张江国家数字出版基地、中国（上海）网络视听产业基地、国家对外文化贸易基地、金山国家绿色创意印刷示范园区、国家音乐产业基地（上海）等一批国家级产业基地，上海文化科技融合发展成效显著，基地辐射带动效应不断增强，区域协同方面构建形成了一轴、一圈、两带、多区的产业空间布局，引导产业集聚发展。根据上海市人民政府印发的《上海市产业地图》，上海 80%以上文化创意产业园区位于中心城区，贯穿北部大学密集区，沿苏州河及内环线分布。2021年12月，《上海市电子信息产业发展“十四五”规划》在聚焦前沿领域、前瞻布局关键技术研发方面，特别提及“元宇宙”。这也是元宇宙首次被写入地方“十四五”产业规划，展现了上海产业部门“尤其要在数字经济、绿色低碳、元宇宙领域发力”的勃勃雄心。

广东省以率先改革开放的勇气，当仁不让成为中国南部文化创意产业的中心地。广东省的数字文创产业涵盖工业设计、数字内容创意、内容创意设计、文化旅游、文化先进技术攻关等多个领域，近年来动漫游戏等新兴业态也实现了较快速的发展。早在2015年广东省人民政府印发的《广东省推进文化创意和设计服务与相关产业融合发展行动计划（2015—2020年）》中就提出提升工业设计能力塑造广东制造新优势、加快数字内容产业发展、提升人居环境质量、提升旅游发展文化内涵、挖掘特色农业发展潜力、拓展体育产业发展空间、提升文化产业整体实力等主要任务。而深圳工业设计产值占据着我国工业设计总产值的“半壁江山”，深圳获得的iF和红点设计奖数量居我国内地大中城市首位。数字文旅被视为广东文旅产业最具潜力的板块之一。《广东省文化和旅游发展“十四五”规划》多次提及大湾区文旅发展的“数字化”，提出推动文艺、文博、非遗等传统文化行业线上线下融合发展，培育一批旅游演艺精品项目、线上演播项目、沉浸式体验项目、数字艺术体验场景。以华强方特文化科技集团等创意文化企业为例，用“文化+科技”自主创新讲述中国故事，打造从主题乐园创意设计、研究开发、内容制作、施工建设到市场运营的全产业链运营，在主题乐园、动漫产品、特种电影等多个领域打造了众多具有世界影响力的文化精品，利用高科技技术创造出了更具商业价值的产品和服务。2021年下半年因大获欢迎而延长展期的空山基海洋生物系列作品全球首展，成为广州K11最具经济价值的展览之一。展览上，用数字技术模拟一个电梯空间，带领观众去海底，从而展现海底景象。该展览3个月录得近1500万元，连带消费超过2200万元。2021年底，故宫和腾讯合作，在深圳举办了一场“没有文物”的沉浸式数字文物展，首次通过AR技术将乾隆皇帝为自己退位后休养预建的殿宇——倦勤斋向观众呈现，故宫恢宏大气的红墙绿瓦、敦煌技艺精湛的石窟壁画被带到千里之外，实现了数字技术助力文化遗产的创新传播，取得了更广泛的社会效益和更高的经济效益。

四、科技赋能数字文创发展新趋势

随着数字经济逐渐成为中国经济的核心引擎，文化产业的数字化变革也将持续深化，数字文化产业作为一个新兴领域，其高速发展对监管提出了新的挑战，顶层设计需加快完善，为建立健全数字文化产业监管提供依据；以新发展理念推动文化产业高质量发展，发挥数字化技术力量为高质量内容提供支撑；需形成更具韧性的线上线下融合、城乡协同发展模式，发挥文化产业助力区域发展的战略作用；同时继续促进文化产业与实体经济深度结合，走出一条良性发展道路。

（一）日益完善的顶层设计为新兴领域监管提供依据

从全球范围看，数字经济正在成为疫后经济恢复的强动力，疫情下数字经济展现出顽强的韧性，数字文化产业也不例外。疫情彰显数字文化产业的重要性和发展空间，同时也凸显监管的重要性，平台垄断、隐私泄露、大数据杀熟等问题在全球范围都面临挑战，各级政府部门在防范头部平台垄断、保障数据安全、弥合数字鸿沟、打击逃税等方面，都在不断提升监管与治理能力。例如涉及电子竞技的监管，自从2003年国家体育总局批准电子竞技成为正式体育竞赛项目后，电子竞技虽被纳入正规化发展轨道并高速发展，但围绕这一领域的争议依然热度不减，更是因为游戏产业保护未成年人的限制而成为争论焦点。文化产业中文创开发所面临的知识产权法律问题目前已受到各界关注，具有潜在金融属性的数字文创的出现还引发了建立市场、知识产权及金融等领域联合监管的广泛讨论。在政策端加强约束性监管的同时，内容层面的引导也成为关注点。2022年初，《上海市密室剧本杀内容管理暂行规定》出台，规范引导密室剧本杀文化业态健康发展，让上海成为全国首个正式将“沉浸式”娱乐纳入管理的城市。可以预见，今后一个时期，只有立足中国数字文化产业发展实践，借鉴国际治理中经验教训，从制定行业标准、落实监管责任、培育市场主体、强化人才培养等重难点问题入手，建立健全数字文化产业治理体系，才能扬长避短推动数字文化产业健康持续发展。

（二）科技赋能为提供高质量内容锦上添花

文化产业中始终存在商业与艺术的对立与统一，在数字时代也不例外。互联网时代渠道和平台的作用被放大，导致很长一段时期存在着渠道为王、流量至上的情况，产业虽然在高速发展，内容的质量却得不到保证。随着文化消费的转型升级，靠粗制滥造甚至是刻意低俗的内容哗众取宠、吸引眼球的策略逐渐失去阵地，优质内容的稀缺又重新引起关注。例如爱奇艺取消了前台播放量显示，转而用综合用户讨论度、互动量、多维度播放类指标的内容热度来代替，进入了告别“唯流量”的时代。文化产品最终回归内容为王，数字化技术固然重要，然而作品的永久流传却依然要靠其文化内涵。目前的数字技术推陈出新，如果高质量内容供给不足，则会陷入技术有余、内涵不足的困境。现在要实现天崩地裂、千军万马的特效场面已经不再是难事，人工智能换脸还能呈现不可能被拍摄到的场景，但是再先进的技术也救不了漏洞百出的剧情，靠炫技赢得市场的可能性已经越来越小。只有真正高质量的文化内容，才能在技术持续进步中展现长久的生命力。

（三）智能技术与智能硬件结合解锁新赛道

随着电竞产业的发展与技术进步，以智能设备（无人机、无人车、机器人等）为代表的线下硬件设备竞技项目，也逐渐被归入了电竞范畴，成为人工智能、信息技术、机器人、智能制造等高新技术在数字文化产业的重要应用场景，在促进文化科技融合、智能科技发展、减少游戏负面社会影响等方面具有重大意义。智能设备竞技与传统竞技项目相比，比拼的重点转移到了从人工智能到机械电气的一系列软硬件技术，不仅扩展了电竞产业的生态边界，代表电竞发展的未来方向，还能推动实体产业发展，成为一个国家智能硬件领域实力的展示舞台。可以预见，电子竞技将由以传统游戏电竞为主转变为传统游戏电竞和智能硬件电竞齐抓并重，有效激活无人机、无人车、机器人等相关领域制造业发展，形成智能设备新赛道，促进科技创新和制造业升级。

（四）线上线下融合促进区域协同发展

数字经济在国内不同区域的发展并不均衡，这一情况在数字文化产业中并无例外。从数字基础设施的建设利用，到数字技术的研发创新，都呈现自东向西逐级减弱的趋势，而数字化特征明显的新兴文化业态更是青睐高效、高回报的市场，从而加剧了区域发展的不均衡。现存的数字鸿沟和亟待开发的下沉市场之间的矛盾是数字文化产业发展中难以解决的结构性问题。数字文化产业一边被寄予振兴欠发达地区文化、增强文化普惠的厚望，一边还需解决陈旧的硬件终端、高昂的流量费用、尚未完全普及的移动支付手段等技术问题。

（五）运营模式优化带动可持续发展

数字技术的研发需要大量的先期投入，技术的应用与迭代更新又需要庞大的市场，这对于越来越重视体验的文化消费而言意味着数字文化企业亟须找到可持续的运营模式。最近几年的疫情影响更强化了这一诉求。以沉浸式数字文化体验项目为例，体验与运营成本之间依然存在矛盾，降低客流可以改善体验但势必增加运营成本，在前期研发、场景布置费用居高不下和更新迭代速度相对较慢的情况下，再加上体验型产品复购率往往较低，要从“门票经济”转变为“场景消费运营”尚需时日。若能形成完整的商业模式，以单一体验项目为核心，带动周边及上、下游产业发展，利用“沉浸式”体验引流，将体验空间转化为消费空间，将能够形成持续的盈利能力。

五、创意产业发展展望

2022年，统筹疫情防控和经济社会发展成效继续显现，我国现代文化产业体系不断健全，文化产品供给质量稳步提升，文化消费市场总体趋向活跃，文化市场主体发展活力进一步增强，文化产业规模有望持续发展壮大。在发展面临风险挑战和存在新的经济下行压力的情况下，稳增长的重要性更加突出，文旅产业尤其如此。由于疫情仍有反复，尤其是境外疫情输入压力持续加大，加之国际形势、经济周期等多重因素，文旅产业受严重影响持续两年有余，而文旅产业体量大，2020年文旅产业增加值占GDP比重合计接近8.5%，只有加大对文旅企业的支持力度，才能减缓进而改变文旅产业下行态势。在今后一段时期内，减负纾困工作仍然是必需，必须尽快落实小微文旅企业所得税再减半征收、增值税留抵退税制度；提升文旅企业普惠小微贷、信用贷比重，加快税务等单位与金融机构共享文旅企业信用信息，扩大政府性融资担保对小微文旅企业的覆盖面；用好地方政府专项债券，支持有潜力的文旅项目融资建设；对文旅企业用电实行阶段性优惠政策，加大拖欠账款清理力度，提高中小微文旅企业失业保险稳岗返还比例。

（一）科技赋能与产业数字化转型持续推进

根据国家统计局数据，数字文化新业态特征较为明显的16个行业小类，2020年、2021年两年营业收入平均增长20.5%，高于文化企业平均水平11.6个百分点，占文化企业营业收入的比重为33.3%。数字文化产业正日益成为文化产业发展的增长点和坚实支撑，文化产业数字化将得到持续推进，京津冀、长三角、粤港澳大湾区等数字经济基础较好的区域积极参与国家战略性新兴产业集群建设，以数字文化产业为主导产业的园区积极创建国家级文化产业示范园区，“专精特新”文旅企业特别是有核心技术的数字文旅企业将加快北交所、科创板上市步伐。2021年最受市场关注的热点无疑是“元宇宙”。“元宇宙”最早起源于科幻概念，用以指一个可以映射现实世界，又独立于现实世界的虚拟空间，现实中的人使用数字身份在“元宇宙”中生活，进行娱乐、社交、学习和工作等。元宇宙被认为将打破现实和虚拟世界的边界，在游戏、社交、娱乐、教育、内容、消费等领域有着广泛的应用前景，从文化产业的角度看将带来商业模式的升级和市场空间的巨大成长。这一预期如此诱人，以至于在尚未形成最终统一形态描述的情况下，上至政府、下至企业已经开始布局。

（二）文化自信引发传统文化出圈

据国家外汇管理局数据，近年来我国文化服务贸易进出口规模逐年增长，2009年至2021年，我国文化服务进出口规模由177亿美元增长至1244亿美元，2021年文化服务进出口规模首次突破千亿美元。同时，文化服务贸易总体呈现顺差。2009年至2021年，我国文化服务贸易顺差从28亿美元增至139亿美元，其中，核心文化服务和相关文化服务均呈小额顺差。2021年我国核心文化服务贸易顺差14亿美元，相关文化服务贸易顺差125亿美元。在不断增长的文化贸易进出口数据背后，是始终与时俱进的传统文化和不断增强的文化自信。国潮流行、传统文化破圈背后，是传统文化与新元素的不断结合及创新发展，日新月异的数字技术，为中华优秀传统文化的传播、转化、创新开辟了新的空间和路径，熟悉的文化基因和全新的创作与传播体验实现了优秀传统文化的创造性转化和创新性发展，使优秀传统文化焕发新生机，唤起了国家崛起背景下年青一代对传统文化发自内心的认同，激发了文化自信。

（三）文旅融合日益成熟

疫情严重冲击文化和旅游行业，也强化了文化和旅游融合发展的必要性认知。疫情防控中，实体空间消费曾一度基本归零，文旅在线消费需求强烈而庞大，线上文旅产品获得了长足的发展，也出现了资源融合转化准备不足、模式不成形的问题，这一切倒逼旅游行业走上深挖文化内涵的发展路径。同时，疫情带来的文化旅游消费习惯的变化，将继续改变传统文旅市场的面貌。疫情影响下，就地过节、就近旅游成为很多人的选择，促使旅游业发展重心由“旅游城市的建设”转变为“城市旅游的完善”，就近、就地的文化旅游使得消费者更加注重体验的质量，小型化、个性化、差异化、垂直化的旅游获得消费者青睐，高质量文旅体验成为重游、复购赢家，旅游景区依靠门票收入的盈利模式被依靠二次消费的模式取代，文旅消费的带动效应更加明显，从行前策划、出行交通、餐饮住宿、观影购物甚至行后的互动反馈等领域，都将体现更加紧密的文化旅游融合特征，促进文旅行业持续推进高质量发展。疫情的考验也促使更多文旅企业开展多元化经营，以增强抗风险能力。不同内容抱团取暖、线上线下互补、东边不亮西边亮已经成为众多文旅企业的生存策略，市场主体的融合将进一步推动文化与旅游的全面融合。

（四）消费与投资双拉动

疫情对文旅产业产生的严重影响主要在于：一方面疫情反复及防控政策影响了线下客流，另一方面疫情对经济的影响导致居民文旅消费能力和意愿下滑。根据《中国文化及相关产业统计年鉴 2021》，2020 年，我国居民人均文化娱乐消费支出为 569 元，较上一年下降 32.9%。从国家部署而言，依然是“坚定实施扩大内需战略”，“打通生产、分配、流通、消费各环节，增强内需对经济增长的拉动力”。在促进文旅消费方面，在提高疫情防控的精准性的同时，防止层层加码的防控政策对文旅产业产生不必要影响；同时丰富文旅产品和服务，推动文旅产业线上线下深入融合，鼓励发展以线上文旅 IP 为主题的线下沉浸式文旅项目，持续推进文旅消费示范城市、夜间文旅消费集聚区建设，支持发展高品质近郊游、露营基地等文旅项目，以减轻疫情导致的暂停跨省旅游影响。目前，第一、第二批国家文化和旅游消费示范城市、国家文化和旅游消费试点城市已开建。

尽管疫情让文化和旅游行业遭受重创，但长期行业整体依然看好文化消费市场，政府层面继续加大引导资金对居民文旅消费的撬动作用，同时给予相应政策扶持。清华大学国家金融研究院文创金融研究中心发布的《中国文化产业投融资市场报告（2021）》显示，2020 年下半年文化产业投融资市场出现拐点，2021 年文化产业投融资市场融资次数达 1058 次，同比增长 21.2%，已超疫情前水平，高于 2019 年水平。2021 年初，为持续深化文化、旅游与金融合作，加大文化和旅游企业融资帮扶力度，文化和旅游部、国家开发银行等 7 家单位联合遴选出 320 个全国文化和旅游投融资项目，总投资 6194.1 亿元，拟融资 2325.4 亿元。这一遴选工作始于 2019 年，按照“有效市场和有为政府更好结合”的定位，采取政银合作模式，合作金融机构全程参与项目征集及评审，并为入选项目提供融资等金融服务。本次入选项目涉及的行业广泛，产品服务形态多样，乡村游、自驾游、生态游、康养游、研学游等个性化、定制化的新业态项目占比近 50%，近 30%的项目包含人工智能、VR、全息影像等高科技手段内容，不断以科技手段提升文化和旅游消费体验或以高科技文化产业园区为主体推动产业向高端化、智能化、融合化方向发展。此次入选项目所展现出的新特点、新产品、新业态，既反映出了当前我国文旅产业正在进入以高质量发展为主题的新阶段，也折射出了行业主管部门推动文旅融合发展正在由过去的政策引导向强化项目支撑转变。2021 年 4 月，文化和旅游部、国家开发银行《关于进一步加大开发性金融支持文化产业和旅游产业高质量发展的意见》出台，旨在推动文化、旅游与金融合作不断深化，持续拓宽合作领域、提升合作层次，进一步完善文化产业和旅游产业投融资体系，更好发挥开发性金融优势，加大开发性金融对文化产业和旅游产业高质量发展的支持力度，主要开展支持重点重大项目建设、支持试点示范工作推进、支持产业创新发展、支持各类市场主体发展壮大、支持产业国际合作等工作，推进社会主义文化强国建设。

（五）城乡文化产业协调发展推动乡村振兴

2021年是“十四五”开局之年，中央一号文件《中共中央　国务院关于全面推进乡村振兴加快农业农村现代化的意见》发布，国家乡村振兴局正式挂牌成立，国家农村工作的重心从精准扶贫全面转向乡村振兴，而乡村振兴的重中之重在于产业振兴。产业振兴离不开文化振兴，我国乡村拥有丰富的历史文化名镇（村）、传统村落、民族村寨、农业文化遗产、非物质文化遗产等文化和旅游资源，文化振兴乡村成为促进乡村新产业、新业态提质升级发展的重要抓手。乡村文创、文旅产业是相对偏远但拥有特色文旅资源的乡村发展特色产业的重要方向，甚至是部分乡村的唯一选择。“十四五”期间，文化产业将进一步融入国民经济主战场，尤其在服务乡村振兴等国家重大战略的落地方面将发挥更为重要的支撑和带动作用。在国家乡村振兴战略指导下，各地依托政府扶持、社会机构跟进和资源资本投入，围绕重点帮扶县、东西部乡村定点帮扶、乡村地域范围内特色文旅产业园区等载体内双创平台进行支持，同时开展乡村文旅专业人才培训，增强乡村文旅人才专业化能力，促进资源对接，在疫情常态化防控的大背景下带动乡村文化旅游市场发展。

（张京成、许玥姮，北京市科学技术研究院科技情报研究所，中国创意产业研究中心，文化创意产业标准化研究北京市重点实验室；杨洋，北京文投华彩文化咨询有限公司，总经理）

第二章

北京：科技赋能，首都文创进入数字化新纪元

一、2021 年北京创意产业发展总体情况

二、科技赋能引领首都文创数字化发展

三、北京创意产业发展展望

2021年是“十四五”开局之年，经过近几年的摸索与坚持，新冠肺炎疫情逐步得到控制，统筹疫情防控和经济社会发展成效继续显现，经济结构和质量持续优化提升，创新生态持续优化。在危机与变局前，北京充分发挥全国文化中心和国际科技创新中心示范引领作用，坚持创新驱动，攻坚克难，加快文化科技的深度融合，以数字化技术推动文化创意产业实现高质量发展。

一、2021年北京创意产业发展总体情况

2021年，北京市文化事业和文化产业齐头并进，文化供给更加多元化，文化创意产业在疫情冲击中应变求进，不断健全现代文化产业体系，稳步提升文化产品供给质量，文化消费市场总体趋向活跃，文化市场主体发展活力进一步增强，文化产业规模持续发展壮大，产业结构持续优化。

《北京市2021年国民经济和社会发展统计公报》显示，2021年末共有公共图书馆24个，总藏量7308万册；档案馆18个，馆藏案卷1007.9万卷件；博物馆204个，其中免费开放94个；群众艺术馆、文化馆19个。北京地区登记在册的报刊总量3403种，出版社525家，出版物发行单位10393家；全年引进出版物版权7633件，版权（著作权）登记102.6万件。年末有线电视实际用户612.5万户，其中高清电视实际用户373.5万户，超高清（4K）实际用户201.5万户。全年制作电视剧41部1580集，电视动画片22部5184分钟，网络剧66部，网络动画片27部，网络电影158部。全年制作电影186部，共有30条院线281家影院，共放映电影335.4万场，观众4224.4万人次，票房收入22.3亿元。

北京市统计局数据显示，2021年1—12月北京市规模以上文化产业收入合计17563.8亿元，同比增长17.5%，实现利润总额1429.4亿元，同比增长47.5%，发展势头强劲；吸纳从业人员64万人，同比增长4.8%。其中，文

化核心领域收入合计 15848.3 亿元，占北京规模以上文化产业总收入九成以上，凸显优势行业主导地位，同比增长 17.8%。同时，文化相关领域收入合计 1715.6 亿元，同比增长 14.4%，较之 2020 年实现了正增长并已超出疫情前水平，利润总额 86.2 亿元，增幅明显，同比增长 37.3%。

从文化核心领域各子领域看，文化娱乐休闲服务领域以 112.6 亿元总收入录得最高同比增长 38.5%，并且已经超出疫情前水平，但利润总额不升反降，凸显在疫情冲击下盈利压力仍较大，并未真正复苏。相比之下，内容创作生产子领域不仅以 3912.8 亿元总收入录得第二高，同比增长 30.8%，还以 1131.8 亿元的利润总额实现 132.6%的同比增长，结合这一领域 2020 年 1—12 月总收入同比增长 26%的高比例，展现出内容需求的快速增长。新闻信息服务子领域延续 2020 年的增长势头，收入合计 5124.9 亿元，同比增长 21.5%，连续两年实现两位数增长。文化传播渠道子领域收入合计 2727.4 亿元，同比增长翻正达 12.5%，但仍然没有恢复至疫情前水平。文化投资运营服务子领域收入合计 45.2 亿元，同比增长 11.1%，规模及盈利能力仍有较大提升空间。创意设计服务子领域收入合计 3925.3 亿元，同比增长 6.2%。从文化相关领域各子领域看，文化辅助生产和中介服务收入合计 761.7 亿元，同比增长 11.4%，已经恢复至疫情前水平；文化装备生产为 120.3 亿元，稍逊于疫情前水平，同比增长 8.3%；文化消费终端生产为 833.6 亿元，同比增长 18.4%，较疫情前增长显著。上述子领域中，除创意设计服务和文化装备生产外，其他 7 个子领域均实现了两位数收入增长，产业稳步复苏，但新闻信息服务、文化投资运营及文化娱乐休闲服务未能实现利润增长，产业盈利能力还需进一步提高。

需要注意的是，在科技创新和变革推动下，顺应多元化、个性化消费需求的新业态与新模式蓬勃兴起，文化创意产业加快了产业数字化进程，成为北京市数字经济的重要组成部分。北京市 2021 年全年数字经济①实现增加值 16251.9 亿元，按现价计算，比上年增长 13.1%，占全市地区生产总值的比重达到 40.4%，比上年提高 0.4 个百分点；其中数字经济核心产业增加值 8918.1 亿元，增长 16.4%，占地区生产总值的比重达到 22.1%，提高 0.8 个百分点。新

① 北京市统计局．北京全面加快建设全球数字经济标杆城市[EB/OL]．(2022－04－08)．http://tjj.beijing.gov.cn/zxfbu/202204/t20220408_2669178.html.

业态、新模式释放新活力，成为拉动文化产业发展的核心力量。

《北京市2021年国民经济和社会发展统计公报》数据显示，2021年旅游业逐步恢复，但仍未恢复到疫情前水平。全年接待旅游总人数2.6亿人次，比上年增长38.8%，恢复至2019年的77.6%；实现旅游总收入4166.2亿元，增长43.0%，恢复至2019年的66.9%。其中，接待游客以国内游客为主，达到2.5亿人次，增长38.9%，恢复至2019年的78.6%；国内旅游总收入4138.5亿元，增长43.7%，恢复至2019年的70.5%。受疫情影响，游客的出行习惯发生变化，同时，随着乡村振兴战略进一步落实，乡村旅游获得了更多的市场关注。2021年农业观光园1009个，实现总收入18.4亿元，增长19.4%；实际经营的乡村旅游单位（农户）6793户，实现总收入14.1亿元，增长48.4%，展现出巨大的市场潜力。

二、科技赋能引领首都文创数字化发展

数字文化产业是数字化的文化产业，数字技术贯穿创作、生产、传播和服务全链条，使文化产品或服务的原创力、传播力和影响力均得到前所未有的提升。国家层面专门针对数字文化产业整体出台政策始于2017年《文化部关于推动数字文化产业创新发展的指导意见》。时隔三年，2020年11月《文化和旅游部关于推动数字文化产业高质量发展的意见》旨在夯实数字文化产业发展基础，构建数字文化产业新生态。为落实国家战略，北京市对数字文化产业做出未来规划并提出了发展路线。2020年4月，北京市推进全国文化中心建设领导小组出台《北京市推进全国文化中心建设中长期规划（2019—2035年）》，提出到2035年，实现数字图书馆、数字文化馆、数字博物馆各区全覆盖，充分发挥数字文化服务在公共文化服务体系建设中的重要作用。2020年6月，北京市出台《北京市加快新场景建设培育数字经济新生态行动方案》，指出要围绕内容创作、设计制作、展示传播、信息服务、消费体验等文化领域关键环节，推动人工智能、大数据、超高清视频、5G、VR等技术应用，促进传统文化产业数字化升级，培育新型文化业态和文化消费模式；同时，聚焦北京城市副中心环球影城、设计小镇等重大项目技术需求，加强数字建筑等技术应用。2021年10月印发的《北京市“十四五”时期文化和旅游发展规划》提出，要推进公共文化服务体系数字化建设以及发展数字文旅。北京数字文化产业发展政策环境的持续优化，促进

了网络视听、动漫游戏、数字创意设计、数字文博等领域企业的发展壮大，从而推动了产业快速发展。

(一)代表性数字文创领域

1. 网络视听领域

突如其来的新冠肺炎疫情极大地改变了人们的生活，也改变了视听内容服务的提供方式，推动了以短视频、中视频、网络直播、超高清视频、5G应用为代表的新兴业态蓬勃发展，使其成为视听领域新生力量。第49次《中国互联网络发展状况统计报告》显示，截至2021年12月，我国网民规模10.32亿，较上年增长4296万。其中，网络视频用户规模达9.75亿，较上年增长4794万，而短视频用户规模就达9.34亿，较上年增长6080万。巨大的用户规模及增长，推动网络视听行业获得了飞速发展。短视频在2020年以后迎来爆发式增长，平台头部效应突出，并开始向垂直领域深度拓展，泛知识、泛生活、泛娱乐等多元内容需求旺盛，商业模式日趋成熟，内容变现能力显著提升。具有分支剧情选择、视角切换、画面交互等交互能力的互动视频也在逐步发展，兼具传统剧目和游戏的双重属性，在公众科普、展览、互动博物馆、互动反馈式教学、视频广告营销、电商等领域有着较为广阔的应用空间。疫情防控中直播服务需求大幅增长，电商直播成为新的增长极，还在助力决战脱贫攻坚中凸显独特价值，跨界助农，实现了社会效益与经济效益的统一。在线演出以其专业化水平与高品质内容逐步形成盈利模式。直播平台则整合优势资源，发力“直播+”带动产业链延伸，与视频、电商、社交、数字娱乐、文化旅游、垂直品类社区等互融发展，构建多元业务生态，融入泛在化场景，加速价值赋能。第49次《中国互联网络发展状况统计报告》显示，我国网民上网最主要的设备是手机，使用比例高达99.7%，而人均每周上网时长达到28.5小时，较2020年12月提升2.3小时。这一趋势继续推动5G应用加速落地。5G作为“新基建”的领头羊，为网络视听提供更加超高清、多视角、强互动、虚拟现实、智能化的视听体验。

近年来，北京不断完善网络视听行业发展的制度环境，坚持创新驱动，扶持优秀内容创作，涌现了如爱奇艺、字节跳动等一众龙头企业，推动行业快速发展。自2018年启动以来，北京广播电视网络视听发展基金以实施“新时代精品工程”为抓手，以基金为杠杆，不断赋能“京产”电视剧、纪录片、动画片、广播电视节目、网络视听节目等重点创作规划，每年都涌现出一批兼具时代价值、社会效应，引发观众共鸣的优秀作品。2020 年 9 月，北京市广播电视局发布“5G+”视听创新应用十大场景：5G+8K 超高清云转播、5G+视听内容云生产、5G 广播应用、5G+视听云服务、5G+云游戏、5G+云直播、5G+超高清内容展示、5G+视频监控、5G+全息投影、5G+分布式智慧监管。2021 年 11 月，《北京市“十四五”时期广播电视和网络视听发展规划》发布，明确要遵循科技创新和产业发展规律，发挥首都数字经济先发优势，全面推进内容创新、技术创新、产业创新、业态创新和体制机制创新，为北京广播电视和网络视听行业发展提供创新动力，逐渐凸显北京新视听在全国的示范引领作用。2022 年 1 月，全国首家全产业链视听产业园——中国（北京）高新视听产业园——获批在北京经开区设立。园区覆盖了视听技术研发、高新视听企业孵化、视听服务集成、创新业态运营、终端硬件制造等产业链关键环节，将推动超高清生产制作与装备研发、高新视听内容创意创作、高新视听创新应用、高新视听国际传播、高新视听行业服务平台建设等领域骨干企业和创新要素集聚发展，完善高新视听产业布局，以实现技术、内容、服务、应用全链条协调发展为重点，为推动新时代广播电视和网络视听高质量创新性发展发挥更好的平台效应。

2. *动漫游戏领域*

动漫游戏产业是北京文化产业发展的重点领域，市委、市政府印发的《关于推进文化创意产业创新发展的意见》中将动漫游戏作为北京重点发展的九大文化产业之一，支持举办高品质、国际性的电子竞技大赛，促进电竞直播等网络游戏产业健康发展。通过支持原创动漫平台建设，扶持优秀作品创作生产，加强移动终端动漫作品的开发推广，鼓励研发具有传统文化特色和自主知识产权的网络游戏等一系列工作，推动北京动漫游戏产业创新发展。2019 年，《关于推动北京游戏产业健康发展的若干意见》提出“一都五中心”的发展目标，即围绕建成“国际网络游戏之都”总目标，在北京建设全球领先的精品游戏研发中心、网络新技术应用中心、游戏社会应用推进中心、游戏理论研究中心、电子竞技产业品牌中心，并提出 2025 年北京市游戏产业年产值达到 1500 亿元。

根据北京市文化和旅游局及北京动漫游戏产业协会数据[①]，2021 年北京动漫游戏产业总产值达 1203.09 亿元，约占全国动漫游戏产值的 23.7%；相比

① 电玩巴士．2021 年北京市游戏企业总产值为 1022.61 亿元[EB/OL]．(2021－12－28)．https://k.sina.com.cn/article_1743028057_67e47f5902000yfkh.html.

2020 年的 1063 亿元增长约 11.64%。其中，动漫企业总产值约为 180.48 亿元，较之 2020 年的 158.71 亿元增长了约 13.7%；游戏企业总产值约为 1022.61 亿元，约占全国游戏市场收入的 34.4%，较 2020 年的 904.23 亿元增长了约 11.58%。同时，虽受疫情影响，动漫游戏企业出口产值仍大幅增长，达到约 575.33 亿元，与 2020 年的 459.29 亿元相比增长了约 27.12%。总体而言，北京动漫游戏产业已经形成全国领先的研发能力，重视原创并锐意创新，电竞行业也有后来居上之势。

依托在网络信息领域突出的研发优势，北京是全国动漫游戏业研发水平最高、研发人员最集中的城市之一，位于全国游戏产业第一梯队，昆仑万维、完美世界、金山游戏等大批国内著名游戏企业在北京创业孵化，网易、腾讯等互联网巨头在京设有游戏研发基地。近年来，国产动漫迅速崛起，北京凭借着雄厚的文化积淀和人才资源成为国产动漫创作高地。2021 年，三年一届的中国文化艺术政府奖动漫奖揭晓，北京追光动画出品的《白蛇：缘起》和光线传媒旗下彩条屋影业出品的《哪吒之魔童降世》均榜上有名，特别是《哪吒之魔童降世》2019 年上映后一战成名，拿下 50 亿元票房，占当年全国票房的 7.7%，拿下大奖属实至名归。这两部作品也奠定了追光动画与光线传媒在国产动画界的地位。

电竞产业方面，北京加大了政策支持力度，打造产业创新载体，例如在海淀区落地中关村科学城数字文化产业园，同时将电竞赛事整合到城市整体文化战略部署中，为北京全国文化中心建设提供了新的着力点和增长点。2021 年 5 月，“电竞北京 2021”系列活动掀起北京电竞产业发展的新热潮。“电竞北京 2021”围绕平台搭建、赛事举办、生态营造、消费引领 4 大主题，举办了论坛峰会、电竞赛事、文娱表演、网络综艺等各类活动 50 余项，不仅包括多项职业联赛、杯赛、区域赛、总决赛，还举办了一批全民赛、行业赛、校园赛、商圈赛、社区赛等非职业电竞赛事 32 项。其中，腾讯携 2021 年“王者荣耀”世界冠军杯总决赛、使命召唤大师赛 S2 总决赛、第九届“英雄联盟”高校联赛全国总决赛等一系列重磅赛事落地北京，完美世界围绕“DOTA 2”“CS：GO”两大 IP 打造了 PWL“完美世界”职业联赛、全国高校联赛和城市挑战赛体系，还涌现了 VR 电子竞技国际大赛、FE 电动方程式中国电竞挑战赛、Spark 火花锦标赛、“广电杯”青少年无人机穿越挑战赛等虚拟体育和新兴业态，不断拓展电竞产业的边界。同时，还以电竞为桥梁，助推传统商业开拓消费新场景、数字新模式，通过电竞 IP 和数字化产品技术，推动潮流元素与北京老字号、传统商业街区、电竞酒店等形成新组合，进一步打通线上与线下场景，以电竞带动商业模式创新与国际文化交流，助力商业实体与游戏内容生态实现共赢。

3. 数字创意设计领域

数字技术的进步给创意设计产业的物质载体、表现手段、传播方式乃至发展模式带来深刻变革，是创意设计产业发展的主要推动力。2012 年，北京成为继深圳和上海后国内第三个被联合国教科文组织授予“设计之都”称号的城市，入列联合国教科文组织 2004 年设立的创意城市网络。创意城市网络项目旨在倡导和维护全球化环境下的文化多样性，促进成员国之间交流与合作，覆盖设计之都、电影之都、文学之都、美食之都、文学之都等七个领域。获得“设计之都”称号的城市皆为以设计为发展主题和定位的创意城市，强调将设计理念融入城市社会经济文化的方方面面，以设计引领城市产业转型升级、空间环境提升及精神文化传承。北京以“科技创新”与“文化创新”为特色，一方面以丰富的科技资源和雄厚的创新优势为“设计之都”建设提供科技支撑，另一方面将其作为全国文化中心创新“设计之都”建设的文化内涵。北京拥有丰富的设计资源和良好的产业发展基础，将科技与设计有机结合，在促进设计研发、科技成果转化和设计与制造业融合发展中，形成了“科技+设计”的新模式，已经形成完整的产业链条和繁荣的产业生态。另外，创意产业的集群化发展，也在“设计之都”建设上释放出了巨大能量。这些优势成为“设计之都”建设的动力引擎，在加速产业融合、助推京津冀协作、促进科技成果转化、推进北京设计国际化、助力企业创新、提升北京设计影响力等方面发挥着重要作用。目前，北京已形成了建筑设计、规划设计、工业设计、集成电路设计等优势行业；三维扫描、数码渲染、快速成型等一批共性技术平台为设计创新提供了强大支撑；建设有张家湾设计小镇、大山子时尚创意产业功能区、北京 DRC 工业设计创意产业基地、中国设计交易市场、798 艺术区、751 时尚设计广场、国家新媒体产业基地等几十个设计产业集聚区，汇集了上万家各类创意企业。北京市统计局数据显示，2021 年全市规模以上文化产业法人单位中，创意设计服务行业法人收入合计 3925.3 亿元，占全市比重为 22.3%，仅次于新闻信息服务行业。

北京市作为全国文化中心和国际交往中心，通过举办或设立北京国际设计周、中国创新设计红星奖、中国国际时装周、联合国教科文组织创意城市北京峰会、联合国教科文组织国际创意与可持续发展中心等诸多品牌活动，扩大了北京创意设计行业知名度和美誉度，促进北京同世界其他重要创意城市交流互动，推进北京市文化产业融入国际氛围。北京国际设计周于2009年北京世界设计大会之际首次举办，自2011年起每年举办一届，由主题展览、设计之旅等内容构成，经过十余年的积累，其规模可以与国际知名的意大利米兰设计周媲美，还成为世界设计名城和国际消费中心城市建设的重要引擎。2021年9月，北京国际设计周产业合作单元的重要板块之“2021北京城市建筑双年展”在张家湾设计小镇举办。此次双年展主题为“未来·家园”，从城市、建筑、艺术、科技四个维度展示国内外杰出建筑设计案例、城市规划案例、城市建筑科技、建筑艺术装置等，为推动城市设计与建筑、科技等产业融合发展搭建平台，展现了数字技术在建筑乃至城市创新发展中发挥的巨大动能。例如，展会中的“数字孪生城市创新实验室”基于对全域数据的整理呈现、全域智能感知设备的接入、全域历史数据的回溯，极大提升了城镇管理者对小镇规划、建设、管理数据的控制力，提高了基于数据的决策速度和决策的准确性。又如，展出的三维打印建筑混凝土建筑，是利用数码技术进行设计，使用特殊混凝土在工厂完成精准打印，然后运到现场进行组装，会展后建筑废料可循环利用，实现低碳绿色。这一系列成果显示，数字技术给设计及建筑行业带来的巨大变革，已经呈现于城市设计全生命周期中。

4. 数字文博文创领域

我国博物馆数字化工作开展已有30年，大致可分为数字博物馆、虚拟博物馆及智慧博物馆三个阶段。目前，“智慧博物馆”已经被纳入博物馆定级的信息化评价指标，随着科技日新月异的发展，以及“元宇宙”等概念的涌现，智慧博物馆的内涵将进一步丰富。2021年5月，中宣部等九部委联合印发《关于推进博物馆改革发展的指导意见》，要求强化科技支撑，大力发展智慧博物馆，逐步实现智慧服务、智慧保护、智慧管理。2021年10月，国务院办公厅印发《“十四五”文物保护和科技创新规划》，明确要激发博物馆创新活力，推动博物馆高质量发展，开展智慧博物馆建设示范工作。在“文物活起来”的博物馆新时代大背景下，人民群众希望从博物馆获取文化知识、感受文化熏陶抑或休闲娱乐的需求催生了文博文创产业，主要依托博物馆、艺术馆、景区、文物等文博资源进行产业化引申。对各类文博资源可以进行多元化的开发，既可以开发实用性、观赏性的文博产品，也可以与旅游产业结合开发旅游线路，还可以融入影视制作中。文博元素的加入极大地提高了产业的附加值。数字文博文创是利用数字技术进行文博文创产品的创作、生产和传播，2021年多款依托文博资源开发的数字藏品试水，引起市场强烈反响。

作为全国文化中心和历史文化名城，北京文博产业资源极其丰富，全市备案的博物馆达 204 家，拥有长城、故宫等 7 处世界文化遗产，不可移动文物 3840 处，登录国有可移动文物 501 万件（套），年均接待观众超过 5000 万人次，拥有巨大的文博文创市场。为深入挖掘文博优秀元素，探索首都文化创意产业示范区建设的新途径、新方法，发现优秀文博创意单位与人才，北京文博大赛依托“北京文博衍生品创新孵化中心”的平台资源，围绕文博、艺术版权与原创设计的商业价值挖掘这一定位，创设了文博创意设计比赛板块，在推崇创意、创新的同时更加注重艺术版权的商业价值转化。通过专业的工业设计和产品化指导，让艺术作品以艺术产品的形式呈现，探索为文博单位实现“衍生品授权开发和销售反哺公共服务运营机制”提供创意集成和产品转化支撑服务。2021 年北京文博创意设计大赛收到近万件参赛作品，最终决出 30 个优胜项目，展现了博物馆文创强大的生命力。2021 年 9 月，腾讯与北京市文物局签订战略合作框架协议，双方约定展开包括“数字中轴”在内的一系列北京中轴线申遗相关合作。腾讯通过整合游戏引擎、AI 知识图谱、数字地图、区块链、多媒体实验室等多条线业务资源参与其中。同年 12 月，“数字中轴，点亮文明——北京中轴线申遗‘数字中轴’启动仪式”在正阳门箭楼亮相，上线了“北京中轴线，申遗有我”的线上互动体验创意，上线仅 5 小时就吸引了 50 多万用户参与，发行的首批 9999 件北京中轴线纪念版数字藏品“北京雨燕”，仅一小时就被用户领取完毕。“北京雨燕”数字形象共 20 款，参与者认领的雨燕可能拥有故宫纹样的翅膀、天坛纹样的头饰、“中”字造型的身体等，做到了“千燕千面”，强化了大众参与互动的记忆点，增强了大众对中轴线申遗的认同感和参与热情。

（二）科技赋能数字文化产业的路径

随着科技与文化产业融合的加深，文化产业的生产理念、生产元素和生产过程都在发生变化，这些变化推动了文化产业的数字化进程，催生了数字文化产业新面貌。

1. 革新文化产业生产理念

数字化技术的发展正在赋予文化产业新的关注维度，“低碳”“可持续”“智能”“开放”等理念在越来越多的产品和服务中得到体现，现实与虚拟的界限也在发生变化。合成生物学公司 LanzaTech 与运动服装公司 Lululemon 开展合作，利用改造梭菌制造出世界上第一种使用回收碳排放纺织的纱线和织物，这些织物可以重复循环利用，进行发酵和转化，有效降低碳足迹。首个将一种真菌发光基因导入观赏性植物的项目已经开始进入商业开发。利用改造的微生物酶将稻草等可再生资源转化成染料，已经在帮助印刷、纺织等行业变得更加环保。沉浸式娱乐将从低能耗薄膜扬声器的使用中受益，这种扬声器厚度类似纸张，可以将任何表面变成声源，打造三维音频将变得更加简单。由音乐理论家、作曲家和计算机科学家等组成的跨学科团队——奥地利卡拉扬研究所——用人工智能学习贝多芬全部已完成的作品和《第十交响曲》的乐谱草稿，将《第十交响曲》补充完整并向外发布。2021 年 1 月，虚拟偶像翎以京剧梅派第三代传人的声音，现场演绎梅兰芳代表作《天女散花》，成为首个登上央视舞台的虚拟偶像。2021 年 2 月，出道 9 年的洛天依献唱春晚舞台，以虚拟偶像身份争得一席之地。语音合成引擎的使用使每个人都可以为洛天依进行音乐创作，使其粉丝黏性远超真人偶像。元宇宙语境下，数字文化产业将拥有更为广阔的想象空间。

2. 活化历史文化资源

历史文化资源不可再生，包括环境监测、三维扫描、数字等的先进技术手段已被广泛运用于历史文化资源的保护工作。如北京文投大数据有限公司“基于文物数据高还原互动展示技术”项目，通过三维扫描得到文物的精准数据，然后使用专业的大型软件对三维数据进行整理、重构和贴图等工作，逼真还原文物三维信息，这些数据建库后可用于数字展览、辅助修复、文创衍生品等。又如故宫博物院的文物医院，拥有中国最大的文物科技实验室，配备近百台处于行业内领先水平的各类分析检测设备，承担文物保护技术研究、文物预防性保护研究和各类材质文物检测分析的工作。

数字化技术在历史文化资源开发展示及衍生品开发上也大有可为。例如，利用 AR、VR 技术可以复现一般游客无法看到的考古场景，如首都博物馆所开发的妇好墓穴虚拟挖掘现场；复原被破坏已无法修复的建筑景观，如利用 VR 技术复现圆明园景观；利用数字技术进行创作，如故宫博物院的 VR 电影《紫禁城：天子的宫殿》等。数字技术贯穿从文化形象的塑造到创意衍生品的打造、从实体产品的创作到影游文化内容的发掘、从线上营销到线上线下体验购买，以及从行业内到行业之间的跨界融合，是文创产业链构建的重要元素。

3. 丰富文化产业生产元素

科技的发展使得很多具备新特性的材料出现，这些新材料为文化产业开拓了新的想象空间。位于苏黎世市郊的瑞士联邦材料科学研究所的数字化建造实验中心，利用三维打印制造出前所未有的砂印技术混凝土板，这种材料结合了混凝土的结构强度和三维打印的设计自由度，80 平方米仅重 15 吨，最薄处的厚度仅为 20 毫米，可以以毫米的精度制造结构。而三维打印生产而成的新型集成地板，灵感来源于哥特式教堂拱顶的几何结构设计，无需钢筋即可通过其自身实现承重和稳定，不仅将许多功能元件整合隐藏其中，也使空间更加紧凑。艺术家与合成生物学公司 Ginkgo Bioworks 合作，从已灭绝的花卉标本中采集了微小的组织样本，由加州大学的古遗传学家从中提取了残留的 DNA，并利用合成生物学技术，将 DNA 序列与其他产生香味酶的物种的已知序列进行比较，还原这些灭绝物种的基因组序列。这些序列被放入酵母基因组中产生气味分子，重现了 18 世纪的花香，打造出来自已灭绝花卉的香薰用品。

4. 重塑文化产业生产流程

科技赋能最关键之处是通过重塑文化产业的生产提升整个产业的创造力。在科技支撑下，需求分析、产品设计、用户反馈、智能适应等环节分量增加。人工智能在建筑和城市设计领域有着较长历史，大数据分析技术及开放设计的出现，为人们提供了一个全新而系统化的视角来研究形式、材料、结构等建筑元素，使数据驱动的设计与建造得以实现。清华大学—中南置地数字建筑研究中心利用“机器臂自动砌筑系统”打造了“迷宫花园”。首先通过数字生成技术进行花园墙面设计，墙面模型生成后再对机械臂的运动进行编程控制，创新性地把机器臂自动砌砖与三维打印砂浆集成到全自动一体化智能建造系统中，从而建造出这个“世界上第一座智能花园”。5G 技术与多屏多视角、自由缩放结合，模糊了观众与导演的界限，观众可以实时进行全方位观看，获得半定制的观影体验。人工智能技术对于内容生产的重要性已经获得业内重视，用户分析与算法影响内容创新决策，交互式观影甚至可以提供多条故事线，内容的最终呈现被后移到受众端，形成全新的生产模式。融媒体作为文化传播的全新方式和重要载体，拓展了传统传播方式的边界，在传播中生产，在生产中传播，推动了文化领域供给侧结构性改革。

(三)科技赋能文创产业面临的挑战与机遇

疫情对文化产业造成了冲击，改变了产业的宏观环境，使数字文化产业发展面临新的挑战，同时也凸显新的机遇。疫情及国际新形势对数字文创产业宏观环境的改变，主要带来市场、技术和政策三个方面挑战。其中，市场挑战是最直接的。疫情发生以来，人们的消费习惯发生变化，一方面，以线上消费为代表的“宅经济”迅速兴起，线上互动、支付及相应的物流等配套需求随之增长，要求也水涨船高，渠道竞争更加激烈；另一方面，线下消费开启了低密度、高质量的新赛道，优质文化产品及服务的稀缺性和抗风险性更加凸显。这些变化带来的机遇也显而易见，以网络视听、数字文创等为代表的数字文化消费异军突起，短视频、直播、在线教育等行业不断拓宽文化消费的边界，在拉动经济、提振信心、产业升级方面发挥了重大作用；高科技加持的沉浸式文旅体验、数字化文创产品丰富多彩，文化内涵的深挖使其变得物有所值，优质内容重回竞争焦点。新的市场需求带来新的技术要求。线上文化消费需要更安全、更稳定、更快速的技术支撑，线上线下融合则将互动的、个性化的要求推到极致，大数据、人工智能、5G、虚拟技术、区块链技术在文化产业的应用不断加快并迭代升级，技术应用又带来新的监管和伦理方面的挑战。政策环境方面，新冠肺炎疫情暴发以来，政府陆续出台了减税降费、发行债券、刺激消费等一系列积极有为的财政政策，其中文化产业成为各项经济救济政策的重点领域，税收优惠、经营补贴、信贷、消费刺激等多种举措为后疫情时代文化产业发展提供了宝贵的政策机遇期。可以预见，手握数字技术的新锐力量及坐拥文化资源的传统玩家，在疫情冲击下将加快融合，依靠灵活的数字策略及富有诚意的内容赢得市场认可，成为推动文化产业转型升级的中坚力量。

三、北京创意产业发展展望

“十四五”时期，坚持创新驱动，加快文化科技的深度融合以实现提质增效，成为北京文化创意产业实现高质量发展的必然选择。

（一）数字化战略纵深推进

围绕北京建设全球数字经济标杆城市的目标，需抓住数字产业化和产业数字化发展机遇，深入推进数字技术在文化创意产业领域的创新转化，积极发展“互联网+文化”新业态新模式，推动文化科技融合高质量发展，更好地满足人民群众多层次多样化的文化需求。以文化产业园区建设、国家级文化科技融合示范基地的培育和建设、文化消费商圈打造为抓手，纵深推进数字化战略，补齐文化科技融合发展短板，进一步完善数字文化创新生态。在数字文旅方面，加强智能化的文化遗产保护与传承、数字化采集、文化体验、公共文化服务和休闲娱乐等高端文化装备的研制应用，引入数字展馆、电竞场馆、文化科技沉浸式体验空间等科技体验感强的新业态，推进智慧文旅新场景建设，以科技体验带动文旅消费。在影视演艺科技创新方面，超高清、虚拟现实、增强现实、混合现实等新技术应用所需的新型基础设施建设持续推进，数字艺术、交互体验、观演互动、智能演艺等领域的关键软件技术研发创新和装备将得到加强，影视与相关产业加深融合，沉浸式、互动式等新型演艺业态加快发展，以培育数字经济新增长点。传统音乐与数字音乐融合持续发展，推动音乐与大数据、人工智能等新技术融合创新。科技对游戏发展支撑作用得到强化，智能科学、体验科学、底层算法等基础研究以及游戏引擎、云游戏等应用技术开发有望获得突破，推动区块链等新技术在游戏领域的应用转化。数字文化可穿戴设备、智能硬件、沉浸式体验平台、应用软件及辅助工具的技术水平将获得提升，文化装备关键技术、重要工艺、应用模式等方面的标准规范制定与推广也成为重要建设方面。在推动数字经济发展、智慧城市建设和社会精细化治理发展方面，需推动文化领域与社会细分领域深度融合，提升智慧城市建设服务承载能力，为首都超大城市精细化治理提供智慧解决方案。从文化传播与媒体融合的角度看，需进一步完善数字文化创新生态，强化文化数据基础建设，积极开展数字文化新场景建设，提升文化产业新型基础设施支撑保障能力。文化大数据体系建设是新时代文化建设基础工程，要更好地发挥平台配置资源的作用，畅通文化数据流动，提升数据商用水平，激发数据资源要素潜力，促进共享精准对接，积极发展文化大数据加工、分析、应用等增值服务，促进文化繁荣。

(二)以知识产权推动高质量发展

健全现代文化市场体系，推动文化产业高质量发展，知识产权创造、保护和利用尤为重要。在疫情冲击下，文化产业的“IP 化生存”趋势更加明显，以知识产权为核心，强调原创、独特和故事性，塑造 IP 进入市场，通过线上宣传引流和线下独特场景体验相结合，搭建经济链条。北京要发挥文化底蕴深厚、科技资源丰富的优势，以更高效的服务促进知识产权创造，鼓励文化企业加强专利申请、商标注册、作品自愿登记、软件著作权登记工作，提高知识产权治理能力，建立文化企业、社会组织、政府三方协调的知识产权保护新机制，为文化企业提供专利快速授权、确权和维权服务，以更有力的监管推动知识产权保护。加大对著作权侵权违法的监管力度，推动新业态新领域版权保护，加强专业技术支撑，充分运用区块链、大数据等技术手段，提升版权保护工作效能。同时，要以更有效的运营促进知识产权运用，支持面向文化产出的知识产权平台建设，构建平台、机构、基金、产业多位一体的知识产权运营体系，加快研发应用区块链等新技术，包容审慎发展 NFT 等新兴艺术品交易形式，积极探索数字艺术新型交易监管，更好地服务知识产权保护和利用。

(三)优化空间布局，支撑城市协调发展

北京文化创意产业的空间布局优化是贯彻落实《北京城市总体规划(2016—2035 年)》的重要方面。按照全国文化中心建设"一核一城三带两区"的总体框架，推动首都功能核心区、中心城区、城市副中心、城市发展新城实施优势互补、区域联动发展，以文化产业园区为抓手，坚持创新驱动、重点带动，提升文化企业竞争力。在首都功能核心区聚焦北京城市历史文脉传承，通过中轴线申遗推动老城整体保护与复兴，保护利用好历史文化名城资源，通过发展文化演艺和文化体验促进文化消费。中心城区的建设重点是国家文化产业创新实验区、高品质文化商圈，是文化科技深度融合发展的产业集聚区，聚焦网络视听、游戏电竞、创意设计、数字出版等领域，建设具有国际竞争力的数字文化产业集聚区，打造数字文化产业集群。在城市副中心打造设计小镇、演艺小镇、度假区等文旅生态，提升文化品牌国际知名度。在城市发展新城区大力发展会展产业，利用好临空经济区、自贸区政策优势，做强做大文化贸易。在生态涵养区保护和利用好生态环境，挖掘文化文物资源内涵，壮大冰雪产业、体育休闲产业、创意农业等文旅产业。同时，落实京津冀协同发展战略，推动京津冀文化企业、文化产业园区及文化产业项目的沟通对接，培育具有京津冀特色的文化品牌，以区域间文化要素合理流动促进京津冀文化产业协同发展。

(四)文化赋能国际消费中心城市建设

2021 年经国务院批准，北京等五个城市被列入首批国际消费中心城市培育建设名单。国际消费中心城市建设是北京融入新发展格局"五子"的重要方面，已被纳入北京"十四五"规划的重点任务。"十四五"时期，北京将立足国际消费中心城市建设，抓住国家服务业扩大开放综合示范区和北京自由贸易试验区建设机遇，持续深化文化领域供给侧结构性改革，发挥文化对旅游和商圈消费、塑

造城市形象、提升国际影响力的赋能作用，加快形成双循环互相促进的新发展格局，提升文化产业发展质量和水平。通过创建国家文化和旅游消费示范城市，建立扩大和引导文化消费的长效机制。同时，一方面通过培育文化科技融合创新文化品牌、传承创新老字号等措施，培育具有全球竞争力和知名度的新型文化企业和产品品牌；另一方面培育壮大云演艺、云展览、云旅游等新型文化产品形态，积极发展线上线下融合的文化消费新场景，以高品质文化设施、文化景观、文化项目、文化业态打造文化消费新地标，鼓励公园、景区等文化旅游空间载体与演艺、影视、电竞等加强合作，拓展文化业态，扩充或建设集艺术表演、互动体验、时尚消费于一身的文化新空间。在北京的优势领域，如动漫、影视、电竞、音乐、体育等领域塑造精品文化 IP，同时打造以文化 IP 运营为核心的产业园区，提升文化消费吸引力。通过提升北京国际电影节、北京国际设计周等文化活动的影响力，进一步融入全球文化贸易体系，加快国家对外文化贸易基地及天竺综合保税区、国家文化出口基地建设发展和转型升级，把握网络化、数字化、智能化发展机遇，大力发展数字出版、动漫游戏等新兴产业，丰富文化出口产品和服务形态，增强文化企业“走出去”的竞争力，推动具有中国特色的影视、出版、演艺、动漫、游戏等版权出口，推动优秀文化产品和服务出口。

（许玥姮，北京市科学技术研究院科技情报研究所，中国创意产业研究中心，北科智库，文化创意产业标准化研究北京市重点实验室，助理研究员；杨洋，北京文投华彩文化咨询有限公司，总经理）

第三章

天津：科技赋能文创发展新空间

一、2021 年天津市文化创意产业发展概况

二、天津市推动科技赋能数字文创的典型做法及效果

三、天津市文化创意产业发展展望

2021 年是“十四五”的开局之年，是建党 100 周年，是全面建成小康社会、全面建设社会主义现代化国家的新征程开启之年，文化创意产业在这一年同样面临重大的变化，也孕育着新的机遇。天津市积极迎接产业发展的新变化与新机遇，推动科技与文创相互融合，文化创意产业实现新突破。

一、2021 年天津市文化创意产业发展概况

(一)强化政策引导，全市文化事业蓬勃发展

一是积极推动制度和政策调整，持续为加快文化产业发展、优化产业结构布局创造良好的体制环境和政策氛围。2021 年，先后出台了《天津市文化和旅游融合发展“十四五”规划》《天津市乡村旅游发展规划(2020—2023)》等重大战略规划。同时，也制定了《天津市关于促进文化和科技深度融合的实施意见》《天津市旅游服务质量提升计划实施方案》《天津市“十四五”时期推进旅游业高质量发展行动方案》《天津市深化“互联网+旅游”推动旅游业高质量发展的落实方案》《天津市文化和旅游行业信用分级分类管理办法(试行)》等，有力地支持了全市文化事业的发展。

二是 2021 年全市文化事业实现了蓬勃发展。围绕庆祝中国共产党成立 100 周年，举办“奋斗百年路　启航新征程”群众性文艺演出和“第六届市民文化艺术节”等演出活动，天津博物馆“红色记忆——天津革命文物展”“周恩来邓颖超纪念馆基本陈列”“平津战役基本陈列”3 项展览入选中央宣传部、国家文物局向社会公开推介的庆祝中国共产党成立 100 周年的 109 项精品展览。开展第三批基层综合性文化服务中心达标验收工作。截至 2021 年末，全市共有艺术表演团体 115 个、文化馆 17 个、博物馆 69 个、公共图书馆 20 个、街乡镇综合文化站 255 个。全市电影放映单位 109 个，放映场次 111.92 万场，观影人数

1682.64 万人次，实现票房收入 7.00 亿元。全年出版图书 9417 万册，期刊 2571.28 万册，报纸 1.85 亿份。全市规模以上文化及相关产业企业实现营业收入 1701.11 亿元，按可比口径计算，比上年增长 2.8%。

（二）以建党百年为契机，加快推动红色文旅发展

一是组织协调出台《天津市红色资源保护与传承条例》。组织协调《天津市红色资源保护与传承条例》文稿修改，并积极与相关部门研究商讨。2021 年 11 月 29 日，《天津市红色资源保护与传承条例》经由天津市十七届人大常委会第三十次会议审议通过，并于印发之日起施行。

二是公布《天津市第一批革命文物名录》。贯彻落实中共中央办公厅、国务院办公厅《关于实施革命文物保护利用工程（2018—2022 年）的意见》和市委、市政府相关工作部署，天津市文化和旅游局（天津市文物局）公布了第一批天津市革命文物名录，包括可移动革命文物 7154 件（套）、不可移动革命文物 56 处。这次公布的天津市革命文物名录（第一批）覆盖了旧民主主义革命、新民主主义革命、社会主义革命和社会主义建设、改革开放时期，时间跨度长，种类丰富，分布广泛。组织编写的《天津市可移动革命文物名录（第一批）》已于 2021 年 8 月出版。

（三）开展形式新颖的主题活动，讲好天津故事

一是举办"鼓楼津声"系列活动。为喜迎 2021 年的到来，在南开区鼓楼商业街举办了"鼓楼津声"系列活动，以充满仪式感的活动内容，讲述了 616 年的天津城市发展史，展示了美丽宜居的现代化大都市风貌。此次活动设置了 616 周年"天津建城日"专场，在铺陈古往今来天津城市发展成果之外，还由天津市副市长曹小红、作家冯骥才先生、美团集团代表共同打开城市生日蛋糕，在童声生日歌中将庆生氛围烘托到高潮。鼓楼灯光秀以高清、三维的画质配合立体、震撼的音质，加上耀眼、斑斓的激光配合周边的城市灯光，以非凡的技艺和手段体现了漕运文化、曲艺文化、餐饮文化等内容。文艺演出以京剧、鼓曲、民歌、曲艺摇滚等天津特色节目为主题，来自天津京剧院、天津歌舞剧院、天津曲艺团等单位的专业演员带来了原汁原味的高水平演出，天津曲艺摇滚创始人李亮节表演了津味歌曲大串烧。30 分钟的活动浓缩了天津文化的魅力，深度体现了天津特色。活动当天，"抖音"平台同城热搜第 2、第 3、第 4 名均为"鼓楼灯光秀"，微

博平台“鼓楼津声”话题阅读量突破1200万，天津电视台“都市报道”直播收视率1.18，是同时段其他节目收视率的2倍以上。本次活动好评如潮，是一次成功的线上线下联动的文旅活动。通过本次活动，天津全网热度大幅提升。

二是开展“年味天津”主题活动。为落实天津市政府与阿里集团的战略合作，在2021年新春佳节即将到来之际，天津市与阿里集团共同开展了“年味天津”主题活动，协调组织全市3000余家景区、酒店、旅行社、非遗等企业以“天津文旅商品专区”的形式亮相淘宝、支付宝、饿了么、口碑、飞猪等阿里线上平台，线上销售全市文旅特色商品，总销售额达7990万元，进一步活跃了节日文旅市场，拉动了文旅消费，借助阿里集团丰富的人气流量资源，在常态化疫情防控条件下，进一步激发了天津冬季文化旅游的市场活力。

三是开展津门新地标评选活动。为深入贯彻落实市委、市政府的要求，推动全市旅游业高质量发展，天津市文化和旅游局、天津海河传媒中心共同主办的“津门新地标评选活动”于2020年9月启动，经过了音视频作品征集、网友投票、综合评估等多个环节，最终评选出“津门新地标”和“津门网红打卡地”各15个。津门新地标评选活动的主要成绩可以用一组数字来体现，就是：百余地标、千条作品、千万级点赞和亿级关注。

(四)打造“天津礼物”，扩大天津文创产品影响力

一是以“天津礼物”为核心，扩大天津文创产品影响力。天津持续打造和培育“天津礼物”品牌，进一步挖掘提炼天津特色资源，以创意设计体现文化内涵，有效提升“天津礼物”旅游商品开发水平，实现“把天津文化带回家”。制定并落实《关于推进旅游商品创意提升工作方案》，推动旅游商品创新研发。推动天津市文化产业协会(北方文投集团)向国家知识产权局申请“天津礼物”商标，以天津市文旅局的名义向国家知识产权局商标局致函沟通。在天津博物馆、天塔景区等地开设了“天津礼物”专柜，推动桂发祥集团扩大古文化街专卖店面积，引入“天津礼物”部分商品并集中售卖。着力打造中医药旅游商品，作为“天津礼物”的示范性产品，进一步提升“天津礼物”的知名度和影响力。

二是推动红色旅游景区开展系列主题活动和专题展览，组织参加全国红色旅游创意产品征集展示和开发推进活动。组织全市各相关单位参加文旅部开展的全国红色旅游创意产品征集展示活动，天津选送的“天津博物馆·百年征程”等15件作品荣获“全国优秀红色旅游创意产品”称号，得到各方的广泛好

评。组织参加2021年中国特色旅游商品大赛，京万红宫昭绮梦口红礼盒、鸵鸟国潮系列、独乐建筑主题文件夹系列等旅游商品获得3项银奖，天津市文旅局获得优秀贡献奖。

三是天津市文化遗产保护中心完成了“多彩生活”和“便捷办公”系列主题的20种文创产品的设计制作，进一步丰富了文创产品种类和数量。目前，围绕“天妃馈赠”“多彩生活”“便捷办公”特色主题，天津市文化遗产保护中心已形成了3个系列的文创产品。

（五）对接北京非首都功能，推动京津冀协同发展

一是贯彻落实京津冀协同发展国家战略，推动三地文化发展实现一体化谋划、联动式合作、协同化发展。按照文旅部的部署安排，2021年将承办好第十三届中国艺术节第十九届群星奖活动，该艺术节由文旅部及京津冀三地人民政府共同举办。按照分工，天津市负责做好戏剧、曲艺类全国参赛作品的决赛组织工作，并组织决赛作品深入基层开展惠民演出，广泛开展群众文化活动。打造京津冀群众文化品牌活动，举办京津冀第三届广场舞展演和第四届京津冀民族器乐邀请赛等活动，搭建跨区域文化交流高水平展示平台，展示三地丰富多彩的群众文化活动，进一步扩大京津冀协同发展成果的影响力。红桥区积极推进京津冀协同发展，组织北京市通州区，以及河北省张家口市、保定市非遗代表性项目开展线上展览，举办“联动京津冀”三地艺术作品线上展播活动。

二是积极对接北京优质文旅相关产业。武清区在文化活动交流、旅游资源推介、非遗传承保护、文艺创作4个方面组织了8项线下活动，同时探索开展了线上资源共享活动，并推出了1条通州—武清非遗旅游路线。东丽区紧紧围绕《京津冀协同发展规划纲要》，以疏解北京非首都功能为核心，积极引进文化及相关产业企业，扩大产业规模。蓟州区积极对接国旅（天津）国际旅行社有限公司，共同研究联合推出民宿“一卡通”，并在蓟州区设立国际旅行社分社以投资民宿和进行景区运营管理。

（六）推动跨区域文旅合作交流工作，展现全市文旅产业发展成果

一是组织参加国内展会，推介文旅成果。为深入贯彻习近平总书记视察湖北重要讲话和对湖北工作的重要指示批示精神，按照市委、市政府主要领导的批示要求，组织参加由中宣部、文化和旅游部、湖北省政府共同主办的首届中国

(武汉)文化旅游博览会,北方文投集团“海河文旅”项目、杨柳青年画、泥人张彩塑等非遗项目陈展亮相天津展区,全景展现天津在文旅融合方面取得的发展成果。参加第九届北京国际文化旅游商品及旅游装备博览会,共同搭建“京津冀文化和旅游协同发展”展区,组织和平区、滨海新区利用展会平台举办旅游推介会,助力京津冀协同发展。参加第三届大运河文化旅游博览会,向京杭大运河沿线8省33市和4个友好城市集中展现京杭大运河天津段的魅力风采。展台以京杭大运河西青段为主线,围绕西青区重点文旅项目、文旅产业发展、文化底蕴内涵、非遗和文创等4大板块,携手益德成、达仁堂京万红、芦台春酒业等3家天津著名企业,展示了杨柳青木版年画、益德成闻药制作技艺等国家级、市级10余项非遗项目和产品。

二是天津图书馆推动免费共享数字资源。天津图书馆进一步向河北承德、新疆、西藏、甘肃、青海受援地区图书馆免费开放数字资源,将天津图书馆微信公众号平台“阅·听微平台”的海量精品数字资源对当地读者免费开放。联合承德县图书馆、丰宁县图书馆、滦平县图书馆共举办3场“数字图书馆深度游”线上活动和1场“科技赋新能　同读一本书”少儿微书评活动,切实丰富当地人民群众文化生活。

二、天津市推动科技赋能数字文创的典型做法及效果

(一)积极推动智慧旅游发展,管理和服务全面升级

一是印发了《天津市深化“互联网+旅游”推动旅游业高质量发展的落实方案》。为深入贯彻落实文化和旅游部等十部门联合印发的《关于深化“互联网+旅游”推动旅游业高质量发展的意见》,天津市印发了《天津市深化“互联网+旅游”推动旅游业高质量发展的落实方案》,旨在以“互联网+”为手段,推动旅游生产方式、服务方式、管理模式创新,有力地提升了适应大众旅游消费新特征的核心竞争力,带动了全市旅游业高质量发展。

二是与蚂蚁集团支付宝平台积极对接。推动与支付宝的合作,目前,全市100余家景区已上线支付宝小程序,具备线上预约、购票、导览、智慧停车、一键打车等功能。还将汇集多方面资源,整合推出天津文旅平台,助力天津智慧旅游纵深发展。

三是在蓟州推动实施旅游智慧化建设工程。积极协调美团集团，为盘山景区引入门票预约系统，通过整合资源、技术能力为盘山风景名胜区升级安装智慧景区软硬件设备设施，推进"互联网+旅游"发展，强化智慧景区建设，帮助景区实现实时监测、分时预约、智慧运营等多种服务。①改造升级全域旅游大数据中心。完善调度指挥、数据分析、官方微信等平台建设；重新规划智慧旅游景区监控联网平台，开展客流量预警、指挥调度和信息发布工作。②建立微官网，精准整合区内重点景区、酒店及民宿农家院信息，增加在线订票支付功能。③开展"一码游蓟州"微信小程序建设。利用大数据、5G 直播、新零售、区块链等多项前沿科技，实现一部手机游蓟州，吃住行游购娱全覆盖。

四是完成东丽区博物馆馆藏文物数字化图像采集和"老姆庙""泰山行宫"全景图像数字采集和制作。让群众"足不出户"即可游览东丽区文博场馆。

(二)开展"线上+线下"主题宣传活动，提高天津知名度

一是完成驻韩国首尔旅游办事处主题宣传活动。为庆祝建党 100 周年，中国驻首尔旅游办事处携手天津市文化和旅游局，面向韩国民众推出"天天乐道·津津有味"主题宣传月活动。活动主要以网络专题图片暨视频展播以及地铁媒体推广等线上线下相结合的方式展开，讲述天津近代百年历史文化底蕴。此次面向韩国开展的宣传月活动，线上方面主要依托中国驻韩国首尔旅游办官方渠道，开展天津文旅形象的宣传，包括首尔旅游办韩国官网、微信公众号、Facebook、Istgram、Youtube 等网络媒体渠道面向韩国市民同步开展宣传。同时，为进一步扩大在韩国的宣传效果，借助中国驻首尔旅游办事处在首尔地铁梨水站的宣传资源，天津市文化和旅游局投放了天津城市形象灯箱广告宣传，并在地铁站视频媒体全天滚动播放天津城市宣传片。随后，中国文化网、中国日报网英文客户端以及中国文化网社交网同步开展图文转载，进一步扩大了天津在海外的知名度和影响力。

二是配合泰国曼谷旅游办开展线上推介活动。驻泰国曼谷旅游办事处于 2021 年 7 月线上推出"天天乐道·津津有味"天津系列推广月，通过旅游视频展播、泰语图文旅游咨询帖文等形式，向泰国民众展示了天津多彩的旅游资源和厚重的民俗文化，带领泰国民众看天津美景、听天津故事、"云"尝天津美食。活动通过对天津 12 个地标景点的详细介绍，对天津非物质文化遗产代表项目进行推广，并对天津"吃住游"的特色进行宣传，为泰国民众展示了天津的一城多

面，使泰国朋友通过此次宣传活动感受到了津门故里的独特魅力。许多泰国朋友纷纷表示，疫情结束之后一定要安排天津之行。

三是打好“双线组合拳”，确保宣传推介有实效。创新传统推介模式，组合非遗项目、特色文体活动、旅游资源，采取线上线下结合形式进行推介。津南区通过“文化进景区系列活动之‘5·19’中国旅游日专场活动”“秋来津南　嗨游有你”系列地方文旅宣传推介和“迎庆建党百年　拥抱会展——天津津南文旅会展月”等活动载体，发布“津南掠影篇”“体验官先行篇”和“景区全景篇”等宣传视频28个，线上播放量达到200.8万次。同时，探索“旅游借展”模式，借助展会大人流优势，对津南区非遗产品和特色旅游资源进行“捆绑式”推介。据不完全统计，国庆期间津南区主要景区景点、商旅综合体、规模酒店等单位共接待游客超91万人次，实现综合收入约3552万元。天津市北辰区与河北省兴隆县，甘肃省正宁县、华池县，西藏自治区丁青县共同承办“翰墨清华暖民心·携手共奔小康路”四省五区美术、书法作品线上交流展，媒体点击量近万次。

(三)采用新技术手段，活化红色文旅

一是开展形式多样的红色文旅主题活动。以庆祝建党100周年为契机，天津市积极发挥红色旅游的文化阵地作用，挖掘红色旅游资源，完成了天津市《红色旅游景区(点)评定规范》的修订，开展天津首批红色旅游景区(点)评定工作，于方舟故居、天津觉悟社纪念馆等15家单位成为首批天津市红色旅游景区(点)。积极组织开展“传承红色基因·献礼建党百年”天津市大学生红色文创大赛暨第三届天津博物馆文创产品设计大赛、百名讲解员讲百年党史、“致敬国家丰碑”全国红色故事讲解员大赛等主题活动，并推动各红色景区开展展览进校园、红色夏令营、红色少年讲解员、红色家风故事会等形式多样的红色旅游主题教育活动。北辰区打造了全市首家图书馆微型科技馆，并于线上开展了建党100周年图书推荐和线上知识竞赛。平津战役纪念馆与南开大学、天津“枫叶正红”老年志愿服务队、天津市健为民社会工作服务中心、天津城市管理综合行政执法总队等单位合作，通过腾讯和抖音两大直播平台进行公益直播，全年进行了“喜迎中国年　传播正能量”平小津·云课堂直播、“文明天津　你我同行”和“清明·缅怀”等多场直播活动，宣传了党和国家的方针政策，产生了良好的社会影响，为人民群众提供了丰富的文化资源和真诚的服务。

二是以技术手段不断提升红色旅游服务水平。深化与同程集团的战略合

作，在同程艺龙小程序及同程旅游客户端开辟天津红色旅游端口，进一步扩大天津市红色旅游知名度。推动市规划和自然资源局完成天津红色旅游地图编制，吸引广大游客走进红色旅游景区。拓宽宣传渠道，支持天津滨海国际机场建设红色航空旅游示范机场，并向民用机场协会申报首批红色航空旅游示范机场开发计划。联合市红十字会推动在周邓馆等 6 家全国红色旅游经典景区免费统一配置应急救护一体机，切实提高应急救护能力。

三是创新红色文物传播方式。充分利用广播、电视、网络等媒体，丰富宣传形式，把红色资源利用好、把红色传统发扬好、把红色基因传承好，更好地营造保护利用革命文物、庆祝中国共产党成立 100 周年浓厚氛围。央广中国之声同步总台央视新闻频道、云听等开播了《红色印记 · 百件革命文物的声音档案》；《天津日报》开设了《红色津沽 · 典藏》专栏；天津卫视《天津新闻》推出了“天津革命文物巡礼”板块；推出百集“红色馆藏故事”短视频、“动听天下”革命文物专题访谈等宣传产品；与天津交通广播签订长期合作协议，在《动听天下》每隔周周三开设关于文物和博物馆的专题访谈。天津博物馆与网络广播电视台合作拍摄了《红色馆藏故事》系列片 6 期及《红色少年团》节目 4 期，与河西融媒合作拍摄《红色记忆》系列片 16 期，与少儿频道合作拍摄“小小讲解员讲述百件文物”短视频 100 期。天津博物馆联合天津市博物馆文化旅游发展联盟中的 12 家博物馆，与天津广播电视台少儿频道共同携手打造了第二届“文物活起来 · 我为文物代言”“小小讲解员大赛暨寻找百件红色文物小小讲述人”等活动。

为庆祝中国共产党成立 100 周年，传承红色文化，弘扬红色精神，天津市文化和旅游局（市文物局）与津云新媒体联合推出了“红色文物讲故事”系列主题有声海报。2021 年 4 月 1 日至 7 月 11 日，共推出有声海报 100 期。每期海报介绍一件红色文物，并讲述与之相关的革命伟人、革命先驱的伟大事迹。有声海报在北方网、津云客户端首发后，通过学习强国平台集纳成专题同步发布，并通过新华网、人民网、微博、微信、今日头条、腾讯、凤凰、搜狐、百度等平台广泛传播。此外，创作团队还将有声海报加工成小视频，在抖音、快手、视频号、B 站等平台推广，形成较为完整的传播矩阵，提高了传统媒体与网友受众的黏性和互动频率，实现了传播效果最大化。截至 2021 年底，综合访问量已突破 1000 万。

四是拓展红色文物宣传渠道。天津市文旅局联合天津滨海国际机场，策划推出了两套红色主题登机牌，受到广泛好评。此次推出的以全市 10 家革命纪念馆和馆藏革命文物为主题的两套登机牌，每套 10 张，共 20 张。通过登机牌这一载体，用好用足革命文物资源，加强革命文物、革命精神的传播，让游客加深对天津城市的了解，提升游客出行体验，讲好党的故事、革命的故事、英雄的故事，让革命文物活起来。天津市文旅局还联合天津轨道交通集团策划推出了“地铁生活圈”博物馆图册和 4 条红色印记线路。图册以地铁线网为轴，辐射地铁站周边 40 余家博物馆、纪念馆等，注明了地址、线路、简介等相关内容，为广大市民、游客乘地铁出行游览提供了实用指南。天津博物馆、天津觉悟社纪念馆与轨道运营集团合作开展了“地铁流动博物馆”项目，合力打造“地铁流动博物馆”品牌，不断为广大乘客奉上更丰富的轨道文化之旅，鼓励公众通过地铁了解博物馆、走进博物馆、把博物馆带回家。

五是利用智能化技术，平津战役纪念馆展现逼真场面。展厅内新增 7 个多媒体展示平台，为观众了解更多的党史、军史知识，进行拓展阅读提供了便利。“平津战役沙盘推演”“新保安战役”“开国大典”以及大量老战士采访影像资料，分别展示出平津战役前全国的战略形势，新保安围歼战、张家口追歼战惊心动魄的战争场面，天津总攻中万炮轰鸣场面，金汤桥上两支部队会师的热烈欢呼场面，支前民工车轮滚滚支援前线场景以及毛主席在天安门城楼上发出的时代最强音的历史画卷，为观众呈献了精彩震撼的视听艺术盛宴。真正实现了让收藏在博物馆里的文物、陈列在展线上的展品、深藏在文物背后的故事讲出来、活起来。

六是推出红色文创产品，加深红色记忆。平津战役纪念馆陆续开发出全民国防、珍爱和平、创意文具、平津战史四大类共计 50 余种文创产品，普遍受到游客喜爱，让游客把文创产品带回家的同时，也把党史学习教育的思想和红色记忆牢牢印刻在心中。

（四）利用互联网技术挖掘自身资源，实现公共文化服务数字化发展

一是天津市群众艺术馆借助网络手段组织完成各类群众文化活动。截至 2021 年 11 月底，天津市群众艺术馆已组织完成各类群众文化活动 83 项、160 余场，完成艺术微课堂 6 期、86 节课，全年通过各级数字化平台开展直录播活动 192 场，线上线下累计服务受众达 1625 万余人次。具体内容为：围绕党建百年等主题组织开展群众文化活动 20 项、近百场，围绕重大战略、重要要求及重点

节假日组织美术、书法、摄影等各类展览展示活动17项，正在推进2项，配合中共中央宣传部、文化和旅游部以及其他省市文旅局、文化馆开展各类活动11项，辅导、指导全市各区开展群众文化活动33项。利用微信公众号持续开展艺术微课堂活动，制作声乐、朗诵、钢琴、古筝等主题课程，300余名学生通过微信接受天津市群众艺术馆专业干部一对一指导，1.3万余人次在线观看了教学短视频。通过国家公共文化云平台开展优质群众文化活动直录播17场，通过天津公共文化云平台、十八省"精彩群文直播联盟"开展本地优质群众文化活动直录播36场，通过微博客户端开展优质群众文化活动直录播25场，通过天津公共文化云平台转播其他省市优质群众文化活动114场，有效推进了全民艺术知识普及、艺术欣赏普及、艺术技能普及和艺术活动普及。天津市各区深入推动线上公共文化服务活动，例如，以打造城乡居民终身美育学校为目标，依托天津市群众艺术馆微信公众号，开展艺术微课堂系列艺术普及课程。已录制推出《走进"拜厄"》《走进朗诵世界》《学唱红歌〈我和我的祖国〉》《一起来写〈千字文〉》《古筝乐曲示范与讲解》等各艺术门类线上课程6期86节，总阅读量达到13010人次；为在疫情防控期间更好地服务百姓群众，专业干部注重教学的实训性和时效性，建立微信交流群，以满足百姓群众基本文化艺术需求为导向，通过一对一、一对多微信教学的方式，培育了一批长期活跃在基层、深受群众喜爱的文艺骨干，不断提高群众艺术审美水平，推动文化艺术融入百姓日常生活。

二是天津图书馆线上与线下相结合开展阅读推广活动。2021年新创立"天津图书馆速报"微信订阅号，以解决信息推送的时效性问题，更好地为读者提供资讯服务，累计关注用户近5000人，全年推送文章275条，阅读量5万。"天津图书馆"微信服务号发布新闻264条、推送229条，阅读量85万。创新推出中文图书借阅榜、新书荐读、周末悦读（有声书）、热门期刊展等服务，线上与线下、纸质与有声，多角度多维度的文献推介在帮助读者快速选择所需文献的同时，也拉近了读者与图书馆间距离。"云讲堂"以党史教育、中华传统文化为主题，共举办线上讲座10场。数字图书馆推广工程线上活动，围绕"庆祝中国共产党成立100周年"、春节、文旅融合等主题推出活动12场。"数字图书馆深度游"举办线上活动共7场，涵盖了党史知识、红色主题活动、历史文化、少儿美育及科普知识等多方面内容。"海津讲坛"公益文化讲座坚持"传承文明，情系百姓生活，共建和谐精神家园"的宗旨，全年共举办讲座9场。数字体验区举办"百年辉煌历程"数字资源展，开展多期AR视频荐书活动，开展线上中秋知识有奖竞答活动。与天津音乐学院持续合作，开办“音乐大讲堂”12 场。创新推出“云端音乐讲堂”和“天图音乐馆馆藏资源推介”，将区域音乐文化特色、线下经典讲座、音乐赏析等优质活动资源及时、快捷地通过“天图音乐馆”微信公众平台进行推送，满足广大读者足不出户即可欣赏音乐盛宴的需求，全年共开办讲座 14 场。举办“辛丑话牛”2021 年迎新春文化特展、第十六届文津图书奖获奖图书展等优秀公益文化展览 22 场次，其中线上展览 12 场次、线下展览 10 场次，人民网、天津日报、网易、新浪天津、北方网、津云、中国美术网等多家媒体对天津图书馆的展览活动进行了专门报道。

三是天津自然博物馆基于馆藏资源，充分利用网站、微信、微博等多种线上平台开展科普文化服务。2021 年，天津自然博物馆微信公众号粉丝量约 30 万，开展了节气节点和《微观自然》《忆百年，望今昔——北疆博物院新春特辑》《动物运动会》《第二课堂》《典藏万物》系列科普活动，共 90 余期。充分落实教育部、国家文物局联合印发的《关于利用博物馆资源开展中小学教育教学的意见》文件精神，深入挖掘馆藏资源，策划开展了《第二课堂》线上科普活动。

（五）推动“非遗+”跨界混搭，非遗展现更为精彩

一是按照文化和旅游部的统一部署，天津市举办“2021 年天津非遗购物节”活动。本届“天津非遗购物节”在淘宝开设“非遗购物节 · 天津馆”，依托特色旅游酒店，邀请天津电台主播与相声演员走进直播间，在 2021 年 6 月 10 日和 11 日的 19:00—24:00，在淘宝、抖音双平台对百项非遗项目进行直播宣传销售，127 家非遗项目商户参加，涉及非遗产品 800 余种；抖音、淘宝双平台直播在线观看人数总计超过 5 万人次，单场峰值人数达 27000 人次；非遗商家总计销售额近 4500 万元，同比增长 50%。线上宣传的同时，线下相关店铺和产品也受到广泛关注，关注度、话题量、客流量明显增多。

二是与斐济中国文化中心联合推出非遗线上推介活动。为庆祝中秋节，斐济中国文化中心利用微信公众号、脸书网、推特网等社交平台，集中宣传天津非物质文化遗产的代表性项目。视频讲授课程不仅详细介绍了非遗项目的历史传承和艺术特色，还详细演示了制作推演过程，并配合英文字幕的讲解，通俗易懂，易于学习，方便斐济的观众朋友们在观看视频的同时进行亲身体验。

三是各区非遗传承活动异彩纷呈。津南区组织开展了“人民的非遗　人民共享”津南区第四届非遗普查成果展、“非遗走基层”展演、京津冀曲艺（非遗）交

流演出、“非遗过大年　文化进万家”线上展示等10多项宣传活动。东丽区拍摄《孟大夫带你做保健》《高师傅教你学无极》《赵师傅教你做美食》系列非遗视频节目。东丽区建成“群众非物质文化遗产体验沙龙”，营造集实物展示、制作体验、资料赏析、期刊阅读于一身的非物质文化遗产体验空间。

（六）紧跟信息化步伐，加快智慧场馆建设

一是推动智慧图书馆建设。按照“十四五”时期全国智慧图书馆体系建设和公共文化云建设项目的要求，天津市文旅局指导天津图书馆和天津市群众艺术馆分别制定智慧图书馆体系项目建设方案、公共文化云项目建设方案，进一步加强公共数字文化建设，提升全民阅读、全民艺术普及数字化服务水平。指导天津图书馆开展《人文天津》《天津故事》《图书馆公开课》等数字资源库建设，指导天津群众艺术馆开展以看直播、享活动、学才艺、订场馆、赶大集、读好书六大功能为核心的全民艺术普及数字化建设。

二是推动天津图书馆智慧化建设。第一，构建全市图书馆通借通还服务体系。2021年，天津图书馆借助ALEPH500管理系统，依托天津市通借通还服务体系，继续推进以天津图书馆为中心馆、区级图书馆为总馆、乡镇（街道）基层综合性文化服务中心为分馆的自动化管理系统网络建设。截至2021年底，整个通借通还服务体系中共构建完成区级总馆13家、区级分馆204家、阅览服务点1564家。全年物流配送图书113849册次，较2020年明显提升。第二，积极开展数字资源建设。为全力推进馆藏资源的数字化工作，天津图书馆继续建设“音乐大讲堂”“海津讲坛”等资源库，2021年新增数据量2TB。积极开展天津地方特色资源建设项目拍摄制作，如《人文天津》精品图片库、《天津故事》微视频和图书馆公开课等，制作视频54集，其中微视频39集、专题片15集，总时长912分钟。图书馆公开课、网事典藏、政府信息公开资源建设的15个项目顺利通过验收。开展知识资源细颗粒度和标签标引建设，预计2022年完成。第三，开展古籍数字化工作。作为天津图书馆有史以来规模最大的、国家级的古籍数字化项目，中华字库工程（13包）明清图书用字搜集与整理之一·底本选择与图像制作，完成了第8节点的研发及项目初验工作，它标志着经过十年的研发整理，中华字库项目进入成果展示阶段，意味着由天津图书馆独立承担的新闻出版科技重大工程类项目进入结项验收阶段。

三是推动平津战役纪念馆智慧化建设。平津馆智慧化博物馆建设集中在

智慧服务和智慧管理等方面。开发设计了全套观众预约和多维演示体验馆票务系统。通过与平津馆PC网站、微信公众号等相互联动，观众可以多渠道自主选择参观陈列展览时间、场次和观影时间、场次，到馆后可扫描预约码核销参观预约信息。馆内工作人员可以通过平台后台大数据及时了解观众信息和参观情况，及时准确地为观众提供更高水平的参观服务。完成平津战役纪念馆网站改版升级工作，根据基本陈列需要，提升改造后的纪念馆展陈增设多个功能板块，启用全新域名，与观众预约系统打通，并创作设计虚拟场馆，全面准确反映平津战役的历史画卷和平津馆的发展动态。为观众提供丰富的文化信息服务。完成平津战役纪念馆新版基本陈列的语音导览系统。建设了团队智慧讲解系统，有效提升观众参观体验。每个团队智慧讲解播放器自成体系、独立工作、互不干扰，可保证讲解区域中的每位观众均能清晰地听到讲解员的讲解，观众无须佩戴任何设备。讲解区域之间采用淡入淡出的不间断切换方式，真正做到讲解区域间的无缝、平滑切换。配合党史学习教育，将平津馆的红色展览数字化，通过微信公众号以微展览的形式向观众展出，形成党史学习教育资源集，让观众将党史学习教育资源带在身边。结合中国精神展，以纪念馆新媒体平台为依托，从社会时事热点切入，将反映中国共产党精神谱系的60余种精神以数字微展览的形式展出。开发了平津战役纪念馆办公智慧化系统和数字资源系统。

四是天津市文化遗产保护中心完成了基本陈列VR展厅搭建，进一步增强了展馆科技含量，为观众创造更舒适、更具科技感的参观体验。依托微信公众号平台，利用虚拟现实技术，将博物馆“风正帆悬过直沽——海上丝绸之路京畿终点的历史见证”基本陈列在网络上真实呈现出来。通过手机互动触控、场景旋转等功能，实现现场参观的模拟效果，让观众享受身临其境的沉浸式体验。完成实景AR互动体验项目的设计制作。基于增强现实技术，以天妃宫遗址为核心，通过高科技手段，还原天妃宫遗址考古发掘场景，向观众展示真实的古遗址保护工作现场，增强了展线的历史感。

（七）培育高科技企业，数字科技激活文创新业态

天津积极鼓励企业创新发展，尤其注重发展创新型企业。本土诞生了一飞智控、灵然创智等典型企业。

一是在无人机表演领域，培育了一飞智控等掌握核心技术的本土企业。一飞智控（天津）科技有限公司2015年创立于天津，是国家级高新技术企业，掌握

全球领先的无人机集群控制技术。一飞智控通过无人机技术赋能智慧文旅、空中传媒等领域，实现了原创科技引领文创行业发展。一飞智控全球首创“天幕动画”，打造“天幕传媒”，并率先实现城市全年常态化表演，将科技与艺术完美结合，实现各种空中3D视觉艺术效果，打造视觉科技盛宴，赋能城市地标、孵化网红夜经济景区。一飞智控为全球多个国家和国内多个省、自治区、直辖市搭建多城联动传播平台，传播百亿级品牌流量。2019年1月，习近平总书记考察一飞智控，一飞智控创始人齐俊桐就无人机自主控制及集群控制技术最新创新成果向习近平总书记进行专题汇报，获高度肯定。2020年，一飞智控无人机集群系统在民用领域创造了“最长时长由无人机表演的动画”的吉尼斯世界纪录。

二是在超高清和VR/AR等领域，培育了灵然创智等掌握国际领先技术的企业。灵然创智（天津）动画科技发展有限公司创立于2010年11月12日，是一家以“文化科技融合”为核心的国家高新技术企业，是5G数字协同领域的探路者和领航者。灵然创智以人工智能、区块链、云计算、大数据等技术为基础，在超高清和VR/AR等领域拥有自主可控的核心知识产权，掌握领先的构建虚拟制片元宇宙的技术。

（八）规范和促进动漫产业发展，助力优秀动漫作品获评顶尖奖项

按照《文化部、财政部、国家税务总局关于印发〈动漫企业认定管理办法（试行）〉的通知》和《文化和旅游部产业发展司关于2021年动漫企业认定工作有关事项的通知》要求，天津市文化和旅游局、天津市财政局、国家税务总局天津市税务局联合组成天津市动漫企业认定管理工作小组办公室，组织开展天津市经国家认定动漫企业、重点动漫企业年审工作。天津大行道文化产业有限公司、天津橘子皮文化传播有限公司通过动漫企业认定，文化和旅游部、财政部、税务总局联合发布《关于公布2021年通过认定动漫企业名单的通知》，2家动漫企业成功入选。目前，天津市已有认定动漫企业13家，其中重点动漫企业2家。

中国文化艺术政府奖是国内文化艺术领域最高奖项，2011年设立的“中国文化艺术政府奖动漫奖”是全国动漫领域的最高成就奖，在行业中具有举足轻重的地位。根据文化和旅游部办公厅《关于评选中国文化艺术政府奖第四届动漫奖的通知》要求，天津市通过大力宣传、跟进重点企业和载体，组织申报材料指导。2021年，天津市好传文化传播有限公司的《大理寺日志（第一季）》获得中国文化艺术政府奖第四届动漫奖最佳动漫作品奖，成为全国入选的11个项目之一。

(九)组织申报国家级文化出口基地、企业和项目,带动文创产业发展

组织推荐企业积极申报国家级重点项目。根据《商务部办公厅　中央宣传部办公厅　文化和旅游部办公厅　广电总局办公厅关于组织申报第二批国家文化出口基地的通知》的要求,推荐中新生态城和静海区蔡公庄镇乐器小镇参与评选,其中,中新生态城成功入选。积极配合市商务局开展2021—2022年度国家文化出口重点企业和重点项目申报工作,跟进重点企业,指导做好材料申报工作。全市共有9家企业入选重点企业公示名单,4个项目入选重点项目公示名单。按照《文化和旅游部办公厅关于征集2021年"一带一路"文化产业和旅游产业国际合作重点项目的通知》要求,2021年,天津市组织申报了天津华韵乐器的收购项目、中恒星云影业的动画电影《欢乐海鹦岛》等3个项目。

围绕企业发展积极推荐文旅部科技创新项目。积极服务文旅企业发展,大力扶植融合创新项目,面向全市广泛征集项目,组织推荐磁石云(天津)数字科技有限公司"国家数字内容贸易服务平台"、民营企业天津艺点意创科技有限公司"基于在线云服务的文创资源信息化平台的研发"2个项目申报文旅部2021年度国家文化和旅游科技创新工程。"基于在线云服务的文创资源信息化平台的研发"项目成功入选项目储备库,并获文化和旅游部配套支持。

(十)加快推动旅游消费,多个区域成功入选国家级文旅消费试点和集聚区

一是和平区五大道、西青区杨柳青古镇景区入选第一批国家级夜间文化和旅游消费集聚区。天津市积极推动旅游消费,探索建立推动旅游消费的支持配套政策,从而打造旅游供给要素齐全、旅游业态丰富、旅游产品结构合理、旅游功能布局科学的发展格局。例如,根据《文化和旅游部办公厅关于开展第一批国家级夜间文化和旅游消费集聚区建设工作的通知》要求,天津市文化和旅游局积极推动申报工作,和平区五大道、西青区杨柳青古镇景区入选第一批国家级夜间文化和旅游消费集聚区。

二是南开区、河西区、蓟州区入选第二批国家文化和旅游消费试点城市。根据《文化和旅游部办公厅　国家发展改革委办公厅　财政部办公厅关于开展第二批国家文化和旅游消费试点城市申报工作的通知》要求,积极推动国家文

化和旅游消费试点示范申报工作，南开区、河西区、蓟州区入选第二批国家文化和旅游消费试点城市。

（十一）利用“云端”技术，传播中华文化聚侨心

一是采用云端技术，传播中华文化。天津连续12年参加欢乐春节系列活动，获得广泛好评。2021年全球欢乐春节以“云端贺岁”为主要方式，天津市选送的舞蹈《华光万丈》、杂技《肩上芭蕾》《蹬人》被驻巴拿马大使馆选中，编入“2021年金牛迎春巴拿马电视贺岁春晚”，在巴拿马国家电视台及其海外社交媒体平台Youtube和百度好看视频上进行了滚动播出，巴拿马教育部部长、巴拿马奇里基省省长和省内多位市长以及奇里基各界人士在首播中通过视频表达了对中国传统节日——春节的喜爱和欢乐春节活动成功举办的祝贺。此次贺岁春晚创下了巴拿马国家电视台收视新高，我国驻巴拿马大使馆也发来信函，对天津市的支持表示感谢。红桥区成功举办“云赏桃花，共赢盛世”第30届天津运河桃花文化商贸旅游节，开启“云赏花”模式，充分展示天津市历史文化资源。

二是开启“云端”展示模式，打通艺术教育新平台。随着防疫常态化形式和新媒体技术的发展，华夏未来教育培训率先启动“云”模式，开辟艺术教育展现新路径。全年华夏未来教育培训利用网络形式参加、举办一系列少儿艺术网络演出活动，通过网络观看演出人数超过1000万。例如，为贯彻中央统战部关于做好“双稳”工作的部署要求、充分发挥华文教育平台作用，2021年上半年，艺术中心教育培训研究部面向海外华文学校开展了“传播文化聚侨心”行动，与马来西亚、葡萄牙华文学校以互联网形式开展教学交流。根据海外华文学校需求，教育培训研究部组织优秀教师多次进行主题策划、教学研讨、课件筹备等工作，最终确定以建党100周年为主题，将民族民间舞蹈、中国画、民族歌曲、经典诵读、中国传统手工等传统文化教学活动搬到线上，建立线上教育论坛，在云端架起了中华文化的“彩虹桥”，让更多的海外华裔青少年们共同受益，进一步增强海外侨胞、华裔青少年对中华文化的认知感和自豪感，加强文化自信。

（十二）利用网络新技术，加大旅游目的地的宣传推广力度

一是加强文化旅游宣传推广。例如，南开区不断挖掘红色文化资源，依托“同程”“快手”等新媒体平台，打造网红式的南开文旅“打卡”项目和地点。南开

区积极参与旅博会、文博会等展会，发挥好对外宣传文旅资源的窗口作用。结合南开区文旅资源，打造京津冀跨区域精品旅游线路，积极推动旅游资源共建共享，加大三地旅游线路的宣传推广。静海区积极开展丰富多彩的旅游节庆活动和旅游宣传推介活动，扩大静海旅游知名度，协助市文旅局于2021年9月至12月底做好新一年“I·游天津”旅游季系列活动，推送乡村旅游及红色旅游线路，宣传静海旅游特色点位，结合市级惠民政策，吸引更多游客来静海游玩。静海区加大人力、物力投入，组织做好2021年中国旅游产业博览会特装布展工作，展示静海区特色文旅资源，加强对外宣传。

二是探索“两微两端”，公共文化数字化服务提质增效。截至2021年11月30日，天津市群众艺术馆微信公众号推送1100余条信息，网站更新350余条信息，注重对每一条信息意识形态方面的审核与把控，对馆内各项活动进展及时进行传播，发挥好本市文化场馆宣传主阵地的使命职责，讲好中国故事，传播好中国声音。

三、天津市文化创意产业发展展望

(一)推动文化产业体系建设，推动天津全域旅游产业发展

一是旅游产业体系整合发展，加快旅游目的地建设。推动现有旅游资源创出特色、打造品牌，以旅游重点项目建设促进旅游资源开发与整合。加快推动现有景区提升业态，扩大宣传规模和市场营销力度，充分挖掘整合旅游资源，推出长城、大运河、冬奥冰雪、历史文化、亲海亲水、绿色生态、运动休闲等系列主题旅游线路。推动五大道高质量发展，积极落实国际消费中心城市创建工作，与和平区齐抓共促五大道文化旅游区的高质量发展，以五大道文旅资源和相关业态为突破口，推动体制机制改革，引入具备规建投研一体化能力的团队，打造品牌IP活动。

二是打造“你好，天津”(天津礼物)拳头产品。甄选最能代表天津特色的旅游商品，打造“你好，天津”(天津礼物)礼盒套装，实现跨界融合。举办“你好，天津”旅游商品创意设计大赛，在全社会征集天津旅游商品优秀作品，推出一批地方特色鲜明、符合市场需求、彰显天津文化内涵的特色旅游商品。持续推动文化旅游单位开发原创性文化创意产品，重点打造天津博物馆、杨柳青古镇、五大

道文化旅游区等文创新品和精品。

三是推动旅游平台建设，加大对重点文化产业园区、企业的扶持力度。推动优秀企业参加深圳文博会、文创产品大赛、旅游商品大赛等。持续推动文化创意产业聚集发展，培育构建北区“老城津韵文化创意集聚区”、南区“现代休闲文化创意聚集区”、西区“工业主题文化创意聚集区”。推动古文化街争创国家级旅游休闲街区，推动时代奥城商业广场步行街争创“夜间经济示范街区”。深入挖掘自身的资源优势，探索合作运营模式，盘活庄王府、老城博物馆资源，擦亮天津文化金名片。

四是持续推动文旅融合，促进乡村振兴。完善市级文化旅游村建设，力争开通文化旅游村精品旅游线路，带动周边村庄的发展，以旅游促进乡村振兴战略的实现。挖掘历史文化、民间文化、名人文化、海洋文化中可以用于打造民宿客栈的元素，打造精品民宿，提升文化品质。在民宿外在的整体形象改造设计上，要注重融入文化特色，与周边环境协调，因地制宜，着力提升品牌形象。推动乡村民宿服务质量提升，带动有条件的乡村学习借鉴，从而稳步推广。强化乡村旅游宣传和产品培育，通过提升网红打卡地知名度和影响力带动旅游品牌建设。

(二)进一步推进京津冀文创企业合作，推动三地文创产业协同发展

一是积极开展招商引资活动，推进京津冀文化创意企业合作。开展京津冀一体化文化交流活动，引进京冀文化企业，做好文化产业重点项目的推介。做好文创产品开发的引导和服务工作。积极开展招商引资工作，加大与产业园区及大型企业的联系沟通，多方位打通投资信息渠道，营造良好营商环境，不断探索政策引商、中介招商、文化兴商。

二是推动三地管理部门交流合作，推动三地文创产业政策有效衔接。发挥天津市文化体制改革和发展工作领导小组的领导作用，定期与北京、河北两地相关部门对天津市文化创意产业发展相关政策、示范单位培育、人才发展机制、服务平台搭建等工作进行分析研判，切实提高文创产业发展水平，培育经济增长点。

(三)加快推进智慧旅游建设,改善旅游消费体验

一是加快推进智慧旅游建设。推动在4A级以上景区推广应用AR、VR等智慧体验产品。积极开展旅游统计数字化建设,健全全区旅游统计体系,做好旅游数据统报分析。

二是加快推动公共文化基础设施建设。加强对区级公共文化设施建设管理,加强数字化、智能化设备的应用,进一步提升阵地设施及服务水平。做好对各镇街图书分馆、基层服务点、农家书屋的指导工作,搞好管理员培训和图书补充。

三是着力加强文化队伍素质建设。树立"沉下身子、走进基层、惠及百姓"的服务宗旨,加强对文化队伍的素质培养。依托综合文化站,开展各类文化培训、管理培训和技术培训。推动文化志愿者团队建设,挖掘地方特色文化,繁荣村级整体文化事业,提升村级相关文艺团队的演艺水准。

四是充分运用数字化手段服务群众。以公共文化云平台为依托,录制艺术微课堂、艺术慕课等,做好公共文化数字化全民艺术普及。

(四)开展丰富多彩的节庆活动和宣传推介活动,扩大天津旅游知名度

一是持续做好文旅资源梳理工作。认真梳理天津优秀的传统文旅资源,将天津最具亮点的文旅资源以多种形式对外宣传,树立天津的城市形象。利用现有文旅资源项目挖掘整理的契机,广泛开展天津城市形象和文旅精品图文宣传素材的搜集整理工作,为2022年开展云宣传以及各类线上活动做好资源储备,为讲好天津故事奠定深厚的内容基础。

二是加大旅游品牌宣传营销力度。持续做好传统媒体、新媒体的宣传工作,鼓励更多景区及区内特色文旅产品到周边地区开展宣传推介,开拓市场,扩大天津旅游知名度。借助各类展会活动,宣传天津旅游特色点位,推送乡村旅游及红色旅游线路,结合市级惠民政策,吸引更多游客。推动政府、企业、社会和电商平台合作,对非遗资源与文化创意产业进行融合,利用传统媒体和微博、微信、短视频等新媒体,做好非遗宣传工作,并借力电商平台拓宽销售渠道,整合成新的产业带,让非遗走进大众生活,让非遗实现活态传承。

三是面向海外,持续讲好天津故事。借助文旅部及驻外机构、天津地方的

新媒体平台，面向海外通过线上图文、视频等方式策划主题推介活动，讲好天津故事。

（五）推进旅游行业规范化管理，提高产业发展质量

一是统筹开展综合治理，消除隐患。持续加强对旅游从业者的业务和法律知识培训工作，提高市场主体服务水平。充分发挥监管职能，以服务为宗旨，统筹服务与执法监督，加大行业管理力度，持续开展文旅体市场日常安全监管及重大节假日集中整治工作。加强旅游景区、星级饭店等行业标准的宣贯实施，完善信用体系建设，建立诚实守信的市场秩序。

二是持续加强队伍建设，推进文明执法。进一步完善制度建设，深入落实依法行政，推进“三项制度”，提升执法水平，执法检查做到文明用语、文明行为。树立良好队伍形象，加强理论学习，规范执法程序，做好行政执法与刑事司法的有序衔接。

三是健全旅游公共服务体系，创造便利，深化体验。将文化和旅游深度融合发展，完善旅游咨询服务，为游客提供包括一站式便捷服务在内的全域旅游服务，提高景区经营与旅游服务水平，提升游客的旅游体验，推动景区信息化建设。

（成文，博士，天津社会科学院产业发展研究所研究员；许爱萍，博士，天津社会科学院产业发展研究所副研究员）

第四章

石家庄:科技创新赋能文化新业态

一、2021 年石家庄市文化创意产业发展概况

二、科技创新为文化创意产业发展注入新动力

三、科技创新与文化创意产业融合发展的有效途径

一、2021年石家庄市文化创意产业发展概况

2021年是党和国家历史上具有里程碑意义的一年，举国上下隆重庆祝中国共产党成立100周年，中国全面建成小康社会。在“两个一百年”重大历史进程交汇点，习近平总书记两次视察河北并做出重要指示，给平山县北庄村全体党员回信，向首届“一带一路”·长城国际民间文化艺术节致贺信，充分体现了中央对河北的高度重视和深切关怀，7400多万燕赵儿女深受鼓舞、倍感振奋，汇聚起奋进新征程、建功新时代的磅礴力量。石家庄市始终坚持以习近平新时代中国特色社会主义思想为指导，坚决贯彻落实党中央、国务院决策和河北省委、省政府部署，不忘初心、牢记使命，解放思想、担当实干，坚持扩内需、畅循环，调结构、促转型，全力以赴落实河北省委、省政府大力支持省会建设和高质量发展的意见，统筹推进疫情防控和经济社会发展两个大局，扎实推进“七个大跃升”，深入开展“6+1”专项行动，加快五个千亿级产业集群建设，营造了“石家庄在行动”的浓厚氛围，推动现代化、国际化美丽省会城市建设迈出坚实步伐，经济运行总体呈现稳中向好的态势，实现了“十四五”良好开局。

（一）多措并举稳增长，经济运行稳中向好

2021年，石家庄市实现生产总值6490.3亿元，比上年增长6.6%，高于河北省全省平均增速。其中，第一产业增加值504.8亿元，比上年增长6.1%；第二产业增加值2107.1亿元，比上年增长3.5%；第三产业增加值3878.4亿元，比上年增长8.2%。一般公共预算收入比上年增长8.1%；居民人均可支配收入达到33555元，同比增长8.4%；居民消费价格指数（CPI）累计上涨0.9%，其中，教育文化娱乐类上涨1.8%。年末共有艺术表演团体20个，艺术表演场馆10个，文化馆23个，博物馆25个，公共图书馆24个，广播电视台18个；广播节

目综合人口覆盖率100%，电视节目综合人口覆盖率100%；2021年，在省级以上比赛中获得金牌367枚、银牌317枚、铜牌316枚。石家庄市强力推进转型发展，成功举办2021年中国国际数字经济博览会，规模以上高新技术产业增加值增长11.3%；县域特色产业集群预计实现营业收入3599亿元，同比增长11.1%；现代服务业提档升级，投入1.38亿元全力扩内需、促消费，提升夜间经济，新媒体电商直播示范城市建设取得积极成效。深入实施创新驱动战略，探索建立了关键核心技术联合攻关、中央创新区公共服务、科技成果转化“经纪人”三大机制，打通科技创新成果“研、用、转”通道；创新主体不断壮大，新认定高新技术企业400家，净增科技型中小企业1029家；创新平台提质增效，新增各类省级科技创新平台67家，技术合同成交额完成120亿元；创新人才加速集聚，柔性引进国家级高层次人才306名，发放人才绿卡突破万张，发放人才购租房补贴2亿元；率先出台了《青年发展“十四五”规划》，更多的本地年轻人愿意留在石家庄、更多的外地年轻人愿意落户石家庄，为石家庄高质量发展注入了新活力。①

（二）政策法规密集出台，推动文创产业高质量发展

“十四五”时期，河北省文创要抢抓机遇，坚持融合发展，坚持创新驱动，按照新发展理念的要求，促进科技创新要素向文创领域集聚，把科技自强自立作为文旅强省的重要战略支撑之一，面向文化事业、文化产业、旅游业的重大需求，着力提升创新能力、加强科技应用、提高管理服务和科学决策水平，助力开创河北省文创产业现代化建设、高质量发展的新局面。2021年，一系列文创产业政策法规密集出台，推动河北文创产业高质量发展。为充分挖掘河北省文化产业优势和潜力，推动河北省文化产业创新发展、高质量发展，加快由文化资源大省向文化产业强省迈进，出台了《河北省文化产业发展规划（2021—2025年）》，提出到2025年，优秀传统文化资源得到有效转化，产业链条不断延伸，产业结构更加优化，产业规模和效益大幅提升，产业整体实力和竞争力显著增强，文化和相关产业融合发展不断深化，文化消费不断扩大，文化产业成为国民经济战略性支柱产业。习近平总书记高度重视文物工作，多次做出重要指示批

---

① 马宇骏．石家庄市政府工作报告——2022年1月23日在石家庄市第十五届人民代表大会第二次会议上．2022－01－27．https://www.sjz.gov.cn/col/1641437541200/2022/01/27/1643248614523.html.

示。他指出："文物承载灿烂文明，传承历史文化，维系民族精神，是老祖宗留给我们的宝贵遗产，是加强社会主义精神文明建设的深厚滋养。保护文物功在当代、利在千秋。"为全面做好非遗保护、传承、传播、发展、利用各项工作，《"十四五"河北省非物质文化遗产保护规划》中提出，力争在"十四五"时期，建立健全长城沿线非遗保护传承弘扬协同机制，在大运河沿线成功创建1个国家级文化生态保护区、3个省级文化生态保护区、1个国家级乡村振兴试点、8个省级传统工艺工作站，设立600个以上非遗工坊，培育14条非遗旅游主题线路等。河北是中华民族的重要发祥地之一，历史悠久，文化灿烂，文物遗存丰富多彩、价值突出。《河北省文物事业发展"十四五"规划》是"十四五"时期推进河北省文物事业高质量发展的重要指引性文件。此外，河北省还出台了《河北省公共文化服务体系建设"十四五"规划》和《河北省"十四五"艺术创作规划》等文件，推动河北文创产业高质量发展。

（三）文化科技深度融合，推进数字文创加速发展

1. 庆百年华诞，颂百年辉煌

2021年是中国共产党成立100周年，时值党的百年华诞，石家庄市图书馆特别推出庆祝中国共产党成立100周年"党史党建图书学习专架""红色故事绘"和"红色图书馆"系列红色图书、电子资源，为广大读者提供经典红色阅读平台。"党史党建图书学习专架"分为党史党建类、党史建政类、党史人物类、革命小说纪实文学类、革命军事类，共有红色经典图书近600种1500册，展示了中国共产党走过的光辉历程、取得的伟大成就；"红色故事绘"以红色连环画为阅读载体，围绕"党史里的今天"，用图画讲述百年党史故事、功勋人物、重大革命事件等，重温中国共产党走过的百年光辉历程，以"图画讲党史，经典共聆听"的方式，让广大读者共享红色文献资源；"红色图书馆"涵盖了掌阅精选、云图有声、中华连环画、超星等平台的红色资源，内容包括党史上的今天、百年党史、献礼100周年系列等，读者可通过扫码读书、扫码听书的方式，回顾党的伟大历程和光辉成就。读者们可以通过关注"石家庄市图书馆"微信公众号或登录石家庄图书馆网站（http://www.sjzlib.cn/）进行访问。此外，石家庄市图书馆还将在微信公众号、美篇、抖音等多个线上平台利用文字图片、影像视频多种形式，陆续推出从建党建军到新中国成立，从社会主义革命到改革开放，再到党的十八大以来，党的建立、发展、奋斗以及全面从严治党的相关书籍、影像资料等，

全方位、多角度展现我党百年光辉历程、伟大历史成就。

2. 创意河北　精彩在冀——第三届河北省文创和旅游商品创意设计大赛

河北拥有丰富的历史文化、名胜古迹、世界文化遗产遗址和雄厚的工业基础，在发展文创产业、工业设计上有着得天独厚的优势条件，本土设计企业、省市工业设计创新中心等工业设计服务载体的建立，有助于带动河北文创和旅游产业向高质量高附加值方向发展。本届大赛以“创意河北　精彩在冀”为主题，着力突出魅力冬奥、长城、大运河国家文化公园建设等重大题材，围绕文博文创类、文化非遗类、乡村民俗类、红色创意类、生活创意类、工艺美术类、冰雪冬奥类、智慧科技类、户外美妆类、旅游演艺类等 10 个类别进行征集和筛选，全方位挖掘河北文创和旅游商品创新研发和成果转化，推出更多具有河北特色、河北符号的文创和旅游创意商品，引导文创和旅游产业市场消费，满足游客购物需求，打造河北文创和旅游商品品牌。活动期间，还开展了优秀作品展览和后续产业对接成果活动，同时搭配系统配套活动，如国际高端文创设计交流、“设计云学院”文创网络培训、网络直播讲座、电商平台直播推介，充分利用先进信息技术打造“互联网+文创”的新模式。本届大赛充分利用了河北丰富的文创和旅游资源及工业设计的赋能力量，激发文创和旅游产业设计创新活力，扎实推进文创和旅游融合纵深发展，全力塑造“河北设计”“河北创造”品牌形象，展现了河北悠久的历史文化底蕴，助力河北文旅产业发展迈上新台阶。

3. 高水平招商引资，高质量赋能发展

石家庄经济技术开发区成立于 1992 年，2005 年被国家发展改革委确定为“国家生物产业基地”，2012 年 10 月升级为国家级开发区，2019 年被工信部认定为国家新型工业化产业示范基地，被河北省商务厅认定为河北省国际合作产业园。2021 年，经开区拓展招商方式和渠道，运用产业链招商、小团组招商、专业化招商和特色园区招商等多种招商方式，对标国际国内产业发展方向，瞄准“人工智能、大数据、云计算、区块链、文化创意”等新业态、新产业，结合生物医药、轻工食品、智能制造、新材料四大主导产业，在“短链”延长、“断链”连通、“细链”增粗、“弱链”变强四个方向重点发力，着力引进一批高投入、高科技、高效益、高质量的“四高”项目，为经济发展集聚新动能。

4.“文创潮玩 · 庄尚有礼”——第三届石家庄市文创和旅游商品大赛

第三届石家庄市文创和旅游商品大赛以“文创潮玩 · 庄尚有礼”为主题，围绕石家庄红色历史、绿色生态、古城古迹、新生活四个方面开展作品征集，共征集参赛作品近700件。大赛深度挖掘了石家庄市文创资源，搭建了石家庄市文创和旅游商品创新设计、展示推广和市场销售的平台，推出了一批丰富多彩、质优物美、具有石家庄特色的文创和旅游商品，推动了石家庄市文创和旅游商品品牌化、市场化、产业化发展。“石全石美”系列冰箱贴、“梦回中山国”插纸摆件、正定胜迹图、“铁定如意”4件文创和旅游商品获得大赛金奖。本届大赛共展出了170个系列、400余件文创和旅游商品，除本届大赛74件(套)获奖作品外，还有近年来在中国旅游商品大赛、河北省文创和旅游商品创意设计大赛及2019年、2020年两届石家庄市文创和旅游商品大赛等国家级、省市级比赛中获得奖项的150余件作品，以及富有石家庄特色、展现石家庄风貌、体现石家庄文创和旅游商品发展水平的近200件特邀作品。综合设置的文创市集、“悦游石家庄”微信小程序、“淘你喜欢”无人值守售卖柜，实现了线下展示、现场扫码、线上购买、物流配送的无缝衔接，打通了线上、线下两条销售渠道，成功地将比赛、展览、销售即“赛”“展”“销”三个环节有机结合起来，积极引导文创和旅游商品由作品向产品转化，由产品向商品转化，由商品向产业转化，积极推动石家庄市文创和旅游产业转型升级和高质量发展。

5. 直播巡礼为文创产业升级赋能

“百县千品”河北文创直播巡礼推广活动，首站在石家庄国际博览中心拉开帷幕。2小时的直播中，多名河北省内知名流量主播在直播间密集为全国网友推荐了画乡精酿啤酒、喳喳系列织机、原火陶瓷、定磁孩儿枕、火针刺绣等28个特色文创产品。直播间最高观看人数达300万，多个品牌在线成交量破历史纪录。印有武强年画的精酿啤酒、古中山国主题的雨伞、定窑的瓷器茶具、河北非遗手工针织品和汉服……“百县千品”河北文创直播巡礼推广活动首站借助河北(石家庄)电子商务资源对接暨电商直播选品大会的平台优势，集合阿里、京东、拼多多等知名电商平台，亚马逊、易贝、敦煌网等跨境电商平台，以及抖音、快手、腾讯等直播平台，充分对接河北特色文化产业带，通过实物、展板、视频(VR)、画册等进行展示，利用直播优势进一步调动河北县域优质产业资源，开辟网络销售新渠道，让河北文创和旅游产业深入人心，助力河北文创“百县千品”走入千家万户。

(四)文化产业持续繁荣发展

1. 文艺演出精彩纷呈

2021年5月15日晚,河北省河北梆子剧院演艺有限公司经典剧目《宝莲灯》,经过打磨后亮相津门。该剧是文旅部公布的“庆祝中国共产党成立100周年舞台艺术精品创作工程”作品,是“百年百部”传统精品复排计划重点扶持作品。经过打磨,《宝莲灯》从剧本、表演、舞美、灯光、音乐等方面进行了修改,在作品内容和美学呈现上,进行符合现代审美的二次创作。舞台呈现更贴近现代观众的艺术审美,使传统艺术焕发了新的活力,成为符合现代审美的河北梆子经典传统剧目。《宝莲灯》讲述的是沉香劈山救母的神话传说,创排于1959年,1960年正式搬上舞台,60年久演不衰,迄今为止已经演出1600余场。1976年,该剧由北京电影制片厂拍成舞台艺术片,曾赴中国香港、新加坡等地演出,红遍东南亚。2012年荣获文化部“第二届优秀保留剧目大奖”。历经了四代演员的薪火相传,成为剧院享誉海内外的名作。

5月23日,“永远跟党走”——庆祝中国共产党成立100周年、纪念毛泽东《在延安文艺座谈会上的讲话》发表79周年中国民族歌剧选段音乐会在河北省群众艺术馆虹光剧场举办。本场音乐会分为“经典回顾”“原创歌剧”“名家示范”三个部分,旨在通过演绎经典及原创民族歌剧曲目,唱响燕赵儿女的英雄赞歌,用歌剧表演的艺术形式向群众传播红色故事、弘扬红色文化,激励群众学党史、知党情、跟党走。音乐会精选了大家耳熟能详的《江姐》《党的女儿》《野火春风斗古城》等经典民族歌剧中的选段和戏剧唱段、以“子弟兵母亲”戎冠秀一生追随党为题材的原创歌剧作品《戎冠秀》选段,以及名家带来的歌剧《傲蕾一兰》《白毛女》《沂蒙山》《芳草心》中的选段。本场音乐会不仅重温了红色经典旋律,更重要的是通过文艺的形式深刻塑造了我党英雄儿女的光辉形象。

2. 石家庄市深入推进“文化+”战略,培育扶持新兴业态

文化产业被誉为21世纪的朝阳产业,尤其在创新创意、数字科技、文旅融合等理念引领驱动下,“文化+”衍生出多种新业态、新模式、新格局,传统文化资源转化利用也迎来新视野、新思路、新定位。近年来,河北的博物馆、美术馆、艺术馆等文化文物单位积极行动,与优秀的工业设计、文化创意等团队合作,大力开发文创产品。河北省文创企业也努力破除认知局限,围绕重大题材类、生活

创意类、融合创新类、红色旅游类等文创领域，持续激发创新创意，全方位开展文创研发和成果转化，形成“长信宫灯”系列、内画鼻烟壶、文房四宝礼盒、小兵张嘎系列文创产品……河北省精英集团自主研发的招牌产品叶罗丽娃娃，远销10余个国家，并与北京文投控股公司合作创作2022年冬奥会吉祥物音乐剧《冰雪精英》，计划世界巡演。河北省各市还加大扶持力度，引导文创企业转变经营模式，开展“云端”销售。石家庄正定除了建起仿古旅游街区外，还努力发展动漫等多种新业态新模式，打造“美丽乡村+古城+滹沱河景区”等精品旅游线路，“文化+旅游”模式在正定古城得到进一步发展。

二、科技创新为文化创意产业发展注入新动力

2021年是“十四五”开局之年，党的十九届五中全会提出，“坚持创新在我国现代化建设全局中的核心地位，把科技自立自强作为国家发展的战略支撑”。加快文创科技创新，既是适应信息时代的必要选择，也是文创高质量发展的客观要求，更可以满足人民日益增长的美好生活需要。新冠肺炎疫情暴发以来，中国的数字技术在疫情防控、经济恢复中发挥了积极作用。近年来，石家庄市高度重视高科技产业开发和数字技术推广，取得了显著成效。

（一）正定数字经济产业园发展规划出台

近年来，正定数字产业发展步伐加快，常山北明项目入驻，玥云数字产业园、联东U谷产业园顺利建设，已成为石家庄市数字经济的重要组成。石家庄市高新区及鹿泉信息产业基地的通信导航、集成电路等优势，将与正定数字经济产业园形成空间联动协同、错位发展，共同推动石家庄市数字经济发展。中国国际数字经济博览会永久落户石家庄（正定）等政策叠加，更为其抢得发展先机。石家庄市政府印发的《正定数字经济产业园发展规划（2021—2025年）》提出，到2025年，正定数字经济产业园数字经济发展体系基本形成、产业规模不断壮大，数字资源开放利用水平显著提升，数字经济前沿基础和关键技术创新能力显著增强，初步建成具有鲜明特色和局部优势的数字经济产业集群，成为河北省数字经济创新发展的新支点，为河北省数字经济发展和高质量发展奠定坚实基础。到2030年，数据引领的发展模式基本形成，正定将成为全国数字经济创新发展试验区和数字经济创新发展的新高地。未来几年内，正定数字经济

产业园将立足本地优势产业，谋划和推动数字产业项目加速落地，加快打造河北省数字经济集聚区和新高地。其中，将重点打造数字健康及智能硬件、人工智能与软件信息服务、数字基础产品、数字会展和跨境电商以及数字创意五个百亿级产业集群。石家庄将举全市之力协同推动数字资源要素加快向正定集聚，通过实施新基建示范和应用工程、新型研发机构引育工程、数字化升级平台工程和数字便民服务推广工程，汇聚产业资源、引导产业项目加快落地，形成试点示范效应，带动正定及整个石家庄市数字经济发展。

(二)2021年中国国际数字经济博览会

9月6日，2021年中国国际数字经济博览会在石家庄国际会展中心开幕。中国国际数字经济博览会是经党中央、国务院批准，由工业和信息化部、河北省人民政府主办的国家级展会，致力于打造引领数字经济发展的国际性盛会、全国数字经济最新成果展示的国家级平台、全球数字经济交流合作的世界级平台。本届数博会以“创新发展与数字经济”为主题，汇聚了国内外数字经济领域众多尖端知名企业、数字经济类“独角兽”企业，采用线上线下同步互动方式，通过“现场参会+网络直播+现场会议连线+线下实体展+网上虚拟展”等形式，举办开幕式暨主题峰会、高峰论坛、主题活动、综合展览、招商对接、现场体验、竞赛活动、成果发布等系列活动。

主题活动围绕数字河北建设，举办京津冀数字产业协同发展、数字化赋能、石家庄正定数字经济园区推介、“正定之夜”数字经济主题沙龙等活动，通过雄安新区、廊坊临空经济区、张家口市怀来县分会场，同步举办智能雄安、临空经济产业对接、怀来大数据产业创新发展论坛等活动。其中，开幕式暨主题峰会、高峰论坛聚焦人工智能、量子信息、柔性电子、区块链、数字货币、数字交易、5G、卫星互联网、工业互联网等数字经济创新发展前沿热点话题展开交流；综合展览面积5万平方米，设置5G、VR/AR、机器人、无人机、人工智能、数字体验竞赛、工业互联网、数字城市等展区，室外还设置了数字体验展区，集中展示国内外数字经济领域黑科技、撒手锏产品，以及新技术、新产品、新应用、新模式，邀请专业采购商开展对接合作；竞技竞赛方面，组织全国数字经济中小企业创新创业大赛、智能网联汽车竞赛等数字经济领域具有竞争力的竞赛活动；虚拟现实、增强现实、人机互动、远程操控、“5G+”应用等一大批可感知的现场体验活动，让数字经济尖端技术走下殿堂，让人“触手可及”；由权威机构集中发布数字经济领域百强榜单、发展指数、发展报告，指引数字经济未来发展方向；新一代信息技术制造业、软件与信息服务业、智能制造与工业互联网、雄安国家数字经济创新发展试验区、怀来大数据产业基地、廊坊信息产业基地、正定数字经济产业园等多场次产业对接，让合作伙伴分享京津冀协同发展、雄安新区规划建设、北京冬奥会筹办等历史性战略机遇。

本次正定数字经济产业园发展推介对接会上，共有17家来自全国各地的知名企业与正定县、正定新区、石家庄高新区、鹿泉区等签订战略合作协议，总签约金额达60余亿元，为正定数字经济产业园乃至石家庄市的发展增添了新的活力。未来几年内，正定数字经济产业园将立足本地优势产业，谋划和推动数字产业项目加速落地，加快打造河北省数字经济集聚区和新高地。正定将努力抓住数字化转型的全新机遇，在当前中国经济增长面临一定下行压力、经济换挡回落的背景下，寻找经济增长的新动能。

（三）科技赋能，传统皮革产业焕发生机

辛集市皮毛业历史悠久，发轫于殷商，繁荣于明清，素有“辛集皮革甲天下”之美誉，可以说辛集的历史就是皮毛业的文化史、发展史。作为辛集市的传统优势产业，辛集拥有以制革、制衣、制鞋、皮具等为主要产品的较为完整的产业链条，实现了就地转化深加工，形成了皮革机械、皮革化工、毛领加工、皮革辅料等近十个配套行业，催生了原辅材料、毛皮交易、物流配送等专业市场。在国内制革行业普遍不景气的情况下，河北辛集皮革通过“科技赋能，让传统皮革产业焕发生机”。其中，东贞皮业坚持“以创新促转型、以创新促发展”，力推产品创新、服务创新，凭借牛皮凉席这一特色产品，在行业中迅速占领了一席之地，也收到了众多知名家纺品牌的订单；九丁端布言科技（河北）有限公司将传统的非遗布艺和皮革相结合，并与河北省内多家院校和文化机构联合开展产品创意设计服务；名花皮毛文化博物馆是辛集首个以皮毛文化为主题的博物馆，有近1100件与皮毛有关的馆藏展品，开馆2年多来，已经成为宣传辛集皮毛文化的重要旅游景区之一；辛集市名花文创旗舰店内近千件琳琅满目的皮革文创产品令人目不暇接，这些文创产品以皮革制品为基础，将皮革制品本身所蕴含的文化元素转化成设计要素，并创意形成符合现代生活形态的系列新产品，赋予了辛集皮毛更多的文化内涵……

近年来，随着市场多元化、消费升级、环境治理等因素的影响不断增大，辛

集皮革服装产业发展遇到了诸多的困难和问题。面对前所未有的机遇和挑战，辛集市制定了《皮革服装产业发展振兴计划(2019—2022 年)》，明确了以特色产业振兴为根本任务，以质量和效益为中心，以环境保护为使命，以科技创新为动力，坚持生态发展，从工艺、设计、制造、排放等方面全面体现生态绿色理念，通过将工业设计、"互联网+"、大数据、个性化定制等融入皮革服装产业，做强骨干企业，做优主导产品，做亮知名品牌，进一步壮大产业规模和整体实力，繁荣辛集国际皮革城和内贸市场，拓展海外市场，努力打造国内一流、世界知名的"中国皮革皮衣之都"。

(四)2021 年中国・石家庄第十六届国际动漫博览交易会云展会

中国・石家庄国际动漫博览交易会是河北省委、省政府批准保留的展会活动，是石家庄市委、市政府、市动漫产业发展领导小组共同主办的一项品牌文化活动。自 2006 年举办首届以来，已连续成功举办了十五届，有 1120 多家动漫企业、院校、机构参展参会，累计签约推介项目 125 个，到会参观人数超过 160 万人次，通过坚持不懈的发展和创新，在多年积淀中不断完善、成长、壮大，现已成为知名文化品牌、漫迷盛宴、动漫企业交流平台，有力助推了石家庄动漫产业快速发展。

2021 年中国・石家庄第十六届国际动漫博览交易会云展会(以下简称"动博会")以"科技赋能动漫产业，创意启迪文化价值"为主题，以大力发展文化产业、动漫产业，增强文化软实力为目标，在线展示石家庄动漫产业发展成就。此次云展会将凸显科技元素，集中展示动漫企业"动漫+科技"发展成果，展示动漫业界前沿科技，促进动漫与科技融合发展专业交流，提升动漫与科技融合发展水平。通过科技创新，不断提效内容生产，带动产品创新，助力动漫产业升级。

本届动博会以最新的云技术构建数字展会，通过 3D 建模进行场馆和展览展位搭建，观众可在线漫游参观，实现"身临其境"的体验。除此之外，还开展了多平台直播，覆盖 bilibili、抖音、微博、微赞等当下热门流量平台。通过线上直播，直观系统地把参展企业品牌形象、企业文化、企业自身独特理念和潮流展示给参观者，展示石家庄地域传统文化、非物质文化遗产，推动动漫与传统文化相结合，并达成重点项目合作。

与著名男高音歌唱家王铁刚合作制作的歌曲《岁月征程》MV 以动画形式首次发布，更加通俗、直观地展现了我国在党的领导下日新月异的发展，以及新时代青年不忘初心、坚守信仰的信心和力量；还展出了《秦时明月》《罗小黑战记》《一人之下》等多部优秀动画作品，并上演了《彼得与狼》《小兵张嘎·幻想曲》《鹅鹅鹅》《冰雪公主》《想象王国的糖果屋》5场儿童经典剧目，弘扬民族优秀文化精神，传承和保护非遗文化。本届动博会还得到了国家动漫园、天津A4漫业、金一文化、小鹿儿文化、多动态文化等京津冀知名动漫企业的支持，更有精英动漫、暴雪娱乐、中华网龙等知名动漫游戏公司参展，展示旗下知名动漫游戏IP《精灵梦叶罗丽》《守望先锋》《炉石传说》《金庸群侠传》等；《一人之下》、《凹凸世界》、《罗小黑》、《阿狸》、天闻角川等国内外知名IP也亮相动博会云展会，展示了动漫产业发展的前沿资讯。2020年动博会首次开展线上赛事，让Cosplay爱好者和电竞爱好者通过线上云展会集聚一堂，线上直播平台观看人数突破40万，开辟了观赛新形式。2021年，云舞台还将继续举办宅舞宅歌大赛、Cosplay大赛、电竞大赛等活动，并进行为期两天的线上直播。线上漫画展分为2021年“精英杯”全国肖像漫画名家邀请展区和MY HERO第四届儿童原创国际动漫大赛作品展区。以“喜迎北京冬奥”为主题，2021年“精英杯”全国肖像漫画名家邀请展会聚了国内肖像漫画的顶尖高手，120幅优秀作品基本涵盖了国内肖像漫画创作的各种风格。MY HERO第四届儿童原创国际动漫大赛以中国古代文物中的“萌虎”为原型，鼓励孩子们发挥想象力，创作独一无二的动漫形象，坚定中华民族文化自信，在优秀传统文化中汲取丰富的精神养分。

(五)观“河北游礼”，展燕赵文化魅力

2021年，河北省积极推进“文创进景区”活动，按照质优价宜、创意新颖、文化味足、实用性强的原则，遴选了400多个系列3000余种12万余件河北特色文创商品，集中投放在120家4A级以上旅游景区的“河北游礼”购物店内，还统一了店面Logo，完善了柜台设计、功能，优化了购物环境，为更多文创企业提供了广阔的发展平台。“河北游礼”还将作为河北省文创和旅游商品的统一品牌对外宣传推广和市场化运作，实现了河北省文创产业品牌化、市场化、特色化发展。河北将持续推进“文创进景区”活动，指导各市在多个领域展开文创产品的研发和创作，积极推出红色文创、冬奥文创等产品体系，指导各地打造超级IP。一年内实现4A级以上旅游景区文创购物商店全覆盖，打造河北统一文创品牌；两年内提升河北文创品质，树立行业标杆；三年内打造知名文创品牌，让更多人了解河北，体会燕赵文化魅力。充分利用“一部手机游河北”“河北旅游”等搭建

线上销售平台，强化与阿里、京东、美团等知名电商和OTA平台的合作，完善销售购物服务网络；开展"河北游礼"优秀代表商品和企业推介会；借助河北省、市级旅游发展大会，以及文创和旅游商品创意大赛等重大活动，集中展示"河北游礼"品牌建设成果，进一步增强品牌知名度和影响力。通过加强政府引导，建立创新机制，统筹文化资源、产业资源、专家资源和社会资本，河北将挖掘、孵化出更多优秀的文创项目和产品，着力打造更多具有全国影响力的文创精品，努力走出一条"河北文创"高质量发展之路。

三、科技创新与文化创意产业融合发展的有效途径

习近平总书记在主持召开教育文化卫生体育领域专家代表座谈会时指出："十四五"时期，我们要把文化建设放在全局工作的突出位置，切实抓紧抓好。党的十九届五中全会提出要繁荣发展文化事业和文化产业，提升公共文化服务水平，健全现代文化产业体系，为文化产业发展指明了方向，提供了强大动力。京津冀协同发展、规划建设雄安新区、2022年冬奥会举办等，为石家庄市文化产业创新跨越发展提供了独有的、难得的历史机遇。"一带一路""乡村振兴""国家文化公园"等的深入实施，为推动石家庄市文化产业在更广领域、更深层次上整合资源要素、提升综合竞争力提供了更加有力的支撑。大数据、5G、VR、AR、MR等新一代信息技术和媒体技术的发展，加速了文化产业场景再造和技术变革，促发全新的内容形态、文化业态和产业生态重构，为文化产业新业态、新内容爆炸式增长提供了便捷、经济、多渠道的技术平台，为文化打破行业壁垒与其他行业融合提供了重要支撑，将有力推动石家庄市文化产业转型升级。同时，随着我国经济持续稳步增长，大众对文化消费的需求呈现强势增长，为石家庄市文化产业发展提供了广阔的市场空间。与此同时，文化产业发展也面临着一些困难和挑战：产业思维和市场意识不强，发展基础相对薄弱，人才支撑不足，发展文化产业的良好生态尚未形成；周边及全国各地对文化产业发展高度重视，人才、资本等优质要素竞争激烈。"十四五"期间，石家庄市既要加快补齐短板，又要奋起直追、跨越赶超，肩负的责任重大、任务艰巨。①

① 河北省文化产业发展规划（2021—2025年）[EB/OL].（2021－12－08）. http://www.hebeitour.gov.cn/Home/ArticleDetail?id=15449.

(一)坚持创新驱动,夯实科技创新发展基础

坚持创新驱动,激发科技创新活力,实施科技创新成果转化工程,增强文创产业创新研究应用能力;实施文化科技创新人才培养工程,推动文化人才智库建设,为文化产业高质量发展提供智力支撑;以信息化手段提升文创资源的数字化管理水平。

1. 完善文创产业科技创新体系

建立产学研相结合的文创产业科技创新体系,形成体系完善、相互支撑的科技创新格局;发挥市场和政府在资源配置中的优势,树立企业在创新决策、研发投入、成果转化中的主体作用;大力培育壮大文化领域科技型龙头企业和高新技术企业,推动形成一批具有示范性、引领性的品牌;加强文创产业科技创新载体建设,以文化科技领域国家科技创新基地、省级科技创新基地、5G 大数据创新实验室为核心,引导高端科技创新要素向示范基地流动、聚集;推动应用创新、跨界融合,强化创新应用研发,延伸产业链,丰富供给主体,提升产业附加值。

2. 构建文创产业发展体系

依托人工智能、区块链、云计算、大数据四大数字技术,重点发展数字出版、数字融媒与传播、数字文化内容、数字影视、数字文化装备及终端、智慧体育健身、智慧文旅娱乐七大领域,锻造数字文化产业核心层;支持面向文化娱乐健身的可穿戴设备、感知终端等智能硬件及零部件产业链发展;鼓励企业以“数字基因+制造+服务”为主线,推动民俗产品、民间工艺品等传统特色文化制造产业以及文化产品批发零售、广告服务、文化艺术培训等传统文化服务业,与数字化智能技术、信息技术深度融合,发展数字影视、数字出版、智能文化旅游娱乐等数字内容产业,培育建立数字化、智能化服务平台。

3. 创新人才培养模式

加强基础研究型、创新型、应用型、技能型及融合型人才培养。构建新型文创产业人才培养模式,协同建立产教深度融合、校企紧密合作创新机制;协同培育市场导向、供需匹配、服务精准、规范实用的产教融合服务组织;指导构建职业院校与规模性企业共建学习与实践基地、培养与培训基地、研究孵化众创基地等产学研一体化发展格局。建立文创人才智库,落实高端人才培养、引进的

奖励政策，为石家庄市文创产业高质量发展提供人才支撑。

(二)坚持创新驱动，以数字化助推文化产业体系现代化

以技术应用创新催生产业发展新动能，推进文化产业数字化转型，围绕实施文化产业数字化战略，以科技创新提升文化生产和内容建设能力，加快文化产业数字化改造和转型升级；创新文化服务供给模式，以国家文化大数据体系建设为契机，推动运用 VR/AR/MR、5G、交互影像等技术，对石家庄丰富的历史、民俗、革命等各类文化资源进行数字化转化和开发，将文化资源所蕴含的价值内容与数字技术的新形式新要素结合，实现创造性转化和创新性发展；推动文化消费线上线下融合发展，探索文化产品多渠道发布、多网络分发、多终端呈现，促进网络消费、定制消费、体验消费、智能消费、互动消费等新型消费模式发展。①

1. 提升文物和非遗的数字化保护与展示水平

一是加强科技在重点文物保护、修复及展示中的应用。着力推动 VR/AR/MR、5G 等新技术在石家庄市各类现存历史文物、革命文物、文化遗址、古建筑等保护工作中的创新应用，充分发挥数字技术、网络技术、智能技术在文物保护和资源数字化中的支撑作用，推动文物的永久保存、永续利用和有序共享；大力推动文物展示与“互联网+”融合，积极利用云直播、短视频、全景展示等新的传播方式，讲好文物故事，为大众零距离接触历史宝藏提供方便。二是加强科技在非物质文化遗产传承与推广中的应用。利用先进技术支撑非物质文化遗产的传承发展，加快对非遗资源、非遗传承人、非遗图文音视频记录成果等信息的数字化储存、整理与利用，实现非遗信息的数字化记录；充分利用 3D 影像科技、多媒体互动展示、VR 虚拟展示等新技术，丰富非遗数字化展示传播形式。

2. 加强文艺资源的数字化保护与应用推广

深入挖掘石家庄市珍贵文艺资源，对亟须进行抢救性保护的珍贵艺术资料开展缩微复制、数字化记录等保存工作。推动搭建文艺作品网络教育平台，以慕课、网站、新媒体推送等创新方式，实现石家庄特色艺术的现代表达。加强新技术在文化和艺术资源数字化转化和开发方面的应用，探索 VR 技术、数字媒

---

① 河北省文化和旅游科技创新“十四五”规划[EB/OL].(2021－12－08).http://www.hebeitour.gov.cn/Home/ArticleDetail? id=15450.

体技术等在艺术创作中的应用，以传统创作融合新技术应用开启艺术创作的转型升级。

3. 提升文化艺术的科技创作与呈现水平

以科学技术推动文化艺术形式创新、内容创新、模式创新、呈现方式创新，提升文化艺术创作效率能力与艺术的表现力、感染力。全面推广舞蹈、音乐、戏剧、美术、设计等领域的智能化辅助创排工具及系统应用，构造舞台表演的综合设计仿真系统，研发面向大众的各类“人工智能+”文化产品创作工具，降低大众参与文化艺术创作的技术门槛和难度；推动现有演出场馆舞台、基础展演设施、观演体验环境等技术装备的智能化升级改造，鼓励各级财政加大对基层演出场所的补贴力度；推动“5G + 4K/8K 超高清”在演艺业的应用，建设数字剧院和“云剧场”“互联网+演艺”平台，鼓励各级艺术单位开展网络直播展演，提升文化艺术的数字化生产、线上展示、互动体验和数字消费能力；探索线上文化消费新模式，培养适合线上观演、传播、消费的原生云演艺作品。

4. 推进公共数字文化体系建设

一是推进智慧文化场馆建设。制定出台石家庄市智慧文化场馆建设指南和相关标准规范，开展智慧文化场馆示范工程评定工作。推动博物馆、图书馆、文化馆、美术馆等文化场馆设施智慧化建设，实现智慧分析、智慧评估、辅助决策等数字化智能管理；开发完善在线信息发布、需求征集、预约预定、意见反馈、互动体验等移动端公共文化智慧服务功能；运用人机交互、虚拟现实、全息影像等现代信息技术增强服务的趣味性和吸引力，提升群众参与度和满意度。推进智慧博物馆建设，优化博物馆藏品服务保护和管理模式，实现信息互联互通，加强移动交互、智能呈现等技术应用，丰富馆藏文物展示欣赏、虚拟展陈等体验方式。推进智慧图书馆建设，加强公共图书馆信息采集、协同感知及知识聚合能力，引导和推进公共图书馆完善线上阅读、线上服务内容，实现线上线下联动互通以及各级图书文献信息的智能互联，形成立体化、全方位、广覆盖的科普和知识仓库传播体系。推进数字美术馆建设，加快公共美术资源数字化，利用 VR、AR 等技术搭建虚拟美术馆，创新公共美术线上服务方式，实现公共美术资源共享；通过 APP、微信、网页等途径，畅通手机等便携电子设备渠道，为社会公众提供便携的数字化公共美术服务。二是创新公共数字文化服务。基于 5G、移动互联等新技术应用，创新公共数字文化服务模式。建设支持跨平台、跨媒体、跨内容的，互动、便捷、安全的数字服务移动终端和应用场景，让群众在“掌上”“指尖”获取服务、提出需求、评价效能，同时提升特定人群（老人、少年儿童、少数民族、境外游客等）获取公共文化服务的便捷性；鼓励各级、各类公共文化机构利用信息技术手段，开展知识服务、视频讲座、科学普及、培训辅导等文化服务，丰富广大群众精神文化生活；积极推进公共文化场馆与互联网评价平台等的合作，开展用户预约和评价工作，鼓励公共文化机构加强创意创新，开辟自有文创产品网络产销空间，培养具有高黏性的“粉丝”文化社群，实现社会主义先进文化、优秀文化传播手段的多样化和丰富化，创造和培育新的文化服务生态。①

5. 提升文化装备制造水平

积极开展智能装备先进制造技术的研究，加强无人智能游览、可穿戴设备、智能终端、全息展演、无人机等智能装备在文化产业数字化中的应用。积极推动工业互联网和物联网应用于智能文化装备生产各环节的关键技术研究。研发线下文化资源、文娱模式数字化创新技术，以及传统产业上线上云的关键技术。支持文化企业建设升级数据汇聚平台，推动全流程数据采集，发展数据驱动的新业态、新模式。以省级和国家级文化产业示范园区和示范基地为重点，引导龙头文化企业加大对数字技术应用的研发，增强企业创新能力和核心竞争力。利用数字化技术改造传统文化产业，推动文化新业态的数字化，形成数字经济新实体，提升信息技术对文化和旅游产业的融合力度与支撑力度。②

6. 加快发展动漫游戏业

着力培育精英动漫、铸梦文化、河北乐聪、河北玛雅、河北茗漫、游民星空等10家动漫游戏领军企业；加强动漫IP授权开发，大力发展玩具文具、服装服饰、图书音像、生活家居等动漫衍生产品；推动动漫游戏与科普教育、在线娱乐、旅游体育等深度融合发展，发展动漫展会、动漫街区、动漫演艺等新业态；加强与中国动漫集团合作，建立国家动漫创意研发中心河北基地，打造国家动漫游戏综合服务平台、京东动漫人才培训与创业孵化基地；举办中国国际动漫游戏产业博览会暨“动漫河北”活动、石家庄国际动漫交易博览会，联合中国动漫集团打造“河北动漫+旅游嘉年华”。

①② 河北省文化和旅游科技创新“十四五”规划[EB/OL].（2021－12－08）. http://www.hebeitour.gov.cn/Home/ArticleDetail?id=15450.

7. 着力发展数字传媒业

深化媒体融合发展，加快建设具有强大传播力、引导力、影响力、公信力的新型主流媒体，构建基于移动互联网的新型传播体系；加快影视传统产业链的提质升级，积极构建手机端、电视端、移动电视、户外大屏等多屏互联传播网络；做强数字传媒龙头和产业集群，发挥河北广电传媒集团、河北广电信息网络集团、长城新媒体集团、河北影视集团等龙头企业规模优势，打造集产品研发、生产制作、市场营销于一身的产业链条，带动上下游中小企业协同发展；加强数字内容创作生产，挖掘河北优秀文化资源，支持网络IP授权开发，整合编创制作传播资源，推出数字传媒精品力作；着力发展网络音乐、网络影视剧、网络表演、网络综艺、短视频等网络文化产品，重点扶持网络文学、网络视听等优势领域领军企业；举办网络文学大会、新媒体影视节等行业品牌活动，搭建数字传媒内容交易平台。①

凝心聚力再启航，砥砺奋进谱华章！石家庄市将更加紧密地团结在以习近平同志为核心的党中央周围，在河北省委、省政府和石家庄市委的正确领导下，紧紧团结和依靠全市人民，解放思想、开拓创新，埋头苦干、锐意进取，加快建设现代化、国际化美丽省会城市，当好新时代全面建设现代化经济强省、美丽河北的排头兵和领头雁，以优异成绩迎接党的二十大胜利召开！

（王晓云，河北经贸大学经济管理学院，研究员；索秉，河北经贸大学经济管理学院，经济师；张程明，河北经贸大学经济管理学院，讲师；刘道一，北京海开控股（集团）股份有限公司）

① 河北省文化产业发展规划（2021—2025年）[EB/OL].（2021-12-08）. http://www.hebeitour.gov.cn/Home/ArticleDetail? id=15449.

第五章

哈尔滨:科技赋能助推数字文化产业发展

一、2021 年哈尔滨市文旅产业发展现状及概况分析

初步核算，全市实现地区生产总值 5351.7 亿元，同比增长 5.5%。其中，第一产业实现增加值 628.2 亿元，增长 6.6%；第二产业实现增加值 1239.2 亿元，增长 3.2%；第三产业实现增加值 3484.3 亿元，增长 6.1%。文化和旅游产业已经成为哈尔滨市构建“4 + 4”现代产业体系的四大主导产业之一，是哈尔滨市的支柱产业。连续两年受新冠肺炎疫情影响，哈尔滨市文旅产业受到极大冲击，各项指标有所下降，随着疫情的缓解，哈尔滨市文旅产业正处于逐步复苏中。

（一）哈尔滨市文化产业发展概况

（1）规模以上文化及相关产业法人单位基本情况。从统计数据看，2020 年，全市规模以上文化及相关产业法人单位 149 家，资产总计 263.9 亿元，同比增长 2.9%；实现营业收入 100.2 亿元，同比下降 12.6%，降幅较 1—6 月收窄 9.6 个百分点，显示哈尔滨文旅产业正处于恢复增长中。从企业控股情况看，国有控股占比较大。其中，国有控股 47 家，从业人员 12142 人，资产总计 178.5 亿元，实现营业收入 52.8 亿元，占比 51.7%；私人控股 81 家，从业人员 4984 人，资产总计 61 亿元，实现营业收入 37.7 亿元，占比 37.6%。

（2）从发展领域资产规模看，文化装备生产资产总计下降幅度最大；从发展领域营业收入看，文化投资运营营业收入下降幅度最大。从统计数据看，2020 年，文化装备生产资产总计 5024 万元，同比（8211.6 万元）下降 38.82%。文化投资运营资产总计 92843.2 万元，同比（103387.6 万元）下降 10.2%。2020 年文化核心领域实现营业收入 82.0 亿元，同比下降 11.85%。文化相关领域实现营业收入 18.2 亿元，同比下降 15.9%。哈尔滨市文化产业九大行业中八个行

业营业收入下降，只有内容创作生产上升，实现营业收入 4.66 亿元，同比（3.88 亿元）上升 19.94%，呈现逆市上扬的可喜趋势。营业收入增速下降列前四位的行业为文化投资运营、文化娱乐休闲服务、文化装备生产、文化消费终端生产，分别同比下降 86.91%、61.72%、27.25%、20.64%。详见表 5－1。

表 5－1 哈尔滨市 2020 年上半年全市规模以上文化产业企业主要经济指标情况

项目	2020 年资产总计（万元）	2019 年资产总计（万元）	增长（%）	2020 年营业收入（万元）	2019 年营业收入（万元）	增长（%）
总计	2638997.3	2564539.1	2.90	1002050.6	1146713.9	－12.62
文化核心领域	2398477.9	2301871	4.20	819775.8	929982.1	－11.85
新闻信息服务	247965.1	246620.3	0.55	134426.1	150927.1	－10.93
内容创作生产	102739.2	88916.9	15.55	46560.6	38820.9	19.94
创意设计服务	167056.3	157688.6	5.94	166355.4	177908.9	－6.49
文化传播渠道	1308395	1291891.3	1.28	438922.8	469129	－6.44
文化投资运营	92843.2	103387.6	－10.20	1124	8588	－86.91
文化娱乐休闲服务	479479.1	413366.3	15.99	32386.9	84608.2	－61.72
文化相关领域	240519.4	262668.1	－8.43	182274.8	216731.8	－15.90
文化辅助生产和中介服务	201971.2	223770.8	－9.74	151190	176601.1	－14.39
文化装备生产	5024	8211.6	－38.82	8390.7	11533.1	－27.25
文化消费终端生产	33524.2	30685.7	9.25	22694.1	28597.6	－20.64

（3）从城区与县域文化产业情况看，文化产业发展仍不均衡。哈尔滨市规模以上文化及相关产业企业主要集中在主城区，县域分布较少。从统计数据看，2020 年，九区规模以上文化及相关产业企业实现营业收入 94.73 亿元，占全市的 94.5%，同比营业收入减少 13.56 亿元。2020 年，营业收入排在前三位的分别是南岗区（46.97 亿元）、道里区（24.89 亿元）、松北区（8.61 亿元）。下降幅度最大的是呼兰区，营业收入仅 0.14 亿元，同比（0.82 亿元）减少 0.68 亿元，下降幅度达到 82.79%。2020 年营业收入实现上升的只有阿城区（1.42 亿元），同

比上升 26.28%。略有下降的是松北区(8.61 亿元),同比下降 1.64%(见表 5-2),总量首次超过香坊区,进入前三,充分说明哈尔滨新区的良好发展态势。九县(市)规模以上文化及相关产业企业实现营业收入 5.47 亿元,占全市的 5.5%,同比下降 14.26%。营业收入排在前三位的分别是尚志市(1.84 亿元)、五常市(1.74 亿元)、木兰县(1.20 亿元)。只有这三个县(市)营业收入超亿元,其余 6 个县(市)规模以上文化及相关产业营业收入均不足亿元,仍有较大发展空间。下降幅度最大的是宾县,营业收入仅 0.51 亿元,同比(1.07 亿元)减少 0.56 亿元,下降幅度达到 52.01%(见表 5-3)。

表 5-2　哈尔滨市 2020 年全市(城区)规模以上文化及相关产业法人单位基本情况

项目	2020 年资产总计(万元)	2019 年资产总计(万元)	增长(%)	2020 年营业收入(万元)	2019 年营业收入(万元)	增长(%)
哈尔滨市	2638997.3	2564539.1	2.90	1002050.6	1146713.9	-12.62
道里区	472354.5	498471.2	-5.24	248896.0	308962.5	-19.44
南岗区	1303261.6	1252903.9	4.02	469688.2	505995.7	-7.18
道外区	9362.1	10064.6	-6.98	18201.8	23874.1	-23.76
平房区	51511.6	64200.4	-19.76	33499.5	42246.2	-20.70
松北区(含利民开发区)	338547.5	277885.6	21.83	86065.3	87500.9	-1.64
香坊区	89696	87861.8	2.09	69884.7	89426.5	-21.85
呼兰区(不含利民开发区)	165860.9	168583.7	-1.62	1414.8	8218.6	-82.79
阿城区	19956	20252.9	-1.47	14245.5	11281.3	26.28
双城区	10847.9	8189.2	32.47	5660.3	5790.9	-2.26

表 5-3　哈尔滨市 2020 年全市(县域)规模以上文化及相关产业法人单位基本情况

项目	2020 年资产总计(万元)	2019 年资产总计(万元)	增长(%)	2020 年营业收入(万元)	2019 年营业收入(万元)	增长(%)
哈尔滨市	2638997.3	2564539.1	2.90	1002050.6	1146713.9	-12.62
尚志市	12826.3	16250.7	-21.07	18402.1	21527.2	-14.52

续表

项目	2020年资产总计（万元）	2019年资产总计（万元）	增长（%）	2020年营业收入（万元）	2019年营业收入（万元）	增长（%）
五常市	26901.1	23490.8	14.52	17407.4	17698.2	−1.64
木兰县	25470.9	20632.5	23.45	12009.9	11746.4	2.24
宾县	104798.1	109542.1	−4.33	5148.2	10728.6	52.01
延寿县	6674.7	5300.4	25.93	756.8	998	−24.17
方正县	928.1	909.3	2.07	770.1	718.8	7.14
巴彦县	0	0	0	0	0	0
通河县	0	0	0	0	0	0
依兰县	0	0	0	0	0	0

(二)哈尔滨市旅游业概况

哈尔滨已成为东北亚国际旅游中心城市、国际一流的复合型旅游目的地、全球时尚旅游城市。在2021年中国(郑州)国际旅游城市市长论坛上，中国旅游研究院发布《2021世界旅游城市蓝皮书》，哈尔滨上榜“世界游客向往的中国城市榜TOP10”。携程《2021暑期旅游大数据报告》显示，哈尔滨继2020年成为“暑期十大热门目的地”之一后，2021年再度入围“十大避暑旅游城市”，成为东北地区唯一入选城市。

(1)受新冠肺炎疫情影响，旅游业各项指标同比下降。2020年，接待入境游客人数100974人次，同比下降71.6%，总量只有正常年份的三成。其中接待外国人78134人次，同比下降72.4%；接待港澳和台湾同胞22840人次，同比下降68.1%。接待国内游客人数7824万人次，同比下降18%。旅游总收入1106亿元，同比下降29.8%；旅游外汇收入8910万美元，同比下降74.1%。2021年5月1日至5日，移动大数据显示，哈尔滨市累计到访游客335.5万人次，据银联大数据测算，涉旅消费23.1亿元，有力拉动了交通、住宿、餐饮、娱乐、购物等涉旅业态消费规模增长，进入7月，哈尔滨市高星级酒店入住率持续攀升。哈尔滨民航客运吞吐量连续5年居东北四大机场首位。

(2)受新冠肺炎疫情影响，旅行社从业人员数量下降，利润总额严重下滑。

2020年，哈尔滨拥有A级以上旅游风景区67个，其中4A级以上旅游风景区31个。哈尔滨共有旅行社388个，从业人员2619人，同比下降20.8%，2020年利润总额为-6710万元，2019年为-189.67万元，利润总额严重下滑，受疫情影响和冲击较大。

（三）促进哈尔滨市文旅产业发展的措施

(1)充分发挥文化旅游业发展规划的引领作用。2021年，《哈尔滨市"十四五"文化旅游业发展规划》正式发布，这是哈尔滨市文化旅游管理行政体制改革后，文化旅游业合并发布的首个发展规划。文化和旅游产业是哈尔滨市的优势产业，是拉动经济发展的支柱产业，也是提升人民生活品质的幸福产业。总体目标：以"冰城夏都，时尚哈尔滨"为哈尔滨文化旅游品牌，将哈尔滨建成世界冰雪文化旅游名城、全国生态休闲度假旅游目的地。在构建现代文化和旅游产业体系方面：一是优化文旅产业布局。规划期内哈尔滨市文化和旅游发展呈现"一核、一极、两带、四区"的空间布局，形成"一核引领、一极突破、两带串连、四区联动"的空间发展态势。二是构建文旅产品体系。构建"四大核心，十大专项，四大特色组团"的"4+10+4"文化旅游产品体系。三是延伸文化和旅游产业链。在促进"文旅+"产业深度融合方面：一是培育文化和旅游新业态新产品。坚持以文塑旅、以旅彰文，着力推进文化和旅游深度融合，实现文化街区向旅游街区转化、文创产品向旅游商品转化、文艺演出向旅游演艺转化，建设一批文化旅游综合体、文化旅游消费集聚区。二是实施"文旅+"融合化发展战略。全面贯彻文旅融合发展理念，积极探索文旅融合发展路径，大力推动哈尔滨文化（历史、冰雪、节庆、饮食、非遗、民俗等）与旅游业的充分融合，做到宜融则融、能融尽融，实现文旅融合创新发展，推动文旅+康养、文旅+农业、文旅+研学、文旅+体育、文旅+工业等"文旅+"产业的深化发展。

(2)充分发挥专项实施意见对发展文旅产业的促进作用。《哈尔滨市关于推进中华优秀传统文化传承发展工程的实施意见》提出："依托哈尔滨特有的冰雪文化、欧陆文化、音乐文化等文化资源禀赋，着力在规划引导、政策引领、资金扶持、平台服务、品牌培育等方面下足功夫，推动文化产业转型升级、融合发展。积极培育'文化+旅游''文化+地产''文化+科技'等符合未来发展趋势的新型文化项目，优化文化产业整体结构。结合各区县（市）发展实际、发展潜能和特色文化，引导各区县（市）着力发展特色鲜明、形式多样的产业类别，打造'一片一品’,形成全市互为补充、品类齐全的发展态势,共同推动文化产业快速发展。”

(3)充分发挥相关政策对助推文旅产业复苏的支持作用。一是持续推动哈尔滨市夜间经济繁荣,带动文化产业复苏。继续推行《哈尔滨市繁荣夜间经济实施方案(2020—2022年)》,大力培育发展五大场景:大力发展“夜购”场景、大力发展“夜游”场景、大力发展“夜品”场景、大力发展“夜娱”场景、大力发展“夜赏”场景。积极搭建文化产业发展平台,助推文化产业复苏。二是哈尔滨市人民政府印发《关于有效应对疫情影响助企纾困稳经济促增长若干政策措施的通知》(哈政规〔2021〕12号)。推动消费市场加快复苏,加快恢复消费氛围。围绕娱乐、体育、旅游等受疫情影响较大行业,发放4亿元政府消费券,引导鼓励相关企业开展促销活动,恢复消费市场热度。大力营造消费场景。支持举办冰雪博览会、国际绿博会暨大米节、种业展、秋季车展、家博会等大型国内展会,鼓励组织冬季体育赛事、体育培训等活动。开展网红打卡地、美食夜市评选活动。加快旅游市场复苏。支持景区开展门票优惠促销活动,鼓励旅行社引客入哈。加大对受疫情影响较大的批发零售、住宿餐饮、物流运输、文化旅游等行业的中小微企业的信贷支持。三是发挥财政支持作用。2021年累计拨付资金约4700万元,支持了迷人哈尔滨之夏、哈尔滨丁香节、中国·哈尔滨国际冰雪节、东亚文化之都等系列文化活动及建党百年优秀剧目创作演出,使广大人民群众的获得感和幸福感日益增强。

(4)充分发挥文旅大项目引领作用。近几年,哈尔滨旅游业乘势而起,抓住历史机遇,深化供给侧结构性改革,加快推进旅游发展方式转变,不断创新和增强旅游项目的文化内涵。在大项目引领下,冰城旅游正在由“单季旅游”向“全季旅游”转变。改造升级了冰雪大世界、太阳岛雪博会、冰灯艺术游园会等“老字号”产品;哈尔滨极地馆二期极地公园作为国内首个大型极地旅游度假区,打造了两大富有文化内涵的极地主题表演秀——白鲸秀和极地秀;伏尔加庄园整体升级改造,通过历史、文化、艺术等精品元素赋能,使其独特的异域风情更富有文化内核,散发出更加多元的魅力,拥有更大的影响力。经过持续发展,哈尔滨文化和旅游产业结构更加合理,实现了从冬季旅游“一枝独秀”到冬夏两季繁荣、四季协调的全域旅游发展的全面升级。

二、哈尔滨市科技赋能数字文创年度热点事件和案例分析

(一)2021年"福盈冰城·云享中国年"文化旅游线上系列活动

2021年春节期间受新冠肺炎疫情影响,为了防止人员聚集,线下文博图、演出、娱乐、景点等各种文旅场馆一律暂停对外开放。开展"福盈冰城·云享中国年"文化旅游线上系列活动,可以让在哈尔滨过年的所有朋友都找到自己喜欢的文化旅游菜单,享受文化盛宴。

(1)以全媒体贯通形式,激活"云享"。本次活动由市委宣传部、市文化广电和旅游局、市文联、哈尔滨广播电视台、哈尔滨日报社、哈尔滨演艺影视集团主办,市属文艺院团和各区、县(市)委宣传部承办。充分依托哈尔滨广播电视台6大频率、5个电视频道,以及哈尔滨日报、新晚报、中国蓝网、冰橙V小程序、ZAKER哈尔滨、互联网站、移动终端,全市各级文化机构官网、新媒体公众号和各区融媒体等互联网平台,以全媒体贯通形式,通过云演、云展、云游,打造四大板块200余项重点文化活动。

(2)市属文艺院团和文化演出场所推出系列"云"演出。哈尔滨歌剧院创排的音乐剧《情动哈尔滨》、歌剧《江姐》和《永恒的歌声》合唱专场音乐会,哈尔滨话剧院推出的《良宵》、小剧场话剧《瑟·色·涩》以及哈尔滨儿童艺术剧院的卡通剧《皮诺球农庄奇遇记》、国家艺术基金资助项目——大型舞台剧《水果部落梦想+》等剧目,通过云端与观众见面。哈尔滨芭蕾舞团在央视频、文旅中国、微信视频号播放"冰城传奇"全息芭蕾《冬日梦幻》、现代芭蕾《爱的乐章》、交响芭蕾《重逢花开时》《欢乐颂》等剧目。哈尔滨交响乐团推出《花好月圆》《节日序曲》等系列作品。哈尔滨大剧院推出"云观剧",包括《冰雪之约——中国电影乐团视听交响音乐会》《向世界电影配乐大师致敬——中国电影乐团视听交响音乐会》《但愿人长久——中国唐宋诗词音乐朗诵会》及《龙凤呈祥》京剧曲目等。哈尔滨音乐厅通过微信公众号,连续推出俄罗斯民族乐团古典也疯狂系列和中国经典作品系列,以及《北京喜讯到边寨》《节日序曲》《火车托卡塔》《中国心》等经典作品。

(3)全市文博图场馆开展"云"上观展。春节期间,为传承和弘扬优秀传统文化,组织全市各文博图场馆利用各自官网和微信公众号等平台,推出民俗文

化展演和文博展览展示等活动。哈尔滨市群众艺术馆在春节期间推出“群文线上大联欢”“新春书法楹联展”“非遗迎新春”传承展示活动。元宵节期间，推出全市秧歌线上展演。哈尔滨博物馆推出线上“哈尔滨城市历史”展览。哈尔滨市侵华日军第七三一部队罪证陈列馆、黑龙江省博物馆等5家博物馆开通VR全景游览。金上京历史博物馆、萧红故居纪念馆等11家博物馆通过微信平台开展云展览活动。哈尔滨市图书馆推出经典阅读、馆藏精粹、一书一城等7大专栏主题系列活动，组织开展春节与民俗讲座、民俗文化猜灯谜、读者线上过大年、古籍探秘等100场活动。哈尔滨广播电视台生活频道将推出3期富有地域特色的读书节目。此外，哈尔滨城市历史展馆通过ZAKER哈尔滨推出线上展览，不仅让哈尔滨人更加了解这座城市的历史，更向外地游客展现了城市开放、包容的生活方式，让城市的历史与文化“活”起来。

(4)“云”游冰城激活线上文旅。春节期间正是哈尔滨冰雪旅游黄金期。受新冠肺炎疫情影响，借助各新媒体平台，开展“云”游冰城，带省外游客特别是南方游客走进冰雪大世界、太阳岛雪博会、伏尔加庄园等主要景区景点，品尝美食、打卡网红地标、畅享冰雪、亲近自然，感受中国北方独有的冰雪魅力，线上看冰城、赏冰乐雪成为新的线上文旅体验方式。各大冰雪景区推出线上游览活动。冰雪大世界线上推出16集《冰雪奇园》舞蹈；太阳岛雪博会通过“太阳岛风景区”微信公众号，推出跟着主播云游雪博会；松花江冰雪嘉年华推出抖音慢直播，哈尔滨极地馆推出极地公园世界顶级大秀，让市民和游客饱览世界各地顶级艺术家和海洋动物带来的极地奇幻表演，还会遇到网红“淘学企鹅”；伏尔加庄园推出著名俄罗斯艺术家油画展《缤纷多彩的生活》。开通线上哈尔滨文旅品牌旗舰店。在携程App搜索哈尔滨、冰城等关键词，可直接进入哈尔滨文旅品牌旗舰店。该店集合了哈尔滨旅游攻略、旅游榜单推荐等多个板块，展示各类旅游精选产品，并通过直播等方式开展各类线上冰雪展示活动。开展线上冰雪旅游活动。通过人民网及各省频道、新华网黑龙江频道，对哈尔滨市重点冰雪景区进行视频展示；在《中国旅游报》上开展“活力冰城·筑梦冰雪——讲述哈尔滨冰雪故事”征集活动，扩大哈尔滨冰雪文化影响力。

(5)文旅融合带动冰城“云过年”火出圈。云演出、云展览、云旅游——“云”成为文化活动关键词。通过“福盈冰城·云享中国年”系列活动，哈尔滨这座音乐之城、文化之城、冰雪之城影响力显著提升。春节期间，哈尔滨音乐厅微信公众号推文15篇，点击量35802次；哈尔滨芭蕾舞团在微信公众平台、抖音App、央视频推送《芳魂祭》《冬日梦幻》两部芭蕾舞演出，点击播放量分别为 15188 次和 16982 次；哈尔滨歌剧院微信公众号、抖音、今日头条推送演出点击量为 27400 次；哈尔滨市朝鲜民族艺术馆通过微信公众号推文 21 篇，点击量为 7402 次；哈尔滨话剧院微信公众号点击量为 3020 次；市图书馆微信公众号点击量 21856 次……哈尔滨 2021 年新年音乐会吸引了近 50 万乐迷线上观看，百年哈响作为中国首支交响乐团首登萨尔茨堡音乐节奏响中国之声、交响音乐专题片《美丽的音乐之城》等云端演出，不仅多角度展示了城市的厚重历史、城市景观、多元文化，更提升了大众关注度，在助力哈尔滨旅游、文化及其他产业创新融合发展上起到积极作用。

(二)2021 年哈尔滨线上冰雪博览会

(1)突出数字化，搭建云上冰雪博览会展会平台。受新冠肺炎疫情影响，为适应疫情防控常态化下的工作需求，冰雪博览会创新办展模式，首次搭建了数字化云平台，实现线上线下同步运行、融合互动交流。实现七大类主要功能，即：云直播，展商可通过线上展览平台在线发起直播，生成属于每个展商的直播间；云发布，展商及采购商可通过线上展览平台发布求购与供应需求，形成供应链；云推荐，线上展览平台通过用户浏览习惯、停留时间，经过大数据精准匹配，自动显示与浏览者相匹配的公司及产品；云洽谈，线上展览平台提供视频通话、语音电话、在线洽谈、留言功能；云签约，针对不同展商需求，提供线上签约服务，把洽谈成果落到实处；云参与，受众可通过网上展览平台线上参与全程活动，在评论区互动；云展示，展厅、展品实现 360°实景复原同步到云端，通过线上展览平台及小程序随时随地参与线上展览，足不出户感受冰雪博览会的魅力。

(2)展会更加突出冰雪特色，助推冰雪产业发展。本届展会以“新格局中谋发展，冰雪经济促振兴”为主题，通过线上搭建起国际、国内专业化的冰雪经贸合作交流平台，进一步推动冰雪产业高质量发展，让冰雪“冷资源”为经济发展注入“热能量”，提升哈尔滨在冰雪服饰、冰雪设备、冰雪旅游、冰雪文化、冰雪体育等多元化产业领域的辐射力、引领力和影响力。展会分别设置了冰雪设备器材、冰雪服装服饰、冰场雪场周边、冰雕工具、冰雪旅游、寒地食品等六大主题展示专区，使展会成为冰雪经贸领域的权威信息发布平台和时尚消费指南，成为引领冰雪产业发展的重要活动。本届展会吸引了世界 500 强及国内外上市公司、知名企业、行业龙头等近 500 家企业和品牌参展，4000 余家采购企业入驻线上平台参会，通过集聚国内外各类冰雪消费资源，使本届展会成为哈尔滨市深度融入国内国际双循环新格局的一次高端经贸活动。

(3)展会与冰雪季和时装周相呼应，扩大冰雪文化影响力。2020—2021 冰雪季共设立“冰雪旅游”“冰雪文化”“冰雪艺术”“冰雪时尚”“冰雪体育”“冰雪经贸”六大板块，400 余项活动，百项重点活动。重点开展亚布力滑雪节、采冰节、冰雪节、冰雪旅游发展论坛、光影节等节庆活动的开幕，大世界、雪博会、松花江冰雪嘉年华等景区的开园，“冬季演出季”国内外专场演出和“冰晶雪舞欢乐季”等音乐演出，国际组合冰、国际冰雕、国际雪雕等冰雪雕赛事，冰雪婚礼、冰雪电影节、国际艺术光影节、国际时装周等时尚活动，国际冬泳公开赛、中芬越野滑雪赛等体育赛事，“冰城约世界”、寒博会、“哈尔滨冰雪侨之约”等经贸交流活动。受新冠肺炎疫情影响，冰雪季系列活动和时装周都采取了线上线下相结合的方式，在线上寻找突破口，突出“云享文旅”。

(三)哈尔滨文化科技融合示范基地

哈尔滨文化科技融合示范基地总规划面积 56 平方千米，核心区占地面积 26.5 万平方米，拓展区占地面积 29.5 平方千米。先后被国家评为“国家级文化和科技融合示范基地”“国家文化产业示范基地”“国家火炬计划新媒体特色产业基地”“国家动漫出版产业基地”“国家影视网络动漫实验园”“国家现代服务业产业化基地”“国家广告产业园”“全国青年创业示范园区”等八个国家级基地称号。其中，黑龙江动漫产业(平房)发展基地成立于 2006 年 10 月，规划面积 3 万平方米，占地面积 1 万平方米。注册企业 316 家(其中基地内企业 200 家，孵化器 116 家)，实地入驻企业 36 家。动画游戏、广告设计、VR/AR 等文创类企业 202 家，影视制作 3 家，软件开发 36 家，配套服务企业 19 家，其他类企业 56 家。新三板上市企业 2 家，国家动漫企业 9 家，重点动漫企业 1 家。哈尔滨国家广告产业园 2012 年 3 月筹建，2015 年 12 月正式被国家工商总局、财政部授牌国家级广告产业园。目前，园区注册企业 267 家，实地入驻 82 家。拥有国家一级广告资质企业 2 家，二级广告资质企业 2 家，新三板上市企业 2 家。入驻企业中影视制作 2 家，虚拟现实 4 家，广告传媒 9 家，信息科技 14 家，其他类别 53 家。2016 年，黑龙江动漫产业基地和哈尔滨国家广告产业园合署办公。

(1)哈尔滨文化科技融合示范基地具备较强的动漫制作能力。目前拥有原创动漫电视作品 65 部，已制作完成 51 部，其中在央视播出的作品 13 部；动漫电影 3 部,2 部已经上映;正在制作的大电影 1 部;游戏 50 款,其中网游 16 款、手机游戏 34 款;园区内 14 家企业的 26 部作品先后获国内外各类奖项 39 个,其中获国际大奖的有 3 部作品。5 个项目入选弘扬社会主义核心价值观扶持项目。年动漫生产能力 30000 分钟,拥有 57 项自主知识产权技术。已先后为北京、上海、广州、宁波、福州等地 20 余家企业提供过外包服务,合作项目达 100 余个,年外包生产能力超过 8000 分钟,拥有雄厚的技术服务实力。

(2)哈尔滨文化科技融合示范基地具备较强的技术服务能力。基地拥有国家级动漫公共技术服务平台、黑龙江动漫基地 VR 体验研发中心、黑龙江文化金融服务中心、北方文化产权交易所等 4 个服务平台,能够为企业在技术服务、项目研发、投融资对接、产权交易、项目推广等方面提供有力支撑。基地发展十余年来,逐渐从以原创动漫游戏为核心的产业集群成长为 VR/AR、动画游戏、数字出版、网络运营、影视后期等领域融合发展的国家级文化科技融合示范基地。

(3)哈尔滨文化科技融合示范基地的企业转型升级。2017 年,为了适应市场需求,推动产业集聚发展,动漫基地规划设置以 VR/AR、动漫影视、大数据三大产业板块为核心,辐射带动周边产业融合发展,重点在"虚拟现实、增强现实和混合现实技术研发推广""动漫影视技术服务外包聚集""原创动漫衍生品生产加工"以及"大数据可视化研发推广"四大市场方向实现突破。黑龙江动漫基地 VR 体验研发中心依托黑龙江国家动漫公共技术服务平台改造建立而成,分为 AR 技术推广区、VR 技术推广区、VR/AR 技术研发与产学研合作中心以及大数据处理与分析中心等四大部分。基地通过引入新技术新业态,带领动漫企业转型升级。动漫基地也从单一的"原创动漫"基地逐步转型为以动漫产业为核心,游戏制作、影视制作、广告传媒、VR/AR 制作、软件信息、大数据、衍生品等关联产业同步发展的生态化产业链条。经过十余年的发展,黑龙江动漫产业发展基地已经实现了数次跨越,现已拥有动漫、游戏、网络、影视、软件、广告设计等文化全产业链企业。

三、哈尔滨市科技赋能数字文创发展的经验总结

哈尔滨市全面贯彻落实《文化和旅游部关于推动数字文化产业高质量发展的意见》有关精神,"促进文化产业与数字经济、实体经济深度融合","扩大优质数字文化产品供给,促进消费升级,积极融入以国内大循环为主体、国内国际双

循环相互促进的新发展格局”。出台《哈尔滨市关于加快构建现代公共文化服务体系建设的实施意见》《哈尔滨市电子商务发展规划(2017—2020)》《哈尔滨市“十四五”文化旅游业发展规划》《哈尔滨市“十四五”数字经济发展规划》,推动新兴数字文化产业高质量发展。

(一)大力发展数字经济,筑牢科技赋能数字文创发展的技术基础

黑龙江省和哈尔滨市共同推动数字经济产业发展,相继编制《“数字龙江”发展规划(2019—2025年)》《哈尔滨市“十四五”数字经济发展规划》,把大力发展数字经济作为“十四五”实现高质量发展的战略选择。哈尔滨云计算产业在平房、松北两区呈现集聚发展,业务占全省90%以上。实施“智能转型升级”行动,建成航天云网龙哈工业互联网云平台。建立哈尔滨文旅官方新媒体矩阵,年接待游客突破9000万人次。数字经济技术创新基础雄厚,全市现有高等院校50所,科研机构82家,省部级以上重点实验室207个,各级工程技术研究中心257个,技术创新中心72个,拥有院士40人、研究人员4.34万人,在计算机科学、自动控制、语言信息处理、人工智能等领域拥有国内领先的科研团队。国家级孵化器14家,2020年市级以上孵化器、众创空间在孵企业增长21%,高新技术企业1180家。基础设施支撑能力显著提升。通信网络基础设施全面升级,国家级互联网骨干直联点城市启动建设,宽带城域网至骨干网出口带宽达到2400G,城镇光纤实现全覆盖。4G人口覆盖率98%、行政村覆盖率97%,5G基站建成3197个,实现市区和县城城区基本连片覆盖。窄带物联网(NB-IoT)市区覆盖率达9.17%,实现乡镇以上连续覆盖、政企区域重点覆盖。先进计算中心、区块链信息服务平台等新技术基础设施加快布局。

(二)大力推进文化科技创新,推动科技赋能数字文创产业发展

结合实施国家文化科技创新工程,在现有专项资金中加大支持力度,形成一批公共文化服务科技创新成果。推动“互联网+文化”的融合渗透,利用大数据、云计算等技术对文化专用装备、软件、系统研发和文化科技成果进行转化应用。依托黑龙江现代艺术产业园、伏尔加文化创意产业园、哈尔滨广告产业园、金源文化创意产业园、黑龙江动漫基地,开展文旅融合示范工作。重点发展冰雪产业、演艺娱乐业、文化旅游业,深入开发动漫影视、现代娱乐、科技文化、科技博览等相关产业,以“冰城夏都”为主题打造文化创意产业之城。

(三)构建哈尔滨智慧文化旅游公共服务体系,提供数字文化服务

整合现有的文旅资源,建立全市统一的智慧文旅管理平台及资源数据库。结合"宽带中国""智慧城市"和"三网融合"等重大信息工程建设,统筹数字图书馆、数字文化馆、数字博物馆、数字农家书屋、文化信息资源共享工程、电子阅览室(屏)、直播卫星广播电视公共服务、农村数字电影放映等项目,实现优化管理、整合资源、服务共享。推动公共数字文化服务平台建设,以公共数字文化服务网络为依托,以云计算平台为基础,提供数字文化服务。

四、哈尔滨市文化创意产业发展展望及对策建议

国家《"十四五"文化和旅游发展规划》对健全现代文化产业体系、完善现代旅游业体系及文化和旅游融合发展做出了具体安排,对文化产业、旅游业及文旅融合发展具有重要的指导意义。《哈尔滨市"十四五"文化旅游业发展规划》提出:"哈尔滨文化旅游业以文化和旅游融合发展为主线,整合冰雪资源、生态资源、历史人文要素,推动全域旅游发展,将哈尔滨建设成为世界冰雪文化旅游名城和全国生态休闲度假旅游目的地。到 2025 年,文旅产业总收入达 2500 亿元,接待国内外游客 1.3 亿人次。"哈尔滨市十五次党代会定位哈尔滨未来 5 年发展目标,提出打造大都市,其中"创意设计之都""冰雪文化之都"对哈尔滨文旅产业发展都有极大的推动促进作用。

(一)科技赋能文化与旅游产业,推动文旅产业结构优化升级

顺应数字产业化和产业数字化发展趋势,数字赋能文化旅游升级。实施文旅产业数字化战略,完善文旅产业"云、网、端"基础设施。推动新一代信息技术在文化创作、生产、传播、消费等各环节的应用,发展智慧旅游,推广智慧旅游新场景应用范围。到 2025 年,扶持 1～2 家文化科技融合发展型创意企业,打造 1 个数字 IP 品牌。围绕哈尔滨市委市政府发展数字经济的建设目标,以科技创新催生哈尔滨文化和旅游新动能,充分利用现代信息技术,对文化和旅游进行全方位、全角度、全链条的提质升级。部署互联网、超高清、VR/AR、大数据、云计算、人工智能等数字技术在文化产业领域的创新应用,明确培育、壮大云演艺、云展览、数字艺术、沉浸式体验等新业态的具体路径,引导激发产业创新潜

力，形成更多新增长点、增长极，增强发展新动能。

(1)推动数字文化产业新业态加快发展。发展数字创意、数字娱乐、网络视听、线上演播、数字艺术展示、沉浸式体验等新业态，丰富个性化、定制化、品质化的数字文化产品供给。高质量发展音乐、戏剧、曲艺、原创舞台剧等文化演艺产业，推动演艺产业上线上云，线上线下融合，巩固线上演播商业模式，演出演播并举。积极推进艺术品、文化会展等相关优势行业发展。发展在线设计、在线文化会展、在线教育等新模式。培育"云展览""云拍卖"等数字文化产业新业态。

(2)推动智慧旅游创新发展。鼓励有条件的景区、酒店、购物中心等涉旅企业，通过开发移动 App 等方式开展 O2O 应用创新，通过移动客户端等方式提供目的地营销、路线方案选择、商品导购、信息发布等服务，实现商业行为数据化，逐步实现旅游业态的在线咨询、在线交易、在线互动，为用户提供线下优质场景服务和良好的消费体验，打造线上线下融合的产业生态。推进智慧景区建设，加快实现 A 级以上旅游景区和省级以上旅游度假区 5G 网络全覆盖。建成数字旅游应用体系，普及无接触服务，3A 级以上景区和旅游度假区实现电子地图、智能导游、电子讲解、在线预订等功能全覆盖。

(3)推动数字化文旅消费新模式。鼓励发展网络视频、网络游戏、网络文学、网络直播等数字文化消费业态。推动文化消费线上线下融合创新，探索文化产品多渠道发布、多网络分发、多终端呈现，支持"云课堂""云听""云音乐节""云旅游"等新型文化消费。以虚拟现实、增强现实、互动技术、全息技术等为依托，打造沉浸式体验消费、互动消费、智能消费等新消费形态，并以消费倒逼供给，推动相关文化企业转型发展。

(二)促进"文旅+"产业深度融合，拓展文旅产业发展领域与业态

(1)做好"文旅+"创意内容设计。做好文旅超级 IP 建设。以音乐文化、时尚文化、欧陆文化、饮食文化为代表的人文旅游资源，以冰雪文化、生态文化为代表的自然旅游资源，共同组成了哈尔滨市独特的文旅吸引物系统。按照《哈尔滨市"十四五"文化旅游业发展规划》，通过 IP 化的场景设计，构建哈尔滨市文旅超级 IP 的六大场景，包括冰雪体验场景、清凉避暑场景、中西融合场景、美食品鉴场景、音乐烘托场景以及时尚互动场景。这六大场景设计与哈尔滨已有的节庆、赛事相呼应，贯穿四季，使哈尔滨文旅产业更有内涵和创意。

(2)推进文化和旅游融合发展。推进文化和旅游业态融合、产品融合、市场融合,推动旅游演艺、文化遗产旅游、文化主题酒店、特色节庆展会等提质升级,支持建设集文化创意、旅游休闲等于一身的文化和旅游综合体。在中央大街、中华巴洛克等国家文化产业和旅游产业融合发展示范区建设基础上,争取9区9县在城市更新中发展文化旅游休闲街区,盘活文化遗产资源,建立一批文旅融合发展示范区。

(3)推进文旅与其他领域融合发展。文旅+康养。加快建设综合性康养文化旅游基地;发展健康服务新业态,培育健康文化产业和体育医疗康复产业;发展中医药健康旅游,建设具有人文特色的中医药健康旅游示范区(基地)。文旅+农业。推动乡村文化振兴,发展乡村特色文化旅游产业,完善农村公共文化服务;推进乡村旅游发展,打造具有文化旅游产品特色、旅游集散服务功能的特色小镇、特色美丽乡村。文旅+研学。构建研学旅行研究中心,实现研学旅行课程化;推动研学实践教育基地建设,挖掘整理特色资源,引导研学旅游品牌化、集聚化发展。文旅+体育。结合传统体育、现代赛事、户外运动,拓展文旅融合新空间。推动冰雪体育旅游化,开发常态化的参与体验型体育旅游产品;举行大型品牌赛事,塑造区域文化体育旅游品牌。文旅+工业。积极落实八部委联发的《推进工业文化发展实施方案(2021—2025年)》,推行"观光工厂+文创产品"的新模式;加快哈尔滨文旅装备制造业发展。

(三)借助冬奥的持续影响,做大做强冰雪文化旅游

中国旅游研究院发布的《中国冰雪旅游发展报告(2022)》显示,全国冰雪休闲旅游人数从2016—2017年冰雪季的1.7亿人次增加到2020—2021年冰雪季的2.54亿人次,预计2021—2022年冰雪季我国冰雪休闲旅游人数将达到3.05亿人次,我国冰雪休闲旅游收入有望达到3233亿元。哈尔滨市得天独厚的冰雪文旅资源正在转变为冰雪文旅产业资源,并为哈尔滨冰雪文旅产业发展注入强大动力。

(1)完善冰雪文旅产业链。形成以冰雪文化为引领,冰雪旅游为主体,冰雪体育为基础,冰雪装备制造、冰雪服饰、冰雪经贸为配套,冰雪人才、冰雪教育、冰雪培训、冰雪研发为支撑的产业体系。推动构建以冰雪装备购买、冰雪运动旅游、冰雪培训、冰雪文创等为重点的冰雪文旅全产业链发展体系。构建以市区冰雪产业为核心,亚布力滑雪度假区为纽带,哈尔滨—二龙山—长寿山、哈尔滨—玉泉—帽

儿山—乌吉密—亚布力两大冰雪旅游线路为连接线的冰雪产业集群。

(2)做强冰雪文化创意产业。挖掘哈尔滨市独特的冰雪文化资源,打造高端冰雪演艺娱乐精品,创作冰雪+文化遗产+民族特色的精品剧目,将哈尔滨市打造成为国际冰雪演艺娱乐中心。建设国际一流冰雪艺术设计园区和冰雪艺术街区,叠加冰雪文化特色,创新冰雪+非遗艺术作品。搭建中俄冰雪文化艺术交流平台、冰雪艺术设计共性技术服务平台,创建全国知名冰雪文化创意产品品牌。将冰雪资源与影视产业、动漫产业相结合,建设影视创作综合体、国际冰雪影视制作基地、冰雪动漫网游研发中心、冰雪动漫网游体验消费中心和冰雪动漫产业基地,打造国际知名冰雪动漫品牌。

(3)加强"冰雪之都"建设。中国旅游研究院发布的《中国冰雪旅游消费大数据报告(2022)》"2021—2022 冰雪季东北地区最受欢迎景区"中,哈尔滨冰雪大世界高居榜首,同时上榜的还有太阳岛国际雪雕艺术博览会、亚布力滑雪旅游度假区。2022 年十大冰雪经典创新项目中,哈尔滨上榜三项:大雪时节采头冰、元宵围火滚冰、冰灯游园会。2022 年冰雪时尚创新项目中,哈尔滨"松花江冰雪嘉年华"上榜。中国·哈尔滨国际冰雪节已经举办 38 届,成为世界四大冰雪盛会之一,连续位居中国十大冰雪节庆之首。哈尔滨的冰雪活动丰富多彩,近年成功举办过哈尔滨冬季铁人三项世界杯赛、国际青少年冰球邀请赛、中国·哈尔滨芬澜雪动越野滑雪马拉松、中国哈尔滨国际友好城市冰雪汽车挑战赛系列活动,国际冰雕、雪雕顶级赛事已经成为专业品牌,百万青少年上冰雪、松花江冰雪嘉年华等户外冰雪娱乐活动为百姓所喜闻乐见。近几年,哈尔滨把传统的"冰雪节"向"冰雪季"延伸拓展,在做大做强这些已经形成强大的吸引力和传播力的冰雪文旅品牌基础上,不断丰富冰雪节庆活动和赛事活动,带动冰雪文化旅游产业发展。2022 年冰雪大世界四季项目落成将成为冰城又一标志性景区,哈尔滨将迎来四季冰雪游时代。丰富的冰雪节庆活动吸引中国冰雪旅游发展论坛、文旅部数据中心冰雪旅游基地落户哈尔滨,为哈尔滨加强"冰雪之都"建设提供专家智力支持和数据支持。

(刘轶梅,哈尔滨市社会科学院社会学所所长,研究员;王惠燕,哈尔滨市社会科学院社会学所助理研究员)

第六章
扬州：文化科技融合助推数字文创多元发展

一、扬州市文化产业发展概况

二、扬州市科技、数字经济发展的现状

三、扬州市科技、数字经济发展存在的问题

四、文化产业中数字经济的比重与结构类型

五、“科技 + 文化”促进数字文创产业多元发展

六、科技促进数字文创路线选择

一、扬州市文化产业发展概况

(一)总量不断扩大,拉动力不断增强

2020年、2021年扬州经济发展连续遭受了新冠肺炎疫情的冲击,但2020年文化产业增加值总量达到了288.69亿元的历史新高,占GDP的比重为4.77%,较2019年提升了0.02个百分点,占比连续四年保持江苏省第六;2021年预计占GDP的比重达到4.8%以上,文化产业发展势头平稳向上。由于目前2021年文化产业增加值暂无具体数据,本章将2010—2020年数据进行纵向比较,发现扬州文化产业增加值的总量增长了3.94倍,年均增幅14.69%,高出同时期GDP年均增幅4.19个百分点(见图6-1)。增加值总量和增速指标的不断发展,凸显了扬州这座历史文化名城的文化产业发展潜力。

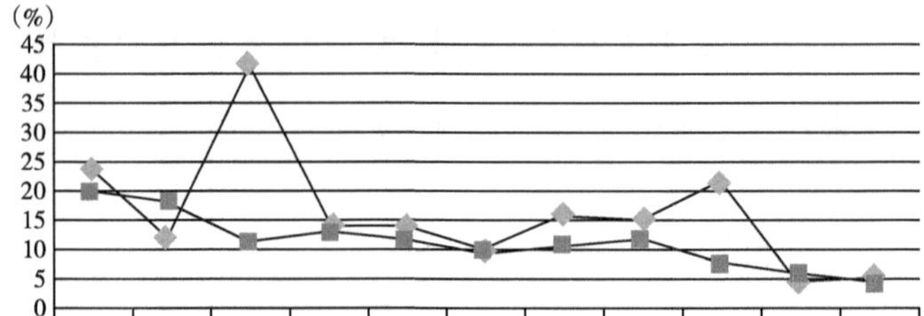

(年份)	2010	2011	2012	2013	2014	2015	2016	2017	2018	2019	2020
文化产业增速	23.5	11.2	40.8	14.1	13.9	9.5	16.0	15.0	21.4	4.2	4.8
GDP增速	20.1	18.1	11.6	13.2	11.4	9.3	10.7	11.9	7.9	5.8	4.3

图6-1 2010—2020年扬州GDP增速与文化产业发展增速对比

(二)文化企业数量快速增加,效益大幅增长

从2013年的全国第三次经济普查和2018年的全国第四次经济普查数据对比来看,5年间扬州经营性文化法人企业由4385家提升至12488家,增长了184.8%;资产总计1799.6亿元,比2013年末增长404.8%;全年实现营业收入712.8亿元,比2013年增长39.0%。非经营性文化法人单位由437家提升至1045家,增长了139.1%;资产总计25.6亿元,比2013年末增长55.0%;全年支出费用9.8亿元,比2013年增长21.8%。

2021年扬州规模以上文化法人单位预计达701家,较2013年的207家增长238.6%,营业收入合计为369.9亿元。随着产业政策的倾斜和扶持,扬州文化产业发展环境日益优化,企业的数量仍有较大提升空间。

(三)产业结构不断优化,文化服务业体量不断增加

现代服务业的发达程度,是衡量一个地区经济、社会现代化水平的重要标志。近年来,我国经济发展面临的国内外环境正发生深刻变化,如人口红利的逐步消失、西方国家对中国高新技术产业的围堵,以及中国自身突破经济发展的"瓶颈"及经济可持续发展的需要。发展现代服务业尤其是高附加值、高增长性的文化服务业正成为撬动我国产业结构优化升级的杠杆。在这一大背景下,扬州的文化服务业占全部文化产业的比重也呈现逐年上升的趋势,扬州文化制造业、批发零售业和文化服务业的比重正由2013年"头重脚轻"的90∶4∶6逐步转变为2021年"均衡发展"的60∶13∶27,扬州市文化产业结构在稳步发展中优化升级。

(四)居民精神文化需求逐步增加,文娱消费占比不断提升

近年来,扬州居民收入水平在不断提高的同时,消费需求也开始从物质层面向更高的文化层面迈进。从城乡居民文化娱乐消费来看,城乡居民人均教育文化娱乐服务支出占生活消费支出的比重正逐年提升。2020年,扬州城镇居民人均教育文化娱乐服务支出3721元,是2010年的6.2倍;农村居民人均教育文化娱乐服务支出达2219元,是2010年的6.8倍。2020年扬州居民恩格尔系数为29.1%,比2010年下降近9个百分点,达到联合国生活水平划分标准中的富裕标准(20%~30%)。扬州文化消费的空间正逐步扩大。

(五)文化产业、资源开发利用水平提高,规划趋向整体性

扬州有深厚的历史文化基础、得天独厚的旅游资源。近年来扬州统筹发展、整体规划,资源之间互通有无,提高了资源开发利用水平。2017 年,市委、市政府在江都空港新城布局光线中国电影世界项目,以此为抓手加快推进东亚文化产业合作(扬州)示范区建设。2019 年文化创意产业成为扬州现代服务业发展的新亮点,市政府统一规划下一步产业动向,重点发展工艺美术、文化创意、新闻出版、影视制作、演艺娱乐、文化旅游、文博会展等行业;出台了《关于扶持发展扬州非物质文化遗产产业的意见》《关于进一步做大做强工艺美术产业的意见》等一系列政策文件,并设有市级文化产业发展引导资金。2020 年 11 月 30 日,何园、个园、茱萸湾管理处三家单位正式划转给蜀冈—瘦西湖景区管辖、管理、运营,以此为契机,谋划扬州主城区全域旅游高质量发展,景区统筹在手的 1 家 5A 级、7 家 4A 级景区,深挖各方潜能,形成整体发展优势,重塑扬州全域旅游新格局。2020 年 12 月 21 日,扬州运河文化投资集团有限公司在 486 非遗集聚区揭牌成立,标志着发展壮大扬州文化产业有了更有力的推动载体和更加坚实的平台支撑,激发了文化新活力。随着各项政府决策、市场合作形式的出现,扬州的文化产业也将形成一股合力,逐步化零为整,打造统一且闪亮的扬州名片。

二、扬州市科技、数字经济发展的现状

2021 年 5 月,国家统计局正式对外发布《数字经济及其核心产业统计分类(2021)》标准。依据此标准,数字经济产业范围确定为:01 数字产品制造业、02 数字产品服务业、03 数字技术应用业、04 数字要素驱动业、05 数字化效率提升业等 5 个大类。其中的 01～04 大类被确定为数字经济核心产业。本章将以此分类为标准,重点分析扬州数字核心产业(128 个行业小类)现有体量。

据 2018 年扬州第四次经济普查,全部法人企业中属于数字经济核心产业的共有 8776 家,其中规模以上企业 606 家,规模以下法人单位 8170 家,营业收入合计 1964.97 亿元。另有产业活动单位 658 家,经营性收入为 8.77 亿元。扬州 2018 年核心数字产业企业占全部法人企业〈93051 家〉的比重为 9.43%,营业收入占第二、第三产业总量(15603.6 亿元)的比重为 12.59%。2019 年扬

州规模以上企业中数字核心产业企业共614家，营业收入合计1094.72亿元，企业数占全部规模以上（投资类企业除外）比重为9.77%，营业收入占比10.6%。2020年扬州规模以上企业中数字核心产业企业共629家，营业收入合计1187.89亿元，企业数占全部规模以上（投资类企业除外）比重为9.2%，营业收入占比9.7%。相比2019年，2020年数字核心产业规模以上单位净增15家，单个企业体量由1.78亿元/家增长为1.89亿元/家。

在国家大力发展数字经济的政策引导下，扬州市政府先后出台了一系列政策，以支持数字经济的发展，营造数字经济发展新契机，加快“数字扬州”建设。根据《数字经济及其核心产业统计分类(2021)》和分行业收入法增加值核算办法，初步测算，至2020年底，扬州市数字经济增加值规模达1842.6亿元，占地区生产总值比重达30.5%。

2020年扬州GDP突破6000亿元，位居全省第7，人均GDP达13.2万元，在全国各城市中排名第16。截至2020年上半年，扬州市已经建成投用5G基站约1400座，覆盖主城区和各县（市、区）的主要商圈、重点园区、重点景区、主干道等应用场景。数据资源和存储量丰富。近年来，扬州市重视软件和信息服务业发展，一是形成江苏信息服务产业基地加市开发区、邗江区和生态科技新城3个板块的“1+3”产业集聚区。二是与国内外知名IT企业开展全面合作。总投资超百亿元的腾讯云大数据中心项目、电信云数据中心和齐网云数据中心项目正式签约落户。三是形成互联网大数据共享开放平台建设体系。“云上扬州”平台已形成一个支撑系统、两类信息资源、三套管理体系、两个数据门户以及多种主题服务的“1+2+3+2+X”建设体系。数据总调用量达2100万次。数据共享机制的建立为全市数字经济蓬勃发展提供了契机。数字产业规模持续壮大，2020年，全市计算机、通信和其他电子设备制造业产值331.5亿元，信息传输、软件和信息技术服务业业务收入22.4亿元，增速较规模以上平均水平分别高4.8个和5.6个百分点。

大力开展企业信息化建设，不断提高企业信息化水平，是提升企业核心竞争力、促进经济转型和经济结构调整的重要途径。“十三五”期间，扬州市参与信息化和电子商务年度调查的规模以上企业队伍不断发展壮大，从2015年的5703家企业增加到2020年的6699家企业，增加了996家，增长了17.5%。这些企业主要具备以下特点：一是基础设施完备，促进信息化发展水平提高。2020年底，扬州拥有局域网(LAN)的规模以上企业为4886家，占比72.9%，全年信息化投入 13.9 亿元，比 2015 年增长 36.3%。二是行业互联网业务活动实现全覆盖。2020 年底，参与调查的规模以上企业通过互联网开展相关活动达到 100%，实现了全覆盖。其中，“收发电子邮件”“使用网上银行”“从政府机构获取信息”三个活动应用率最高，占通过互联网开展活动企业的比重分别为 89.3%、84.5%和 52.6%。三是企业采用信息化模式开展日常管理活动。2020 年底，扬州有 6425 家规模以上企业使用了信息化管理手段，占比 95.9%。规模以上工业、资质以上建筑业、规模以上批零业和规模以上服务业使用信息化管理的企业占比分别达到 97.2%、94.4%、93.3%和 97.3%。四是规模以上工业企业广泛使用工业互联网和智能制造。扬州市持续推进工业企业互联网和智能制造深度融合，截至 2020 年底，参与调查的 3020 家规模以上工业企业中，有 1551 家使用工业互联网和智能制造，占规模以上工业企业比重为 51.4%，占比较 2015 年大幅提高。其中，使用工业互联网和智能制造的企业中，应用“生产过程自动控制”的企业 1042 家，占比达 67.2%；“在线开展网络化协同生产”的企业 449 家，占比达 28.9%。

数字经济已经成为扬州市国民经济的重要组成部分。经测算，2020 年，数字经济增加值在第二、第三产业中的比重均超过了 1/4。数字经济正成为经济增长的新动能。按 2020 年全市地区生产总值及各行业的增长率测算，数字经济可拉动全市 GDP 增长 1.7 个百分点。数字治理水平不断提升。扬州作为国家首批中欧绿色智慧城市合作试点，以城市公共信息服务平台为抓手，有效破解城市交通堵塞、环境污染、安全隐患等突出问题。在新冠肺炎疫情防控中，大数据、人工智能、VR 技术、5G 等新技术，云直播、云展览、云签约等新合作交流形式，以及远程交互、线上交付等新模式发挥了积极作用，推动开放型经济不断向数字化、智能化和非接触式等方向转型。2020 年扬州“烟花三月”国际经贸旅游节期间，通过“云签约”模式引进产业项目 178 个，总投资 1878 亿元，其中包括日资光电彩色电子纸、台资 SiP 封装（System in Package，系统级封装）等 8 个外资项目，总投资 6.76 亿美元。新模式、新业态的广泛应用，昭示着数字经济已站在开放型经济高质量发展风口，迎来加速发展的重要“机遇期”“窗口期”。疫情之下，强化数字基础设施支撑、抢占数字经济制高点、通过数字化为各行各业深度赋能，或将成为扬州产业、企业参与全球产业链、供应链重构的重要动力。

三、扬州市科技、数字经济发展存在的问题

(一)数字核心产业发展缓慢,总体规模有待进一步提升

与浙江、广东在2017年、2018年正式布局数字经济相比,江苏2020年10月才正式出台《关于深入推进数字经济发展的意见》,顶层设计相对滞后。同时,浙江、福建、贵州、四川等地则成立了由省长牵头的数字经济领导小组,系统全面谋划布局数字经济发展,江苏在数字经济发展的高位统筹、全面布局力度上相对偏弱。江苏大数据发展指数(数据源于《中国大数据发展报告No.3》)位列北京、广东、浙江、上海、贵州之后,排名第六,人工智能发展指数、区块链产业发展水平均排在北京、上海、广东和浙江之后,处于全国第二梯队。而扬州基础软件、支撑软件、平台软件等领域相对薄弱,核心芯片、操作系统、数据服务器等领域技术短板明显,电子信息、软件及信息服务等领域鲜有具备行业创新代表性和生态圈构建能力的领军企业,激烈的竞争环境留给扬州在顶层设计、发展思路、政策选择等方面的空间较小。无论是对比物联网优势显著的无锡、电商直播兴起的连云港,还是有京东物流在手的宿迁,扬州在数字经济发展阶段以及层次上在省内均明显落后,发展面临极大的压力。目前,测算出的数字经济增加值规模约占地区生产总值的三成,与省均和苏州、南京等地市相比还有很大的提升空间。

(二)数字经济发展配套政策不够完善,保障体系有待建设

重庆市高度重视数字经济发展,先后出台《重庆市以大数据智能化为引领的创新驱动发展战略行动计划(2018—2020)》《重庆建设国家数字经济创新发展试验区工作方案》,明确提出了数字经济发展的目标和任务。2021年1月,《重庆市大数据标准化建设实施方案(2020—2022年)》启动,重庆市成为国内首个出台大数据标准化工作方案的省级行政单位。近年来,无锡市全力构建以数据资源为关键要素的数字经济,以"数字产业化、产业数字化"为发展主线,以提升信息技术产业能级特别是物联网和集成电路作为主攻方向,以信息技术与实体经济特别是制造业深度融合作为主要战场,加快建设新型数字信息基础设施,全面打造数字经济发展新格局。同时,加快政府数字化转型,着力优化数字

经济发展营商环境，以数字经济创新发展驱动无锡奋力当好全省高质量发展领跑者，努力把无锡建设成为全国“数字经济强市”。对比先行地区，扬州发展数字经济都是在国家和省的大方向下开展的。由于各种原因，当前并没有制定本地发展细则，也没有从制度层面形成专项数字经济发展规划来推动落实，由此导致：一是数字赋能产业化的保障体系不完善，主要表现为政府面对行业、企业时，数字化基础设施、制度法规和平台数据库的缺乏。二是地方、企业或机构对其关键内涵和统计测度的口径并未达成广泛共识，制约了数字经济促进传统产业进一步发展的政策制定。三是财税优惠和数字化补贴等政策措施的倾斜度不够，尤其对数量众多且具备转型意识和核心竞争能力的中小型企业，政府缺少助力产业数字化和数字产业化的优惠政策。

（三）“新基建”领域空白较大，转型意识和疫情时机亟须重视

新冠肺炎疫情以来，我们看到了线上购物、线上获客、线上教育、线上办公等发挥的巨大作用。占据5G通信、移动互联、大数据、人工智能等技术优势的地区，凭借数字经济拉动经济率先复苏，也为区域产业升级与区域间价值链重构提供了新思路。国家已经明确“十四五”要加大公共卫生服务、应急物资保障领域投入，加快5G网络、物联网、车联网、工业互联网、人工智能、一体化大数据中心等新型基础设施建设进度。一方面，我们看到了以“互联网+”为特征的数字经济已成为带动经济增长的核心动力，与其紧密相关的“新基建”政策在激发投资活力、优化产业结构和提高长期增长潜力方面的作用巨大，但其中很多是扬州发展的短板甚至是“空白”。另一方面，传统产业的零售商、制造商认知固化，缺乏依托数字经济进行资源配置的意识灵敏度和信任感。而囿于数字化引致的经济效益并非立竿见影，部分具有转型意识的传统产业中小企业决策者也尚处于观望阶段。一些企业虽已具备数字化的转型意识，但苦于难以找到转型路径和合适时机，因无法在保持原有盈利的基础上实现数字化业务的发展或激活传统产业的数字化盈利模式而不选择数字化转型，现有本地成熟的企业云、大数据平台较少且总体效应不明显，产业数字化改造道路漫长。再加上2020年夏季扬州出现疫情后采取道路封控、人员隔离等措施，使得部分企业受到较为严重的影响，数字经济赋能区域传统产业转型升级和创新发展需要“磨合期”的过渡和“恢复期”的缓解。

四、文化产业中数字经济的比重与结构类型

当前，我国实施的文化产业统计的标准是《文化及相关产业分类（2018）》（GB/T4754—2017），纳入此标准的国民经济行业小类共 156 个，对照数字核心产业 01～04 中的 128 个小类，文化与数字产业重叠的行业小类共 40 个，其中，数字产品制造业 14 个、数字产品服务业 3 个、数字技术应用业 11 个、数字要素驱动业 12 个（见附表 6—1）。

截至 2020 年底，文化产业与数字核心产业重叠的 40 个行业中，扬州的规模以上文化企业覆盖了其中 19 个，共有文化数字核心企业 75 家，占全部规模以上文化企业总数的 14.7%，2020 年的营业收入合计为 62.63 亿元，资产合计为 72.42 亿元，从业人员 40351 人，三项指标分别占全部规模以上文化企业比重为 23.18%、9.67%、23.09%。单个文化数字核心企业体量为 0.84 亿元/家，是非数字类文化企业单个体量的 1.76 倍。这表明扬州数字产业的发展对文化产业尤其是新兴文化产业的发展起到了强力的推动作用。

从行业分布情况来分析，75 家企业中数字产品制造业企业 18 家、数字产品服务业企业 1 家、数字技术应用业企业 21 家、数字要素驱动业企业 35 家。排名前三的小类行业分别是"电影放映"20 家、"应用软件开发"16 家、"游艺用品及室内游艺器材制造"8 家（见图 6－2）。

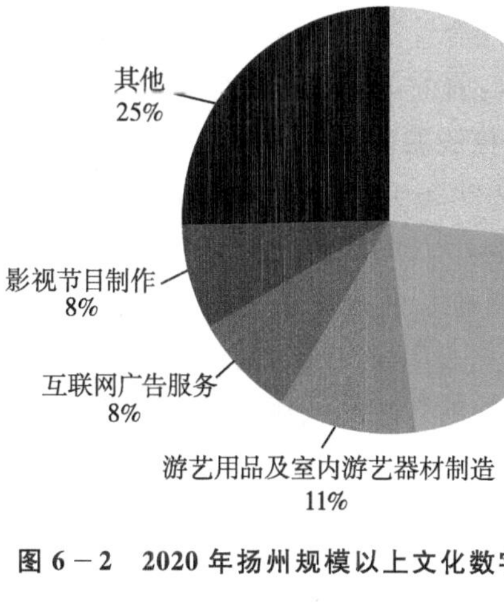

图 6－2　2020 年扬州规模以上文化数字核心企业行业分布

19 个行业中体量最大的是“其他智能设备制造”业，2 家企业体量均超过 10 亿元，合计营业收入达 33.58 亿元，占全部 75 家企业总营业收入的 53.6%。

从地区分布情况来分析，广陵区、邗江区各 15 家，排第一；市开发区、宝应县各 10 家，排第二；后面依次是江都区 9 家、高邮市 8 家、仪征市 6 家、景区 2 家。营业收入前三的地区分别是市开发区(25.19 亿元)、宝应县(15.36 亿元)、邗江区(8.76 亿元)。如表 6－1 所示。

表 6－1　2020 年扬州规模以上文化数字核心企业地区分布

	企业数(家)	营业收入(亿元)
扬州市	75	62.63
广陵区	15	5.64
邗江区	15	8.76
江都区	9	4.20
宝应县	10	15.36
景区	2	0.03
市开发区	10	25.19
仪征市	6	1.41
高邮市	8	2.02

从企业规模情况分析，大型企业 2 家、中型企业 8 家、小微型企业 65 家。

从企业登记注册类型分析，内资企业 71 家，港澳台资、外资企业各 2 家。港澳台资及外资企业的营业收入合计达 33.88 亿元，占全部 75 家企业总营业收入的 54.1%。这表明扬州市目前的规模以上数字经济企业中内资企业数量多、活跃度高，而港澳台资、外资控股的体量较大。

从就业人数分析，75 家企业 2020 年从业人员期末人数为 9318 人，其中人数最多的行业是数字产品制造业，为 5998 人，占比 64.4%；其次是数字技术应用业，为 2512 人，占比 27.0%；其他行业占比 8.6%。

以上数据表明，扬州的数字核心产业发展目前还是集中在制造业和服务应用的传统层面，相对高附加值层面的数字产业服务和数字要素驱动业还有更大的发展空间。

五、"科技+文化"促进数字文创产业多元发展

(一)扬州本土传统文化资源科技数字化

扬州是中国首批历史文化名城、首批中国优秀旅游城市,联合国人居奖城市、世界运河之都、世界美食之都、东亚文化之都,人文荟萃之地,风物繁华之城,众多的名胜古迹遍布全市。同时扬州也是曲艺之乡,扬剧、扬州评话自成一派,影响深远。富有地方特色的扬州玉器、漆器、琴筝、刺绣、雕版印刷等,闻名遐迩、历史悠久。

要将这些宝贵的历史文化资源进行数字化转化与开发,让优秀文化资源借助数字技术"活起来",将其所蕴含的价值内容与数字技术的新形式新要素结合好,创新表现形式,深化文化内涵,实现创造性转化和创新性发展。

案例一:扬州漆器厂作为全国同行中颇具规模、品种丰富、技艺水平高的漆器生产企业,现为国家二级企业和全国旅游商品定点生产企业,并具有自营进出口权。近50年来,扬州漆器厂为党和国家领导人提供了数十件国家礼品,赠送给外国元首。作为扬州传统工艺代表单位,扬州漆器厂主动触网,利用微信、短视频等形式宣传推广、筛选受众群体、细分市场。"传统的文化企业转型,不能光是展会、门市,还需要依靠网络的力量"。2017年起,扬州漆器厂每年电子商务渠道的销售额均达1000万元,占总销售额的10%以上。

(二)扬州本土旅游文化资源科技化

发展沉浸式业态。引导和支持虚拟现实、增强现实、5G+4K/8K超高清、无人机等技术在文化领域的应用,发展全息互动投影、无人机表演、夜间光影秀等产品,推动现有文化内容向沉浸式内容移植转化,丰富虚拟体验内容。支持文化文物单位、景区景点、主题公园、园区街区等运用文化资源开发沉浸式体验项目,开展数字展馆、虚拟景区等服务。推动沉浸式业态与城市公共空间、特色小镇等相结合。开发沉浸式旅游演艺、沉浸式娱乐体验产品,提升旅游演艺、线下娱乐的数字化水平。发展数字艺术展示产业,推动数字艺术在重点领域和场景的应用创新,更好地传承中华美学精神。

案例二:叫好又叫座的"瘦西湖夜游"。早在唐代,商业繁荣的扬州就率先

打破宵禁制度，出现夜市。唐代诗人王建留下的诗句——“夜市千灯照碧云”，就是对当时夜市文化的真实写照。瘦西湖“二分明月忆扬州”唐诗主题大型沉浸式夜游自2020年6月推出以来，以唐诗文化为主题，运用了3D、水秀、幕布、投影等数字化高新技术手段，进一步加强体验感，以零距离的感受、多元化的震撼，呈现一片梦幻新光景，提升游客沉浸感，达到了“一炮而红”的预期效果，游客量节节攀升，最高单日游客量近8000人。夜间游特色品牌初具雏形，夜间经济取得跨越式发展。同时，在数字化经济时代的潮流下，景区通过高新技术、高频投放和高效展现三点，融入新媒体宣传手段和平台推广，结合文案、视频、动态、话题等元素，进行线上线下推广，并以高转发量、点赞量和曝光率，持续霸榜抖音等本地热榜数周。接洽央视等高端媒体开展线上直播，在央广新闻、央视频App开展网友互动，提升影响力和宣传效应，实现了本土优秀文化旅游资源与数字化的完美契合。

（三）扬州传统制造业实现现代化、线上化升级转型

鼓励基础好、实力强的行业龙头企业积极采用新一代信息技术，探索智能制造等新模式。加大技改资金的数字化改造投入，提高企业研发设计工具普及率、关键工序数控化率以及工业电子商务普及率，推动主要设备和业务系统上云，打通企业内外信息流、数据流、业务流、资金流，推进企业资源共享、能力协同，加快扬州传统制造业企业转型升级。

案例三：位于邗江区的江苏笛莎公主文化创意产业有限公司创立于2009年。公司前身是成立于2005年的一家民营服装厂，主要从事传统服装代加工。2008年的全球金融危机对企业冲击巨大，企业外销停滞、内销不畅，在“生死线”上徘徊。

近年来，伴随着数字经济的快速发展，企业抓住了转型机遇。笛莎定位于“互联网+”及“文化+”领域，针对0～12岁女童细分市场，实行精细化服务。摆脱以往来料加工、贴牌生产的传统低端局面，以“每个女孩都是公主”为文化理念，创作了品牌IP“笛莎 Deesha”的卡通人物形象，先后从“笛莎娃娃”升级为“笛莎公主”，同时与日本卡通形象设计师合作，创作了一系列图库、Logo、动漫作品和画册，利用品牌IP元素进行服装生产销售。先后荣获商务部全国电子商务示范企业、中国纺织服装“十佳品牌故事”、“中国十大童装品牌”、“江苏省优秀民营企业”和“江苏省民营文化企业30强”等荣誉，逐步从一个典型的扬州

服装生产企业转型成为国内专注女童用品设计、生产、销售全产品链的先进服务业企业，是扬州把握数字经济时代机遇、利用数字化实现传统企业"涅槃重生"的典型代表。

(四)扬州新兴消费模式的升级转型

消费是社会生产的根本目的，也是拉动国内大循环的重要支撑。顺应数字经济时代的到来，促进互联网消费、定制消费、体验消费等新型消费发展，必须转变以往以产品为中心的供给侧主导模式，通过数字技术的发展与应用向以消费者为中心的需求侧实现转变。不断提高文化消费便捷程度，推广电子门票、云预约等网络消费新方式，提升数字化预约能力。

案例四：中国大运河博物馆(以下简称"运博馆")开馆于 2021 年 6 月 16 日，因为其建设规模大、馆内藏品多、展示手段多样而深受群众欢迎。运博馆 14 个展厅中，多个展厅运用了数字化技术向观众展示了运河文化的魅力，并设有专门的 VR 和 5D 沉浸式展馆《河之恋》。运博馆自开馆之日起，便实行网络预约、免费开放的运营模式，试运行期间每日限流 1 万人，开馆一个月就吸引国内外游客 25.3 万人，其间曾经出现一周门票 7 万张、6 分钟内全约满的情况，目前已成为扬州著名的文化旅游网红打卡地。数字化的展现模式和网络化的预约模式，给传统的文博产业带来一缕清风。

(五)利用数据分析当下市场需求，打造特色鲜明的文创产品

让扬州的文化底蕴成为扬州文化产业的源头活水，文化注魂提升品牌价值，数字化铺路打造地方名片。现阶段市场竞争激烈，产业竞争不仅看产品质量、售后等硬件，还要看外部设计、产品理念等软件配置。扬州文化产业从市场看传统产品多一点，富有创意的、贴近当代时尚和审美需求的产品相对较少，随着产业转型升级进度加快，通过扬州本土优质文化给制造业产品赋能前景乐观。扬州特色景点、历史文化、传统手艺等传承悠久的资源可供利用，引入资源设计思路融入产品创造、再加工，打造特色鲜明的扬州创造在当下市场竞争中大有可为；数字领域宽泛，无论是电子商务、数据分析产品受众，还是本土文化创意产品活动宣传、视频、图片拍摄特色等数字利用方式，无疑都在完成自身目标的同时吸引了群众的目光，将数字化引入产品宣传、推广或是制造，都将为在产品上打上扬州烙印做出不可替代的贡献。

案例五：扬州运河文化投资集团成立于2020年2月21日，注册资金30亿元，总资产近80亿元，其中每一个成员单位——玉器厂、漆器厂、刻印社……都是扬州文化的优秀代表。近年来，扬州漆器厂等单位在兼顾艺术性、观赏性的同时，着力探索将文创产品与“日用品”相结合，不断进入大众消费市场。2021年2月5日，扬州运河文化投资集团打造的“文投好物”线上商城正式运营。上线的文创产品包含了世界非遗雕版印刷产品、扬州玉器、扬州漆器、谢馥春等四大品类，首批共有超百款热销文创产品上线，为扬州文创产品与数字化结合做出表率。

六、科技促进数字文创路线选择

（一）借鉴国内外发展科技、数字融合经济的先进经验

数字经济作为一种新经济形式，对经济增长质量、产业升级、结构改革和新形式的发展产生了重大影响。无论从发达国家美国、日本，还是国内先进地区上海、杭州的发展经验来看，数字经济已成为现时代主流的经济发展模式。数字技术在不断进步，与传统产业的融合发展也在不断扩大，新的数字产品与商业模式不断衍生，数字经济将以更广泛、更深入、更超前的方式为社会和经济发展带来更深刻的变化。

美国：世界上最早提出数字化发展的国家之一，其信息化发展水平目前也在全球处于领先地位。为支持数字经济的发展，美国主要采取了完善相关政策制度、重视专利和知识产权保护、注重互联网产业的整体布局等政策措施。

日本：经过多年对数字经济的政策支持、法律法规的规范，创造有利于发展数字经济的环境，并凭借数字技术在其他产业的应用，实现实体经济转型升级。数字经济产业已经成为日本经济的主导产业，数字信息产业已经成为对日本GDP贡献最大的产业。

中国上海：各产业数字化水平在全国均处于领先地位，通过有效政策措施加强区域内高水平人才的培养和提升，打造“高峰型+枢纽型”的数字人才体系；相关法规和计划为上海推动信息领域关键核心技术突破、数字经济和实体经济融合提供很大力度的制度支持。

中国杭州：作为全国数字经济发展的领先者和领导者，在数字经济发展过

程中，充分发挥数据资源富集、产业基础雄厚、融合应用场景丰富的优势，培育出一批领航企业，并以此带动城市的相关产业发展；在政府部门设置方面，数据资源管理局的成立是推动数据资源在政府管理和社会治理领域应用、组织实施城市数据大脑等重大项目建设的关键。

发达国家和国内先进地区发展科技、数字文创提供了一些启示。

总体来讲，扬州市文化产业中制造业规模占到较大比重，数字经济对于传统产业资源优化配置、产业结构转型升级具有重要作用。近年来，全球主要国家纷纷出台数字经济的战略规划，其重点是利用数字技术对制造业进行全方位、全链条改造。如英国在 2017 年出台了《英国数字化战略》，把将区块链技术应用到制造业作为发展重点。目前全球信息化进程也呈现一些新的发展趋势，互联网技术正在深入社会生活的各个方面，智慧城市、智能医疗等新技术、新概念层出不穷。近几年来，我国的信息技术取得了长足进步，传统制造业的技术装备不断提升，远程诊断、在线运维、供应链集成服务等制造业创新业态大量涌现。因此，我国必须以数字经济与实体经济的深入融合为战略重点，进行全面布局，推动产业链、价值链、创新链等各环节的协调发展。针对扬州市数字经济发展现状和存在的主要问题及其成因，未来促进数字经济发展应重点从以下几个方面着手：

从总体上说。首先，抓住战略机遇期，继续支持数字产业化部门的发展，为传统产业数字化转型提供技术、产品和服务支撑。当前扬州市数字经济部门发展不平衡，主要集中在工业部门，数字经济增加值占数字经济增加值总额的 61.7%，需要加快数字产品服务业的发展，特别是现有规模过小的数字产品的批发、零售。其次，提升电子商务的运行效率，提高电子商务的增加值率。最后，加强与长三角区域的经济发展合作，以长三角区域的市场优势、科技优势和人才优势弥补扬州数字经济发展短板。

从产业结构上说。推动数字经济与实体经济融合发展的最终目的是提高劳动生产率和经济效益。扬州本身二、三产业融合发展不快，长期的制造业产业链中端加工已经形成城市角色和路径依赖，许多产业核心技术和机器设备依赖进口，创新动力与能力不足。改造提升传统产业面临较高壁垒，传统产业利用数字技术需要巨大的前期投入，且周期长、见效慢、试错成本高，因此阻碍了很多传统企业向数字型企业转型。要充分发挥龙头企业的“链主”作用，鼓励有能力也有条件的“链主型”企业率先开展数字化转型升级，在产业集群中率先形成智能化、数字化、信息化改造升级标准，形成示范带动效应。这是推动数字经济和实体经济融合发展的最快速、最有效的方式。

从区域布局上说。一方面，充分发挥主城区数字经济发展优势，集聚通信基础设施、信息传输设施、数据处理系统平台等数字经济发展的关键要素，强化主城区数字经济发展的引领与带动作用；另一方面，加强县域传统产业的数字化转型与创新发展，提高这些地区在全市数字经济发展中的地位和作用。此外，还要加强新型基础设施建设，结合城市发展阶段和区域主导产业发展需求，科学制定分时序的新基建工程路线图和时间表，实现各地区之间的互联互通，形成地区之间分工、合作、互动发展的新格局。

(二)加大科技研发力度

文化是发展数字文化产业的灵魂，科技是推动数字文化产业发展的主引擎。为推进数字文化产业与科技深度融合发展，必须加大技术研发力度。引导和帮助企业积极开发核心技术、关键技术和共性技术，完善企业、高校、科研机构三位一体的技术创新体系，鼓励他们联合参与制定相关技术标准。加大数字信息、移动互联网、影视制作、广电传输、云计算、新型显示、虚拟现实与仿真、演艺科技等领域重大科技攻关。加速文化科技成果转化步伐，完善技术参股制度，打通数字文化科技成果产业化的通道，提升数字文化产业与科技融合的经济效益。

(三)支持传统文化企业数字化改造

鼓励基础好、实力强的行业龙头文化企业积极采用新一代信息技术，探索智能制造等新模式。加大技改资金的数字化改造投入，提高企业研发设计工具普及率、关键工序数控化率以及工业电子商务普及率，推动主要设备和业务系统上云，打通企业内外信息流、数据流、业务流、资金流，推进企业资源共享、能力协同。

(四)紧扣新发展理念，抓住“新基建”战略机遇期

紧扣“内循环+双循环”的战略要求，对于扬州来说，在新发展格局中需立足长远、找准定位，必须提出符合本地产业转型要求的发展方向，加快形成梯度鲜明、分工合理的产业链和产业布局。必须把发展数字经济作为重中之重，这对

提升城市竞争力、加快实现双循环新发展格局具有决定性意义。提高经济的数字化水平，必须抓住“新基建”战略机遇期实现数字经济与实体经济有机融合，争取更多政策红利，推动数字化战略全面布局。通过“新基建”投资谋划扬州数字经济产业布局：一是加快构建以新一代信息技术和以数字化为核心的新型基础设施，支撑产业及社会网络化、数字化、智能化升级发展。二是加速消费场景向线上转型、新技术带来服务业创新、制造业数字化智能化改造提速。三是结合长三角高质量一体化国家战略，加快融入南京都市圈，超前布局交通一体化，有效助力扬州与各成员城市间的产业发展，加快形成循环链条。四是积极争取国家和省对教育、医疗、养老等行业的投资，提升软环境竞争力。五是不断培植和引进文创精品，围绕消费升级所产生的服务业创新吸引人才，催生更多的优质高端文化相关企业落地落户。

附表 6－1　文化与数字核心产业行业代码表

数字核心产业	文化产业	小类名称
数字产品制造业	2330	记录媒介复制
	2462	**游艺用品及室内游艺器材制造**
	2664	**文化用信息化学品制造**
	3931	广播电视节目制作及发射设备制造
	3932	**广播电视接收设备制造**
	3933	**广播电视专用配件制造**
	3934	专业音响设备制造
	3939	**应用电视设备及其他广播电视设备制造**
	3951	电视机制造
	3952	**音响设备制造**
	3953	影视录放设备制造
	3961	**可穿戴智能设备制造**
	3963	智能无人飞行器制造
	3969	**其他智能消费设备制造**
数字产品服务业	**5178**	**广播影视设备批发**
	5244	音像制品、电子和数字出版物零售
	7125	音像制品出租

续表

数字核心产业	文化产业	小类名称
数字技术应用业	**6319**	**其他电信服务**
	6321	**有线广播电视传输服务**
	6322	无线广播电视传输服务
	6331	广播电视卫星传输服务
	6421	**互联网搜索服务**
	6422	互联网游戏服务
	6429	**互联网其他信息服务**
	6513	**应用软件开发**
	6572	动漫、游戏数字内容服务
	6579	**其他数字内容服务**
	8610	新闻业
数字要素驱动业	6432	互联网生活服务平台
	7251	**互联网广告服务**
	8624	音像制品出版
	8625	电子出版物出版
	8626	数字出版
	8710	广播
	8720	**电视**
	8730	**影视节目制作**
	8740	广播电视集成播控
	8750	电影和广播电视节目发行
	8760	**电影放映**
	8770	录音制作

注：加粗带下划线行业为2020年扬州规模以上文化数字核心企业所涉及的行业。

（刘怀玉，扬州大学中国大运河研究院副教授；陈凤桂，扬州市统计局副局长；石火培，扬州市统计局社科文处处长；孟召鹏，扬州市统计局社科文处）

第七章
宁波：文化宁波的数字转型——创新经验与共富趋势

一、"文化宁波"建设的现实经验：数字助力下文创产业的动态更新升级

二、"文化宁波"建设的发展趋势：迈向共同富裕的文化高地与旅游名城

三、"文化宁波"建设的当前问题与提升路径：构建无壁垒的共富生活

在数字技术的驱动下，城市生活场景正发生着深刻的变革。依托科技赋能实现城市文化在生产、流通、触达方面的突破变得尤为迫切。由此，基于传统文创产业引领城市发展的更新策略亟待被更富想象力的数字文创驱动策略所取代。数字文化产业正是这一背景下，经过不断创新发展所形成的文化产业新业态。“十三五”期间，我国的数字文化产业发展迅速。以大数据、人工智能、物联网、云计算等为代表的新一代数字技术不断拓展着传统文化产业的边界，催生出一批新的数字文创产品，更进一步延伸了文化产业的链条。在党的十九届五中全会上，党中央明确提出要“实施文化产业数字化战略”，“十四五”时期成为我国文化产业数字化发展的新阶段。

2021 年是“十四五”规划的开局之年，也是文化产业进行数字化转型升级的关键一年。浙江省印发了《浙江省推进数字经济发展 2021 年工作要点》，提出要“大力推进数字产业化、产业数字化和治理数字化，全力打造全国数字经济先行示范省和全球数字变革高地”。作为国家首批数字经济创新发展试验区，同时又是共同富裕示范区，浙江省在数字文化产业的发展实践中发挥建设优势，积累了诸多浙江经验。在全省大力推进数字化改革的背景下，作为浙江的副省级城市和省内唯一的计划单列市，宁波近年来不断通过科技赋能数字文创，成为浙江省内数字经济领域先行先试的重要样本。本章尝试以案例分析、模式归纳和比较研究的方法，通过分析“文化宁波”建设三年以来的经验，聚焦 2021 年的相关情况，对其建设面临的问题、困境提出相应的对策，以期促进“十四五”阶段“文化宁波”建设的高质量发展。

一、“文化宁波”建设的现实经验：数字助力下文创产业的动态更新升级

自“文化宁波 2020”建设计划于 2019 年提出以来，宁波市在“书香宁波”“音

乐宁波”“影视宁波”“创意宁波”四大板块建设上稳步推进，成效初显，呈现出一种相互连接、攀援上升的发展态势。与此同时，疫情变局加速了文化和科技更深的融合。2021 年 4 月，宁波出台了数字化改革“1 + 6”方案，以《宁波市数字化改革总体行动方案》为统领，在数字社会系统建设、数字经济系统建设和一体化智能公共数据平台建设等方面具体推进。在文化产业领域，宁波积极顺应数字化转型的趋势，紧抓数字赋能机遇，在产业生态建构、产品内容转型、消费空间拓展等方面做了诸多探索，不断推动文化产业提质扩容。

(一)“以造促产”的“集群效应”：文化产业生态的数字化建构

《世界智能制造中心发展趋势报告(2019)》显示，2019 年宁波智能生产在全国排名第四(仅次于苏州、佛山、上海)，显现出强劲的发展实力(见图 7 - 1)。2020 年，宁波全市规模以上文化制造业增加值 215 亿元，占全省 27.9%，总量高居全省第一，优势显著。在此基础上，宁波采取“以造促产”的集群策略，依托强大的制造业基础，通过高效整合多元主体网络，使得围绕文化产业的多元主体迅速由“破壁”而“集聚”，一定程度上突破了传统的连接方式，构建起良好的数字文化产业生态。当前，宁波市文化产业体系逐步完善，智能制造能力大幅提升，综合实力显著增强，集聚效应充分显现。

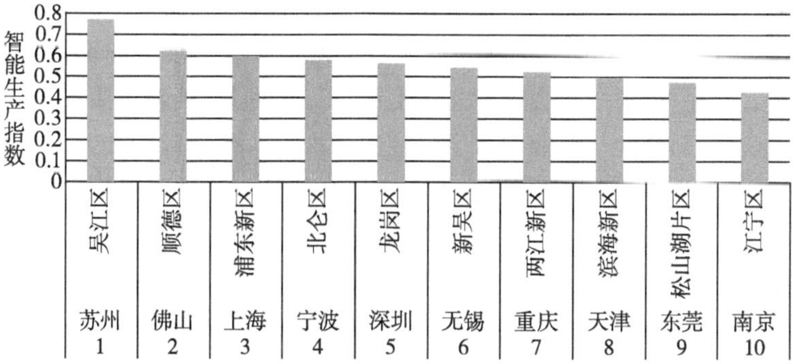

图 7 - 1　2019 年中国智能生产全国前 10 名城市[①]

以直播电商领域为例，近年来宁波依托具备供应能力的产业链条，大力发展直播电商产业。2021 年 11 月，宁波市通过《关于促进全市直播电商经济高质

① 前瞻产业研究院，https://f.qianzhan.com/zhinengzhizao/detail/191025 - 83469505.html.

量发展的若干意见》，提出到2025年全市直播电商带动线上、线下成交额达到1万亿元的发展目标。相较于作为“电商之都”的杭州，宁波在传统电商领域并不具备杭州所拥有的人才、平台、技术、品牌等先发优势。为突破这种原生差距，宁波市在加快出台相关政策措施，吸引平台、企业、项目的同时，重点进行“工厂品牌孵化”的模式创新，以源头直销的电商直播带动相关产业的整体集聚之势。2021年1月28日，宁波直播电商经济核心区（前洋）直播中心开播，成为由直播选品中心、直播双创中心、跨境直播中心等多板块组成的直播电商经济集聚区。截至2021年11月，集聚区内登记入驻的企业超过30家，对接品牌200余家，上下游企业协同发展带动企业内外双环驱动和整体消费升级。

这一集群效应的形成离不开宁波对数字化平台的搭建。宁波以工业互联网平台建设为基石，大力扶持数字文化产业平台。为深入实施工业互联网创新发展战略，推动工业化和信息化的高水平融合发展，宁波市制定了“打造工业互联网领军城市”的五年发展计划，在全国范围内率先打造了“5G+工业互联网”的宁波模式。目前已形成“5G+数据采集”运维监控、“5G+机器视觉”智能检测、“5G+ AR”生产辅助、“5G+ AGV”物流仓储和“5G+无人机”设备巡检等5大类典型场景，并在一批企业中得到较好应用。在这一基础上，宁波大力扶持数字文化产业平台，通过突破要素流动壁垒来提高全要素生产率。从2016年以来，宁波市每年举办常态化文化产业特色博览会，以展会搭建文旅融合平台，成为宁波重要的城市名片。2021年11月26日举办的第六届宁波文博会以线上展会的形式呈现。通过打造线上云展厅、抖音线上会场和文旅生活家三大场景，更新了策展模式、消费模式和互动模式，助推文化企业的数字化转型和推广。譬如以宁波元素为核心打造的“明州十二时辰”老底子宁波文化直播专场邀请了宁波本地民俗文化类、非遗技艺类的各类传承达人做客直播间，带领观众云游宁波的特色景区、讲述宁波的传承故事，并通过话题挑战、全民任务等方式增加线上线下的互动。

与此同时，宁波还着力培养了一批具有较强核心竞争力的大型数字文化企业，积极打造高端文化制造业基地。得力集团、大丰实业、贝发集团、甬派传媒、浙江字节跳动5家企业被认定为2019—2020年度浙江省数字文化示范企业。得力集团于2021年3月筹建了文具行业全国首个“5G+未来工厂”，与中国移动宁波分公司、中兴通讯合力打造5G智慧物流园区，着力提升生产效率和生产水平。大丰集团的创作团队为冬奥开幕式提供了主火炬的地面核心装置系统，为75%的冬奥场馆提供了座椅系统，实现了创新科技与精妙艺术的完美结合。贝发集团以多项专利技术为核心，围绕“数字化在线定制”一站式满足多种场景下用户的不同需求。甬派传媒于2020年起布局大数据产业，启动建设宁波市大数据中心平台，开启“新媒体+大数据”之路。字节跳动作为最早将人工智能应用于移动互联网场景的科技公司，自2020年6月正式入驻宁波文创港以来，规划了直营中心、抖音直播、头条商学院等项目，以数据驱动企业的数字化发展。

这种“以造促产”的做法，可被认为是以优势长板带动整体产业均衡发展的转型策略。宁波牢牢抓住制造业这一立市之本，加大对新领域、新业态、新模式的开拓力度。随着宁波文化产业数字化的深入推进，宁波制造业主流的生产方式逐步转向数字“智”造。发挥文化企业在数字技术创新中的主体作用，助推共性技术、关键技术、核心技术的研发与应用，成为宁波推动制造业数字化更新、加快产业生态数字化迭代的关键一步。

（二）“传统资源”的“当代焕活”：文化产品内容的数字化转型

作为一座拥有8000年人类活动史、2500年港口发展史、1200年中心城市建设史的国家历史文化名城，截至2020年底，宁波拥有世界文化遗产1项，进入中国世界遗产申报名单2项，国家级文物保护单位33处、省级87处。拥有国家级非遗代表性项目25项、省级96项，国家级传统工艺振兴项目5个、省级12个。2021年，根据国务院公布的第五批国家级非物质文化遗产代表性项目名录，宁波又有3项非遗项目上榜，分别是象山竹根雕、红帮裁缝技艺和天一阁古籍修复技艺。在对这些蕴含宁波古城独特印记的历史文化遗存的承继中，宁波采取了“保护—传承—开发”三步走的焕活策略。

一是加强文化遗产的数字化保护。2018年10月，由中共中央办公厅、国务院办公厅印发的《关于加强文物保护利用改革的若干意见》中明确提出，要“充分运用互联网、大数据、云计算、人工智能等信息技术，推动文物展示利用方式融合创新，推进‘互联网+中华文明’行动计划”。近年来，宁波市开展了大量不可移动文化数字化的保护和管理工作，构建起相关数据库和档案库，以多个全国“首次”和全省“首试”打造了浙江省文化遗产保护的宁波样本。举例来说，截至2020年，宁波市已完成30处全国重点文物保护单位和61处省级文物保护单位的数据库档案录入，在全国首先设立不可移动文物记录档案数据库。2020年6月，大运河（宁波段）监测预警平台率先实现与中国世界文化遗产监测总平台数据的实时互联互通，成为中国大运河沿线34个城市中首个与国家平台完成有效衔接的城市。另外，宁波还精准推进文物数字化改革，紧抓新时期文物安全发展需求。在 2021 年 12 月浙江省文物局公布的第一批“文物安全”应用场景建设试点项目名单中，宁波的“恶劣天气、灾害语境监测处置场景”项目和“文物安全体检场景”项目上榜，将文物安全落实到最后一公里。

二是推进文化基因的数字化传承。 2021 年文化和旅游部公布的《“十四五”公共文化服务体系建设规划》中明确提出，要“推动文化大数据资源纳入国家文化大数据体系建设”。早在 2020 年，浙江省就启动了“文化基因解码”和“文化标识培育”的工作，目前已先后被列入浙江省“十四五”规划和《浙江高质量发展建设共同富裕示范区实施方案(2021—2025 年)》。各地市先后开展全域性的文化基因解码，提炼重点文化元素，记录其历史年代、地理位置、流布范围等数据。当前，宁波共有 39 个项目入选优秀解码项目，11 个项目入选首批浙江省文化标识培育项目。文化基因解码是对地方文化元素的系统梳理。象山、宁海、鄞州在全面梳理本区域历史发展和空间地貌的基础上，提炼出塔山遗址、十里红妆、前童古镇等多项重点文化元素，在浙江省文化和旅游厅公布的成果评审中获优秀等次。文化标识培育是对基因解码成果的转化利用。围绕解码成果，宁波重点打造了一批具有宁波特色的文化标识。譬如象山提炼“海洋渔文化”，宁海活化“古韵前童”，鄞州挖掘“东钱湖文化带”，通过大力建设文化地标，打造文旅 IP，以文旅融合促进核心文化遗产的当代传承(见图 7－2)。

宁波市	
地区	文化标识
海曙区	梁祝文化
江北区	千年慈城
北仑区	海丝之路东方大港
镇海区	宁波帮文化
鄞州区	东钱湖文化带
象山县	海洋渔文化
宁海县	古韵前童
余姚市	阳明文化(余姚) 浙东抗日根据地
慈溪市	千年越窑秘色慈溪
奉化区	弥勒文化

图 7－2　浙江省首批“浙江文化标识”培育项目中宁波上榜项目

三是加快文化产品的数字化开发。宁波在推进数字助力文化产业的实践中，重视数字技术对传统文化资源的深度开发和产业转化，厚植内容基础、深挖人文价值。2021 年 12 月，由宁波市社科院（市社科联）启动并着力推进的年度重点文化项目“浙东文化和运河文化手绘地图”正式发布。该项目采用可视与可听的双渠道传播方式，通过对文化名人以及历史遗迹的卡通化设计，生动、直观地展示了宁波浙东文化和运河文化的独具特色的魅力。为了方便读者更好地通过地图了解宁波，地图右下方设置了“扫一扫 · 听语音”二维码，扫码即能收听两张地图里的历史知识。较之这种传统文化产品“上线”的牛刀小试，宁波在推动传统文化与数字文创新业态相结合的尝试方面更具前瞻性。譬如宁波以奉化溪口的弥勒文化为元素，制作了 52 集 3D 动画片《神奇布袋小子》，完整展现了溪口的风俗民情，融入中国传统的祈福元素，实现了优质内容的广泛传播。该剧于 2019 年 10 月在央视少儿频道首播之后，又登陆浙江电视台少儿频道、卡酷少儿频道等多台联播，并于 2021 年 3 月在央视进行了重播，体现了扎实内容的旺盛生命力。3 年来，“神奇布袋小子”这一城市 IP 在宁波落地生根，并衍生出手游、手办等诸多下游产业，逐步形成以祈福文化为核心的泛娱乐产业链。

（三）“城市氛围”的“品牌引领”：文化消费空间的数字化拓展

2021 年 3 月，国家发展改革委等部门联合印发了《加快培育新型消费实施方案》，提出要深入发展数字文化和旅游，而宁波在这一方面走在了全国先行先试的前列。自 2014 年成为首批信息消费试点城市以来，宁波不断完善基础设施建设、扩大信息消费规模、优化信息消费环境，并于 2021 年 1 月入选了国家级综合型信息消费示范城市。2016 年，宁波还被列为第一批国家文化消费试点城市，以“书香之城、音乐之城、影视之城”为抓手，稳步推进文化消费工作。信息消费与文化消费双管齐下，加快了宁波文化消费空间的数字化拓展，重塑了人们的城市生活。

一方面，自疫情发生以来，线上空间从具有替代性质的“避难所”逐步成长为城市生活以及文化消费的“新领地”。譬如宁波“书香之城”的建设。2021 年是“天一讲堂”创办的十五周年，2021 年以来，“天一讲堂”通过线上线下动态调整的方式灵活举办了 75 场讲座，且受疫情影响多以“云讲堂”开展，共惠及 231 万人次。与此同时，宁波也积极开辟数字阅读空间。《2020 年宁波市居民阅读调查报告》显示,宁波成年居民综合阅读率达 91.2%。从阅读量上看,人均纸质图书阅读量为 5.25 本。受数字媒介迅猛发展的影响,2020 年宁波市成年居民的数字化阅读方式的接触率为 86.5%,电子书阅读量为 36.1%,人均电子书阅读量为 3.53 本,高于全国平均水平。2021 年 4 月,宁波首个城市公共空间数字阅读项目"云听"落户宁波。"阅读驿站·云听宁波"在宁波中心城区共设置 50 个网点并逐步在全市铺开。值得一提的是,该项目也被纳入了城市"十五分钟"公共文化服务圈,为推进"阅读之城"的建设营造整体城市氛围。与此同时,线上看展、云上游览也成为文化消费的新方式。2021 年的"丝绸之路周"共有国内外 300 家文博机构共同参与,以"多元共存、包容发展"为主题,上线了"丝绸之路数字博物馆",推出了"万物生灵:丝绸之路上的动物与植物"主题展览,集中展示了以丝绸之路文化为核心的学术文化、交流项目与研究成果。同时,为弘扬丝路精神,线上线下百家国内外的文博机构实现联动,进一步展示其中的中国智慧和浙江实践,为浙江与"一带一路"沿线合作搭建更好的平台。

另一方面,在疫情渐趋平稳之后,宁波以数字文化 IP 为核心融合城市场景,塑造充满地域想象的文创生活新空间,将民众重新引回线下。2021 年 1 月,以"让世界听见宁波"为主题的"音乐宁波"IP 产品成果特展在南塘老街的创意宁波展厅开展,主要围绕宁波音乐人物、音乐企业(基地)、音乐历史、音乐乐器、音乐文创、科技音乐等内容,共分"六大乐章"。展会采用图片、文案、视频、音频相结合的方式,开发了包括扫码听歌、全息投影、3D 环屏等多种沉浸式音乐体验手段,将数字技术融入传统展陈,集中展示了三年来"音乐宁波"的建设成果。另外,宁波还试图通过推动现有文化内容向沉浸式内容的转化,吸引观众走入线下空间参与互动。"沉浸式"这一体验方式自 2016 年风靡纽约的沉浸式戏剧《不眠之夜》在上海引进后,便在全国范围内以各种形式的展演落地生根。这种"沉浸"的本质在于消解观演距离,通过观众和演员的"零距离"接触增加双向互动,对于重建后疫情时代人们的情感交互具有重要意义。2021 年,两个演艺空间多元化发展项目落户老外滩,分别是由市演艺集团、江北区外滩街道办事处联合出品的《入戏·老外滩》和宁波市甬剧团与婵那艺公馆联合打造的"甬剧创新实践展示基地"。《入戏·老外滩》是宁波首个原创沉浸式剧目,于 2021 年 7 月在老外滩李宅正式启动。老外滩作为宁波重要的"城市客厅",具有丰厚的历史文化底蕴和地理区位优势,其对"沉浸式"演绎方式的引入使宁波本土文化突破了以博物馆展陈、宣传片推介等形式为代表的单向输出模式,通过人与人的交流，加强了游客与宁波城市文化的联结。2021年11月，在老外滩落户的宁波首个甬剧创新实践展示基地以点面结合的方式，进一步推动传统戏曲与新兴业态的深度融合。除了在剧场空间的展陈上融入剧照、海报、服饰以及一些珍贵老物件，打造立体的甬剧展示空间，同时也通过不定期开展甬剧沙龙、主题研讨、名家讲堂等一系列活动，打造甬剧传播的新平台。

二、“文化宁波”建设的发展趋势：迈向共同富裕的文化高地与旅游名城

2021年12月，《宁波市文化产业发展“十四五”规划》（以下简称《规划》）正式印发，明确“一核、两带、十区”的文化产业空间布局。根据《规划》，以泛三江片核心区为载体的三江都市文化核是千年甬城的历史文化的“心脏”所在；“运河—丝路文化产业带”和“数字文化产业带”分别代表了宁波市“承”前“瞻”后的发展路径，是推动传统文化产业数字化转型和加快数字文化产业布局的两条“主动脉”；十大文化产业发展功能区将成为带动产业转型的特色集群和展示文化活力的宁波样本。这一格局为“十四五”阶段“文化宁波”建设新征程的开启提供了顶层设计，与“一心、两地、三区”的发展目标相契合，既为宁波下一阶段文化产业的资源配置规划了在地的空间脉络，又积极推动宁波对接上海、推动杭甬一体、联动义甬舟，更深融入长三角一体化，响应“大湾区、大花园、大通道、大都市区”建设。同时，还以“智”造业作为特色链接，将宁波纳入全球坐标。这一产业发展目标的最终指向之一是实现“共同富裕”的美好生活，在数字化改革的宏观背景下，它以不止于文旅的深度融合，着力将宁波打造成为面向全国的新时代文化高地和现代化滨海旅游名城。

（一）竞合构想：“多域一体”的跨界合作

自2018年长江三角洲区域一体化发展上升为国家战略以来，在2019年审议通过的《长江三角洲区域一体化发展规划纲要》（以下简称《纲要》）的指引下，长三角一体化发展的新局面正在形成。在推动文旅合作发展方面，《纲要》提出了“共筑文化发展高地”和“共建世界知名旅游目的地”两点要求，进一步明确了文化产业高质量发展的目标和路径。从地理位置来看，宁波北接上海、西联杭州、南面温州，使其在长江三角洲的城市发展中具有独特定位：既是宁波都市圈

的核心城市，又与杭州加快双城建设，同时还被纳入上海大都市圈，可以开展多域一体的跨界合作。从现有情况来看，宁波在跨省域的合作中，与其他城市在基础设施互联互通、公共服务共建共享等方面已有一些显见的成果，其跨界实践将在以下几个层面得到进一步的拓展：

首先是加快省域内杭甬一体的多面合作。“唱好杭甬双城记”是浙江省长期以来的发展思路。早在 2016 年，杭甬“双城记”就被首次提出；2018 年“推动杭州宁波一体化发展”被首次写入浙江省政府工作报告；2021 年浙江省“十四五”规划中，杭甬“双城记”被提升到浙江省高质量发展的重要战略抓手的地位。

当前来看，杭甬两地的文化合作主要以“节”为媒共同开展。譬如在 2021 年杭州大学生文化旅游节上，宁波以“顺着运河来看海”的主题活动，邀请杭州市民从西湖风韵走向海丝古港，领略浙江省内不一样的旖旎风光。通过短视频征集活动等，邀请两地大学生记录双城之美。另外，杭甬两地的演艺集团也在 2021 年达成了战略合作。双方在剧院智能化运营、演艺项目互动、剧目出品及剧场合作运营等方面签署了战略合作协议，对于补足各自领域的短板，共同建设具有中国气派和浙江辨识度的标志性成果具有重要意义。除了重大节事活动的相互支持，下一阶段，两地将在亚运会文旅联合推广、群众文化品牌共建、旅游一卡通惠民联动等多方面做进一步的联动。

与此同时，在数字经济建设上的不同倚重，使得杭甬两城具有更为广阔的合作空间。杭州拥有以阿里巴巴为首并形成产业集聚的电子商务生态，在数字技术方面具有显著优势，可从“数字产业化”着手打造全国数字经济第一城。而制约其跨境电商发展的港口贸易劣势，却是宁波的优势所在。宁波依托深水良港形成了开放、完善的集疏运体系和坚实的外贸产业基础，但在互联网金融、信息服务等领域的建设方面有所不足。由此，“产业数字化”成为其重要的发展方向。阿里巴巴成为杭甬双核的重要媒介。2021 年 3 月，宁波阿里中心正式启用，分散在宁波各地的阿里巴巴国际站、1688、阿里本地生活、蚂蚁金服、同城零售、菜鸟网络、速卖通等业务板块被聚合在一起，合力推进宁波智慧中心、城市大脑等业务，通过搭建起整体的数字生态，助力宁波数字经济和数字社会的全面发展。另外，以智能化为建设亮点的杭甬高速复线也正在进行中，建成后，包括杭州在内的各地商品将通过宁波港更好地“走出去”。

其次是加强跨地市的都市区一体化建设。2021 年，宁波、舟山、台州三地发文公布了宁波都市区建设的行动方案，并将绍兴的新昌、嵊州两大县市纳入其中。

当前，宁波正加快基础设施的建设，使得都市区文旅一体化的推进有了切实的依托。譬如宁波都市区“1小时交通圈”的有序推进，使得宁波都市区中城市轨道快线、城市轨道普网、都市区BRT等快速公共交通得以实现“多网融合”，都市区内的人们能够在各公共交通节点“零距离换乘”。在这一基础上，甬舟两地以旅游节事活动为引领，举办“弥勒文化节”“观音文化节”等活动，在甬舟文化旅游系列产品的开发方面先行携手。2020年12月，两地正式推出了在奉化溪口雪窦山旅游集散中心和舟山朱家尖蜈蚣峙码头之间对开的旅游班车，共同提升“两山”旅游在海内外的知名度。另外，甬台舟三地也在探索构建一体化的旅游网络，除了探索门票同城待遇之外，还以普陀山、雪窦山、天台山、四明山为核心，共树“东南佛国”旅游目的地形象。文旅资源的共享，使得能够联动三地的文化产业平台亟待共建，以形成包括宁波三江口文化核心圈、舟山定海—普陀文化特色发展核心圈和台州山海文化产业圈在内的一体化文化产业网络。

接下来，宁波还将着力发挥作为都市圈核心城市的引领作用。当前，宁波正积极探索数字政府建设，以数据平台支撑文化服务，以双创平台孵化文创企业。2021年3月27日，宁波市城市大脑正式启用运营，开启了数字化管理的新模式，截至2021年3月，已汇集了25个部门系统102亿条数据，为全方位建设文化产业提供了系统支撑。而在公布的《宁波都市区建设行动方案》中，到2022年，宁波都市区将迎来城市公共服务体系的显著提升，城市智慧大脑服务面积覆盖率将达到30%以上。3月1日，宁波、绍兴、舟山、台州公安机关正式推出三大类33项户籍业务“圈内通办”便民举措，给都市区内群众的户籍办理提供了极大的便利。户籍的互通被视为宁波都市区在“以人为本、共享发展”这一基本原则下，为实现同城化而吹响的第一声“冲锋号”。接下来，在数字技术的助力下，宁波都市区将在教育、医疗、社保、就业等更多领域尝试探索共享共建。

（二）全球定位：“智造之都”的数字链接

“十三五”以来，宁波市文化产业持续较快增长。按浙江省统计口径，2020年宁波规模以上文化产业增加值为390.67亿元，其中文化制造业的优势尤为明显。随着宁波产业数字化的深入推进，宁波制造业主流的生产方式逐步由智能制造转向数字“智”造，并逐步向高端化、品牌化发展，向着将宁波建设成全球文化智造中心迈进。而除了制造业的数字转型，近年来宁波市以跨境电商作为外贸新业态，在数字贸易方面也走在全国全省的前列。根据2018年宁波市规划局发布的《宁波2049城市发展战略》，宁波将以港口的连接能力为核心，谋求在全球城市网络中的特色地位，以更加开放的姿态融入全球城市网络。而在当前疫情背景与全球市场萎缩的外部环境下，宁波正在以"智能制造"为发展动力，以"数字贸易"为更新力量，深度融入国内大循环，探索国内国际双循环的发展格局。

宁波重视文化企业在数字技术创新中的主体作用。助推共性技术、关键技术、核心技术的研发与应用，是宁波推动文化生产数字化更新迭代的关键一步。2021年10月，宁波音王电声股份有限公司携"数字调音台、科技与文化融合项目——音王智慧文化(体育)综合体、沉浸声直视显示(LED)数字影院"等三大核心技术产品亮相第四届中国(南京)文化和科技融合成果展览交易会。一方面，音王多年来致力数字调音台的研发，具有强大的技术创新实力。根据国际权威杂志*Music Trades*发布的全球专业音响与乐器行业225强榜单，音王电声股份有限公司从2020年的世界第21位跃居2021年的第16位，当前已成为全球音视频智能化集成产业龙头企业之一，连续六年获评"国家文化出口重点企业"。另一方面，音王从单一的产品销售逐步向新业态转型升级，譬如突破传统影剧院的形态，打造具有流动性的新型流动影剧院。沉浸声直视显示(LED)数字影院颠覆了传统电影左、中、右的出声模式，创新声音定位技术，成为振兴电影产业高质量运营和发展的助推器。与此同时，音王也充分发挥其企业产业链的优势，在智慧教育、智慧可视化公共广播、智慧会议、智慧城市、智慧文旅产业、智慧数字电影等系统、板块，建立了整体集成产业链。

疫情之下，以跨境电商、数字服务为代表的一系列数字贸易的价值得以凸显。2021年，宁波外贸首次在年内突破万亿元大关，成为中国第6座"外贸万亿之城"，较5年前增长了56.9%。在2021年中国国际服务贸易交易会上，宁波选送的"乐歌公共海外仓创新综合服务"项目和"全球贸易通数字营销平台"项目分别入选"全国业态创新服务示范案例"和"科技创新服务示范案例"。乐歌人体工学是一家提供升降桌、显示器支架、智能健身车等健康装备的企业，在高端制造和品牌建设方面颇具影响力。近年来，乐歌在供应链端不断提升硬实力，以公共海外仓作为跨境电商的核心基础设施，并实现了仓储关键流程的数字化运营，成为中国外贸转型升级的重要基础载体。就乐歌本身运营来说，得益于海外仓的建设，在疫情蔓延的不稳定情况下，乐歌仍能实现全球的快速配货。与此同时，乐歌正逐步为宁波、浙江、华东乃至全国160余家中小外贸企业提供包括海外仓储、物流配送、售后等服务。宁波全贸信息技术有限公司的“全球贸易通数字营销平台”项目创新营销模式，通过创建跨境电商服务生态链，整合国际主流营销渠道，赋能中国外贸企业开展精准数字营销。这一模式使得已具备强大制造能力的企业实现从“产品出海”到“品牌出海”的转变，进一步培养了中国企业参与国际竞争的优势。截至2021年9月，该项目在全国18个省拥有270个本地化服务中心，累计服务出口企业40万家，未来计划在宁波地区布局，服务宁波地区超过1万家出口企业。

（三）美好生活：“以城带乡”的城乡共治

中央网络安全和信息化委员会印发的《“十四五”国家信息化规划》对数字社会的建设给出了明确的指导和规划，明确了“支撑共建共治共享，促进更加公平发展”的主攻方向。近年来，全国范围内的数字城市建设已有了实质性的进展。就宁波来看，当前宁波已实现主要城区5G网络连片覆盖，逐渐培育出宁波云医院、海上鲜、啾啾云、小溜共享等一批新型信息消费业务，还打造了世界数字经济大会暨智博会、中国机器人峰会等重大品牌活动。与此同时，宁波加快推进“数字乡村”的建设。以数字赋能乡村振兴，既是对宁波数字城市建设中优势经验的复制，又是推进浙江省共同富裕示范建设的应有之义。另外，宁波市还通过“艺术乡建”探索振兴乡村的多元路径，通过艺术设计激发村庄的内生动力。

2021年以来，为打造数字乡村先行村（镇），宁波市重点推进了乡村数字化新基建、数据资源优化配置、产业数字化应用等领域的建设，将大数据、物联网、移动互联、电子商务等新技术和新模式应用于农业农村领域，初步构建起宁波数字乡村的技术框架。在2021年底出炉的数字乡村先锋榜中，鄞州区和慈溪市入选了数字乡村整县推进案例，另有20个村子入选了数字化场景先行村（见图7－3）。以“象山县村民说事”“奉化区浙里甬惠渔”“慈溪市共享冷库”为代表的农业农村数字化改革应用场景，分别在“共治”“共建”“共享”三个方面做了示范性的探索。

“象山县村民说事”这一制度兴起于2010年，其前身是方家岙村“村民说事亭”。自2012年起，每晚准时开会碰头，通过村民说事群策群力解决问题的流

区县	村庄
鄞州区	下应街道湾底村、云龙镇上李家村、东吴镇童一村
镇海区	九龙湖镇九龙湖村、蛟川街道迎周村、骆驼街道东邑村
余姚市	梁弄镇横坎头村、泗门镇谢家路村
慈溪市	桥头镇五姓村、匡堰镇倡隆村
奉化区	西坞街道金峨村、萧王庙街道滕头村
江北区	慈城镇毛岙村、慈城镇半浦村
象山县	墙头镇方家岙村、石浦镇鸡鸣村
海曙区	集士港镇深溪村、龙观乡大路村
北仑区	大碶街道和鸽村
宁海县	力洋镇海头村

图 7－3　2021 年宁波数字乡村“先锋”榜——数字化场景先行村

程体系逐步被建立起来。这种通过协商民主推进基层治理的模式，可被视为以村民自治实现乡村治理的 1.0 版本。当前，象山县积极推动村民说事向线上拓展，实行“村民说事+互联网”模式，这可被视为以“三治”结合推进乡村治理的 2.0 版本。社区网格员在日常走访中及时发现问题并当场处理，同时将难以解决的信息共享给网格负责人，使得“村民说事”成为一个能够全过程记录、高效率运转的标准平台。“奉化区浙里甬惠渔”的一站式数字服务应用通过卫星通信技术，实现渔业“可视化”管理，成为全国首创。当前其中的部分应用场景已经辐射至 10 个省(直辖市)34 个县(区、市)的 41 个沿海渔港 4 万多艘渔船，线上交易额超 100 亿元，成为国内覆盖面最广、规模最大的数字渔业商务应用。“慈溪市共享冷库”在鼓励种植大户增建冷库的同时，将各个冷库“上云”，共享给周边的小商户，整合了仓储资源。与此同时，将水果糖度无损检测纳入体系并生成追溯标签的智能系统，将成为共享冷库下一步更新升级的内容。

除了基础数字架构的搭建，宁波还通过“文创+乡村+旅游”的发展模式，以艺术振兴乡村，发挥其融合提升作用。具体主要采用以下三种策略：一是加快重点文化基因的应用和延伸。在文旅部组织开展的 2021—2023 年度“中国民间文化艺术之乡”评审命名工作中，宁波宁海县“十里红妆”上榜。当前，宁海县正着力打造宁海南宋红妆乐园，不断推进前童古镇国家 5A 级旅游景区创建，设计优化“徐霞客开游节”节庆方案等，通过厚植当地文化元素，拓展其利用领域。二是在就地挖掘的基础上，激发村民的内生动力。在中国人民大学艺术学院教授丛志强的带领下，宁海葛家村从一个"没特色、没优势、没潜力"的普通山村，通过"微改造、精提升"的方式，实现艺术赋能旅游兴村的融合转变。当前葛家村已成为拥有 40 多个艺术共享空间、200 多个文创品，吸引成千上万游客争相"打卡"的热门景点，是国家 3A 级景区。其建设经验也不断向宁波其他区县甚至别的省份辐射。三是将艺术人才引入宁波农村。譬如近年来，宁波市通过举办阿拉宁波摄影展、中国新乡村音乐创作体验营等活动，邀请艺术家们下乡采风。宁波市摄影家协会常不定期组织摄影爱好者进入宁波的山间、海边和田野创作摄影作品，展现宁波美丽风貌。2021 年的新乡村音乐创作营将全国各地的音乐创作人才聚集在宁波本地，同时也向全网线上征集原创作品，并将作品发布至网易云音乐的排行榜打榜，以提高原创乡村音乐的影响力和知名度。

三、"文化宁波"建设的当前问题与提升路径：构建无壁垒的共富生活

上海师范大学、华东师范大学联合编制的《2021 长三角城市文化竞争力报告》(以下简称《报告》)从 5 个维度对长三角城市的文化发展进行评估，分别是文化支持力、文化吸引力、文化接待力、文化利用力和文化消费力，包括 36 个具体指标。总体来看，宁波在长三角 41 个城市的竞争力排名中虽位居前六，但与各项指标都排名靠前的上海、杭州仍存在一定的差距。站在"十四五"规划的路口，当前文化宁波的建设正处于数字化转型的新阶段，其在产业内部结构、区域协同水平、数字服务能力等方面还有待完善，需要以数字改革打破产业壁垒，以区域协同撬动全面改革，高质量发展建设共同富裕先行市。

(一)产业的内部结构有待差异化统筹

赛迪顾问发布的《2021 数字经济城市发展百强榜》显示，宁波成功跃入数字经济新一线城市。其考量指标中的"数字经济产业"一项参照了《数字经济及其核心产业统计分类(2021)》的界定范围，数字产品制造业、数字产品服务业、数字技术应用业、数字要素驱动业、数字化效率提升业五大产业都被纳入考量范围。近年来，宁波高度重视数字产业化的发展，数字技术已成为文化产业发展的强大驱动力。然而，面对数字化浪潮带来的新机遇，宁波市的文化产业发展在多领域加快建设的同时要避免没有重点的"齐头并进"，应根据自身特色进行

差异化的统筹安排。譬如在“音乐宁波”“书香宁波”“影视宁波”“创意宁波”四位一体的文化宁波建设中,“影视宁波”的建设显然更具亮点,并在数字化转型方面做出了先行的探索。2021 年,宁波市影视文化产业区加快数字化改革先行示范区的打造,综合运用物联网、云计算、大数据等创新技术,打破大数据中心、公安局、旅发中心等 10 余个单位的数据壁垒,联通联动影视城、海影城、新桥镇 3 处分平台,建立起集指挥调度、剧组服务、企业服务、景区管理等于一身的“智治影城”云平台管理服务体系,初步实现智慧化的共享共治。在 2021 年浙江省政府工作报告中,明确提出要“支持象山影视城建设,打造具有国际影响力的影视文化创新中心”。“音乐宁波”“书香宁波”和“创意宁波”这三个板块也应按自己的步调有序推进。

针对一些文化创新能力较弱的小微企业,宁波市应增加政策倾斜和资源扶持,制定不同于头部企业的阶段性发展定位,增强其与头部企业的互补性、与同质企业的联动性,发挥产业集群的共进合力。宁波市的文具企业贝发集团积极发挥这种行业龙头作用。2019 年以来,贝发集团联合中小型企业建立了浙江省文创产业创新综合服务体,并打造了“文器谷”这一产业发展新引擎。其中“文器社”集聚了众多创业者,用以收集大家的创意;“文器创”对一些创意进行孵化,帮助联系天使投资或由贝发直接注资进行开发;“文器链”以贝发的供应链资源为依托,将设计落实为标准化产品;“文器库”将文创产品推出去,链接线上线下的渠道。“十四五”规划纲要指出,要“发挥大企业引领支撑作用,支持创新型中小微企业成长为创新重要发源地,推动产业链上中下游、大中小企业融通创新”。当前宁波已经成为中国乃至全球重要的文具产业制造基地,而贝发集团显然在其中起到了重要的引领作用。下一步,宁波应当更多培育支持头部企业做大产业链条,带动小微企业并行发展。

(二)都市圈的破壁协同能力有待提升

宁波都市圈是长三角城市群五大都市圈之一。根据 2021 年 11 月中国社科院发布的《中国城市竞争力报告 NO. 19》,当前宁波都市圈的综合竞争力在“一核五圈”中排名第四,虽高于“三省一市”的平均水平,但与其他的都市圈仍有较大的差距(见图 7－4)。

长三角区域的一体化离不开六大都市圈的成熟发展。对于宁波来说,应当既做强城市实力和能级,发挥核心城市的辐射带动作用,又要加快城与城、圈与圈之间的破壁协同，加快融入长三角一体化的步伐。

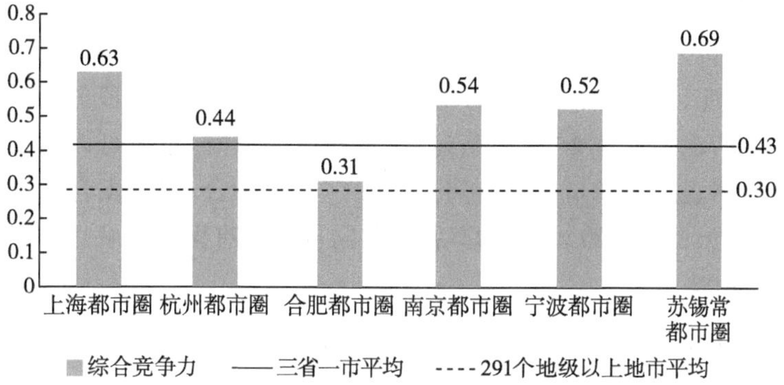

图7－4　长三角都市圈城市综合竞争力得分均值比较

在长三角都市圈中，宁波都市圈拥有最具特色的陆海统筹优势。自“一带一路”倡议提出以来，宁波舟山港不断加快一体化进程，全面参与“21世纪海上丝绸之路”的建设，推动陆海联动发展。台州也积极融入这一互动，在正式加入宁波都市区之前，就通过文旅惠民活动加强三地之间的交流。譬如2020年宁波、舟山、台州三地文化旅游部门联合发起惠民季活动，舟山推出逾100家酒店民宿、餐饮以及文娱体育类优惠产品，台州文旅投资发展有限公司出台台州文旅畅游卡，持卡人在一年内可以不限次数游览台州首批22家加盟景区，实享价值超过1000多元。然而该惠民活动虽名为“甬台舟惠民季”，在实际实施过程中却只面向宁波居民，事实上并未实现三地居民的同城化旅游共享。另外，无论是2020年的“宁波台州文旅人走亲”还是2022年的“宁波旅游夜市走进舟山”，当前宁波都市圈内的文旅交流活动仍处于相互推介的阶段。下一步，在文旅层面，宁波都市区应以数字化建设积极推动惠民同城服务，加快文旅品牌共建共享。同时，在都市圈范围内加快推进腹地区域在空间优化布局、产业联动发展、生态环境共治等方面的协同发展。

当前，长三角的文化产业出现了联盟化的趋势，在破壁融合方面进行了一些先行尝试，值得在下一步的政策制定层面借鉴。“长三角文化产业投资联盟”和“长三角数字出版协同创新平台暨长三角数字出版创新发展联盟”等项目中的各方，应充分发挥各自所在地区的综合优势，开展创新成果产业化活动。当前，宁波需要积极推进各个层面的破壁与协同，例如以运河文化建设深度融入长三角。根据 2019 年审议通过的《长城、大运河、长征国家文化公园建设方案》（以下简称《方案》），形成了"四大"国家文化公园的布局。其中大运河国家文化公园包括京杭大运河、隋唐大运河、浙东运河三个部分，连通 10 个河段，涉及北京、天津、河北、江苏、浙江、安徽、山东、河南 8 个省市。宁波段的浙东运河位于大运河末端，在推进本地"河海联运"特色建设的同时，宁波可以尝试首先与省内绍兴、杭州、嘉兴、湖州四市打通文旅数字共建平台，同时配合建设跨省域的大运河文化旅游精品路线和主题活动，共同打造具有国际影响力的"千年运河"文化旅游品牌。

（三）城市文化的参与式创造有待引导

2021 年 4 月，"城市与我们：重建联结"三联人文城市论坛在成都举行，并发布《成都宣言》。这一"宣言"指出了城市建设的一种方向，即"人"才是城市的目的与尺度。事实上，在后疫情时代，如何重建城市中人与人之间的联结，使得交往不止在云端，是一大难题。在这方面，宁波的数字文化转型做了一定的探索。如从 2020 年下半年起，天一阁博物院推出茶道体验、上巳及笄礼、汉服游园、民乐串烧红歌快闪等特色活动，试图让疫情期间活跃在云上的博物馆重新回到大众的生活中。2021 年国际博物馆日（5 月 18 日）的主题是"博物馆的未来：恢复与重塑"，宁波各大博物馆也安排了大量线下的精彩活动，迎接国际博物馆日的到来。宁波博物院开设"重塑 · 时光"文化创意市集，为文创、非遗等提供交流展示的平台，并穿插展演活动；宁波帮博物馆举行了青少年主题活动之船模制作；保国寺古建筑博物馆推出"超近距离看藻井"活动，60 名预约者将登高欣赏千年保国寺大殿藻井等构件……这些"重塑与恢复"公众对博物馆关注的举措，可被视为对重建人与人、人与城市联结的重视。

随着旅游消费主体越来越注重旅游的"体验感"，以数字赋能"链接"是文化宁波在当前数字服务方面的不足之处，也是提升的方向，它可以分为从文化消费到文化生产两步。在文化消费层面，宁波一直重视引导发展人民群众对数字文化消费的需求。譬如宁波以"数智化引领新消费"为主题，以"市县联动、政企联动、主分站联动、线上线下联动"的方式举办"2021 信息消费节暨宁波市信息消费体验日"主题活动。另外，在第十四届宁波网络文化节中，宁波举办了"我们如此热爱宁波"网络诗歌大赛、2021 年"NB 轰红"短视频大赛等 18 项主题活动，提升宁波市民的参与感。2021 年的端午假期恰逢慈溪杨梅节开启，余姚启动“摘杨梅、品文化、享山水”佳节活动，线上杨梅推介直播与线下杨梅采摘活动双管齐下。另外，余姚还结合本地旅游消费实际，推出了“忆苦思甜”体验活动，吸引了周边不少市民出行消费。

下一步，宁波应尝试从文化生产层面着手，将游客和居民纳入城市文化的参与式创造中来。宁波葛家村的艺术乡建便是一个极好的范例。艺术赋能旅游兴村的融合转变，凸显出人与人的联结，激发了村民变革与共富的内生动力。从中国人民大学副教授丛志强带领的研究生团队给村里的小广场设计一把椅子开始，越来越多的村民在其带动下开始着手尝试村景改造。村民葛万永在团队的指点下，将自家杂乱的庭院改造成名为“桂花茶语”的休憩妙地；村民葛诗富在村委会办公楼边上设计搭建的一座竹亭让许多参观的设计师都惊叹不已。葛家村的村民甚至组成了“乡建艺术团”前往邻村甚至远至贵州等地，对村庄的艺术化提升进行指导。除了村景的提升和旅游的兴盛，葛家村在艺术乡建过程中涌现出的关于邻里和睦、关心村务等故事，更是对乡村治理的一种创新。葛家村的艺术实践对城市文化的创造更新应当是一种启迪。2021 年夏天，宁波鄞州区启动了艺术振兴社区的活动，成为激发城市居民生活热情、参与式创造城市文化的又一重要典型。在这些实践基础上，宁波可以尝试为这些艺术化改造过程中涌现出来的“乡村艺术家”“城市艺术家”们构建数据库，将他们纳入新时代文明实践中心等志愿服务平台，使需要改造提升的村庄、社区甚至是个体居民，能够通过点对点模式在平台上寻求这些艺术家的帮助和支持，进一步实现美好生活和共同富裕的共建共享。

（本文系浙江省科技厅软科学研究计划重大项目“浙江省‘创新引领共同富裕’的国际传播研究”(2022C15009)的阶段性成果）

（林玮，浙江大学传媒与国际文化学院院长助理，影视艺术与新媒体学系系主任，副教授，博士生导师；蒋蝉羽，浙江大学传媒与国际文化学院博士研究生；陈莹磊，蚂蚁集团政府事务专家）

第八章

南昌:科技赋能文化产业,开启“数字化”发展新篇章

一、2021 年南昌市文化产业发展概述及分析

二、数字赋能南昌市文化产业发展的典型做法及效果

三、南昌市文化产业科技化、数字化发展规划与展望

“十三五”以来，南昌市坚定文化自信，大力践行江西省“文化强省”战略，加快推进文化产业发展。2021年，南昌市政府推出了《南昌市精准实施数字经济“一号工程”推动数字产业跨越式发展的实施意见》《加快推进数字产业发展政策十条》《南昌市推动“5G+智慧工厂”建设三年行动计划》《南昌市科技企业孵化器、众创空间管理办法》《南昌市重点文化企业认定管理暂行办法》等一系列相关政策、规划、管理办法与实施方案，科技积极助力赋能文化产业新业态，大力扶持和做强小微文化产业企业，持续壮大文化产业规模。文化产业和科技的深度融合推动了文化产业主营业务收入的新增长，提升了文化产业产品的质量。文化生产、文化传播、文化营销、文化消费与互联网、大数据、云平台、5G、AI、VR等技术的全面融合，催生出多种新兴业态。创意引领，科技赋能，“文化+”新业态随处可见，给这座古老的城市带来了新的活力和发展机遇。特别是VR产业与文化产业的融合发展，给南昌市文化产业发展注入了新动能。VR主题乐园等多项文旅项目、设施，已然得到了广大市民的肯定和喜爱。世界VR城，将逐渐成为南昌市的一张城市新名片、一个文化新标签。

一、2021年南昌市文化产业发展概述及分析

江西省统计局数据显示，2021年江西省规模以上文化产业呈现较快增长的良好态势。全省规模以上文化产业公司数为2097家，实现主营业务总收入2967.92亿元，比上年增加了16.1%，比2019年增加了32.0%，两年内平均增加了14.9%，比全国两年平均增速高6.0个百分点，位居全国第四，中部地区第二。其中，南昌市的主营业务收入总额505.68亿元，占全省比重为17.0%[①]。

① 江西省统计局．刘娥解读2021年全省规模以上文化产业营业收入数据[EB/OL]．http://www.jiangxi.gov.cn/art/2022/2/22/art_423_3866582.html.

(一)文化制造业总量有新突破,“非遗”特色文化制造业有惊艳表现

2021年,江西省文化制造业企业1053家,相比上年增加119家,营业总收入首次突破了2000亿元大关,达到2259.31亿元,相比上年增长了16.6%,两年平均增长16.1%;文化批发和零售业企业共183家,增加了30家,完成营业收入200.86亿元,增长11.9%,两年平均增长5.3%;文化服务业企业为861家,增加154家,完成营业收入507.75亿元,增长15.8%,两年平均增长14.0%[①]。其中,南昌市文化制造业企业共283家,相比上年增加了66家;文化批发和零售业企业共27家,相较于上年增加了13家;文化服务业企业79家,增加了14家。

国家统计局数据显示,2021年,文化制造业营收总量占文化产业总量比重为37%,文化批发和零售业占比为15.8%,文化服务业占比为47.2%。江西省统计局数据显示,2021年,江西文化制造业营收总量占文化产业总量比重为76.2%,远高于全国数据。其中,制笔历史悠久、有着“华夏笔都”美誉的南昌市进贤县文港乡的毛笔文化产业,更是有突出表现,取得了惊艳成绩。文港毛笔制作技艺在2021年6月入选第五批国家级“非遗”名录。文港毛笔,头尖、锋齐、身圆、头健。其样式丰富,“大如扫帚小如针”;种类齐全,狼毫、紫毫、兼毫、羊毫各具特色;品种繁多,共有1000多个品种;笔头色彩斑斓,笔杆各具风格,收之撒之,信手拈来,挥洒自如。近几年,文港镇大力发展特色毛笔产业,传承优秀传统技艺的同时,积极推进毛笔产业“模式创新、技术更新”,依托毛笔制造业优势,深化毛笔文化内涵,大力发展毛笔文化创意产业。2021年5月,在中国文房四宝协会举办的“西泠印社‘潜泉杯’”第二届全国文房四宝设计创新大赛上,来自文港镇的“指点江山”“仿秦行镶笔”两款特色毛笔一举斩获“银奖”,充分凸显了文港镇在传统毛笔制造工艺中推陈出新、创新实用的特点,为文港镇毛笔特色文化产业品牌提升国内外影响力、知名度奠定了基础[②]。

---

① 江西省统计局.刘娥解读2021年全省规模以上文化产业营业收入数据[EB/OL].http://www.jiangxi.gov.cn/art/2022/2/22/art_423_3866582.html.

② 周苏雁.文港毛笔获第二届全国文房四宝设计创新大赛银奖[EB/OL].https://baijiahao.baidu.com/s?id=1704411115471770222&wfr=spider&for=pc.

(二)文化新业态有好态势,动漫文化产业发展渐成声势

2021 年,江西省 16 个文化新业态特征较为明显的行业小类完成营业收入 880.48 亿元,比上年增长了 16.8%,两年平均增长了 34.8%,比全国高 14.3 个百分点,高于全省规模以上文化产业两年平均增速 19.9 个百分点;占文化企业营业收入的比重为 29.7%,比上年提高了 1.6 个百分点。在这些新业态中,动漫、游戏数字内容服务,互联网广告服务,其他智能文化消费设备制造 3 个行业成为引领文化新业态发展的"领头羊",营业收入分别比上年增长 302.6%、77.2%、63.9%,两年平均增速分别达到 175.6%、77.8%、82.0%[①]。

值得指出的是,南昌市动漫文化产业的发展位居全省前列,贡献了主体力量。21 世纪以来,动漫文化产业一直是南昌市重点扶持发展的项目之一。为了推动动漫文化产业的发展,南昌市制定了一系列政策文件和指导意见,还设立了动漫发展基金会、"江西省政府动漫奖",举办过动漫节、动漫大赛等。2020 年 5 月,日本太卡通文化传媒有限公司的动漫体验馆、韩国奥利弗工作室的中韩创意产业合作基地、慧谷影视基地项目等,同日签约入驻江西慧谷・红谷创意产业园,骄人的产业业绩吸引了越来越多的全球动漫精英人才的目光。2021 年 10 月 1 日,南昌市在绿地国际博览中心举办了第三届中国(江西)动漫文化产业博览会暨艾妮动漫游戏展。本次大展共设三大主题场馆:国风潮流馆、动漫文化馆和游戏 & 音乐馆。食之契约、雾山五行、猫之城等 200 多家全国知名的动漫机构、游戏公司参加,月黑、四维、萧忆情 Alex、山河等众多知名漫画家、行业嘉宾、泛娱乐艺人前来现场助力,12000 余人次的动漫爱好者参加了活动开幕礼[②]。

(三)小微文化企业新发展,搭载产业园区"航舰"协同发展有新作为

2021 年,江西省规模以上文化产业小型企业有 1572 家,比上年增加了 188 家,营业收入为 1329.50 亿元,比上年增长了 18.9%,增幅比上年提高了 10.4

① 江西省统计局. 刘娥解读 2021 年全省规模以上文化产业营业收入数据[EB/OL]. http://www.jiangxi.gov.cn/art/2022/2/22/art_423_3866582.html.

② 区文广新旅局. 第三届中国(江西)动漫文化产业博览会暨艾妮动漫游戏展在南昌盛大开幕[EB/OL]. https://m.thepaper.cn/baijiahao_14770113.

个百分点;全省规模以上文化产业微型企业有 273 家,相较上年增加了 103 家,营业收入为 127.46 亿元,比上年增长了 60.0%,增速由上年的负数转为正数,比上年提高了 64.3 个百分点。小微文化企业对全省规模以上文化产业营业收入增长贡献率达到 62.9%,成为支撑全省文化产业发展的重要力量①。其中,南昌除了重点支持南昌国际动漫产业园、樟树林文化产业园、699 文化创意园、江西桐青金属艺术品产业园、八大山人文化产业园、文港华夏笔都文化产业园、高新动漫产业基地、791 艺术街区、南昌古玩城、绿地 2.5 产业园、豫章 1 号文化科技创意园等文化产业园区集聚式发展外,还制定了一系列政策,吸引、支持文化产业小微企业进入园区、搭上航舰、捆绑式发展。积极引导小微文化企业走"专、精、特、新"之路,以创意创新为驱动,以科技科创为抓手,通过互联网创业、交易平台等载体,促进小微文化企业拓展经营领域,依托电子商务、第三方支付平台等拓宽发展渠道,拓展与大企业的协同配套发展。

(四)传统文化产业有新亮点,科技赋能打造系列精品佳作

首先,影视文化产业在创作与传播方面有亮点。南昌小平小道陈列馆出品的获南昌市政府专款投资的重大革命题材人物传记电影《邓小平小道》,社会反响较好,一举夺得"2022 年传记片内地票房第一、国产传记片内地票房第一、传记片观影人次第一、国产传记片观影人次第一"四项冠军,入围了法国尼斯国际电影节,成功获得了最佳外语片原创剧本、最佳外语片剪辑等 5 项大奖的提名,收获了第 55 届休斯敦国际电影节铜雷米大奖②。电影"走出去"是一种跨文化传播,能够逾越文化鸿沟,想要将博大精深的中国文化带给国际观众,让国外观众观看中国电影产生共鸣,需要我们挖掘人性共通点,在这方面,《邓小平小道》为电影的文化交流与传播创造了范本。

其次,科技支撑文化服务业更便民利民。坐落于南昌市红谷滩区凤凰洲的江西省图书馆新馆,融合现代科技,借助强大数据挖掘、人脸识别等现代信息技术进行无感借阅和精准业务推荐,并新增了智慧图书空间等特殊空间,推出了"云课堂""微讲堂"等文化讲座,提供线上预约入馆、网上办卡等服务,为读者提

---

① 江西省统计局．刘娥解读 2021 年全省规模以上文化产业营业收入数据[EB/OL].http://www.jiangxi.gov.cn/art/2022/2/22/art_423_3866582.html.

② 电影《邓小平小道》发布剧照,跨时空解密尘封往事[EB/OL].https://www.163.com/dy/article/H64CF4LN051791LB.html.

供现代化、便捷化、智能化的文化服务。江西省博物馆新馆是一个同时具备高层次文保能力和创新性发展能力的现代化智慧型博物馆，作为江西人文的新地标，它具有智能导览等公共现代信息化业务体系和学术报告厅、文化教学活动区、文创产品陈列室等服务功能区。江西省科技馆更是洋溢着浓郁的科技气息。它以实物科技场馆为主导、流动科技馆与数字科技馆为基础，场馆内包含常设展馆、少儿科普乐园、临时展馆、特效剧院、儿童科普教学实验室、儿童科普剧院和办公场地等基础设施，同时具备了科普演示教学、科普讲座、科普教学、科普巡演与赛事互动等综合功能，引领江西省科普文化产业新发展，科普受益近 600 万人次①。

南昌市还依托互联网等现代科技管理手段，加快数码博物院、智能博物院的发展，支持博物院采取联展、借展、联合办展等形式，有效推动馆藏的资源共享交换，提升馆藏的利用效率。南昌市博物馆深入践行《互联网+中华文明三年行动计划》，大力发展文博文创产业，积极引导文物文博单位研制特色文化旅游纪念品、手工艺美术品、出土文物复制品等文创产品，着重发展互联网+遗址文创商品、互联网+文物保护教育、互联网+文物保护旅游、互联网+文物保护动漫游戏，促进文博资源与文化创意设计、现代科技、文化旅游、体育等行业深度融合，打造文博文创产业新品牌，取得了突出成就②。

(五)VR 产业上规模快速发展，成为科技赋能文化产业发展的新典范

南昌近年来不断建设 VR 城市，VR 产业发展已经形成了相当规模。全市共有 VR 及相关企业 270 家，2021 年全年营业收入突破 500 亿元。南昌市践行“VR+”战略，积极推进 VR 赋能其他行业产业，推动传统产业的转型升级。2021 年，南昌持续做好铸链聚链强链育链文章，推动 VR 产业全链式发展，取得了明显成效，引育了阿里、华为、高通、海康威视、腾讯、紫光、微软等 7 家世界 VR 技术领先型头部企业，科大讯飞、HTC、睿悦、威爱等 18 家国内 VR50 强公司，以及华勤电子、联创电子、江西影创、小派科技、三极光电等 5 家 VR 硬件生

---

① 洪城里．南昌一新馆试运营免费开放[EB/OL]．https://baijiahao.baidu.com/s?id=1718572752583789322&wfr=spider&for=pc.

② 南昌市人民政府关于进一步加强文物工作的实施意见[EB/OL]．http://www.nc.gov.cn/nc-szf/qtygwj/202104/6a0fc0a2926847648af1cc1bb5271f7a.shtml.

产制造的龙头企业。2021 年 11 月 24 日，华勤科技南昌第二制造中心在南昌市高新区启动，聚焦于智慧终端应用领域，打造华勤技术最大的制造中心[①]。

南昌市还着力打造了一批 VR 示范应用项目。中国联通云 VR 十大应用场景被评为近三年中国虚拟现实产业 15 项重要成果之一，智能制造 VR + 5G 设计与展览公共服务平台等 7 个项目获评江西省第二批 VR 示范应用项目，占全省的 7/10。尤为值得一提的是南昌 VR 科创城，人才链、产业链、创新链、资金链、价值链“五链”有机结合，形成了 VR 文化产业先行示范园区、虚拟现实产城结合示范园区。北航、华为、阿里等三家国际 VR 行业头部公司率先入驻，广州玖的、北京未来新视界、南京睿悦、上海乐相、深圳瑞立视等国内 VR 前 50 强公司和永乐数码、上海映霸、汇通达网络、商汤科技等行业龙头公司均已签约落户[②]。

南昌大力打造 VR 产业生态圈，带动各行业产业集群发展。小蓝 VR 产业基地已进驻 VR 行业关联公司 47 家；国家职业教育虚拟仿真示范实训基地获得教育部授牌并试运行；高新区的“5G + VR”特色产业园被评为江西省第一批 5G 产业基地；中国联通虚拟现实基地和中国移动 VR 创意产业园已正式运营。VR 科技创新方面，依托于南昌市 VR 研究院已经攻克了 360 度全景影像模组、超薄 VR 眼镜显示模组、全景影像模组 AA 对齐技术，VR 眼镜影像模组 AA 对准技术，以及可编辑三维投影增强现实技术研究等共性技术难题，达到了国际先进水平。华为南昌研究院、微软“AI + VR”创业基地等若干科技平台也已开始实际运作。中国移动虚拟现实创新中心、世纪华通 XR 研发总部、浙江大学南昌研究院正加快推进落地建设。红谷滩航誉创新发展基金、小蓝 VR 产业基金等有效推动着南昌 VR 产业的发展[③]。

二、数字赋能南昌市文化产业发展的典型做法及效果

随着科学技术进步与文化全面赋能，文化产业行业的经营业态也出现了巨大变化。科技创新不仅促进文化产业结构调整、业态更新、品质提升，也推动了

① https://www.huaqin.com/news/76.html.

② https://baijiahao.baidu.com/s?id=1705402210854871539&wfr=spider&for=pc.

③ VR 发展南昌亮点[EB/OL]. 南昌日报，https://baijiahao.baidu.com/s?id=1724333132763318821&wfr=spider&for=pc.

文化生产、传播、流通及消费等全系统、全方位、全流程的重大变革,从而促进文化市场的经济结构、文化结构产生连锁反应。因此,进一步健全现代文化产业治理体系,引领文化产业从粗放型扩张向高质量发展,意义深远。文化产业的高质量发展已经成为南昌市经济、文化发展的重要方面,而在文化产业提质增效的过程中,科技助力、数字赋能是其积极融入其他业态、主动变革发展模式的有效途径之一。

(一)3D、VR、5G等科技与红色教育融合,助力“红色教育”数字化转型

南昌素有“英雄城”之美誉,是“军旗升起的地方”“人民军队的摇篮”,南昌“八一起义”打响了向国民党反动派开展武装革命斗争的第一枪。南昌市红色文化资源丰富,南昌八一起义总指挥部旧址、新四军军部旧址陈列馆、朱德军官教育团旧址、叶挺指挥部旧址、贺龙指挥部旧址、朱德旧居等红色文化遗址、景区已然深深地融入了城市血脉,成为南昌市民文化生活的深层次记忆。南昌因红色文化浸润,具有了根正苗红的“红色基因”。除了以“八一”命名的八一广场、八一大道、八一起义纪念碑、八一大桥等城市老地标外,坐落于红谷滩凤凰洲的南昌起义展示馆、建军雕塑广场、“南昌舰”主题公园、牛行车站等城市新的红色地标也已经获得了南昌市民的交口称赞,成为赣江之畔的一道道美丽的风景线。此外,新建区的“小平小道”陈列馆、青云谱区的陈云旧居陈列馆、西湖区中共中央东南分局旧址、湾里西郊梅岭山麓的方志敏烈士陵园……一个个神圣的红色文化精神结晶地,共同塑造着南昌红色文化的独特魅力。

习近平总书记《在党史学习教育动员大会上的讲话》中强调:“要教育引导全党大力发扬红色传统、传承红色基因,赓续共产党人精神血脉,始终保持革命者的大无畏奋斗精神,鼓起迈进新征程、奋进新时代的精气神。”[①]红色文化教育一直是南昌文化产业发展的一个重要抓手,是文化产业价值延伸的一个生长点。作为红色文化的重要发源地之一,南昌较早地探索将科技与红色教育相结合,让数字赋能红色文化宣传教育,使产品更创意、样态更丰富、节目更生动、陈展更绚丽、演出更精彩、课程更智能。2021年8月10日,南昌市政府举办了2021年中国南昌“VR+党史学习教育”应用场景路演推介会。主题为“VR让世

① 习近平.在党史学习教育动员大会上的讲话[J].当代江西,2021(4):13.

界更精彩——数字中国新时代、智慧党建新征程”，线上+线下互动、路演+评审结合，集中展示了VR+党史深融的“产、学、研、用”协同创新成果①。由江西科骏实业公司自主研发、具有独立知识产权的“科骏VR红色文化教育云平台”荣获“金奖”。它以“党建精品课、VR互动式体验、VR全景漫游”为主体内容，丰富的红色文化教育资源在5G、VR交互式显示信息展示技术与云网络平台共同助力下被有效激活了。以“网络平台、红色文化教材与课程、拓展使用”为核心模块搭建的红色文化资源云平台，帮助“红色教育”完成了数字化迭变。该平台已有近300门专业课，可满足教学活动接近1000学时，VR终端联动软件资源场景近200套、精品革命文物模型近600个、线上漫行红色文化全景近300张②。

为进一步用好红色资源，讲好先烈历史故事，传承弘扬好红色文化，做活红色旅游文章，南昌市红谷滩区在常规的文物展示、图片文本展示以外，还积极推进历史文物、红色资源活态化、生动化利用。通过VR科技融合现代数字化元素，积极创新红色文化教育，大力加强红色文化旅游宣传，充分发挥信息化、科技化、数字化在生产、传播及消费等方面的优势功能，使党建文化“动”起来，红色文化教育入脑入心。南昌红谷滩城投建设的数字党建博物馆，借助了大量的历史资料、珍贵的文物资料，并利用3D影像和VR技术复原了当时的场景环境，使观众可以身临其境地走入历史现场、体验人物心理，回味艰苦卓绝的岁月。红谷滩城投数字党建博物馆内设置了党性常识答题一体机、党史教育科普互动体验区、红色文化基因传承体验区等党史学习教育功能区，集中展现了中国共产党的辉煌历史和奋斗历程，帮助参观者熟悉了解江西“红色摇篮”，透过AR眼镜学习党章党规等。在党史普及互动体验专区，通过“自行车+触控屏”等互动的形式，回溯介绍了中国共产党自一大开始至十九大的辉煌历史，一个个重大历史节点、一位位伟大历史人物、一项项重要的历史事件，红船会议、南昌起义、抗日战争、解放战争……依次展现在观众眼前，引领其步入历史现场，给其以震撼，引发其思考。在红色基因传承体验区，利用VR科技、多媒体教学设施，让观者当场感知、体验江西厚重丰富的红色文化。此外，它还搭建了安源、

① http://caijing.chinadaily.com.cn/a/202108/10/WS611239c1a3101e7ce975e105.html? from = singlemessage.

② 万晓霞．“VR+”助推“红色教育”数字化转型[EB/OL]. http://www.ncnews.com.cn/xwzx/ncxw/zhxw/202108/t20210812_1737766.html.

南昌、井冈山、瑞金等四个虚拟现实仿真系统，戴着 VR 眼镜，可以一镜游览革命圣地，通过 VR 设备学习党史、理解党史、反思党史，领略“VR+党建”的科学风采、科技魅力。牛行车站与南昌起义博物馆亦充分利用现代科技手段，将展馆全景制作成 VR 数字展示，给观众以仿真体验，让观众全方位、近距离、互动式触摸历史现场、人物。在火车车厢历史复原区，旅客戴上 VR 眼镜，可体验老式火车的行走；佩戴 AR 望远镜，可观看淬火革命岁月的辉煌[①]。

（二）科技赋能文物古迹，网上数字博物馆精彩展示

“北有兵马俑、南有海昏侯”。南昌汉代海昏侯国遗址博物馆（南昌市文物考古研究院），是南昌汉代海昏侯国遗址管理局下辖的正县级全额财政拨款单位。它依托珠海市四维时代网络科技有限公司的技术支持，建设了南昌汉代海昏侯国遗址博物馆网上博物馆，采用虚拟现实技术（VR）建设场景、漫游内容，开辟“3D 文物馆”频道，展示考古文物成果。自 2016 年 5 月 30 日上线以来，受到了广大游客的欢迎和喜爱。《五色炫曜——南昌汉代海昏侯国考古成果展》等，已经产生了强烈的、喜人的社会反响。尤其是围绕“建立国家考古遗址公园、打造我国 5A 级旅游景区、申请世界文化遗产”三个总体目标高端建设的南昌汉代海昏侯国遗址博物馆于 2020 年 9 月 23 日开馆，产生了轰动效应。

在新冠肺炎疫情常态化的 2021 年，网上博物馆极大地方便了游客参观和欣赏。其页面设计简单大方、图文并茂，巧妙运用了大量的汉文化元素，并通过文字、图片、音乐、虚拟现实科技手段等，生动活泼、立体形象地反映了南昌汉代海昏侯墓葬的考古发掘过程、文物出土过程、文物修缮保护过程、精致文物陈列展示过程。网上数字博物馆的建立，让人们足不出户就可以参观整个博物馆的文物。跟随“金色海昏：汉代海昏侯国历史与文化展”的导引和讲解，我们走入“序厅”“豫章海昏”“汉豫章郡”“海昏侯国”“刘贺世家”等，可以深入地了解海昏侯文化的历史发展、基本面貌，全新把握“王侯威仪”“车辚马啸”“礼乐宴飨”“衣妆盛饰”“堆金聚币”“闲情雅趣”“儒风南阜”等内容，让人耳目一新[②]。而 2021 年 8 月推出的文创产品——南昌汉代海昏侯国遗址公园首部立体绘本，解锁游

① 红谷滩城投集团：VR 赋能，让党史“动”起来［EB/OL］．中国江西网，https://baijiahao.baidu.com/s?id=1700071756083267449&wfr=spider&for=pc.

② http://museum.hhhmuseum.cn/other/jshh/index.html?scene_id=63667339.

园新“姿势”，获得了新华社的点赞，火爆一时。

南昌汉代海昏侯国遗址博物馆在文创设计方面，锐意创新，研发生产了以海昏侯文化为主题的系列产品。主要有清雅海昏、风姿物语、服饰类、汉风清物、萌趣海昏等五大类。其中，“清雅海昏”中有隐月灯、海昏侯国西汉制式饕餮纹剑、《和合吉祥》咖啡杯、《乾坤正气》折扇和《云中祥风》折扇、海纳百川香桶、湖波荡漾香插盒、《天高云阔》文房香炉、海昏馆藏当卢情侣马克杯、海昏馆藏中国风台灯、《聚宝》马克杯、海昏馆藏汉风团扇等 11 种产品，“风姿物语”中有海昏馆藏图腾便携化妆镜、海昏侯祥瑞转运 DIY 手链、海昏人物故事帆布包、海昏馆藏当卢祥瑞长巾/方巾等 4 种产品，“服饰类”中有海昏文化智道 T 恤、海昏人物故事卡通风格 T 恤等 2 种产品，“汉风清物”中有海昏馆藏瑞兽纸镇/摆件套装、海昏馆藏纪念币、海昏博山炉香台、海昏海上博山炉香台、海昏馆藏雁鱼加湿器、海昏馆藏一“鹿”平安车载香水台雁鱼加湿器、海昏馆藏祥瑞保佑车载票据夹、海昏馆藏图腾笔记本等 8 种产品，“萌趣海昏”中有海昏故事多层冰箱贴、海昏萌感贺贺存钱罐、海昏故事趣味集线器、海昏侯逗趣手机壳、海昏勤学软磁书签、海昏侯卡通胶带、海昏馆藏背靠金山颈枕、海昏文化君子之风书签、海昏馆藏龙纹袖口、海昏馆藏创意异形行李牌、海昏馆藏创意魔方、海昏馆藏纹样胶带、海昏故事行李贴、海昏馆藏瑞兽转运手机指环、海昏故事行李牌、海昏祥瑞神兽治愈系钥匙扣、海昏故事卡通搪瓷杯、海昏侯卡通人偶钥匙扣、海昏侯馆藏经典手机壳、海昏动漫形象等 20 种产品[①]。此外，还研发出了“海昏侯国十大文物”个性化邮票、“智道”水杯等深受游客喜爱的产品，切实地通过科技力量，让海昏侯文化文物资源活起来了，提升了海昏侯文化的产业价值、文脉价值。今后，还将进一步提升海昏侯系列文创产品的科技含量、现代内涵，采用私人定制、3D 打印、个性化体验及创意创作等方式，打造“海昏文创”江西特色文创品牌，让文物文献获新生，让历史资源得利用。

（三）科技赋能公共文化服务设施，推出便利化现代化数字服务

江西省图书馆对江西省图书馆官网和江西文化信息资源网做了大量的修改工作，确定了两大网站的页面设计，在栏目和功能上焕然一新。该馆完成了 9

① http://www.hhhmuseum.cn/html/list3.html? parentID＝19487a66－0dbf－4695－b816－69975c6fb53e&id＝4a20fb67－2542－417a－8889－745c6ad2b193.

个数字资源库和《江西日报》地方报纸数字化建设工作。9个数字资源库包含地方特色数据库、古籍数据库、试用数据库，并整合了知网、读秀等外购数据库，资源库共包含100万字、3000张图片和3000分钟视频，地方报纸数字化共计2万版，给人们提供了便利的数据收集、调研服务。其中地方特色数据库建设有"江西书院文化专题数据库""临川文化特色数据库""赣南客家民居专题片""江西革命旧址系列专题片""江西历史文化名镇名村系列专题片""中国经典戏曲动漫·江西篇""江西民歌动漫""江西传统手工艺微纪录片""映像江西乡村专题片"等板块。江西省图书馆还深入拓展公共数字文化服务，开展了公共数字文化建设与服务的集中培训班和网络培训，覆盖全省的数字阅读服务活动，进一步提高了公共数字文化工程的社会知晓度和群众参与度，扩大了工程的影响力[①]。

江西省博物馆亦大力加强数字服务，实时更新官方网站新闻，单独设立了数字化专栏，提供虚拟展览、数字书刊、知识图谱等专题服务。其中"虚拟展览"分"全景博物馆"和"临展回顾"两部分，"全景博物馆"分"展厅""简介""藏品""漫游""地图"等5部分，综合呈现全馆面貌；"临展回顾"已有《千载一瞬——王安石诞辰1000周年特展》《西江流韵——江西明清以来书画特展》《饰代风华——江西省博物馆藏明代王妃首饰精品展》《初心耀征程——百件珍贵革命文物档案说江西》《白色金子·东西瓷都——从景德镇到梅森瓷器大展》《牛转乾坤——辛丑(牛年)新春生肖文物图片联展》《同心·你我——江西省博物馆征集抗疫见证物特展》及《惊世大发现——南昌汉代海昏侯国考古成果展》等8大主题展览。"数字书刊"中有《千载一瞬——王安石诞辰1000周年特展学习手册》等"博物馆里的江西——江西省博物馆展览导读系列丛书"4册。"知识图谱"中有"江西古代名人数字人文研究与服务平台"，收录了83位古代以来江西名人，其中夏言等20位的数字资料还待完善，陶渊明等63位从"简介""生平""著作""行迹""故事""关系"等6个方面予以立体式呈现，尤其是"行迹"方面还提供了活动轨迹地图，可供了解其某年某月的行踪交游情况，还可就名人的相关资料提供数字检索[②]。

江西省科技馆也应用科技赋能文化服务，在场馆内设立了特效影院(包含

---

① https://www.jxlibrary.net.

② http://www.jxmuseum.cn/digital/xnzl.

4D影院和巨幕影院),其放映设备均采用最新的激光数字放映机,给观众以三维立体画面代入感,座椅亦包含震动、捶背、运动等多种特效,让观众完全置身于电影的情节之中,获得高科技带来的艺术、美学、科技、人文等多知识维度、深度融合的体验。此外,江西省科技馆还设立了线上科学教育专栏,让人们足不出户就可以学习许多与科技相关的知识①。

(四)科技推动园区智慧管理,大力打造数字文化产业园

2021年,南昌市在数字文化产业园建设方面用力发力,园区劲吹科技风。4月22日,南昌市创建了江西省第一家数字化管理的文化产业园区——江西省太酷云介文化产业园。园区风格基本沿袭了原南昌有色纺织总厂的传统苏式工业生产厂区的建设特点,又保持了原锯齿形工厂、烟囱、蓄水塔等传统怀旧式工业元素,同时融合了现代化设计元素和创意内涵,构建成集高档产品定制、品牌服务、广告创意、艺术设计、时尚娱乐、休闲体验于一身的现代时尚创意产业园区。太酷云介时装园区通过倡导建设"服装工业数字生态体系文化创意产业园管理模式",形成"物理园区+虚拟园区"服务体系,帮助产业整合资源,搭建产业平台,推动产业对接,培育产业集群,逐步突破了传统意义上的机械式园区管理服务模式。园区研发的"智慧园区管理系统 ACPark"具备智能管理、资讯开发、资产管理和金融服务等综合服务功能、业务能力,可显著改善园区管理质效,为新入园企业、商户创造和提供更加宽广的管理平台和一系列增值业务②。

2021年8月28日,南昌市西湖区颐高数字文化创意产业园开园,它以产业数字化和数字产业化为主线,以数字化应用为牵引,以文化创意、融媒体、数字经济、网红经济等新兴业态为主营业务,大力构建和打造数字经济生态体系。颐高数字文化创意产业园采用"线上服务平台"+"线下运营板块"双轨制运营模式,运用互联网、人工智能、物联网、虚拟现实等现代数字信息技术,推动文化产业数字化发展。通过对数字文化创意产品的有效整合、创新培育和产品服务,形成了数字电影、数字动画、数字游戏、数字出版、数字艺术、网络文学、网络音乐等多类型、集群化的数字文化创意产业业态,助力南昌优秀传统文化的数字

① https://www.jxstm.com.

② 赵瑞明.打造时尚产业生态链 江西太酷云介文化产业园正式开园[EB/OL].https://www.finding.com.cn/html/fashion/2021/0425/58176.html.

化表达、提升①。

(五)数字出版精品迭出，焕发新闻出版产业新活力

2021 年 4 月 16 日，杭州召开了主题为“数字赋能新发展，阅读追梦新征程”的第七届中国数字阅读大会，发布了《2020 年度中国数字阅读报告》，并产生了 2020 年度“十佳数字阅读”作品、项目、城市。由江西人民出版社出品、发行的有声图书《中国共产党怎样解决贫困问题》，名在“2020 年度十佳数字阅读作品”之列②。江西省人民出版社秉持着“永远为人民出好书”的初心，“传承文明 书香天下”的宗旨，努力将新兴科技应用于出版，推动出版的数字化转型、升级，研发、出品了大量高品质的有声读物及数字产品③。

回溯至 2020 年 5 月，“江西人民出版社书声朗”进驻中宣部“学习强国”App，现已在全国总平台和江西平台上架《中国共产党怎样解决贫困问题》《中国共产党怎样解决腐败问题》《中国共产党怎样解决发展问题》《井冈山的答卷》《中国有个毛泽东》《成语接龙》《中国文化 ABC：山水与建筑》《信仰至上》等多部有声书，总时长达 51 小时，其中《信仰至上》在学习强国总平台上获得了“七一特别推荐”，是全国唯一入选的“有声书”；在喜马拉雅平台上发布了有声专辑 61 部，总播放量达 1158 万次。有声书《中国文化 ABC：山水与建筑》入选 2020 年全国有声读物精品出版工程④。2020 年 12 月 30 日，江西中文传媒数字出版有限公司揭牌，江西出版迈出了数字化转型升级的步伐，为江西出版注入了新的时代活力和科技内涵。公司设有数字版权部、内容策划部、数字技术部、项目运营部等部门及子公司江西中文传媒教育科技发展有限公司。着力围绕数字教育(数字教辅、数字教材、在线职业教育)、数字阅读、数字文旅等业务方向，研发、出品了中文职教课程系列视频、《百草园》系列融媒体产品、融媒体阅读平台等一系列文化产品、职教产品，代理了人教版等义务教育阶段的数字教材、智慧教育等教育产品，开展了职业技能等级认定、移动阅读、数字教育、数字阅读空

①https://baijiahao.baidu.com/s?id=1709755441045182758&wfr=spider&for=pc.

② https://baijiahao.baidu.com/s?id=1709755441045182758&wfr=spider&for=pc.

③ https://www.jxpph.com.

④ 江西人民出版社.《中国共产党怎样解决贫困问题》(有声书)荣获全国 2020 年度十佳数字阅读作品[EB/OL]. https://m.thepaper.cn/baijiahao_12259260.

间等业务[①]。

(六)政策高位推动,持续打好VR产业“组合拳”

经过近些年的努力,南昌市已经成为世界VR产业的集群高地、创新高地、技术高地、政策高地。华为、高通、微软、谷歌等国际大牌公司纷纷落户南昌,赋能各行各业,形成了VR人才、技术、制造、营销等全产业链,合力打好VR产业“组合拳”[②]。

一是VR主题乐园特色鲜明,引领文旅新方向。位于九龙湖新区的南昌VR主题乐园总面积逾1.3万平方米,已从美国、英国、德国等引进了42项国际顶级的VR游乐设施设备,每天能满足5000名游客入园参与体验。乐园共分四大主题,分别是“梦回南昌”“梦竞时代”“梦幻时空”“寻梦之旅”,内容涵括动感、探险、创意、穿越、奇遇、对战等方面,是我国内地第一个将VR前沿机台整合技术与人文、旅行、玩乐、休闲结合在一起的实境式、体验式VR主题乐园[③]。

二是VR与5G、云技术的深度结合,赋能产业新动态。以2020年世界VR产业大会来说,此次大会综合运用了XR影像技术、人工智能技术、VR直播摄像技术、全息影像技术等先进技术。为打造好高端“云会场”,还设置了AI虚拟主持人,采用了全息投影、全程智能同传等手段[④]。

三是VR打造智慧城市,推动城市新发展。以南昌市经开区综治中心的“VR智慧南昌经开区综合治理现代化项目”为例,它由美房云客打造。这一项目采用了大数据分析技术和AI、VR、5G等智能应用技术,全新创建形成VR智慧城市平台。它可以较为精准地采集、综合化分析、多维面展示、集成性处理人口、房屋、地址、车辆、单位等数据、信息和材料,实现人、地、事、物等方面的高效综合治理[⑤]。

四是VR“黑科技”赋能教育,助力教育迭代创新。以南昌凤凰城上海外国语学校为例,它引入了“VR+教学”系统,开启了科技助力教学改革的新篇章。VR科技的应用与融入课堂,打破了传统的“机械式”“灌输式”“填鸭式”教学方

① http://zwszcb.cn/menu/6.html.
② https://baijiahao.baidu.com/s?id=1668782809355336813&wfr=spider&for=pc.
③ https://xw.qq.com/cmsid/20210407A02E3J00?f=newdc.
④ https://baijiahao.baidu.com/s?id=1668782809355336813&wfr=spider&for=pc.
⑤ https://t.ynet.cn/baijia/29712316.html.

式，让课堂具有交互性、生动性、趣味性，极大地提升了教学质量①。

三、南昌市文化产业科技化、数字化发展规划与展望

科技让文化产业插上了腾飞的翅膀，“十四五”期间，南昌市文化产业发展有必要借力科技、瞄准数字，走科技化、数字化发展振兴之路。

（一）科技赋能创新发展“三色”传统文化产业

南昌在“三色”文化产业的发展上有着得天独厚的优势。南昌是红色文化的重要发源地之一；古色文化方面除闻名遐迩的滕王阁、八大山人纪念馆外，又有入选了“2015 年全国十大考古新发现”的汉代海昏侯墓。绿色生态文化方面，南昌素有“山水之城”美誉，是“国家级森林城市”。赣江穿城而过，东湖、西湖、南湖、北湖曾是南昌城古老的四大名湖，还有青山湖、象湖、前湖、艾溪湖、黄家湖等众多湖泊。西有西山、北有梅岭，风光旖旎、景色优美。马兰花海公园、渔舟湾湿地公园、九龙湖公园、滨江月季园、瑶湖郊野森林公园、艾溪湖湿地公园均为南昌市民休闲的好去处②。依托南昌的三色文化资源优势，通过科技激活“地利”禀赋，未来可探索走出一条“三色”传统文化产业创新性发展康庄大道。

一是科技赋能红色文化教育再发展。作为南昌本土较早通过科技来推动地域优秀传统文化创造性转化、创新性发展的文化产业头部公司，泰豪创意科技集团股份有限公司 VR 产业基地项目（一期）入选了《2021 年南昌市重大重点项目计划》③。泰豪在“VR + 5G”红色文化教育中推陈出新、精品迭出。泰豪论坛是有着 20 年历史的老牌名家论坛，红色文化教育一直是泰豪论坛的主打产品。2021 年，借党史学习教育东风，它又推出了泰豪讲坛，运用“VR + 5G”技术，丰富了红色文化讲演形式，让受众面更广泛。在科技赋能红色文化教育、党建教育这一主题上，它将引领更多科技企业参与进来，进行创新。江西广播电视台《跨越时空的回信》《闪耀东方》《闪亮的坐标》等节目，运用声光电等科技手段讲演红色文化，均入选国家广电总局建党百年重点节目。《信仰之火》这部党

① https://baijiahao.baidu.com/s?id=1668561373960666941&wfr=spider&for=pc.

② https://m.gmw.cn/baijia/2020-12/11/34453510.html.

③ http://www.buildnet.cn/Html/News/2021/11/232467.shtml.

史学习教育专题片，点击量超过了1.2亿次。合力打造的电影《三湾改编》、电视剧《可爱的中国》，是党内外同志学习党史军史的鲜活的、生动的影音教材，还上线了“360°全景漫游红色江西”创意产品[①]。

二是科技赋能古色文物价值再推新。以海昏侯文化IP来说，它是南昌市值得借助科技大力打造的重要文化IP。目前，南昌汉代海昏侯国遗址博物馆有四个陈列展区，分别是“金色海昏”“书香海昏”“丹漆海昏”“遇见海昏”。四大展区均有一定的科技内涵，数字动画、虚拟现实技术、互动投影装置、三维仿真技术、影像合成技术等，给古色文化带来了新的创意，给游客平添了不少乐趣。未来还可以进一步打造基于海昏侯文化遗址的元宇宙博物馆，用刘贺身份穿越时空隧道，体验汉代文化、感受传奇人生[②]。电影方面，海昏侯文化主题电影已经上映了《海昏侯传奇之猎天》《海昏侯传奇之藏锋》《守墓人之海昏侯迷踪》《守墓人之龙棺海昏侯》，未来还可以围绕海昏侯IP继续推出玄幻类、穿越类、武侠类、古墓类、后宫类等多种类型电影[③]。此外，海昏侯文化还可以与动漫产业有机融合起来，既宣传海昏侯文化，又推进动画文化产业发展，实现双赢。

三是科技赋能绿色生态文化再创造。以南昌磨盘山森林公园为例，它位于八面山路以西，公园总占地面积达50.16公顷，湾里管理局应用现代科技，将之打造成江西省首座AI智能公园。为了打造全长10.59公里的AI智能“空中栈道”，同时也是江西境内最长的城市森林步道(落地步道5.74公里)和唯一的钢架镂空步道(4.85公里)，总投资达1.6亿元。步道充分利用园内的地形特点和优势，营造出峰回路转、错落有致的层次美，有机融入了特色文化元素“乐道十二境”。园区内拥有智能步道控制系统、互动灯带、智慧公厕、语音智能识别亭等多项智能设备。先进的机器设备可以进行人脸识别，实时计算游客行走速度、步行里程及消耗的热量。在灯带中穿行时，随着你的脚步，它可以自行亮灯熄灯，变换颜色。在路边亭阁休憩时，可以享受最新新闻资讯和流行音乐[④]。

---

① https://i.ifeng.com/c/8ClaQrFDiOj.

② https://baijiahao.baidu.com/s?id=1728996077901293186&wfr=spider&for=pc.

③ 甘婷．颠覆性叙事模式下网络电影传播研究——以“海昏侯墓”系列电影为例[J]．兰州教育学院学报，2019(10)：78.

④ https://touch.travel.qunar.com/poi/35913124.

(二)科技助力发展数字传媒及信息技术核心文化产业

随着科技发展，人们越来越多地依赖网络设备、电子设备及数字媒体，从近几年流行的抖音、快手、火山、小红书等即可见一斑。“十四五”期间，南昌将持续用力发展数字传媒、网络信息技术、文化信息传输等核心文化产业。综观南昌网络公司，譬如江西金太阳教育研究有限公司、江西倬云数字产业集团有限公司、江西仟得文化传播有限公司、南昌传发金融信息服务有限公司等，都有骄人的主营业务收入。

在文化信息传输方面，南昌拥有一定数量的互联网信息服务企业、增值电信服务企业（电信、移动、联通等）、广播电视传输服务（南昌有线广播电视），也都在稳步发展业务，如南昌广播电视台逐渐完善了自己的数字平台，开发了适合受众应用的掌上南昌 App。

在网络传媒时代，传统媒体同样需要借助科技的力量，加入新兴的媒介传播中，开设自己的官媒号、公众号，打造新兴网媒平台、融媒平台。新闻出版发行方面，作为南昌的主流媒体，江西日报社和南昌日报社已经拥有了多个数字媒体平台。其中，江西日报社拥有五报三刊一网。“五报”，分别是《江西日报》《江南都市报》《信息日报》《新法制报》《新参考文摘》；“三刊”，指《大江周刊》《报刊精萃》《都市家教》；“一网”，为大江网。此外，它还在“学习强国”平台开设“赣鄱云”学习强国号。基于 AR(增强现实)技术进行制作，2019 年 10 月 18 日，江西日报社出版了全国首张 AR 直播报，并在 19 日召开的 2019 世界 VR 产业大会上表现惊艳，获得了亮眼的绩效[①]，可见江西日报社具有主动求变、锐意创新的精神，在未来的产业发展中，一定能凭借科技的力量，实现新的作为。南昌日报社也已经打造了全媒体矩阵，不仅有传统的《南昌日报》《南昌晚报》《家庭医生报》等“三报”、“一刊”(《健康之家》)、“一网”(南昌新闻网)，还有“南昌头条”“爱南昌”“Ye 南昌”等三个客户端及 32 个新媒体传播平台，全网用户已达 2100 余万。南昌日报社在 2019 年全国党报媒体融合高峰论坛中曾喜获“全国党报媒体融合创新单位”和“全国党报优秀融媒体平台”两项大奖[②]，在融媒体建设方面具有优秀的经验和厚实的积累，未来在科技推动媒体深度融合创新方面也一

① http://www.zgjx.cn/2019－10/21/c_138489302.htm.

② https://baijiahao.baidu.com/s? id=1643202142968171547&wfr=spider&for=pc.

定会有所作为，取得更大成绩。

（三）科技引领融合发展数字文化产业新业态

新时代，文化产业与其他产业融合发展已是大势所趋。文化产业的融合，能破除产业边界壁垒，重新组合文化产业资本和要素，大力集聚文化产业人才和文化资源，促进形成新的文化产业业态。这些新兴文化产业，拥有更高的产业附加值，具有更劲的市场竞争力。通过科技创新、科技迭代来吸引资源、汇聚资源、共享资源，着力打造南昌文化产业融合发展的新平台，大力发展数字文化产业等新业态，是未来南昌文化产业发展的大趋势和新走向[①]。

我们可以从南昌市及各县区的“十四五”发展规划等顶层设计中把握南昌市文化产业发展的新思路、新战略、新措施、新方法，了解其对数字文化产业等新业态的倾心、用情、发力。

《南昌市国民经济和社会发展第十四个五年规划和二〇三五年远景目标纲要》提出，“十四五”时期，南昌市以“数字产业化、产业数字化、治理数字化、数据价值化”为导向[②]，加快发展数字经济，大力发展数字产业，推进数字政府、数字文化、数字社会的建设，超前谋划和布局数字基建，抢占和打造数字产业发展新高地。南昌市全面实施数字经济的“一号工程”，主要在四大方面积极用力：一是在“推进数字产业化”方面，着重布局“芯、屏、端、网、云、智、用”七大数字产业，大力打造数字经济特色产业园，推进数字产业集群化发展；二是在“推进产业数字化”方面，工业制造业、现代服务业、农业、文化产业等均探索数字化转型；三是在“加快信息基础设施建设”方面，优化 5G 基站布局和项目上马，大力推进国家“5G 规模组网建设及运用示范工程”试点城市建设；四是在“优化数字经济布局”方面，着重建设红谷滩数字产业核心区和高新区软件产业聚集区，抢占数字产业发展制高点[③]。

《南昌高新技术产业开发区国民经济和社会发展第十四个五年规划和二〇三五年远景目标纲要》提出，南昌高新区将大力发展文化娱乐产业，积极推动文化娱乐生产、传播、消费等领域的数字化转型。在文化产业的内容创意、数

① https://baijiahao.baidu.com/s?id=1686739750390185252&wfr=spider&for=pc.
② http://www.nc.gov.cn/ncszf/wzjd/202111/2e3daff271ba49cca63696dd90925f5a.shtml.
③ http://www.nc.gov.cn/ncszf/jrnc/202109/6d30691eeea74d2bad685fbbf015a6cb.shtml.

字转型、品牌打造、质量提升等方面努力融入特色“文化元素”，在人才链、产业链、传播链、创新链、技术链、价值链等方面积极作为，打造特色鲜明、治理高效、质量高、价值大的现代文化产业体系和市场体系。南昌高新区践行“文化产业集聚发展”战略，大力建设文化产业园区，着力形成文化产业的群体竞争优势。南昌高新区实施“文化产业重点项目化”建设方略，在雅言人文化教育创意产业园、大学科技城文创走廊、凤凰仓艺术PAKE、糖果盒文化与创意产业创新园等项目上积极推进、形成亮点、做出声势。南昌高新区聚力发展“数字文化产业”，在数字内容产品的创意、生产等方面已经有了较好的基础，在动漫游戏、数字出版、网络影视等领域已经积累了丰富的成果。未来，高新区将以建设国家文化和科技融合示范基地为契机，走文化产业与科技产业深度融合发展之路，文化产业数字化、科技产业文化化，双轮驱动，提振经济[①]。南昌高新区还将深入实施“创新驱动发展”战略，高标准、高要求、高规格、高起点地建设南昌(国家)大学科技城，建设好“5G+VR”产业园、新麟兽芯智造工场、人工智能产业园，形成文化产业企业的集群效应，推动数字经济、数字产业的新发展[②]。

《南昌市青山湖区国民经济和社会发展第十四个五年规划和二〇三五年远景目标纲要》提出，“抢先发展5G产业、加快VR产业发展、精准布局数字经济”，“实施数字经济发展五年行动计划，加快发展新零售、线上教育、互联网医疗、在线办公、网络游戏等新业态，积极发展跨境电商、直播电商等新模式，促进平台经济、共享经济、体验经济健康发展，建设高水平直播和短视频基地，重点打造抖音江西直播生态产业园，构建‘一基地、多园区’的数字经济发展布局”[③]。譬如：由江西华广电影视科技有限公司实施的“超高清视频(江西)制作技术协同中心建设项目”已获得2021年度江西省公共文化(产业发展领域)专项资金扶持，整个项目规划总投入资金为4000万元，建设期限为两年，将围绕超高清视频前端设备与内容生产行业的生产制作、视频传播、内容制造、技术研究、服务需求等方面，对江西的超高清视频在多个行业、产业市场的发展需求进行全面发掘，并根据现实的应用情景，通过大数据分析、北斗技术和云平台、AI、超高清、VR、5G、IOT、网络安全、信息智能处理等技术的融合运用、整合创新，形成

① https://baijiahao.baidu.com/s?id=1709127352618718787&wfr=spider&for=pc.

② http://www.xinhuanet.com/culture/20210806/ecf44865cbf745bcaa8783414d0e6d99/c.html.

③ http://www.ncqsh.gov.cn/ncqsh/fzgh/202111/0c5d5de80d55411086e3685a06fc487f.shtml#_Toc10241.

一批超高清行业的示范性与应用性工程项目，从而推动江西超高清视频产业快速发展[①]。江西流量经济产业基地是现阶段江西规模最大的直播生态产业基地，把网红经济、数字经济、流量经济培育成青山湖区新经济的增长点及江西省数字产业升级的助推引擎[②]。

南昌市其他各区县也通过建设文化产业聚集区、打造众创空间单位等方式，努力发展数字文化产业。譬如：南昌市东湖区的众创空间及创业孵化基地"豫章1号"园区，着力将自身打造成为江西省单位面积产值、财政税收最高的文化科技融创平台，奋力实现国家级广告产业园、国家级文化产业示范基地的建设目标[③]。南昌市红谷滩区的中国（南昌）虚拟现实VR产业基地，作为南昌市政府倾力打造的全国首个城市级VR产业基地，大力发展"VR+"产业，打造江西虚拟现实产业重点区、数字文化产业核心区，建设世界级VR产业人才集聚之地、技术创新之地、产品展示之地、产业品牌之地[④]。另据《南昌市科技企业孵化器、众创空间管理办法》，南昌市目前共有各类科技企业孵化器35家、众创空间100家[⑤]。江西电盈信息技术有限公司、江西清控科创科技服务有限公司、南昌优唐科技有限公司等3家众创空间单位已经通过2021年备案复审，未来将铆足劲儿大力干[⑥]。

（何世剑，江西应用科技学院特聘教授，南昌大学教授、博士生导师；陈思聪，南昌大学2021级文艺学博士生）

① https://m.thepaper.cn/baijiahao_16946021.

② http://www.liuliangcyy.com.

③ http://www.jxyuzhang.cn/.

④ https://www.720yun.com/t/f89jv0sauy7? scene_id=196115973.

⑤ https://www.ahcy.gov.cn/Zhengce/ReadDetail/dadc025096734435ac0612bd081443b1? mark-type=jiedu.

⑥ https://baijiahao.baidu.com/s? id=1726145470568793320&wfr=spider&for=pc.

第九章

抚州：科技创新赋能数字文博

一、江西省文物保护与科技创新发展概况

二、文博数字化的资源融合——以抚州为例

三、江西省数字文博未来发展趋势研判

一、江西省文物保护与科技创新发展概况

(一)文物保护及科技融合相关政策

文物是文化传承和世界文明进步的标志。随着科技的发展,数字化保护作用日益凸显。通过数字化保护可以完整、准确、真实地永久保存文物信息,形成文物的数字档案,为文物的保护、研究以及展示弘扬等提供有力支撑。近年来,关于文化遗产保护及科技创新出台了一系列政策。《中华人民共和国国民经济和社会发展第十四个五年规划和2035年远景目标纲要》中多次提到文化、考古内容,以及革命文化、传统文化、传统村落等文化遗产保护相关内容。2021年11月8日,国务院办公厅印发并全文发布《"十四五"文物保护和科技创新规划》,文物领域规划第一次上升为国家级专项规划。

2021年11月24日,中央全面深化改革委员会第二十二次会议审议通过了《关于让文物活起来、扩大中华文化国际影响力的实施意见》。加强文物保护利用和文化遗产保护传承,提高文物研究阐释和展示传播水平,让文物真正活起来,更好体现文物的历史价值、文化价值、审美价值、科技价值、时代价值,可以被视作与新科技特别是数字技术发展贴合最为紧密的一条路径,也为后续的融合发展、创新发展指明了方向。

江西文化底蕴厚重,文物资源丰富,拥有160处全国重点文物保护单位、36处国家三级以上博物馆以及949处省级文物保护单位[①],景德镇市、南昌市、抚州市、九江市、赣州市、瑞金市6座城市入选为国家历史文化名城。运用先进技

① 江西文物保护迈向"智能化"[EB/OL]. 江西日报,https://www.jiangxi.gov.cn/art/2019/11/5/art_393_824852.html.

术加强文物保护和研究[①]，根据地方特色因地制宜，是文物科技相关工作的遵循指引。2021年，江西省文化和旅游厅印发了《江西省“十四五”文物事业发展规划》。该规划指出，未来江西要加强数字化体系建设与应用，充分利用云计算、5G、大数据、人工智能、“互联网+”等现代信息技术，推动文物保护与现代科技融合创新。[②] 这一系列政策也为依靠科技力量加强文物保护，推动中华优秀传统文化创造性转化、创新性发展指明了方向。

(二)江西数字文博建设现状

文博数字化根生于产业环境迭代本身，不同于传统行业求“新”的本质，文博产业更需要的是，在数字化转型中历史沉淀出来的文化气息得以留存。[③] 通俗易懂地说，数字技术是助力文物熠熠生辉的工具，对于本身就有着丰富馆藏，也有一定流量的博物馆而言，数字技术的诞生是锦上添花，对于馆藏资源较少、亟须引流的博物馆来说，数字技术的推广发展也是雪中送炭。但不论是何种情况，万变不离其宗的还是博物馆自身相关资源的可挖掘性与可开发性。南昌海昏侯国出土文物对于江西的“数字文博”建设而言无疑是一个契机，更是一笔不可多得的宝贵财富，其考古成果展曾在首都博物馆引起较大反响，开展三个月的时间共接待观众30余万人次。彼时的南昌尚不具备建馆条件，但是海昏侯国出土文物需要及时的展示与宣传，于是南昌市运用数字技术打造了汉代海昏侯国遗址博物馆数字博物馆。2019年12月25日，南昌汉代海昏侯国遗址博物馆数字博物馆上线试运行。观众只需在网页点击“海昏侯数字博物馆”，即可在侯府漫游，自由地欣赏珍贵文物，还可以线上穿戴汉代服饰，跟小刘贺“学礼仪”，跟大刘贺“学骑射”，在漫游中观众还可以化身为考古学者亲身体验文物的发掘出土过程。海昏侯数字博物馆有效利用了最新的三维图形图像技术、轻量化BS三维引擎技术、轻量化VR技术等现代技术手段，生动地再现了南昌汉代海昏侯墓的发掘过程，多维度、多角度展示了出土的精美文物。同时一改过去

① “十四五”文物保护与传承科技创新战略规划专家咨询会在京召开[EB/OL]. http://www.ncha.gov.cn/art/2020/8/26/art_722_162681.html.

② 国务院办公厅关于印发“十四五”文物保护和科技创新规划的通知[EB/OL]. http://www.jiangxi.gov.cn/art/2021/11/9/art_5304_3713214.html.

③ 数字文博，来得静悄悄[EB/OL]. https://k.sina.com.cn/article_1831058717_6d23bd1d001012il1.html?sudaref=www.so.com&display=0&retcode=0#/.

复制粘贴式的线下实体博物馆照搬至云端的方式，采用的是纯虚拟的方式建设数字博物馆，使数字博物馆与线下实体博物馆相互补充、相得益彰。

在科技赋能领域，江西省图书馆多次强调要加强数字文化服务基础设施建设，应用新技术，开展公共数字文化服务。利用“互联网+文旅”，通过数字赋能，为广大群众提供更加丰富、高效、便捷的公共数字文化服务。利用江西省公共数字文化服务云平台开展资源加载和应用服务，举办形式多样的公共数字文化服务推广活动。关注新兴的区块链、5G应用等前沿技术动态，开发数据平台新功能，探索有声图书馆等新型文化服务方式，不断完善微信、支付宝等第三方平台的功能服务，优化网站等统一检索平台功能。具体的做法为：江西省图书馆通过线上+线下的方式打造闭环服务。线上微信官方公众号主要发布馆内动态、对外公告、相关新闻资讯等内容，提供入馆预约、读者注册、图书查询等服务，让群众足不出户便可一键查询图书借阅情况，大大提升了观众的体验感和满意度。

二、文博数字化的资源融合——以抚州为例

（一）数字科技与抚州古村落博物馆创新融合

近年来，“让文物活起来”成为文物工作的关键词，一些文博节目具有较多的受众并得到广泛好评，群众对于参观博物馆、文物古迹、艺术馆也有了特别的观感。江西省博物馆、景德镇中国陶瓷博物馆、抚州市博物馆等多家文博单位，于不同节假日推出多个文博展览与数字化文物活动，展示了江西省丰富多彩的地域文化，实现了全民参与互动，弘扬了中华民族优秀文化。其中抚州市博物馆的部分常设展览，通过虚拟技术的运用，将线下展览搬上云端，让文博获得更多观众的认可。观众只需佩戴VR眼镜即可置身虚拟的云端博物馆展厅，不仅可以自如地在展厅的各个区域间穿梭，还可以零距离360°地接触各种文物。同时，由于虚拟技术无限制性这一与生俱来的优势，文物的展示量大大增加，既充实了展品的数量与种类，又提升了观众的参观兴趣和热情。

抚州市金溪县素有象山故里、江南书乡、华夏香都之称。除了县城格局保存完好的金溪古城外，金溪还保存有数量惊人的赣派建筑古村落群，被誉为一座“没有围墙的古村落博物馆”。其中有一个至今仍保存完整的明代村落——

游垫村。游垫村历经几百年的风雨洗礼现在仍然矗立在大地上，村子里有一排不甚高耸却十分整齐的明代封墙屋，封墙屋纵向发展又构成五条青石小巷，每一条小巷口都是一座官第的门楼，一砖一瓦都是历史文化的见证。自2016年第三届"CHCD——数字遗产中国行"来到金溪县后，游垫村就此与数字技术活化古村结缘。2020年4月，金溪县确定了"世界村"的发展定位，致力于引入先进思维和系统模式，除了对现有古村建筑进行保护修缮之外，还将充分流转、利用村落资源，促进传统村落的活化发展，数字技术的作用在其中体现得淋漓尽致。[①] 北大抚州创新研究院积极参与了金溪县游垫村数字艺术古村的打造，主动推动乡村美学与数字科技文博的融合创新。研究院以文化创意和数字技术为手段，组织国内20多位各领域的艺术家共同参与，策划了"星梦咖啡厅""戏剧民宿""游园听梦——明代美学新媒体沉浸艺术展""桃源幻梦——新媒体户外灯光嘉年华"等数字项目，并在此基础上推动研究院艺术与科技中心的落地，作为常设的文博研学项目运营，以探索数字文博赋能的新模式。

(二)抚州数字文创赋能文物发展

文创是文物价值转化的一大途径，文博数字化授权和转化也可以为文化产业发展提供丰富的素材。随着数字经济的快速发展，人民群众对精神文化的需求也显著增加，传统单纯看风景或文物、买纪念品的单调体验已不能满足游客需求。越来越多的文化爱好者希望在出游时得到更多元、优质的体验；现在年轻人也希望将更多数字、虚拟文化IP带到现实生活场景中，以获得更真实、全面的感受。因此，将博物馆、古镇、景区和数字文创IP相融合，以数字化等现代形式传承传统文化、丰富文物体验，开发数字文创品牌，让数字文创这种新文化形式走进更多群众生活，实现文旅融合与文博数字化转型，就成为新时代博物馆和历史文化古迹单位研究的课题。

抚州市较为注重数字经济的发展，在2015年就把现代信息产业作为重点产业。近年来，通过建设数字街区，汇聚品牌效应，上游积极发展数字经济创意制造业，下游加快精准招商，引进大数据应用企业，培育大数据产业。同时，以数据中心为核心，前端向创意文物产品制造延伸，后端大力发展智慧应用，同时

① 梦幻灵动的数字科技古村——江西省抚州市金溪县游垫村[EB/OL]. https://baijiahao.baidu.com/s?id=1718553174332816065&wfr=spider&for=pc.

打造创新平台，吸引人才提供智力支撑。抚州下一步的发展方向是：按照市场化、法制化、国际化的要求，在建设数字社会方面，以推动城市大脑建设为契机，以以数赋智、以智兴城的建设理念为引领，以便民、优政、利企、兴业的场景建设为抓手，搭建一个城市云底座加一个融合中枢系统，实现数据资源开放共享、业务运用协同联动、应用发挥高创意的城市格局。

“中国抚州数字文创季”系列活动第二季于2021年10月在抚州梦园举办，本届主题以汤显祖的《临川四梦》戏曲文化为核心，在抚州传统文化的基础上进行系统挖掘和创新转化，创作出《新临川四梦》沉浸式演艺演出剧目。通过时空穿越、话题连接、故事新编、技术呈现、创意展陈等手段，擦亮“临川四梦”名片，创新临川文化的推广模式，积极孵化文创IP，以数字文创方式培育抚州数字生态新业态，加速抚州文化和旅游业融合发展。数字文创季包括“游园听梦”中华美学沉浸式数字文创展、“科技赋能中华美学”数字文创论坛、中华美学大讲堂等活动。数字文创季通过多种数字技术和创意巧思，以国际视野创新开发的形式，推进和传播中华优秀传统文化精髓，增添国际化视角下的本土化、多元化文化色彩。

“科技赋能中华美学”数字文创论坛围绕推进科技赋能文化、新媒体数字文创产业发展升级等议题展开精彩讨论。此次论坛提供多元化的艺术合作平台，促进艺术家之间的交流创作，提升了抚州市的文化知名度与文创产品品质。参会嘉宾共商“科技赋能数字文创”的推进措施及办法。科技赋能数字文创让现代科技更加具有泥土气息和文化内涵，本次活动为抚州的广大群众献上一场文化和科技的视觉盛宴，将为抚州的文化产业和数字经济发展赋能。未来“剧本化+文旅”将从景区、博物馆、剧场等不同场景出发，构建新的文旅发展方向。“游园听梦”沉浸式数字文创演艺项目经过多年孵化，从《宋梦追卿记》到《新临川四梦》，采用多种数智技术，增加全感知、全息化、全场景的故事体验和传播效果，是现阶段对中华传统文化传承与创新的重要探索。

（三）抚州推动文博产业数字化转型的路径

由北京大学文化传承与创新研究院举办的2021年首届中国抚州文创生态大会暨第十八届中国文化产业新年论坛，以“迈向2035：文化强国与新发展格局”为主题，包括主论坛、平行论坛、主题峰会、创意管理峰会、文创企业家创意领导力孵化成果展等七场主题活动，活动形式多样、主题涵盖内容丰富，是以地方为模本，对文化生态、自然生态和创新生态的前沿思考和对文化强国未来目标的实践关切。其中平行论坛二以“创意内容培育与数字产业创新驱动”为主题，以“数字经济与创意融合”为主轴，产学研精英人士共同交流抚州的数字经济的发展和脉络，通过主题演讲与圆桌会议的形式展开充分讨论，探索抚州在该主题下的发展情况和实现路径，主要从以下三个方面推动抚州数字文博高速发展：

1. 制定了针对性的数字化文博战略规划，构筑区域经济圈的创新枢纽

抚州市在“十四五”规划中提到要深度融入长江经济带，借势中部地区崛起、长三角一体化和粤港澳大湾区等国家战略。从目前实际的运作层面看，抚州也在探索推出实质性的举措，进一步确定社会经济发展定位，与周边地区进行积极合作的同时开展良性竞争。产业互补的效率和创新生态系统的效度对协同创新的效果具有决定性的影响。文博产业交互性和数字化创新对数字化文博协同创新发展具有重要的意义，在创新文博生态体系中，抚州数字创新环境与周边经济区进行联动，从而推动数字文博区域经济圈的实践性发展，同时促进抚州数字文博创新枢纽的高速发展。

2. 积极回应数字化文博行业痛点，抢占数字化产业发展的制高点

当前，地方政府也在考虑招商引资及招商引智，不同区位政府的位势和格局决定着地方经济社会能否持续发展。抚州市委、市政府通过开发创新思路，提供解决全行业数字化发展痛点的思路与方案，积极抢占产业发展的制高点。数字文博企业发展的关键并不是土地成本的问题。只关心土地成本的企业，相信也不是当地政府希望招商的企业。贵阳在引进大数据企业时，基本上都是通过产业联盟来组织的。比如，通过中关村产业联盟，行业协会把整个联盟和协会的会员企业一起引进来。这些联盟和协会带动相应的企业，企业到地方抱团发展。通过数字化产业联盟和创新生态的系统引进，可以解决本地创新创业生态系统不足的问题，解决上下游产业链不配套的问题，解决专业人才缺乏、高端人才激励不足的问题。

3. 把握产业发展趋势，建设高端集聚园区

充分挖掘抚州在区位、资源、市场和政策方面积累的比较优势，尊重数字文博园区的建设规律。园区的建设既有特殊的要求，也有共性的问题，要在满足特殊要求的同时解决共性问题。关键的共性问题既包括数字文博平台如何建设、高科技创意企业如何招引、文博基础设施如何完善，也包括如何为专业人才

提供专业服务、如何吸引专业人才聚集。抚州根据相关问题，把握文博产业创新的发展趋势，从完善数字产业链、创新链和价值链入手，提升文博产业创新和价值融合，形成创新网、产业网、价值网在地方的空间集聚，最终将抚州建成我国中部地区文博产业发展的创新高地。

抚州在数字文博领域具有超前的发展意识和创新胆识，切实推动传统文博产业的数字化转型并打造全产业生命周期的智慧文博平台，构建全域性数字文博产业发展示范园区。抚州全域数字化旅游和文博业的发展并不是简单地把区域内的旅游景点和文物串联在一起，而是从时间、空间和技术上形成一个整体的文化价值域。文博与数字技术的结合非常重要。抚州政府也在积极探索出台配套的文博发展政策措施，系统引进内容创意型人才和高新技术企业。抚州虽然较难成为原创技术的策源地，但可以打造成为数字文博技术最好的应用场景地，塑造完全不一样的文博体验，力争成为我国数字文博产业创新发展的标杆地。

三、江西省数字文博未来发展趋势研判

(一)完善红色革命历史古迹、文物保护体系

新中国成立以来，我国的历史文物保护事业取得了一定的成效，许多濒危的珍贵文物得到了及时的保护与救助。但是五千年华夏文明留下的文化遗产不可胜数，目前仍然有大量的文化遗产亟待保护，我国文物保护领域的基础研究工作、发展理念、核心技术与发达国家相比仍然存在一定的差距，这些差距严重制约着我国由文化遗产大国向文化遗产强国的转变。因此，历史文物保护事业需要因地制宜、循序渐进地发展，不可急功近利，更不能只单纯地依靠考古学家一己之力，而是需要多学科、多领域的力量同向发力，完成历史文物保护事业的跨越式发展。

革命历史遗迹有两种类型：一类是建筑遗址、武器、用品类等可视可保存的；另一类是革命历史事件类等可视却无法保存的。第一类，就其现状而言，一般重要的遗址都能获得较好的保护和开发，例如位于瑞金市叶坪乡叶坪村的中华苏维埃共和国临时中央政府的诞生地——叶坪，是全国保存最为完好的革命旧址群之一。第二类，因其不可逆的特性，注定无法以传统的方式保护，并且一般只能用文字和图片记载。虚拟技术的出现和日渐发展以及其不可预见的强

大发展前景，使红色革命历史古迹的数字化成为必然。

(二)强化文物数字化应用

文物在新时代与教育互动、与科技联姻、与创意嫁接、与旅游融合，不断满足人们对美好生活的向往。[①] 数字技术带来的不只是虚拟化、数字化这种最基础的"地久天长"，还有对文物、对博物馆可以瞬间感知、超越国界的"跨山越海"。数字化博物馆的理想目标，就是文化资源的最大化社会共享和国际交流。比如，在文物资源共享上，需要举办各种专题文物展览活动，有时需要借助他馆文物。不同博物馆之间文物的借用需要上报审批，要办理大量手续，耗费大量时间和精力，且有些文物较为珍贵，考虑文物的安全等因素不能外借参加展览活动，对文化的传承产生了阻碍。引用数字化技术采集到文物的信息后，就可带文物的信息参加各种展览活动，有效进行文物资源的共享。数字化手段突破了时间和空间限制，给公众提供了解锁博物馆的新方式，也为文物保护和传统文化传承提供了一种新思路。利用互联网跨时空的属性，数字文物的传播可以跨越时空限制，让数字化文物形态触达全世界，更好地传播和弘扬传统文化，甚至为不同文明之间更加便捷高效的交流互鉴提供创新平台。近年来，文博机构通过网站、微信公众号、手机 App 等多种渠道展示和传播了传统文化。在疫情常态化的背景下，还能随时随地为不同年龄、不同性别、不同文化层次、不同国籍的观众提供到位的特色服务。[②]

在传播形式上，江西省数字文博的传播方式多以展览活动为主。数字技术、人工智能、虚拟现实技术等为文化内容的表达传播与发展提供了新的机会，文化是技术持续创新的内核，同时又为技术的发展注入丰富多元的文化内涵。相对于我国目前丰富的文博资源现状，技术对文化的制造力远远超越了我们的预期，用技术制造出来的文化产品能表达出更丰富的文化内涵。[③] 对于不可再生的文化资源，永久保存是核心任务。从消费者的角度看，数字化的制作则被

---

① 新时代文物工作：更好展示中华文明风采[EB/OL]. https://baijiahao.baidu.com/s?id=1724886952852953786&wfr=spider&for=pc.

② 善用数字技术让文物活起来[EB/OL]. https://baijiahao.baidu.com/s?id=1718117897788106369&wfr=spider&for=pc.

③ 数据在讲文博故事中的应用研究[EB/OL]. https://www.fx361.com/page/2020/1125/7258218.shtml.

赋予了更多的含义，缓解疫情对旅游行业的影响只是其一，其二是通过线上游览，消费者还能以更轻松的方式走遍祖国的大好河山。[①]

（三）数字化建设与文化遗产传播多样化

在数字经济蓬勃发展的浪潮中，5G、大数据、人工智能、AR/VR/MR、区块链技术渗透在社会发展的每个环节，成为国家战略、区域发展中的重要板块。线上的数字文物资源获取、云观展等多种应用场景服务，使观众通过移动终端就能享受到故宫丰富的文化资源以及便捷服务，感受到故宫的文化魅力，得到深层次的知识体验。“云直播”“云观展”“云讲解”等服务不再仅是突发事件的应急需要，而是逐渐成为一种主流的选择方式。[②]

媒体博物馆数字化建设，以信息技术为支撑，把馆藏文博资源、非遗技艺用数字演绎技术影像化、信息电子化、虚拟再现化，将文物展示平台由实体化向数字化转变。同时，突破传统博物馆有限的开放性，以跨界融合、新旧媒体融合创新传播的方式，让更多受众共享文博资源，宣传普及优秀传统文化，从“管理者中心”向“访问者中心”转化。在推进非遗和古籍保护传承的基础上，创新文创产品，渲染文化底蕴、烘托文化氛围，进行文创产品品牌建设与营销推广，打造数字文化产业高地，契合文化强省的战略需求，成为江西省新经济时代文化强省品牌建设的重要抓手。

江西省融媒体博物馆数字化建设虽初见成效，但与湖北、陕西等兄弟省份博物馆相比，起步时间较晚，建设力度还有待进一步加强。目前，全省融媒体博物馆数字化建设现状整体呈现蒸蒸日上的态势，省文化和旅游厅先后批复通过南昌、抚州、赣州等地多家博物馆的馆藏文物数字化保护方案、馆藏资源数据管理及教育数字化平台建设方案。德安等县域博物馆也紧跟时代趋势，陆续迈出博物馆数字化建设的第一步。2019 年 5 月，“博物江西”可移动文物普查数据资源服务平台正式上线。该平台整合了江西省内所有博物馆的数据信息以及文物资源，形成“省域文物资源地图”，以“博物馆+”跨界融合的新技术、融媒体社交，向公众用户提供 Web 端、手机端、微信端三种线上服务渠道，观众足不出户

---

① 数字文博，来得静悄悄[EB/OL]. https://xw. qq. com/cmsid/20211221A01UM800.

② 文博数字化 2.0 时代：新文创+新科技如何打造数字文化生态圈？[EB/OL]. https://www. shangyexinzhi. com/article/4452441. html.

即可在线游览64万件馆藏文物。①

在新冠肺炎疫情常态化的背景下，VR、AR、AI等高新科技更有了它们的用武之地，可以让观众足不出户便获得视觉的享受。省博物馆、八一馆、景德镇陶瓷博物馆等重点文化场馆的数字化水平提升主要依赖于网络化、智能化、数字化的技术基点，以及相应政策配套措施的细化，例如，“文化与科技深度融合”的扶持政策，政府也鼓励多维度跨领域的融资运营，推广数字化建设的项目合作。此外，要健全文创产业的法治环境，提升文创产业从业人员的法治理念，加强文创知识产权保护，维护从业人员的利益，从而减少文创产业的人才流失，保证文创产业的可持续发展。

通过在数字化进程中找寻文创产品的创意激发点，将江西省丰富的文化资源转化为文化符号、文化资本，生成创意产权，进行文博资源文化传播、品牌建设与营销推广，打造文创数字经济产业链，推动江西文化品牌的塑造。②

(四)打造文化新场景，创新文化消费形式

数字文物未来需要依据国家规划，借助政策扶持，加强与科技领域的合作互联，利用先进科技与平台优势，引入更多的新技术、新手段，加快文物数字化技术的研究、数字化设备和软件的开发，加速推进文物数字化保护的进程。只有充分利用文物数字化资源，挖掘其丰富的文化内涵，培育更多文创品牌，才能充分发挥文物数字化资源的价值。通过产学研融合发展，形成良性互动，以高科技保护文化遗产，以新发展理念传承文化，助力实现“加快数字化发展，建设数字中国”的规划目标。③

如今，博物馆线上平台建设已经常态化，正在成为博物馆举办展览必做的重要工作。数字化博物馆的发展不是短期行为，而是一种长期可持续的全新业态。要想让文物能够活得更精彩、更长寿，获得更大的社会效益，也要探寻新形态的数字产品。比如，极具历史文化的数字藏品——中国国家博物馆的四羊青铜方尊、西汉错金银云纹青铜犀尊等4件国宝级文物，湖北省博物馆的镇馆之宝“越王勾践剑”，河南博物院首个3D版数字文创“妇好鸮尊”，均被制成数字藏

①② 江西省融媒体博物馆数字化建设的思考[EB/OL]. https://www.fx361.com/page/2020/0126/7510423.shtml.

③ 吴健．加强文物科技创新[EB/OL]. https://jxcomment.jxnews.com.cn/system/2022/03/28/019578288.shtml.

品，限量发售，都在火爆的“秒杀”氛围中售罄。数字藏品的问世不仅揭开了文物的神秘面纱，进一步拉近了观众与文物的距离，更让文物能“飞入寻常百姓家”，满足了许多观众想要“收藏”文物的心理。

与线下博物馆的文物不同，数字藏品不仅能还原古文物的样子，收藏者还可以在自己的手机上自行翻转、放大、缩小，看清文物上的每一处细节。通过数字化加密技术，让普通人特别是Z世代有机会体会到收藏的乐趣，并激发人们走进文博场馆的热情。数字藏品让古文物突破了时空界限、年龄界限，通过不断挖掘文物创意的商业价值，让更多机构、创作者关注古艺术，激发创造力。同时，用年轻人喜欢的方式传播传统文化的内核，弘扬文物价值及传统文化价值。通过正规授权方式利用文物资源进行合理的创新创作，以信息技术进行文物价值阐释传播，建立权责清晰、程序规范、统筹有力的管理制度，牢牢把握正确的意识形态导向，确保文物信息安全①，提升文博机构的公益属性、数据安全、消费者权益，数字藏品将在元宇宙的语境下，有着更为丰富的想象空间。从一个具体的文物，到一座庞大的博物馆，通过数字技术，人们既可以近乎随心所欲地去感知体悟，也可以不受时空限制地去探访，这既是无数考古学者、文博爱好者梦寐以求的，也是给普通观众带来全方位体验的有益尝试。而对于文物的保存、文化的传承而言，数字化技术用科技的力量让文物活了起来，“火”了起来，也势必继续“火”下去。②

回顾文博的跨界融合，从线上参展，到数字化藏品，再到数字化藏品“盲盒”，除此以外，线上博物馆、云展览、AR导览、沉浸式体验等数字化手段也在探索中并逐步推进。数字化正在成为博物馆这个“古老”行业的共识。消费升级、科技赋能、文旅融合正在相互促进，形成良性循环。利用科技创新进行考古挖掘与保护，利用数字创意让文物活起来，运用现代科技讲好文物故事已成为新趋势，在科技的加持下，我国文物保护和利用发展定会迎来美好未来。

（李耀宗，谢周莹，北京大学文化传承与创新研究院（抚州）；章伟云，抚州市博物馆副馆长、文博副研究馆员）

① 国家文物局：文博单位不应直接将文物原始数据作为限量商品发售[EB/OL]. https://baijiahao. baidu. com/s? id=1729997935264937431&wfr=spider&for=pc.

② 善用数字技术让文物活起来[EB/OL]. https://baijiahao. baidu. com/s? id=1718117897788106369&wfr=spider&for=pc.

第十章

青岛:科技赋能视角下的数字文旅发展模式

数字化是近年文化创意产业发展的重要趋势之一,疫情推动文化科技融合进程加速,数字文化创意产业逆势上扬,成为文化创意产业高质量发展的新动能。2021 年 6 月,文化和旅游部发布《"十四五"文化产业发展规划》,指出要"加快发展新型文化业态、改造提升传统文化业态,包括培育壮大线上演播、数字创意、数字艺术、数字娱乐、沉浸式体验等新型文化业态,强化科技在演艺、娱乐等传统文化行业的应用"。结合文旅产业融合的背景来看,疫情防控期间,在国家及地方出台的相关政策举措中,数字文旅成为推动文旅行业复苏、促进消费扩容提质的重要内容。

所谓科技赋能数字文创,其本质是文化和科技的融合。2012 年,青岛市就已获评首批国家级文化和科技融合示范基地(全国共 16 家)。历经 10 年发展,随着 5G、VR/AR、云计算等新型信息技术在文化领域的应用渗透,以及文化与科技、旅游等的深度融合,青岛不断探索文旅科技融合新机制,培育壮大新业态、新模式,在消费体验、生产模式和产业边界等方面不断迎来变量革新和增量释放。

一、2021 年青岛市文化产业和旅游业发展概况

(一)总体发展概况

在不断完善文化产业和旅游业发展生态,深化文旅融合、促进高质量发展的背景下,青岛市政务网官方数据显示:2021 年前三季度,青岛市规模以上文化娱乐业企业营业收入同比增长 31.9%;接待游客 7117.5 万人次,同比增长 98.1%;实现旅游总收入 1249.6 亿元,同比增长 80.3%。青岛市在 2021 年宜居宜游城市竞争力排名中列全国第 2,在游客满意度排名中列全国第 6,在旅游投资热点城市排名中列全国第 10。

2022年3月1日，文化和旅游部组织对31个省(区、市)和新疆生产建设兵团推荐的32个市(地、州、盟，含直辖市下辖区县，以下简称地市)2021年度文化产业和旅游产业工作情况进行了综合评价，研究提出拟激励地市名单10个，山东省青岛市位列其中。

综上数据来看，在2021年国内新冠肺炎疫情不断反复、文化和旅游业遭受严重冲击的情况下，青岛市文化和旅游发展可谓“逆势而上”，交出了一份亮眼的成绩单。成效显著得益于青岛市文化和旅游局“推动全市文旅产业转型升级”“推动文旅公共服务均等化、标准化”“加大文化遗产保护传承力度”“持续净化文化和旅游市场环境”四个方面的重要举措。

推动全市文旅产业转型升级。2021年青岛市文旅局在政策支撑、招商引资、创新营销等方面持续发力，推动文化创意、精品旅游两大产业转型升级、跨越式发展。

一是聚焦产业升级，政策扶持凸显新成效。针对疫情冲击，及时出台旅游企业纾困政策，争取财政资金1200万元，帮助企业渡过难关。针对海洋旅游发展瓶颈，组织出台游艇、摩托艇、帆船、潜水等海洋旅游规范性文件7个，积极支持海洋旅游新业态规范发展，《山东新闻联播》头条给予专题报道。组织制定非国有博物馆绩效考核办法，非国有博物馆得到长足发展。制定出台“十四五”旅游业发展规划、文化创意和精品旅游产业链发展三年行动计划，全力支持文旅企业做强做优做大。2021年，全市6家企业获评全省“十强”产业龙头企业、精品旅游产业领军企业，居山东省首位。即墨古城入选国家首批夜间文旅消费集聚区，3个项目入选省级集聚区；2家单位入选全省首批精品文旅小镇；11家单位入选山东省红色研学基地。

二是聚焦产业短板，定向招商实现新突破。紧盯全球500强文旅企业和顶尖文旅项目加大招引力度，全年重点推进的文旅项目58个(其中新开工项目6个)，总投资额达到1800亿元。其中，投资30亿元的地中海俱乐部项目已正式签约，投资过百亿元的亚特兰蒂斯酒店项目进展顺利，将有效弥补青岛市缺少旅游度假酒店、旅游淡旺季游客差距明显的发展短板。

三是聚焦宣传推介，城市营销再上新台阶。青岛市举办上合国家旅游城市推介会、中国—巴基斯坦双向旅游推介会，中巴旅游服务平台入驻上合示范区商旅文中心，“国际友人@Qingdao”对外文化交流项目获评山东省政府文化创新奖。举办国际邮轮峰会、国际影视博览会、海洋童玩季、谭盾音乐周、海洋婚恋文化周、爱奇艺尖叫之夜等文旅活动 168 项，承办第四届中国歌剧节优秀剧目展演，7 部国内顶级歌剧在青岛上演，城市文化影响力、旅游吸引力持续提升。开展“来自大海的邀请”系列营销推广活动，与上海、西安、兰州等 12 个重点客源城市实现了线路互推、游客互送、市场共享。加强新媒体营销，青岛市文化和旅游局官方微博入选“全国十大文旅微博”。

推动文旅公共服务均等化、标准化。在公共服务的提升方面，青岛市文旅局聚焦市民对美好生活的向往，持续丰富文旅产品供给，缩小区域差异、城乡差异，努力为市民提供更高质量、更有效率、更加公平、更可持续的文旅公共服务。

一是加快公共文旅设施建设。建筑面积 8 万平方米的青岛市博物馆新馆开工建设，青岛市美术馆完成升级改造，青岛市图书馆新馆已形成选址方案，110 处智慧书亭、社区书屋、朗读亭建设任务全面完成，19 处基层文化设施新建、改扩建任务稳步推进，“15 分钟文化圈”更加完善。加大政策扶持力度，培育 2 家民宿入选山东省首批五星级旅游民宿；3 家饭店获评 5 星级饭店，5 星级饭店达到 11 家，占山东省的 1/3。

二是丰富群众文化活动。累计举办群众文化活动 4.8 万场、文艺演出 300 余场、农村公益电影 6 万场、“戏曲进乡村”4000 余场，惠及群众 1300 万人次。争取国家、省、区、市专项资金 4760 万元，举办各类惠民消费活动 5700 余场，惠及市民 300 万人次、企业 600 余家，直接拉动文旅消费 3.05 亿元，间接拉动 6.47 亿元。

三是加强文艺精品生产创作。组织创作的吕剧《民心安处是吾乡》获“泰山文艺奖”，民族歌剧《国・家》在中国歌剧节成功首演，13 部作品参加全省庆祝建党 100 周年剧目展演，一批代表青岛水准的文艺精品力作大放异彩。在青拍摄的影视剧目达 70 余部，在青拍摄的电视剧《巡回检察组》、电影《送你一朵小红花》在全国热播，《铁道英雄》成为“山东出品”的首部票房过亿影片。

加大文化遗产保护传承力度。2021 年，青岛市进一步增加财政投入，推动更多的文化遗产“活起来”。青岛市文旅局推动青岛市委、市政府出台了《关于加强文物保护利用改革的工作方案》。开展文物安全百日攻坚行动，整改安全隐患 66 处，查处文物违法案件 5 件。青岛老城区、海上丝绸之路申报世界文化遗产工作有序推进，青岛成功加入海上丝绸之路申遗联盟。实施“探源青岛”工程，琅琊台遗址主动性考古发掘获评山东省五大考古新发现。青岛入选全国唯一的近现代建筑预防性保护试点城市。

持续打造"博物馆之城"，全市新增注册博物馆 4 家，总数达到 107 家，面向市民免费开放的占 87%，列 15 个副省级城市第 4 位。新获评国家一、二、三级馆 11 家，累计达到 19 家。继 2021 年 7 月海军博物馆重新开馆后，经积极争取，又一国字号博物馆——国家海洋考古博物馆将落户青岛，项目建成后将成为青岛市海洋文化旅游核心吸引物、全国海洋旅游新地标。

加大非遗扶持力度，为 29 个非遗项目、78 名非遗传承人发放补助 250 万元，为 3 家非遗企业兑现扶持资金 105 万元。2021 年新增非遗代表性项目 63 个，其中国家级 2 个、省级 21 个、市级 40 个。胶州市获评中国民间文化艺术之乡，城阳东流亭社区获评山东省文化生态名村，2 家单位获评山东省非遗旅游体验基地。

持续净化文化和旅游市场环境。聚焦市民游客反映集中的突出问题，青岛市文旅局 2021 年继续加大市场整治力度，努力降低投诉数量，净化市场环境，提升市民游客满意度。

强化旅游市场管理。针对热点问题，开展旅游市场整治行动，强化联合执法。数据显示，2021 年共立案查处旅游违法案件 14 起，办结旅游投诉 1617 起，为游客挽回经济损失 47.1 万元。针对不合理低价游反弹问题，在全省率先发布 33 条重点旅游线路的诚信指导价，让广大游客明明白白消费。联合 11 部门制定《青岛市旅游民宿管理暂行办法》，明确了旅游民宿的开办要求、经营规范。

切实维护文化安全。全面落实意识形态工作责任制，扎实做好报纸、期刊和连续性内部资料审读和社会效益评价。细致做好网上书店核查，撤销虚假网上书店 800 余家，整改违规印刷企业 62 家。实施广播电视"安全播出"工程，圆满完成全国"两会"和庆祝建党 100 周年期间安全播出和网络传输保障任务。

加大监督执法力度。保持文旅市场高压态势，开展执法专项行动 15 个，检查经营单位 2.8 万家次，办结行政处罚案件 414 起，居山东省首位。积极开展"扫黄打非"专项行动，关停违规自媒体账号 24 个，收缴非法出版物 5 万余册，连续 4 年被评为全国"扫黄打非"工作先进集体。①

综观这份成绩单，从顶层设计到落地实施，从政策支持、制度设计到大项目

① 市文化和旅游局：宜居宜游城市全国第 2！2021 年青岛市文旅业持续繁荣发展助推文旅强市建设[EB/OL].(2022-03-15).青岛政务网，https://mp.weixin.qq.com/s/O3ba2ovNuZV2ufpLM1au6w.

落地，再到保障体系，形成了文旅发展的逻辑闭环，而且每一个环节的做法均可圈可点，最终让这份成绩得以“显山露水”。

（二）数字文旅发展亮点

“以数字化推动文化和旅游融合发展”是《“十四五”数字经济发展规划》“专栏8 社会服务数字化提升工程”强调的内容之一。文化和旅游是数字经济的重要应用场景。从产业增长逻辑看，新冠肺炎疫情以来，数字化已成为文化和旅游产业发展的主动力，结构性贡献超过1/3：根据国家统计局数据，2021年，数字文化新业态特征较为明显的16个行业小类实现营业收入39623亿元，比上年增长18.9%；两年平均增长20.5%，高于文化企业平均水平11.6个百分点；占文化企业营业收入的比重为33.3%。[①]

近年来，青岛准确把握数字经济发展趋势，以工业互联网为突破口，在数字经济领域后来居上。中国信通院发布的《中国城市数字经济发展报告（2021年）》显示，青岛2020年城市数字经济竞争力指数排名全国第15位，位居山东省第一，与广州、杭州、南京、成都等其他11座城市共同跻身全国第二梯队。这意味着，青岛已经成为数字经济“新一线”城市。

青岛市还聚焦数字基础设施、数据开放共享“两大基础”，数字政府、数字社会“两大支撑”，产业数字化、数字产业化“两大方向”，且已经取得了显著成绩：在复旦大学联合国家信息中心数字中国研究院发布的“2021中国开放数林指数”城市标杆评选中，青岛总成绩位列第二，仅次于上海。

青岛市数字经济总体发展的良好态势，能够为文化和旅游产业的数字化加速发展提供大环境的支撑。后疫情时代，青岛市文化和旅游局顺应数字产业化和产业数字化发展趋势，扩大数字文旅产品供给，积极推动文旅产业“上云用数赋智”，支持“新技术、新业态、新模式、新场景”数字文旅发展，先后培育和凝聚了聚好看科技、金东数字创意、视觉志文化传媒、古麦嘉禾科技、泽灵文化传媒、小鸟看看等重点数字化文旅企业。这些企业在数字文旅产品或服务研发方面不断突破。2021年11月，由山东省文化和旅游厅、共青团山东省委联合举办的2021山东省数字文化创新创业大赛结果揭晓，青岛市文化和旅游局选送的金东

① 文旅中国．推动产业格局进入数字化重构新阶段[EB/OL]．https://baijiahao.baidu.com/s?id=1725433073164314018&wfr=spider&for=pc,2022-03-15.

数字创意的LED立体沉浸式影院荣获一等奖，青岛领客文化传播的青青侠城市文旅IP、青岛泽灵文化传媒的动画《仰望星空》、青岛长镜录智能科技的美人拍数字化智能智慧景区解决方案三个项目荣获三等奖，青岛出版集团的青少年科普和创新文化传播平台项目荣获优秀奖。这是青岛数字文旅领域结出的一批“硕果”。

在数字产业化方兴未艾的当下，文化和旅游产业的新格局正在被重构，以数字化为代表的科技力量正在深度渗透于文旅产业发展的供给端、需求端，数字文旅也自然成为青岛所追逐的“热词”。利用大数据、云计算、人工智能、超高清、AR/VR数字技术，推进优质文旅资源数字化开发和转化，鼓励发展动漫游戏、数字创意、数字展览、数字演艺、数字出版、网络视听、沉浸式业态、平台经济等产业新业态，引导和培育网络消费、体验消费、智能消费等消费新热点、新模式，是青岛数字文旅发展的基本轮廓。

二、2021年青岛科技赋能数字文旅发展分析

（一）数字文旅“互济”

1. 数字文创的网红打卡地

经过改造更新和精心设计后，青岛故宫文创馆成为“文化+创意+科技”的大型文化与体验空间，也是青岛文旅融合的新网红打卡地。青岛故宫文创馆馆内建筑面积1.16万平方米，一层、二层为文创区和创意餐饮区，三层则是以《清明上河图》为主题的“清明上河图”3.0数字主题馆。31米长的高清数字版的“盛世长卷”，“通过高科技手段放大十余倍，并将原画中814个角色、73头牲畜、29艘大小客货船做成了动态的效果”①。

2. 破局智慧旅游

2021年7月，青岛市文化和旅游公共服务平台“品游青岛”正式上线运行，标志着智慧游青岛已初具雏形。在疫情防控常态化的情况下，“品游青岛”是青岛向智慧旅游领域迈出的一大步。通过青岛市文化和旅游局微信公众号、扫描

---

① 青岛市市南区文化和旅游局. 最in打卡地｜青岛故宫文创馆《清明上河图》，开映！[EB/OL].(2020-08-03). https://mp.weixin.qq.com/s/ceRkXurH5NRuLE5Ne8coKQ.

二维码等形式访问“品游青岛”，市民、游客可以线上浏览、参与、互动“热点专题、旅游资讯、品位青岛、感受青岛、打卡青岛、旅游攻略、图游青岛、猜你喜欢”等八大板块。接下来，青岛将在“品游青岛”的基础上探索“一部手机游青岛”智慧文旅品牌建设，全面提升文旅产业数字化、智能化水平，推进青岛智慧文旅建设迭代升级。①

为深入贯彻《中华人民共和国国民经济和社会发展第十四个五年规划和2035年远景目标纲要》提出的“深入发展大众旅游、智慧旅游，创新旅游产品体系，改善旅游消费体验”要求，加快推进以数字化、网络化、智能化为特征的智慧旅游发展，文化和旅游部资源开发司组织开展了2021年智慧旅游典型案例征集活动，“崂山风景区全网分时预约售检票系统智慧化实践”成功入选“27个2021年智慧旅游典型案例”。崂山风景名胜区是首批国家重点风景名胜区、国家5A级旅游景区，具有智慧化重视程度高、覆盖面广、体系完善、技术迭代快的特点。据介绍，崂山全网实名制分时预约售检票系统是对传统景区旅游排队购买实体票的突破创新，这种高度适应自身情况的预约预订创新做法，通过中央票仓系统精准控制每日各时段游览人数，严格遵守疫情防控期间的防控原则，全网售检票系统平台借助实名制，做好最大承载量控制，全景区充分释放了旅游时空资源。目前，崂山已建立了全域旅游大数据中心和综合智慧管理、应急指挥调度、视频共享三大平台，做到智慧服务贯穿全程。②

3. 地域馆藏文创实现数字化

2020年，青岛市博物馆通过“青博手礼”文创智造云平台开拓“全民定制”文创开发新模式。观众可以在平台定制自己专属的青博文创纪念品，开启了5G时代博物馆服务新互联。借助虚拟现实技术和数字化服务方式的探索，青岛市博物馆多次策划开展公益活动和公益宣讲，通过“数字展览馆”“数字藏品馆”“数字微课堂”“数字商店”等线上方式，推出360度全景虚拟展览和H5微展览12项、精品课程50余期、1000余件珍贵文物高清图片赏析3期，整合制作88件馆藏文物三维数据的链接向社会发布，并在国家文物局“网上展览平台”推出

① 王泽佩．时代催生智慧旅游　青岛的智慧旅游还有多远？[EB/OL].(2021－07－19).青岛财经日报/青岛财经网，https://i.ifeng.com/c/87veHRAOkEt.

② 衣涛．青岛唯一！崂山风景区入选文旅部2021年智慧旅游典型案例[EB/OL].(2022－01－20).青岛日报/观海新闻，https://baijiahao.baidu.com/s?id=1722419954519927763&wfr=spider&for=pc.

展示，将科技赋能文化的成果更好地传递至社区、学校等基层一线。同时，青岛市博物馆着手对“镇馆之宝”——2600册明正统《道藏》进行数字化采集，综合运用传统方法和数字技术，对其内容、版式、纸张信息、装帧形式以及完残情况进行全面数字化采集与记录。通过申报“数字化保护与提升(二期)项目”，对馆藏500件珍贵文物进行数字化信息采集和保护，延长了文物的寿命，更好地开展藏品资源共享及活化创新。① 2021年春节期间，“网游青博”系列线上品牌推出了在线答题、比赛和微课堂；“微展览”和“数字藏品馆”满足了市民游客足不出户、云游观展的需求。为配合“一部手机游青岛”智慧文旅品牌建设，加快数字博物馆发展，青岛市博物馆自主开发“微青博”手机小程序，提供VR(虚拟现实)数字展厅、三维文物“把玩”和文创购买等一站式、全流程服务。②

如今，数字文创发展方兴未艾，以博物馆藏品为基础进而“活化”的《唐宫夜宴》与《只此青绿》先后爆火出圈，以特色文化IP为基础的三星堆遗址数字文创的销售热潮，皆为传统文化和博物馆数字文创指明了发展方向。根据数据统计，2021年有近百家博物馆参加了天猫“双11”活动，其中博物馆文创产品销量当天即激增超过400%，成为电商渠道的销量黑马。据悉，目前青岛市博物馆的镇馆之宝“宋代·钧窑鼓式瓷洗”等典藏文物，已进入首批数字藏品交易的候选名单。③

4. 跨年AR光影秀，借力元宇宙“出圈”

2020年，青岛就已经开始对建筑与数字技术的创新融合进行探索。2020年10月30日至11月8日，青岛创新节之Light it up“点亮青岛”在圣弥厄尔大教堂的广场举行，每天晚上6点至10点，人们都可以会聚这里目睹久经沧桑的大教堂披上梦幻外衣，感受定制激光的“慧心巧思”。这次的创意尝试点亮了老城初冬的寒夜，也使历史建筑通过数字创意再次焕发生机。2021年，青岛国信·海天中心成功推出全国面积最大单体建筑灯光秀，成为浮山湾新一代“光地标和城市文化地标”，这背后离不开强有力的科技支撑和精细的创意构思。

① 青岛市博物馆．青岛市博物馆2020年工作报告及2021年工作规划[EB/OL]．(2021－03－25)．https://www.qingdaomuseum.cn/news/detail/7210.

② 青岛市博物馆．青岛市博物馆2021年工作报告[EB/OL]．(2022－01－01)．https://www.qingdaomuseum.cn/news/detail/7286.

③ 李魏．博物馆的“上新”季[EB/OL]．(2022－03－07)．青岛日报，https://www.guanhai.com.cn/p/157117.html.

光影穿梭配合建筑线条，最终呈现出建筑结构变形、幻化等强有力的裸眼3D视觉特效。①

2022年青岛跨年夜，青岛电视塔贡献了一场科技感与未来感十足的AR（增强现实）元宇宙灯光秀。《青岛电视塔跨年AR光影秀》通过“仁甲看见”视频号发出后，仅2小时就有超过10万人转发，24小时后，全球已经有500多万人转发，播放量超过1300万，获得央视媒体官方报道，成为现象级的传播事件。这场有别于传统灯光秀的AR灯光秀，为网友开启了“元宇宙新时代的大门”。

通过“文旅+科技”强强联合的主题，青岛市市南区政府旨在打造一个推广城市文旅的“爆款”产品，与数字创意领军企业金东数创以及知名视频创意公司仁甲看见展开强强合作。整个过程历时3周左右。本次合作分工明确，三方在创意、策划、拍摄、制作、传播等多个领域进行了紧密的配合。通过政府确定主题和策划，并主导后期融媒体中心宣传推广，视频公司完成主题构思和剧本制作，数字创意企业按照剧本来完成后期数字体验的模式，最终形成了这一现象级产品。根据仁甲看见负责人描述，在2021年元宵节期间，其就曾尝试元宵版青岛电视塔烟火秀。此次跨年“烟火秀”的创意则增添了冬奥会、东方巨龙、天宫一号等熟悉的中华元素，以纪念不平凡的2021年。根据金东数创方面介绍，本视频采用了AR技术合成的特效手段。通过AR技术来实现灯光秀、光影秀、烟花秀与青岛电视塔、栈桥以及欢呼的人群等现实世界形象的高度结合。这也是AR技术最大的难点，即如何与物理世界完美融合。通过增强现实（AR）和虚拟现实（VR）等手段，打造一个同现实社会并行、具有数字化形态的“元宇宙”，借由5G高新视频带来身临其境的互动和沉浸式体验。《青岛电视塔跨年AR光影秀》的成功实践，对青岛科技创新、数字文创、城市品牌传播和旅游引流等方面具有积极正面的作用，不仅有利于提升青岛城市的影响力，也助力了企业发展推广。该项目发起人介绍说，这个创意可以应用于青岛旅游。当游客游览青岛的景点时，通过微信扫一扫就能拥有沉浸式体验。②③

---

① 海天中心．我在青岛看世界：全国面积最大单体建筑灯光秀来了[EB/OL].（2021－06－21）. https://mp.weixin.qq.com/s/2uG6PQnDEN4IMDrARazItA.

② 青岛发布．外交部发言人点赞！青岛跨年光影秀火出圈[EB/OL].（2022－01－05）. https://mp.weixin.qq.com/s/URH8gUlxDX8HHVz8_2gkRA.

③ 新浪科技．震撼！青岛电视塔烟火秀刷屏，现场实际漆黑一片，它是怎么做到的？[EB/OL].（2022－01－04）. https://baijiahao.baidu.com/s?id=1720986350644436060&wfr=spider&for=pc.

(二)厚植土壤,鼓励创新

科技赋能方面。第一,2021 年,青岛成为科技创新榜单上的"常客",实打实成为全国科创城市的"第一梯队"。"2021 全球创新指数报告"显示,全球科技集群排名上升幅度最大的是就是青岛,上升了 16 位,列全球第 53 位、中国内地第 10 位。同时青岛也是科技产出全球增长最快的集聚区。[①] 中国社科院发布的《中国城市竞争力第 19 次报告》显示,2021 年中国科技创新竞争力排名青岛为全国第 10 位,同上一年相比排名上升了 5 位。[②] 科技部—中国科技信息研究所发布了《国家创新型城市创新能力评价报告 2021》,其中青岛排名全国第 10;《2021 中国城市科创实力调研报告》中,青岛位列"科创领军城市"全国前 10 名。在"魅力中国——外籍人才眼中最具吸引力的中国城市"评选中,青岛再一次入列榜单十强。[③] 第二,通过不断完善政策,青岛市大力推动科技发展。2021 年,青岛市发布了《数字青岛 2021 年行动方案》,[④]推动数字产业化发展,提升产业数字化水平,推进"双千兆"城市建设,加快推进 5G 基础设施建设;[⑤]为打造一流科技产业园区,强化科技创新对经济社会发展的支撑引领作用,青岛市发布了《青岛市科教产融合园区建设方案(2021—2023 年)》;青岛市科技局在原办法基础上进行修订,起草了新的《青岛市国际科技合作基地管理办法》。青岛市高新区加大政策扶持力度,2021 年出台了《关于聚焦创新引领　加快企业雁阵培育　推动高质量发展的试行意见》,加快科技创新平台建设,赋能全市科技创新。

数字文创方面。第一,数字文创成为青岛文化和旅游产业的重要发力点。2021 年全国文化和旅游厅局长会议强调,要适应信息化发展趋势,结合科技创

---

① Global Innovation Index (GII) 2021. https://www.globalinnovationindex.org/Home.

② 年度城市科技创新竞争力榜单出炉,青岛跻身"头部梯队"[EB/OL].(2021-11-08).潇湘晨报,https://baijiahao.baidu.com/s?id=1715830477964273265&wfr=spider&for=pc.

③ 青岛发布.只要够努力,总会被看见!盘点 2021 城市榜单中的青岛[EB/OL].(2021-12-04).https://m.thepaper.cn/baijiahao_15692843.

④ 关于印发数字青岛 2021 年行动方案的通知[EB/OL].(2021-04-27).青岛政务网,http://www.qingdao.gov.cn/zwgk/xxgk/bgt/gkml/gwfg/202104/t20210427_3095762.shtml.

⑤ 主要体现为:加快山东省(中国广电·青岛)5G 高新视频园区等 6 个数字经济试点园区建设,推动集成电路、人工智能、虚拟现实等产业规模化发展。建成 8 个功能完善的工业互联网平台、100 个工业互联网示范项目,开展数字人民币试点、数字化景区建设。支持运营商以共建共享共用新模式开展 5G 基站建设,新建 5G 基站 5000 个以上。

新和数字化变革发展，把智慧旅游推向新的高度。自2009年青岛提出建设“博物馆之城”以来，青岛持续推进“博物馆之城”品牌建设，丰富的自然资源、人文历史和多元文化的交流融合成为各类博物馆建设和发展的坚实基础。截至2021年底，山东省青岛市的博物馆总数已达108家，注册数量排名全国第六。丰富的博物馆资源和独一无二的文化IP，将进一步激发博物馆数字创新活力。青岛市博物馆、青岛“一战”遗址博物馆等相继着手针对博物馆内文物藏品及相关文化IP资源进行数字化与开发。2021年12月18日，“第六届艺术产业园区发展论坛”在青岛西海艺术湾举行。论坛以“艺术产业园区：城市升级与数字未来”为主题，针对科技创新与数字未来等热点问题进行了探讨。青岛啤酒博物馆则与哔哩哔哩合作，在青岛举办了一场打破次元壁的跨界奇幻之旅，并筹备发售具有青岛啤酒博物馆品牌特色的数字藏品。2021年岁末的跨年夜，青岛电视塔用一场美轮美奂的AR灯光秀“火出圈”，助力元宇宙正在加速成为现实。第二，顺应时代发展大趋势。2018年国家文物局要求加强对文物的保护、研究和活化利用。为了让文物活起来，通过系列国家文保专项的积极申报和有效实施（申报实施可移动文物预防性保护项目、国家文保专项及数字化保护项目），构建了抢救性修复、预防性保护及数字化保护相结合的三位一体保护模式。① 数字文化产业是“十四五”期间国家文化产业发展的重要内容。作为“十四五”开局之年，2021年8月，文化和旅游部、中央宣传部、国家发展改革委等八部门联合印发《关于进一步推动文化文物单位文化创意产品开发的若干措施》，提出推动中华优秀传统文化创造性转化、创新性发展，强调提升文化创意产品开发科技应用水平，鼓励开发数字文化创意产品，落实文化文物单位文化创意产品开发试点政策，创新开发方式，吸引社会力量参与文化创意产品开发。对数字产业发展的重视，同样体现在青岛市“十四五”规划中：以数字经济为支撑的数字文化全面发展；培育数字文娱等新业态新模式；建设旅游大数据平台和数字示范景区，实现“一部手机游青岛”；②重点发展“文化+”和“互联网+”新业态新模式；推动数字化博物馆建设。2022年初，山东省发布《数字变革创新2022行动

① 范志华．以文物链接时尚——青岛市博物馆多维度赋彩群众美好文化生活[EB/OL]．(2021－03－01)．中国文化报，http://www.ce.cn/culture/gd/202103/01/t20210301_36345601.shtml.

② 《数字青岛2021年行动方案》第九条：一部手机游青岛。加快旅游大数据平台建设，整合全市范围内“食、住、行、游、购、娱”等资源，为游客提供全方位文旅公共服务。整合政府、社会第三方数据资源，全面掌握全市文化和旅游经济产业运行情况，提升科学决策、精准营销和智慧管理水平。

计划》,青岛市发布了《数字青岛 2022 年行动方案》《关于促进文化产业和旅游业高质量发展的实施意见》和《关于促进文化产业和旅游业高质量发展的若干措施》,要求持续推动数字化转型变革,提出了建设现代化数字文旅城市的目标,提出文旅产业"上云用数赋智",支持"新技术、新业态、新模式、新场景"数字文旅发展,对创意设计和数字文旅两个重点领域进行扶持。第三,借势"元宇宙"。北京大学文化产业研究院发布《中国文化产业年度报告(2022)》,其中"元宇宙"入选了 2021 年文化产业十大关键词。根据《中国文化产业年度报告(2022)》披露,元宇宙的发展,"为场景化社交、虚拟偶像、自组游戏、加密艺术、虚拟旅游等新型网络文化产品打开了更加广阔的商业空间,也为工业、文旅业、互联网业、游戏业、教育业、房地产业等领域带来深远的影响和无尽的发展可能"①。5G 商用开启了超高清应用新时代。随着计算机性能提升、虚拟现实与增强现实设备研发成熟,在后疫情时代,为人们的娱乐、社交、消费增添了亮丽的色彩,开启了文旅元宇宙新时代。数字技术已然进入大爆发时代,青岛也吹响了虚拟与现实交融的"冲锋号角",加入了"元宇宙"这一快车道。经历了 2021 年小试牛刀的尝试,相信青岛会扬起时代风帆,推动数字产业更高质量发展。

三、青岛市数字文旅发展的经验总结

更多科技创新融入文化和旅游场景,这是新时代有效助力文旅产业转型发展,满足群众多样化、多层次精神文化消费需求的必经之路。青岛市数字经济发展势头利好的大环境、青岛文旅部门的高质量部署和引导和市场主体的持续发力,方能打造数字文旅高质量发展的"青岛样本"。

持续推进文化和科技深度融合,提升文化科技创新能力,推动文化产业高质量发展。2020 年青岛市出台《关于加快推进青岛市文化和科技深度融合的实施意见》,有力促进了青岛在文化产业园区建设、文化和科技融合方面屡出成果,一批重点园区和示范基地正在起势。2021 年东方时尚中心、东方影都融创影视产业园、青岛乐都音乐谷名列第六批山东省重点文化产业园区名单;青岛

① 北京大学文化产业研究院.《中国文化产业年度报告(2022)》发布:关注文化基因与中国道路[EB/OL].(2022-01-08). 中国网文创,http://creativity.china.com.cn/2022-01/08/content_41847162.htm.

二十二世纪广电产业园和山东金东数字创意股份有限公司在列首批山东省文化和科技融合示范基地名单中。本土文化产业园区与示范基地正在与新兴产业、业态融合互促，在科技赋能中实现文化产业更高层次的跨越与更新。

不等不靠，早谋划，早下手。机构上，青岛市于2019年设置大数据发展管理局。同年，青岛市大数据发展管理局印发了《数字青岛发展规划（2019—2022年）》，专项提出“发展数字文化产业”。例如“发展文化创意产业，结合青岛海洋特色，丰富数字媒体、数字出版、3D动漫、VR/AR游戏和视频等数字内容供给，打造特色鲜明的海洋数字文化创意产品”。2020年，青岛市人民政府发布《关于进一步加快新型智慧城市建设的意见》。按照该意见规划，青岛以数字化、网络化、智能化技术全面赋能城市发展，让城市更聪明一些、更智慧一些，推动城市治理体系和治理能力现代化。为落实《数字青岛发展规划（2019—2022年）》《关于进一步加快新型智慧城市建设的意见》规划部署，青岛市大数据局牵头起草了《数字青岛2021年行动方案》《数字青岛2022年行动方案》，目的是持续建设协同高效的数字政府、富有活力的数字经济、智慧便民的数字社会、智能融合的数字基础设施，以数字化转型整体驱动生产方式、生活方式和治理方式变革。

大力招引、培育数字技术龙头企业，加快带动产业链集聚发展。在产业链上游硬件设备领域，重点吸引优质企业来青布局，如引进占据全球中高端虚拟现实头显70%市场份额的歌尔和在混合现实领域（MR）全球出货量第一、虚拟现实（VR）生态级操作系统领域国内出货量第一的影创科技。歌尔全球研发总部于2020年在青岛启用，面向未来消费电子领域发展需求，建设虚拟/增强现实、声学、光学、新材料、人工智能等多技术领域的高水平研发平台。歌尔已在青岛牵头组建了山东省虚拟现实创新中心，致力于整合全国各类虚拟现实创新资源，推动产业孵化和人才培养，推进全产业链创新、生态链构建、产业链协同发展，打造山东省虚拟现实研发与制造基地。此外，歌尔还与高校、科研机构、政府部门等单位开展了多样化合作，先后在青岛参与或主导建立了虚拟现实/增强现实技术及应用国家工程实验室、北航歌尔虚拟现实研究院、青岛歌尔长光研究院以及青岛虚拟现实研究院公司。影创科技是全球领先的AR/MR光学方案研发公司，在2019年与即墨区政府联手打造了影创即墨项目。该项目打造了国内第一条、世界第三条混合现实（MR）智能眼镜显示芯片和镜片量产线，主要生产MR智能眼镜的关键组件全息光波导镜片和光波导显示芯片。目前青岛影创正重点实施SLM（空间光调制器）项目，该项目涉及芯片设计、封装检测、光电调制等多个环节,均具备全球领先水平。[①]

同时,青岛还聚集了小鸟看看、金东、宇科等 110 余家行业企业,其中包含上榜中国 VR 50 强企业,它们致力于以虚拟现实技术赋能百业发展。在 2021 国际虚拟现实创新大会上,发布山东省虚拟现实领域优秀解决方案 30 个,其中青岛入选方案 12 个,几乎占据了"半壁江山",文化娱乐是其涵盖的重要领域之一。

以工业互联网思维赋能文旅产业。2020 年初,青岛市以打造世界工业互联网之都为目标,全面发力工业互联网发展,从而使本土发展起来的工业互联网超级平台卡奥斯 COSMOPlat 站在了青岛工业互联网发展的核心位置。工信部公布的 2021 年跨行业跨领域工业互联网平台清单中,卡奥斯 COSMOPlat 在 15 家入围平台中连续第 3 年稳居首位。青岛市文化和旅游局积极与卡奥斯 COSMOPlat 展开对接,共同探索文旅行业信息化、数字化、智慧化发展的新路径,共建青岛市文化和旅游公共服务平台,从而使文化旅游行业成为青岛市首个与海尔卡奥斯签约落地互联网平台项目的行业。文化和旅游公共服务平台以工业互联网思维赋能文旅产业,为政府监管提升新能力、为企业发展搭建新平台、为大众服务提供新窗口。该文旅公共服务平台通过整合全市文旅资源、企业,上线"吃住行游购娱"等多要素产品。借助平台终端,卡奥斯 COSMOPlat 为企业和大众提供信息对称、相互交流、交易共赢的一站式本地文旅服务。卡奥斯 COSMOPlat 还将与政府部门、企业机构协同构建青岛市文旅智慧大脑,继续深化拓展工业互联网思维赋能文旅行业,从而培育文旅经济新的增长点,为青岛智慧文旅建设注入新活力。[②]

通过产业数字化实现传统文旅行业的转型。青岛出版集团近年来以"大力推动业态创新和技术赋能"为发展理念,不断运用新技术推进传统业态和新兴业态的相互赋能、协同创新,在"VR+"出版产品和服务理念方面探索出了新路。其中"VR+文旅"方面,以讲述中国故事"VR+全媒体"为主,传播中华优秀传统文化。青岛出版集团持续打造"云冈全媒体出版"项目,以《云冈石窟全集》为核心构建资料,已经囊括数据库、VR 情景还原、3D 打印石窟、云冈书房、影视纪录片等多种呈现形式。这是青岛出版集团借助 VR 等技术将全媒体效能在版权

---

① 王萌. 青岛企业逐浪"元宇宙"[N]. 青岛日报,2022-01-10(001).

② "吃住行游购娱"一站式体验,卡奥斯赋能青岛文旅服务全新升级[EB/OL].(2021-03-16).大众新闻. https://www.163.com/news/article/FSBP5JV100019OH3.html.

运营业务上最大化应用的创新探索，取得了较好的社会效益与经济效益。此外，青岛出版集团还以“VR+纪录片”的方式“讲好中国故事”。由国务院新闻办公室和中国科学院联合监制，中国国家地理、青岛出版集团等机构合作推出的《中国本色》VR定制产品是一段时长8分20秒的VR全景视频，具备高清画质和深度体验特征。青岛出版集团重点参与了该项目，视频有VR全景画面和平面2D两种类型，力求生动立体地展示中国风貌、讲好中国故事。通过多种探索组合，青岛出版集团成功将虚拟现实技术应用于出版业务，在同类出版单位中处于领先位置。①

数字赋能公共文化服务建设。通过运用数字技术、网络技术、信息技术，利用国家文化信息共享工程、国家数字图书馆推广工程、“智慧文旅”信息平台等资源，整合青岛文化信息资源，以“互联网+”“新媒体+”为依托，构建了青岛市公共数字文化服务体系。“智慧文旅”可谓是开辟了青岛公共数字文化服务的新通道，通过文旅产业经济监测分析平台和“品青岛”公众服务平台的搭建来满足社会各项需求。其中，文旅产业经济监测分析平台整合集成旅游假日统计系统、大数据服务和政府各部门共享交换数据，通过数据可视化展示文旅产业经济运行态势；“品青岛”公众服务平台通过PC和移动端网页、公众号等形式，向公众提供文化场馆预定、文化旅游信息资讯、景区分时预约、文化消费券发放、在线咨询和文化旅游产品购买等服务。② 此外，数字图书馆、数字文化馆、数字博物馆等建设日趋成熟，以新科技指导推进数字公共文化平台建设取得了越来越明显的成效，可以很好地满足新冠肺炎疫情常态下人们的精神需求。

四、青岛市数字文旅发展的未来展望

2022年初，青岛市文化和旅游局、青岛市财政局牵头制定的《关于促进文化产业和旅游业高质量发展的实施意见》（以下简称《实施意见》）和《关于促进文化产业和旅游业高质量发展的若干措施》（以下简称《若干措施》）发布，为未来一段时间内青岛的文旅产业发展指明了方向。其中《实施意见》将“数字文旅”

① 延宏，王华．“VR+”：“元宇宙”视域下出版业的融合发展模式——以青岛出版集团为例[J]．新传媒出版广角，2021(22)：81.

② 王一如．“青岛样本”诞生记[J]．Sailing City，2020：42－45.

作为六大重点领域之一，足见青岛市文旅部门对其的重视程度。具体内容为：顺应产业数字化趋势，集成应用5G、大数据、云计算、人工智能、超高清、AR/VR、物联网、区块链等数字技术，大力发展新型文旅企业、文旅业态、文旅消费模式，改造提升演艺、娱乐、工艺美术、出版等传统业态，推动文旅产业数字化转型和线上线下融合发展。扩大数字文旅产品供给，加强内容建设和原创研发，推进优质文旅资源数字化开发和转化，鼓励发展动漫游戏、数字创意、数字展览、数字演艺、数字出版、网络视听、沉浸式业态、平台经济等产业形态，打造一批数字文化产业项目、数字文化体验馆、文旅数字化应用场景及具有特色的文旅IP。培育数字文旅市场主体，支持"新技术、新业态、新模式、新场景"企业发展，推动城市场景开放赋能文旅产业，到2025年，培育2～3家数字文旅领军企业，扶持一批细分领域"瞪羚企业""专精特新"中小微数字文旅企业，提升数字文化装备实力。《若干措施》则通过具体的奖补策略为其"保驾护航"。

基于政策释放的"信号"并结合青岛实际，我们对青岛数字文旅发展的趋向做出以下研判：

(一)继续对标先进，通过数字文旅实现"弯道超车"

对标先进地区的先进经验，这是青岛文旅发展多年的"惯性"。从上海来看，其2020年的文化创意产业增加值占GDP比重已达到13%左右，旅游业增加值占GDP比重达到6.2%。而青岛市两个相应指标均在5%左右。差距说明了青岛文旅产业仍然有巨大的增长空间，这也是一个巨大的机遇。种种迹象表明，数字文化产业、数字旅游将是"风口"，抓住数字文旅发展的机遇，就能实现弯道超车，失去机会就可能难逃被"赢者通吃"的"命运"。面对既是机遇又是挑战的数字文旅，青岛市急需在有限的时间内开辟出一条新路，找到适合自己的模式，甚至是"多点开花"的模式。

(二)持续不断地致力于内容生产

文化产业的内容生产、旅游业的产品生产，均是专业性很强的系统性工作，也是数字转化的前提和基础。文旅行业的传播方式、体验方式或许因数字技术而被重塑产出逻辑，但是优质的内容或者产品永远是必要的，并不会随着技术的变迁而降低要求，这是文旅行业发展的灵魂所在。传统文旅产业的数字化转型抑或是被科技赋能，应当始终坚守内容生产上的持续深耕。地域文化是内容生产的特色，深入发掘自身所处的地域文化可实现产品差异性。青岛是中国沿海重要中心城市和国际性港口城市，海洋文化是地域文化的重要代表，海洋文化主题与虚拟现实技术乃至“元宇宙”的产业化探索，以及与新兴业态的结合，应当是重点和突破点所在。

(三)进行资源配置上的有效整合

基于文旅产业数字化的融合逻辑，资源配置的关键作用在于：以战略目标为准对各类产业要素进行质和量的分配。产业要素可分为经济性、制度性和技术性等类型。需要通过高效整合的方式，确定主要的产业要素，整合次要产业要素，最终形成文旅数字化的融合发展模式。第一，资本要素必然是文旅产业数字化的关键点。目前许多文旅行业的数字化仍然处于资本投入为主、变现能力不足的阶段，需要市场主体长时间进行研发投入，需要地方财政的支持。地方管理者首先应该展现出在深度运营新业态方面的决心、信心和耐心。第二，组织赋能是文旅数字化的内驱力。文旅行业数字化的市场主体，应当是专门组建的专业数字公司，通过组织赋能来支撑发展。应当在数字技术方面形成自己稳定的产品输出和运营方式，实现组织赋能的持续性。第三，市场运营上通过协同联动提高文旅产业数字化的韧性，即通过联合增大集聚效应和规模效应强化风险抵抗能力。如文旅产业数字化的主体，应当争取与国内外知名的数字技术研发机构联合开展具体项目，与数字技术领先企业签订战略性合作协议，合作共建文旅行业数字化示范平台，这同时也有助于数字文旅产品的营销。

(四)以文旅消费为引领更新内容再生产和服务

数字内容建构了当下人与人的文化价值认同关联、社交关系关联和商业消费关联。Z 世代群体既是我国在线新文旅未来消费的主流增量用户，也是 ACGN 等数字内容消费的主力军。新消费人群的不断扩大，催生了文旅新消费渠道和新场景，国漫、国风、国创、国乐、国艺等大批中国文化数字内容 IP，正培育着 Z 世代群体的文旅消费新需求，引领着创新文旅产品开发和旅游目的地业态打造，成为文旅行业的蓝海。大量的“新三五”人群，不再只是数字内容产品的消费者和使用者，更是数字内容的再生产创造者，网络动漫、电竞、音乐、电影、综艺、媒体等数字文化内容形态与旅游产业将得到有效的融合。①

(五)创新营销,依托直播、短视频的线上营销和线上消费成为常态

网络视听已经成为文旅行业发展的新渠道,文旅产品如今已经全面开启短视频、网络直播带货模式,以机票、酒店、门票、旅游特产、文创产品为代表的文旅产品的在线直播销售已经成为风向标。例如,携程成立了专门的旅行 MCN,跨界成为上海网络视听协会 MCN 板块的首位成员。有别于其他行业的直播电商模式,内容生产是文旅行业跨入网络视听赛道的基石,文旅直播电商的本质并非完全带货,而是强调以线上“种草”内容的高效输出为核心,创造长效的造势引流和“拔草”消费闭环,从而实现对目的地的数字化赋能。付费直播的商业模式也已突破游戏、音乐旧有领域边界而在文化旅游领域兴起,通过当地达人、专家直播导览讲解博物馆、艺术馆、美术馆等,创造了更为直接的线上效益获取的新模式新途径。②

数字文旅是一种以文旅消费需求为中心,以互联网为载体,将数字技术和信息通信技术应用于文旅产业各个环节的新产业形态,其本质是将数字技术与文旅产业进行深度融合,实现新一代沉浸式、体验型文化旅游消费。③ 2021 年在全球科技巨头的带领下,“元宇宙”的概念开始火爆起来。其直译于科幻小说《雪崩》中“Metaverse”一词,虽然目前尚未形成一个确切的定义,但似乎从人工智能、大数据、5G、6G、虚拟现实、增强现实等一系列技术中可以找到其基本内涵。在这个数字虚拟空间中,人们期待以虚拟替身的方式生活,以此获得超现实的沉浸式体验;“元宇宙”的实现,可能还需要更先进的科技加持,需要各类技术手段在新的逻辑引导下进行排列组合,以便使头显设备的性能、续航、便携性共同达到 C 端消费者的心理预期。所以,“元宇宙”不断落实的过程,也是数字文旅产业不断升级的探索过程,青岛的数字文旅发展也将不断收获惊喜与成效。

(马达,中共青岛市委党校科研部,副教授)

①②③ 文旅融合产业规划. 如何推动数字文旅高质量发展[EB/OL]. (2022－03－16). https://mp.weixin.qq.com/s/0o4DV1RszHsSPU5c3qn1Fw.

第十一章

武汉：科技赋能数字文创产业高质量发展

习近平总书记高度重视互联网与数字经济发展，多次强调加快推进“数字中国”建设，做强做大数字经济，推动经济社会高质量发展。中央网信办、国家发展改革委在《“十四五”国家信息化规划》《“十四五”推进国家政务信息化规划》等文件中明确提出，“到2025年，数字中国发展指数要从85提高至95，相关建设取得决定性进展”①。利用数字化等科技手段推动产业高质量发展已经成为文创产业未来发展的大趋势。文化和旅游部印发的《文化和旅游部关于推动数字文化产业高质量发展的意见》中进一步明确指出，要以推动高质量发展为主题，顺应数字产业化和产业数字化发展趋势，实施文化产业数字化战略，加快发展新型文化企业、文化业态、文化消费模式，改造提升传统业态，提高质量效益和核心竞争力。湖北省在《湖北省国民经济和社会发展第十四个五年规划和二〇三五年远景目标纲要》中进一步强调要将数字牵引作为推动高质量发展的强劲动能。近年来，武汉市积极部署数字经济发展，紧抓数字化机遇，坚持创新驱动发展，深入实施文化产业数字化发展战略，加强文化重点领域的科技研发应用，构建完善数字文化产业自主创新体系。统计数据表明，“十三五”期间，武汉市文化产业取得明显成效，综合实力日益增强，文化企业培育成效显著，新型文化业态发展势头强劲，文化融合日益深入，文化品牌效应持续放大②。

① 中共中央网络安全和信息化委员会办公室．“十四五”国家信息化规划[EB/OL].(2021-12-27). 中共中央网络安全和信息化委员会办公室网，http://www.cac.gov.cn/2021-12/27/c_1642205314518676.htm.

② 武汉市人民政府．市人民政府关于印发武汉市文化产业发展“十四五”规划的通知[EB/OL].(2022-03-08). 武汉市人民政府网，http://www.wuhan.gov.cn/zwgk/xxgk/zfwj/szfwj/202203/t20220308_1934931.shtml.

一、2021年武汉文化创意产业发展现状

(一)2021年武汉文化创意产业发展概况

1. 文化产业规模保持稳步提升

2021年是"十四五"开局之年,为加快健全现代文化产业体系,推动文化产业高质量发展,武汉市制定了文化产业发展"十四五"规划,提出文化产业的"支柱性产业地位需要进一步巩固",并提出发展目标:到2025年,文化产业增加值占全市GDP的比重达到8%左右;培育规模以上文化企业达到1500家;新增市级文化产业园区10个,聚集文化企业3000家①。

"十三五"期间,武汉市坚持以习近平新时代中国特色社会主义思想为指导,加快推进文化强市建设,文化产业总量持续增长,文化体制机制不断创新,新型文化业态发展壮大,文化融合深入推进,文化品牌效应持续放大,文化发展环境不断优化。2019年,全市文化产业增加值811.98亿元,比2016年增长70.13%,占全省比重为45.62%,占全市GDP比重为5.01%。截至2020年底,武汉市规模以上文化企业营业收入总额2036.67亿元,比2016年增长98.3%,企业质量效益持续向好(见表11-1)②。对于缺值,即2019年武汉市文化产业营业收入总额采用插值法计算。

武汉市坚持以文兴城,文旅产业实现稳步增长。截至2020年底,武汉市针对季节特点、假日特色,推出赏花游、"五一"和"端午"3大系列22个板块140余项文旅活动。"相约春天赏樱花"活动期间,武汉位列赏樱热度榜全国第一,以樱花为主打的赏花产品人气火爆,全市景区门票、酒店预订量分别较2019年同期增长25%、9%。全市51家A级景区接待游客272.83万人次,相比2019年同期增长24.8%。端午假期,接待游客680余万人次,实现旅游收入近22亿元,比2019年同期分别增长1.93%和2.91%③。

---

①② 武汉市人民政府.市人民政府关于印发武汉市文化产业发展"十四五"规划的通知[EB/OL].(2022-03-08).武汉市人民政府网,http://www.wuhan.gov.cn/zwgk/xxgk/zfwj/szfwj/202203/t20220308_1934931.shtml.

③ 湖北武汉坚持以文兴城 文旅产业实现大幅增长[EB/OL].(2021-12-20).中国新闻网,http://www.chinanews.com.cn/cj/2021/12-20/9633871.shtml.

表 11-1 2016—2020 年武汉市文化产业营业收入总额

年份	营业收入总额(亿元)
2016	1027.18
2017	1332.96
2018	1417.8
2019	1727.24
2020	2036.67

资料来源:武汉市统计局。

2. 数字文化产业发展势头强劲

2021 年,在人工智能、5G、大数据等数字技术助推下,武汉市数字文化创意产业取得长足发展,以动漫、网络直播、电子竞技、数字出版、数字演艺为代表的数字文创产业发展势头强劲。汉产动漫综合实力不断提升,太崆动漫、小明太极、两点十分、艺画开天、博润通、中影时代等本土动漫龙头骨干企业持续发力,精品力作不断涌现(见表 11-2),优质汉产动漫品牌形象逐步构筑。电竞产业发展进入快车道,发展迅猛,朝着"中国电竞中部新高地"进一步迈进,电竞产业被写进《武汉"十四五"规划纲要》《武汉市文化产业发展"十四五"规划》等发展规划文件中,多个大型电竞赛事落地江城,如英雄联盟职业联赛(LPL)春季赛总决赛、穿越火线双端(CFPL、CFML)职业联赛春季总决赛、2021 武汉新花城旅游电竞嘉年华暨王者荣耀第三届全国大赛,武汉 ES 战队挤进 2021 年十大影响力电竞俱乐部行列,斗鱼直播等本土电竞龙头企业营收稳健提升,光谷国际新文化电竞中心顺利开建。以华中智谷为代表的数字出版基地聚焦"文化+科技""文化+金融"双翼融合发展,持续推出一系列原创数字出版产品,引领武汉市数字出版产业发展。围绕"文化+科技+艺术"数字演艺,借助 VR/AR、大数据、人工智能、云计算等科技融合,推出长江灯光秀、江滩无人机表演、两江游船长江剧场、夜上黄鹤楼等沉浸式、互动式体验场景,打造江城夜游新热点,擦亮夜间文旅消费新名片。

表 11-2　2020—2021 年部分汉产动漫获奖情况

类型	名称	出品方	获奖情况
动画短片	《福》	太崆动漫	纽约国际广告设计奖铜奖
	《盘古》	太崆动漫	匹兹堡国际电影节金奖
动画电影	《直立象传说》	武汉市文投集团中影时代联合中影动画	第 11 届新西兰中国电影节“金蕨叶”奖
	《闯堂免 3. 囧囧时光机》	玛雅动漫	湖北省“屈原文艺奖”
动画番剧	《灵笼(第一季)》	艺画开天	入围第十六届中国杭州国际动漫节“金猴奖”、第 30 届“金鹰节动画片”、湖北省 2020 年原创网络视听节目推选活动优秀作品
	《黄麻烽火》	武汉市文投集团中影时代、博润通	入围第十七届中国杭州国际动漫节“金猴奖”红色动画奖
	《巷食传说》	博润通	国家广播电视总局 2020 年度优秀网络视听作品
动画系列剧	《木奇灵 3 之奇灵之心》	博润通	入围第十六届中国杭州国际动漫节“金猴奖”、第 30 届“金鹰节动画片”
	《乌龙院之活宝传奇》	博润通	入围第十六届中国杭州国际动漫节“金猴奖”、第 30 届“金鹰节动画片”

3. 文旅消费潜能不断得到释放

2021 年，武汉市文旅消费展现出强大的发展韧性，政府通过出台促进文旅消费升级方案、优化文化消费平台、培育文化消费业态等，推动文旅消费供给侧改革，激发文旅消费市场潜能。首先，为顺应互联网时代文旅消费新习惯，武汉早在 2017 年就推出“武汉文惠通”文化消费大数据平台，形成“互联网+文旅”新型管理与运行模式，此后又不断升级优化版本至 3.0。到 2020 年末，“武汉文惠通”已注册用户数 114.03 万人，粉丝数 71.8 万人，上线企业累计 72 家，累计店铺数 199 家，其中民企 32 家，占比 44.7%，国企 40 家，占比 55.3%，用户核销

4379.11 万元，财政已发放补贴 3890.53 万元，直接拉动消费金额 2.18 亿元，有效实现了文化消费群体和文化消费企业的双赢，树立了“互联网+文旅消费”的典范[①]。其次，依托东湖、“两江四岸”等优质资源，不断加大对文化消费业态的培育，着力打造“两圈四街”等核心商圈商街，新增各类首店 162 家，首店经济引爆品牌消费新动能[②]；江汉路步行街、江汉朝宗风景区获评第一批国家级夜间文化和旅游消费集聚区。同时，本年度武汉以入选“首批国家文化和旅游消费示范城市”为契机，先后出台了《武汉市建设国家文化和旅游消费示范城市工作方案》《武汉市建设国际消费中心城市实施方案》等文件，开展多项文化惠民活动，启动湖北·武汉文化和旅游消费月活动，举办首届中国（武汉）文化旅游博览会。最后，积极构建文化消费长效机制，通过投入财政补贴资金、文化消费积分激励、组织消费券投放、购物季等多种消费促进模式，创新文化消费补贴机制，引导居民扩大消费。

4.“设计之都”国际名片逐渐擦亮

2021 年是武汉入选联合国教科文组织全球创意城市网络“设计之都”的第四年，根据《武汉设计之都建设规划纲要（2018—2021 年）》，这四年间，武汉市积极落实对教科文组织承诺的工作任务，擎起“技术创新”大旗，以创意社区和设计之都示范园区为着力点，全面推进武汉现代服务业数字化转型升级，全力建设具有国际影响力和武汉特色的设计之都，不断向国际社会输出“中国标准”。截至 2021 年底，共完成 12 家设计之都示范园区、41 家创意社区审核认定，示范园区基本覆盖全设计产业各门类。2021 年 10 月 31 日，“武汉设计之都促进中心·数字建造产业联盟”成立，明确在数字经济新浪潮下，未来武汉工程设计将借助数字化转型，继续走在全国前列，引领行业发展。同时，武汉还将利用本土设计企业，借助创意设计的力量，完成 100 个创意社区改造和 12 个设计之都示范园区打造（见表 11－3），建设一批公共卫生医疗、平疫结合医院，实施老旧社

---

① 信息化发展典型案例｜武汉打造文化消费大数据产业平台“文惠通”[EB/OL].（2021－11－07）. 中传云资讯系统网，https://www.ccmapp.cn/news/detail? id＝6e9ecc12－1a34－45ba－bd73－b7c6bb31d1d9.

② 武汉市发展和改革委员会．在武汉市第十五届人民代表大会第一次会议上武汉市发展和改革委员会关于武汉市 2021 年国民经济和社会发展计划执行情况与 2022 年国民经济和社会发展计划草案的报告[EB/OL].（2022－01－29）. 武汉市发展和改革委员会官网，http://fgw.wuhan.gov.cn/zfxxgk/zfxxgk_1/qtzdgkwj/202201/t20220129_1917799.html.

区改造，让设计真正成为城市建设和城市更新的新引擎①。武汉通过高附加值的设计产业，大力拓展文化创意产业的发展空间，让文化创意产业不局限于传统发展模式，为文化创意产业创新发展提供新机遇与新路径。

表 11－3　武汉市已评选出的设计之都示范园区与创意社区名单(部分)

设计之都示范园区	武汉创意天地、中建科技产业园(中建・光谷之星)、红T时尚创意街区、汉口平和打包厂旧址・多牛世界时尚创意产业园、昙华林设计之都产业示范区翟雅阁・武汉设计之都客厅、南太子湖创新谷、D＋M工业设计小镇、5.5家居创意园、圈外数字创意产业园、四新路桥工程设计建造产业园、智谷文化产业园、大智无界・空中小镇创意产业园
创意社区	汉阳区江汉二桥街桥西社区创享生活幸福桥西、高龙博古城非物质文化遗产武汉传承园、昙华林社区、黄陂区蔡店街道道士冲村村民居委会——家乡味道家乡情意、黄陂区姚集街道茶庙村民委员会——晒晒家乡的风景、黄陂区六指街道办事处联合村村民委员会——人杰地灵的金色池塘、黄陂区蔡家榨街道办事处博士湾村村民委员会——走在致富的新路上、黄陂区姚家集街道车站村村民委员会——描绘致富蓝图、民权街道打铜社区——敲响平安锣—幸福家常驻、汉兴街江汉里社区——“老街坊邻里情”和谐社区共建、万松街商务区第一社区——红色动力满家园、唐家墩街马场社区——书香社区人文关怀、江岸区后湖街道东方社区、江岸区后湖街道海赋社区

(二)2021年武汉文化创意产业发展中存在的问题

1. 城市总体竞争力尚需提升

从产业规模来看，武汉文化创意产业与北京、上海、杭州、深圳等发达城市相比，差距较大。2020年北京规模以上文化产业收入合计15420.8亿元，同比增长13.9%②；2020年上海文化创意产业发展稳健，全年实现总产出20404.48亿元，其中，互联网和相关服务业、软件和信息技术服务业逆势上扬，分别同比

① 入选联合国“设计之都”四年　武汉拼来千亿级产业[EB/OL].(2021－11－01).武汉文明网，http://hbwh.wenming.cn/rdjj/202111/t20211101_7393830.html.

② 2020年北京市规模以上文化产业收入同比增长13.9%[EB/OL].(2021－12－10).光明网，https://m.gmw.cn/baijia/2021－12/10/1302714574.html.

增长18%和12.5%[①];杭州文化产业2020年增加值达2285亿元,比上年增长8.2%[②];截至2020年,深圳文化及相关产业法人单位超过10万家,从业人员超过100万人,深圳文化产业增加值2200亿元,占全市GDP比重8%,年均增速高于全市GDP增速[③];2020年,武汉规模以上文化企业营业收入总额2036.67亿元,比2016年增长98.3%,企业质量效益持续向好[④]。可以看出,这些国内一线城市的文化创意产业已成为支柱产业,对地区的经济促进作用不断凸显。武汉文化产业增加值及GDP贡献率虽已成为中部城市中的佼佼者,但总体水平不高,与北、上、杭、深等先进地区相比仍存在较大的差距,其文化创意产业的总体竞争力还需提升。

2. 区域发展不平衡现象突出

尽管武汉在文化产业规模和结构等方面都取得了长足进步,但仍存在武汉市各区文化产业发展不平衡的问题。以2021年第一季度为例,当季武汉市中心城区规模以上文化企业实现营收506.0亿元,各区文化产业增加值增长幅度和占本地区GDP的比重差异较大,占比前三的区依次是东湖高新区、武昌区和江岸区,占比均超过8%,有10个区低于全市平均水平,有4个区占比低于1%(见表11－4)。

表11－4　2021年第一季度武汉市分区文化产业相关情况

分区	单位数(家)	营业收入(亿元)	增长(%)	单位数占比(%)	营业收入占比(%)
武汉市	903	506	74.4		
江岸区	72	44	149.8	7.97	8.70

① 中华人民共和国中央人民政府. 2020年上海文化创意产业总产出逾2万亿元人民币[EB/OL]. (2021－03－31). 中国政府网,http://www.gov.cn/xinwen/2021－03/31/content_5597036.htm.

② 杭州市人民政府. 关于杭州市2020年国民经济和社会发展计划执行情况与2021年国民经济和社会发展计划草案的报告(摘要)[EB/OL]. (2021－02－10). 杭州日报,http://www.hangzhou.gov.cn/art/2021/2/10/art_1229487146_59027793.html.

③ 深圳文化产业从业者超百万　文化产业增加值占全市GDP比重8%[EB/OL]. (2022－01－19). 九派新闻网,https://baijiahao.baidu.com/s?id=1722338167107605117&wfr=spider&for=pc.

④ 武汉市人民政府. 市人民政府关于印发武汉市文化产业发展"十四五"规划的通知[EB/OL]. (2022－03－08). 武汉市人民政府网,http://www.wuhan.gov.cn/zwgk/xxgk/zfwj/szfwj/202203/t20220308_1934931.shtml.

续表

分区	单位数（家）	营业收入（亿元）	增长（%）	单位数占比（%）	营业收入占比（%）
江汉区	107	21.9	125.9	11.85	4.33
硚口区	39	25.6	155.2	4.32	5.06
汉阳区	38	7	64.3	4.21	1.38
武昌区	87	71.5	49.3	9.63	14.13
青山区（化工区）	12	5	50.4	1.33	0.99
洪山区	64	12.7	59.2	7.09	2.51
临空港经济开发区	58	15.6	60.3	6.42	3.08
蔡甸区	22	2.6	−29.3	2.44	0.51
江夏区	14	20.5	107.9	1.55	4.05
黄陂区	39	17.5	17.1	4.32	3.46
新洲区	44	3.2	166.8	4.87	0.63
武汉开发区（汉南区）	50	27.6	158.3	5.54	5.45
东湖高新区	252	229.8	65.9	27.91	45.42
东湖风景区	5	1.5	137.9	0.55	0.30

资料来源：武汉市统计局。

3. 产业人才结构亟待调整

有学者根据角色分工的不同，将数字化人才分为先驱角色、关键角色以及生产角色三类。据相关机构统计，武汉数字化创意专业人才、应用人才、管理人才占比都较低，只有 2%，在与北京 25%、31%、23% 的数据对比下，不仅总量少，且占比过于平衡，不利于满足不同民营企业的多样化需求①。

截至 2020 年底，在武汉市文化产业从业人员中，文艺科研人员占比从 2017 年起便从未超过 0.3%。在文化产业机构从业人员中，数字人才所占比重偏小，从业于文艺科技创新的人才比例远远不及从业于娱乐业的文化产业人才，武汉市文化产业人才结构不合理，科技创新核心领域的科研人员数量偏少（见表 11－5），因此，武汉文化创意产业的人才结构亟待调整。

① 陈聪，刘文波．大数据时代数字化人才队伍建设的思考——以武汉民营企业“两化融合”发展为例[J]．中国商论，2021(22)：166－168.

表 11－5　2017—2020 年武汉市文化产业从业人员数量　　单位：人

年份	从业人员总数	图书馆业	群众文化业	艺术教育业	娱乐业	文艺科研	文物业	其他文化产业	文艺科研人员占比（%）
2017	32603	682	770	528	23731	67	1809	2218	0.21
2018	35718	670	761	515	27205	67	1850	2186	0.19
2019	21284	666	764	512	12868	61	1909	2125	0.29
2020	24004	821	779	524	14056	67	1999	3674	0.28

资料来源：《武汉统计年鉴》（2020）。

4. 领军企业和知名品牌较为缺失

文化创意产业与产品同样存在名牌效应。名牌企业对城市经济、地区经济，甚至国家经济都起着带动作用，它能优化企业内部资源，使资源得到充分利用、发挥最大的效用，同时积蓄力量、积累经验推动城市经济发展。2021 年，光明日报社和经济日报社在中宣部召开的文化高质量发展座谈会上联合发布了第十三届“全国文化企业 30 强”名单，武汉市企业仅有一家上榜（见表11－6）①。在文化创意产业市场，武汉市现有的领军企业和知名品牌较少，市场拓展能力还需增强。

表 11－6　第十三届“全国文化企业 30 强”名单

中国出版集团有限公司	中国电影股份有限公司
中国教育出版传媒集团有限公司	华夏电影发行有限责任公司
中国广播电视网络集团有限公司	中国国际电视总公司
华侨城集团有限公司	保利文化集团股份有限公司
完美世界股份有限公司	东方明珠新媒体股份有限公司
上海电影（集团）有限公司	江苏凤凰出版传媒集团有限公司
江苏省广播电视集团有限公司	江苏省广电有线信息网络股份有限公司
浙江出版联合集团有限公司	浙报传媒控股集团有限公司
华数数字电视传媒集团有限公司	浙江华策影视股份有限公司

① 第十三届“全国文化企业 30 强”发布［EB/OL］.（2021－09－24）. 人民网，http://cpc.people.com.cn/n1/2021/0924/c64387－32235202.html.

续表

安徽出版集团有限责任公司	安徽新华发行(集团)控股有限公司
江西省出版集团公司	山东出版集团有限公司
中原出版传媒投资控股集团有限公司	湖北长江出版传媒集团有限公司
中南出版传媒集团股份有限公司	广东省出版集团有限公司
华强方特文化科技集团股份有限公司	四川新华出版发行集团有限公司
西安曲江文化产业投资(集团)有限公司	博纳影业集团股份有限公司

二、武汉科技赋能数字文创产业高质量发展的个案分析

(一)科技升级文博会展览形式

武汉承载着国家自主创新示范区、国家自由贸易试验区等重大战略。本次首届文化旅游博览会是武汉将“高科技”与文化旅游融合,探索促进数字文化创意产业高质量发展的一个重要平台。

1. 大美中国:打造国内最大卷轴巨屏

“大美中国”综合馆展厅空间以环抱式首尾相连的双弧线造型环绕,打造了国内首个最大的卷轴巨屏,湖北本土的华星光电、楚天激光、梦芯科技、中国信科等数十家高新技术企业为展馆提供技术支持,充分发挥了湖北“光芯屏端网”的产业优势,展现了“科技+文旅”的融合创新。

2. 湖北馆:光影再现千年编钟

湖北馆通过艺术与科技的融合,以创意艺术置景与光影科技结合的方式,再现千年编钟、千年梅树、千湖之水以及千年名楼黄鹤楼,通过“光芯屏端网”的高科技应用形成创新式活态艺术展示区。“千年梅树”景观,每朵梅花都安装了来自武汉光谷的北斗高精度 AI 控制芯片,同时也是全球首家厘米级定位精度的消费类芯片。千古名楼黄鹤楼以“光雕”再现。传统文旅与高新技术相融合,使人们在湖北馆能看到智能机器人泡茶和由武汉高新企业研发的 3D 打印技术制作而成的编钟、国内唯一的航天育种植物——“太空稻”。

3. 武汉馆:3D 动画展现城市韵味

武汉馆将地屏、冰屏、裸眼 3D、全息投影等多媒体元素融入其中,五面屏组

成的 270°包裹空间带来沉浸式体验。本次文化旅游博览会因科学技术的创新与运用而大放异彩，科技的赋能使文化旅游博览会的展出方式多种多样，也将观众的逛展方式由普通的游览转变为身临其境的体验。

文化旅游博览会上，文化与科技的融合增强了武汉文化创意产业产品供给的有效性，推动文化创意产业提质增效、转型升级，成为亮点。本次文化旅游博览会的成功举办，不仅向大众展示了武汉现有的高科技水平，也向大家证明了科技赋能数字文创产业高质量发展是大势所趋，将科技与文创产业相结合可创造出更多的文创新体验。

（二）科技提升数字阅读体验

2021 年 4 月 16 日，由中国音像与数字出版协会等主办的 2021 年第七届中国数字阅读大会在浙江杭州召开。大会开幕式上公布了 2020 年十佳数字阅读城市榜单，武汉上榜，这是其第二次获评全国“十佳数字阅读城市”称号。目前，数字阅读已成为武汉人的主要阅读途径，超过八成的武汉人喜欢“纸电共读”。

近年来，武汉以数字阅读助推全民阅读，持续落实《武汉市全民阅读三年行动计划（2017—2019）》，以提高市民人均阅读量为基本目标，加快公共阅读设施建设、体制机制建设、服务体系建设。加强公共阅读设施的智能化建设，注重全民阅读由“共享阅读”到“互助阅读”的交互升级。2021 年 11 月 19 日，湖北省图书馆楚天书房在洪山区融创智谷揭牌。这是湖北省图书馆建设的首家城市书房，将公共文化服务与科技创新相融合。馆内建有数字阅读体验区，配有电子图书借阅机、报刊机、电子借阅屏、阅读本、朗读亭、文化长廊设备，读者均可免费体验、使用。城市书房致力于打造差异化服务，满足不同片区、不同群体的文化需求，提升武汉市民的数字阅读体验，是武汉市科技创新赋能数字文创产业高质量发展取得的卓越成效①。

（三）科技构筑智慧生活方式

科技创新推动公共文化数字化建设，为市民带来全新的文化休闲体验。2022 年 1 月 1 日，历时 732 天改造的常青公园以武汉首座“5G 公园”的面貌重

① 武汉市人民政府．市民身边的公共阅读空间，小而美［EB/OL］.（2021－11－20）．武汉市人民政府网，http://www.wuhan.gov.cn/zjwh/whrw/202111/t20211120_1855553.shtml.

启，实现“一部手机游公园，一部手机读懂公园”。升级后的常青公园内遍布触发式智能互动系统，主要特色有：①AR 动物园。游客只需通过手机连上公园的 AR 互动系统，在手机屏幕里就能看到狮子、大象等动物，并能听到详细的野生动物保护知识讲解。同时，还能实现人与动物的互动，完成在线合影，满足游客实时分享的欲望。②智慧瀑布秋千。通过水循环系统、数据测量采集系统、数据传输系统、数字控制系统等在秋千顶部构建一个智能瀑布，控制系统通过传感器采集和计算乘坐秋千者的速度和角度，预测乘坐者的行为，进而准确控制喷水开关，使得乘坐秋千的人能够顺利通过水幕而不被淋湿。③智慧健身系统。触发式 AR 互动屏能帮助锻炼的中老年群体跟着大屏上的人工智能提示一起练太极或跳广场舞，智能健身步道能帮助爱健身的年轻人进行锻炼。

（四）科技完善电竞产业生态

武汉战略地位突出，是正在建设中的国家中心城市，也是长江经济带三大核心城市之一；发展势头强劲，对电子竞技、视频直播、动漫、演出等文化需求日益旺盛，为电子竞技发展提供了有力支撑；城市充满青春活力，是名副其实的大学之城、青年之城、梦想之城，为电子竞技发展提供了强大市场。武汉也是中国电子竞技的重要发源地，品牌赛事多、头号玩家多、产业生态好，正成为国内的电子竞技中心。

2021 年 4 月 21 日，第二届“电竞·中国”年度盛典在武汉举行，上海、武汉、西安荣获“年度电竞城市”称号，这是武汉电竞业的“里程碑”。武汉市以此次盛典为契机，抢抓电子竞技产业发展新机遇，持续完善产业生态，着力打造电子竞技人才新高地、电子竞技赛事新高地、电子竞技产业新高地、电子竞技政策新高地，提升武汉电子竞技产业的集中度和显示度，加快建设“电竞之都”。2022 年 1 月 23 日晚，第二届英雄城市电竞嘉年华总决赛在光谷落下帷幕，直播电竞作为文化科技产业的核心特色产业，既是运动项目，也是文化项目，与体育、科技、社会、心理等方面有着广泛的联系。本次电竞赛事也旨在助力武汉加快建设“电竞之都”，抢抓电子竞技产业发展新机遇，持续完善产业生态，引领武汉数字文化创意产业高质量发展。

（五）科技赋能传媒产业融合

科技创新推动媒体行业的智能化升级，全面赋能文化传媒产业融合创新。

2021年，长江日报报业集团与科大讯飞共同打造推出长江日报AI虚拟主播“小晴”和“小江”。虚拟主播主要在长江日报主持三档节目——《今日大武汉》《AI说武汉》和《AI主播说热点》。《AI说武汉》采用AI虚拟主播总结回顾武汉的一周大事、热点与精彩内容，每期节目均以当周的“武汉之最”梳理播报。《AI主播说热点》是一档人机对话节目，两位虚拟主播分别与真人主播搭档，对热点新闻进行点评解读。科大讯飞与长江日报报业集团展开战略合作，实现AI虚拟主播的应用，助力长江日报报业集团实现平台技术升级，打造具有影响力的新型主流媒体，共同构建智慧生态区。

（六）科技服务精神文化需求

科技的应用改变传统文化产业的内容、服务与产品形态，催生新型文化产品组合和产业业态，使文化产品更好地服务于人们的精神文化需求。

2021年10月29日12时，湖北省博物馆镇馆之宝“越王勾践剑”的数字藏品正式对外发行。其与传统的博物馆藏品不同，用户可随时拿出手机观赏这把虚拟的“越王勾践剑”，通过旋转和放大功能可以清晰地看见“越王勾践剑”上的纹路、宝石以及刻字。湖北省博物馆是继国博、湖南省博物馆之后，被数字文创新浪潮吸引的又一省级博物馆。博物馆通过数字藏品的方式打造新的文化场景，用青年人喜欢的方式推广传统文化。文创不仅是由文化衍生产品，更是通过数字化技术和商品将其传播到大众中去，是中华文明传播行动计划的重要创新部分。数字技术的运用极大地提高了渠道传播效率，丰富了传播形式，带动了科技服务于人们日益增长的精神文化需求，助力数字藏品的上线与发行，推动武汉数字文创产业的高质量发展。

三、武汉科技赋能数字文创产业高质量发展的经验总结

（一）加大产业政策支持力度

中央有关部门出台的《文化和旅游部关于推动数字文化产业高质量发展的意见》《“十四五”数字经济发展规划》等政策，湖北省委、省政府与武汉市委相继出台的《湖北省数字经济发展“十四五”规划》《湖北省国民经济和社会发展第十四个五年规划和二〇三五年远景目标纲要》《省人民政府关于全面推进数字

湖北建设的意见》《武汉市科技创新发展"十四五"规划》等一系列政策，从政策上保障了武汉科技赋能数字文创产业高质量发展（见表 11－7）。

表 11－7　武汉科技赋能数字文创产业高质量发展的政策保障

级别	名称	主要内容
中央部门	《文化和旅游部关于推动数字文化产业高质量发展的意见》	①以推动高质量发展为主题，顺应数字产业化和产业数字化发展趋势，实施文化产业数字化战略，加快发展新型文化企业、文化业态、文化消费模式，改造提升传统业态，提高质量效益和核心竞争力，健全现代文化产业体系，围绕产业链部署创新链、围绕创新链布局产业链，促进产业链和创新链精准对接，推进文化产业"上云用数赋智"，推动线上线下融合，扩大优质数字文化产品供给，促进消费升级 ②落实国家文化大数据体系建设部署，共建共享文化产业数据管理服务体系，促进文化数据资源融通融合。把握科技发展趋势，集成运用新技术，创造更多产业科技创新成果，为高质量文化供给提供强有力支撑
	《"十四五"数字经济发展规划》	①以数据为关键要素，以数字技术与实体经济深度融合为主线，加强数字基础设施建设，完善数字经济治理体系，协同推进数字产业化和产业数字化，赋能传统产业转型升级，培育新产业新业态新模式，不断做强做优做大我国数字经济，为构建数字中国提供有力支撑 ②坚持把创新作为引领发展的第一动力，突出科技自立自强的战略支撑作用，促进数字技术向经济社会和产业发展各领域广泛深入渗透，推进数字技术、应用场景和商业模式融合创新，形成以技术发展促进全要素生产率提升、以领域应用带动技术进步的发展格局 ③坚持以数字化发展为导向，充分发挥我国海量数据、广阔市场空间和丰富应用场景优势，充分释放数据要素价值，激活数据要素潜能，以数据流促进生产、分配、流通、消费各个环节高效贯通，推动数据技术产品、应用范式、商业模式和体制机制协同创新

续表

级别	名称	主要内容
湖北省	《湖北省数字经济发展“十四五”规划》	①以推动数字化改革为抓手，以激发数据要素价值为主线，以建设全国一体化大数据中心为基础，推动数字产业化、产业数字化，以数字经济赋能高质量发展、提升高效能治理、创造高品质生活，构建立足中国、面向世界、引领未来的“国家数字经济中部脊梁”，为加快“建成支点、走在前列、谱写新篇”做出更大贡献 ②发挥武汉及周边城市群的产业潜力和城市宜居优势，吸引我国中部地区的数据、资本和人才向武汉汇集，着力打造华中数据资源汇聚枢纽、数字经济高端人才培养基地、自主可控关键技术研发基地和企业总部经济聚集地，建设高水平数字产业集聚区，打造具有国际竞争力的数字产业集群 ③依托武汉的高校、科研院所和优势数字经济企业，以东湖科学城为科技智力支撑、以光谷科技创新大走廊为产业基础、以新兴数字经济产业为发展目标，打造辐射全省乃至长江中游城市群的数字经济发展平台，带动全省其他地区数字经济创新发展、协同发展
	《湖北省国民经济和社会发展第十四个五年规划和二〇三五年远景目标纲要》	①迎接数字时代，把数字牵引作为推动高质量发展的强劲动能，加快发展数字经济，建设数字社会、数字政府，以数字转型整体驱动生产方式、生活方式和治理方式变革 ②实施数字经济跃升工程，加快突破数字经济新技术，推动数字经济和实体经济深度融合，赋能传统产业转型升级，催生新产业新业态新模式，着力打造全国数字经济新高地 ③加快数字技术在公共服务和社会治理领域的全面融合，建设智慧城市和数字乡村，构建生活便利、服务高效、管理智能的数字社会
	《省人民政府关于全面推进数字湖北建设的意见》	顺应新一轮数字技术产业变革趋势，以加快经济社会数字化转型为主线，聚焦“数字经济、数字社会、数字政府、数字生态”四大重点，加快推动数字产业化、产业数字化，塑造数字经济新优势；加快提供多样、均等、便捷的全链条全周期社会服务，构建新型数字社会；加快优化政府数字化服务、运行、治理、决策体系，建成现代化数字政府；加快完善数字化发展生态，着力提升数字化发展能力，全方位赋能经济社会转型升级，赋能湖北高质量发展，为加快“建成支点、走在前列、谱写新篇”提供有力支撑

续表

级别	名称	主要内容
武汉市	《武汉市科技创新发展"十四五"规划》	①主动担当科技自立自强使命,认真落实全省"一主引领、两翼驱动、全域协同"区域发展布局,坚持"核心在人才,基础在平台,关键在转化,动力在改革",毫不放松地抓好科技创新,支撑引领高质量发展 ②以打造武汉具有全国影响力的科技创新中心为主线,加快创建湖北东湖综合性国家科学中心,着力建设产业创新、人才集聚、科技成果转化"三大高地",营造更优科技创新环境,切实把科教优势转化为创新优势、人才优势、发展优势,把科技创新"关键变量"转化为高质量发展"最大增量",加快构筑武汉创新发展战略优势,推动武汉成为国家科技创新版图重要增长极和主要创新支柱,成为国家战略科技力量布局战略要地,为我国进入创新型国家前列提供重要支撑

(二)创新核心技术及其应用

截至2021年底,多项国内信息技术领域的科技盛会在武汉举行,多个核心技术得到研发创新,以此赋能武汉数字文化创意产业高质量发展。2021年10月23日,中国电子云总部在武汉正式揭牌。中国电子云总部是中国电子云的运营中心、结算中心和最大研发中心,助力武汉建设网信能力创新基地,形成数字经济产业生态,打造人才培养高地。中国电子云为武汉提供数字经济基础设施及服务,利用智能感知、智能分析与智能制造等功能参与文化产品创造,为文化产品增添人类无法实现的智能元素,为传统文化产品赋能。此外,武汉发挥华中科技大学、武汉大学等高校院所研发优势,聚合科大讯飞、海康威视等企业资源,超前布局智能芯片、类脑智能计算、量子智能计算、自主无人智能等重点领域的基础理论研究,布局人工智能前沿基础研究和核心技术攻关,加快研发数据深度搜索、知识深度学习等核心算法和具有自主知识产权的人工智能芯片,加快5G网络、千兆宽带、智能传感器等新型基础设施建设,支撑人工智能应用场景建设。

2021年10月27日,"中国光谷"国际光电子博览会暨论坛在武汉中国光谷科技会展中心开幕。此次光博会的成果推动着武汉文化产业生产和传播等各个环节的优化与改善,也为武汉数字文化创意产业带来了巨大的发展机遇,推动了产业链和价值链的创新，助力武汉数字文创产业依托核心技术创新文化内容与产品服务，升级文化产业业态，实现高质量发展（见11－8）。

表11－8　光博会成果

成果名称	主要内容
激光技术成功应用	华工科技在国内桥梁行业首次应用激光清洗技术，展出了其最新研制的国内首个数控激光U肋清洗设备的关键工位，长达18米、宽5米，预计2021年内就将交付使用
长飞公司预制棒、光纤、光缆三大主营业务世界第一	①一大批围绕“光芯屏端网”的企业集中亮相，不仅展示出万亿产业集群的巨大发展能级，旗下众多产品更创下多个国内、国际第一，凸显武汉光电子信息产业的高水平 ②以激光行业为例，锐科激光成为国产光纤激光器第一品牌、全球第二，与华工科技参与制定我国激光产品类首个国际标准——“工业用光纤激光器参数要求和测试方法”；华日激光紫外激光器、奇致激光医疗美容设备、逸飞激光锂电池加工设备等在各自细分行业市场占有率均位居国内第一；7000瓦二氧化碳激光器、万瓦光纤激光器、百瓦级超快激光器等产品，实现国内首台套产业化，不断改变我国高端激光器依赖进口的局面

（三）重视专项资金的扶持

2021年5月26日，以“文化金融携手、致敬英雄城市”为主题的“C50论坛走近武汉”活动（中国文化产业投资50人论坛简称C50）在武汉文化金融服务中心成功举办。在“C50论坛走近武汉”活动中，中国文化产业投资领域的投资人、企业家和专家学者围绕一批意向项目开展全面对接。在文化基金板块，清科文创、深创投集团、厚德前海基金、北京钧源资本、型动体育将充分发挥资本、经验、影响等优势，同武汉文投集团在文化产业发展基金方面开展合作，设立引导基金，做大基金规模，推动引导武汉文化产业发展。

武汉市人民政府为推动文化产业的健康发展，促进文化产业将社会效益放在首位，实现社会效益与经济效益的统一，计划2021年武汉市文化产业发展专项资金奖励、贴息、补助资金支出预算为4500万元。依据全市文化产业发展实际需要和往年预算执行情况，计划支出内容包括：①文化产业发展项目补助（含媒体融合项目补助、会展补助、境外演出补助、企业总部引进补助、重大文化产业活动补助、实体书店补助等），金额1850万元。②文化产业发展项目贴息，金额150万元。③文化产业发展项目奖励（含新进“四上库”文化企业奖励，文化企业营收增长奖励，入库达标区奖励，动漫播出奖励，重大题材、主旋律影视作品奖励，武汉取景拍摄影视作品奖励，文化产业招商引资奖励等），金额 2500 万元①。

文化产业项目基金重点支持发展势头好、辐射带动作用强的文化产业项目，推动武汉文化市场主体发展壮大，培育新型文化业态，极大程度支持武汉将高新技术与文创产业相结合，以此推动武汉数字文创产业的高质量高水平发展。

四、武汉科技赋能数字文创产业高质量发展的趋势与展望

（一）国家战略实施为产业发展创造新机遇

随着中部地区崛起、“一带一路”、长江经济带等诸多国家重大战略的全面实施，湖北武汉建设“文化强市”“国际消费中心城市”“设计创意之城”等目标被赋予更加丰富的实践内涵，也为工业设计和文化创意产业高质量发展带来新机遇。近年来，武汉市抢抓发展机遇，用文化赋能城市高质量发展，城市综合能级和品质有效提升，中心城市辐射带动和“溢出效应”逐渐显现，文创产业对社会发展综合带动作用更加凸显。据统计，2021 年前三季度武汉市规模以上文化企业实现营业收入 1745.1 亿元，较 2020 年和 2019 年前三季度分别增长 33.5% 和 49.0%；十一期间，接待游客总量 2116.50 万人次，接待游客总量位居全国城市第一；顺利跻身 2021 年度全国十大夜游目的地城市②；荣获首批国家文化和旅游消费示范城市、国家级夜间文化和旅游消费集聚区称号等。这些成绩的取得离不开国家宏观战略的实施，并将进一步助推武汉文创产业在更高平台上高水准发展。武汉作为区域“心”引擎，未来要更加主动地融入国家重大发展战略，发挥好区域主中心作用，有效整合区域文化资源，发展特色文化产业，构筑区域特色文化品牌，增强文化产业核心竞争力；积极搭建高质量、多样化、国际化合作平台，推动区域金融、人才、技术等要素市场的自由合理流动，在助力中部文创产业协调发展中勇立潮头、勇担大任。

---

① 武汉市人民政府.2021 年市文化产业发展专项资金预算公开［EB/OL］.（2021－03－12）.武汉市人民政府网，http://www.wuhan.gov.cn/ztzl/yjs/2020_52695/drz/zgwhswxcb_36895/bndys_36896/202103/t20210312_1649996.shtml.

② 创建“东亚文化之都”武汉：以文兴城，推进文旅产业高质量发展［EB/OL］.（2021－12－20）.极目新闻网，http://www.ctdsb.net/channel/1661/202112/20/1334291.html.

（二）科技创新助推产业提档升级

科技创新是数字文创产业发展的动力源泉。近年来，武汉科技创新水平显著提升，科技成果转化步伐加快，数字经济发展稳步推进。“十三五”时期，武汉市科技创新能力持续提升，科技创新投入持续增加，R&D经费支出占GDP比重逐步提升，累计获得国家、省级科技奖励1076项；重大创新平台加快建设，国家级创新平台达138家；成果转化服务能力持续提升，新增技术转移示范机构72家，技术合同成交额实现翻番，累计达3698.66亿元；高新技术产业快速发展，高新技术增加值达4032.12亿元；科技型企业培育卓有成效，仅2021年净增高新技术企业2200家以上；出台《院士专家引领十大高端产业发展行动计划（2020—2025）》《武汉国家新一代人工智能创新发展试验区建设若干政策》等文件，优化科技创新环境，聚焦企业培育、成果转化、产业发展等方面出台转型政策[①]。中国社会科学院财经战略研究院编制的《中国城市竞争力第19次报告》显示，武汉市城市科技创新竞争力排行第六，较2020年上升了一个位次。科技创新联动产业结构转型提升，夯实产业提质增效基础，为拉动地方文化旅游转型升级、提质增效，促进地方经济可持续发展发挥了重要作用。未来武汉市要充分运用区域、科教优势，深入实施文化科技创新驱动战略，深化国家级文化和科技融合示范基地建设，聚焦5G、工业互联网、人工智能、区块链等数字技术在文创产业创作、生产、传播和消费等环节的全面应用，构建覆盖重点领域和关键环节的文化和科技融合创新体系，建设国内领先的网络文化创意创新基地，壮大高端文化制造，布局面向未来的知识经济体系。

（三）文旅深度融合拓展产业发展空间

文旅融合是文创产业发展的战略支点和主要特征，必须坚持“以文塑旅、以旅彰文”，强调产业要素之间的优势互补、联动共生。当前，武汉市文旅产业支柱产业作用日益明显，文旅融合发展模式已成为催生文旅消费新产品、新业态、新模式和新增长点的重要动力，文旅融合发展的根基更加深厚，特色旅游产品供给日益丰富，夜间文旅经济繁荣，网红打卡经济引爆消费热点。但整体来看，

① 武汉市科学技术局．2020年度武汉科技创新报告[EB/OL]．(2021－07－09)．武汉市科学技术局官网，http://kjj.wuhan.gov.cn/zwgk_8/fdzdnrgk/ndbg/kjcxbg/202107/t20210713_1736511.shtml.

融合发展的深度还有待进一步加强，融合发展体制机制有待进一步完善，文化和旅游品牌影响力还不够大。一方面要进一步深化文旅融合协同发展，从理念、职能、政策、技术、市场等多个方面入手，积极寻找文化、旅游之间的融合点，统筹文化与旅游业态、产品、资源、市场、品牌深入融合，发挥各自优势，双生共赢，打造高质量文化旅游景区、场馆、会节以及产品，形成文旅消费新的增长点。另一方面要深化文旅科技创新融合，顺应数字产业化和产业数字化发展趋势，充分运用武汉科教优势，加快文旅和科技融合创新体系构建，为文旅产业创作、生产、传播、消费与管理提供技术支撑；深度开发以动漫游戏、数字直播、数字出版、数字演艺、网络文学为主的数字文化业态，增强文旅消费供给能力；依托数字经济、线上经济开发体验性强、参与度高的互动消费模式，形成"线上线下消费融合发展"的新业态，解决文化消费空间痛点；优化文化消费平台，推动文化消费方式朝着更加智能化、便捷化、体验性的方向发展，适应个性化、定制化、品质化数字文化产品需求；打造沉浸式和互动式等新型文旅体验消费集聚区，拓展数字文旅发展新空间，提升数字文旅消费层级。

五、结语

当今世界正经历百年未有之大变局，国际经济、科技、文化等格局发生着深刻变革。新发展阶段带来新机遇和新挑战，整体上我国文化产业呈长期向好的发展态势，数字文化产业规模持续壮大，产业结构不断优化，供给质量不断提升，正逐渐成为激发消费潜力的新引擎。

武汉作为高新技术产业基地、首批国家级文化和科技融合示范基地，应坚持转型升级，实施文化产业数字化战略，深入推进文化产业各领域数字化转型，培育数字文化新业态。坚持创新驱动，深入实施文化和科技融合发展战略，着力提升文化产业数字化发展的服务能力和赋能水平，为文化产业特别是数字内容产业的创新发展创造有利条件。随着中部地区崛起、长江经济带等诸多国家战略全面实施，武汉城市综合能级将会得到有效提升，为文化产业实现高质量发展提供动力，加速中国数字创意之都的建设。

（郭雨，华中师范大学国家文化产业研究中心；王静熙，武汉体育学院，经济与管理学院；李林（通讯作者），华中师范大学国家文化产业研究中心，教授）

第十二章 广州:打造粤港澳大湾区数字文化创新的城市样本

一、2021 年广州市文化产业发展的基本态势

二、广州市文化产业与数字科技融合发展的样本经验

三、广州市文化产业发展的未来趋势研判

近年来，数字经济发展势头迅猛。以数字技术为支撑的新产品、新服务、新业态成为经济增长的主要贡献力量。2020年党的十九届五中全会提出要构建"以国内大循环为主体、国内国际双循环相互促进"的新发展格局。由此，数字经济逐渐成为实现"双循环"发展格局过程中的重要支撑力量，在后疫情时代显现出了强大优势。在文化产业领域，"双循环"发展格局这一目标对于文化产业的高质量发展具有重要的指示作用：立足国内大循环，借助超大规模的市场优势进一步深化供给侧结构性改革，提高要素供给质量，以创新推动文化产业转型升级，以高质量的文化产品满足人民群众日益增长的精神文化需求；面向国际大循环，大力拓展海外市场，以科技创新增强国际竞争优势，提升文化"软实力"。而数字经济一方面能够为文化产业提供新业态、新模式、新增长，促使文化产业由内容融合向产业融合迈进；另一方面也成为中国文化产业实现双循环最重要的方式和手段。

广州是广东省省会城市，地处中国南部，濒临南海、毗邻港澳，自秦代设县至今已有2200多年的历史，是古代海上丝绸之路发祥地、岭南文化中心地、近代革命策源地和改革开放前沿地。历史资源丰富，文化底蕴深厚，具有良好的城市基础和独特的地缘优势。除此之外，雄厚的经济基础、充足的资金投入和精准的政策扶持等产业发展优势，以及高新信息技术的发展、"新基建"进程的加快、"双区"战略和"一带一路"倡议的推动等发展机遇，都为广州市文化产业的高质量发展提供了强劲动力和广阔空间。

2019年底，广东省委宣传部、省文化和旅游厅联合印发《广东省关于加快文化产业发展的若干政策意见》，提出要以推动文化产业高质量发展为目标，从培育壮大文化科技创新主体、推动文化与相关产业融合、完善人才支持等方面入手，着力提升文化企业创新活力，激发文化产业发展新动能。在"十四五"规划的开局之年，广州作为广东省省会城市，积极响应"十四五"规划建议中提出的"实施文化产业数字化战略"，持续加大对文化产业的投入，在加快文化产业数字化转型、提升城市文化软实力、培育“粤港澳大湾区文化中心”功能等方面保持快速发展势头。在国内循环方面，广州市积极抢占数字经济发展的制高点，促进新一代信息技术产业全面升级，在5G基站、大数据、人工智能和工业互联网等新型基础设施的支撑下，发展新型文化企业、文化业态、文化消费模式，积极促进文化产业的供需循环、产业内循环、产业间循环以及区域间循环；在国际循环方面，广州不断构建并完善国际文化交流与合作平台，充分发挥国家文化出口基地在产业集聚、创新发展、示范引领方面的重要作用，大力培育文化出口重点企业、重点项目，推动对外文化贸易提质增效。

一、2021年广州市文化产业发展的基本态势

（一）新品牌：推陈出新，盘活文化“软实力”

城市文化是在城市长期发展过程中形成的城市文化环境、居民生活方式和生活习俗的总和。城市文化品牌的塑造既有助于提升城市综合实力和文化竞争力，又能促进地方优秀传统文化的传承与弘扬，是传播城市文化、提高城市知名度的重要途径。2021年7月，广州市根据《文化和旅游部关于推动数字文化产业高质量发展的意见》（文旅产业发〔2020〕78号）等文件要求，制定了《广州市促进文化和旅游产业高质量发展若干措施》，指出广州市要充分挖掘作为岭南文化中心地、近现代革命策源地、海上丝绸之路发祥地、改革开放前沿地的文化底蕴，培育四大城市文化品牌——岭南文化、红色文化、海丝文化和创新文化。总体来看，2021年度广州市基于自身的特色历史文化，找准城市形象定位，积极打造城市文化品牌，创新对外传播及对外文化交流贸易的方式，盘活文化“软实力”，从而推动了广州城市文化综合实力出新出彩。

“红色文化”塑造时代之魂。广州是近现代民主革命的策源地，是一座具有光荣革命传统的英雄城市，有着丰富的红色文化资源和文化底蕴，可以说，“红色文化”是广州城市文化的底色。基于此，讲好广州“红色故事”、发展广州“红色旅游”、彰显广州“红色魅力”是打造广州城市文化品牌的必由之路。2021年4月，广州市编制《广州市红色文化传承弘扬示范区发展规划（2021—2025年）》，提出2021年红色文化传承弘扬示范区建设要取得阶段性进展，策划推出一批庆祝中国共产党成立100周年的重点项目、重要活动、理论著作、文艺精

品，使广州红色文化品牌在全国影响力大幅提升。据 2019 年统计数据，广州市有红色资源总数 619 项，其中物质遗产类 526 项、人文活动类 93 项、红色文化史迹 230 处。依托这些红色资源，广州市积极推进红色文化旅游产业，重点打造 10 余个红色旅游经典景区和 8 条旅游精品线路，包括“中国革命统一战线史迹之旅”“广州起义红色之旅”“改革开放窗口之旅”“毛泽东足迹之旅”等，串联中国共产党早期活动、广州起义、改革开放等重大历史史迹，展现广州的英雄城市形象。5 月，广东省共有 3 条精品旅游线路入选由文化和旅游部联合中央宣传部、中央党史和文献研究院、国家发展改革委推出的“建党百年红色旅游百条精品线路”。其中，广州市有两条精品线路入选，分别是“红色广州 · 革命之城”和“奋进大湾区 · 逐梦新时代”，串联起广州的红色历史与新时代奋斗史，彰显着伴随广州革命运动而产生的红色精神。此外，为进一步铭记红色历史、传承红色基因，广州市还积极推进红色文艺创作。2021 年 7 月至 10 月，广州首届“2021 广州红色艺术季”，以“忆百年　艺同行”为主题，集中展演《旗帜》《白毛女》等 59 台红色艺术精品，体现广州百年红色基因的传承与发展。

“岭南文化”汇聚湾区同心。广州作为岭南文化中心地，具有深厚的岭南文化底蕴，素来有“羊城”“花城”等蕴含岭南特色的美誉。作为中华文化的重要支脉，岭南文化是中华优秀传统文化中最具特色和活力的地域文化之一，也是粤港澳地区共同的历史文化基础，具有深厚的凝聚力和影响力。从岭南建筑、粤绣、粤剧到饮食文化、节庆民俗，岭南文化涵盖经济、文学、艺术与生活的多个领域，存在大量可挖掘的文化遗产。2021 年 1 月，广州市民间文艺家协会举办“岭南文化进校园——民间文化大讲堂”活动，使岭南民间文艺走入校园课堂，探寻传统文化与当代教学的最佳契合方式。3 月 25 日，由广州市文化广电旅游局主办的“春暖花城 · 相约广州”——2021 年广州春季文化旅游宣传推广活动首站在南昌隆重举行，该场活动既着力展现岭南文化的魅力所在，又力图推动两地文旅的交流合作，以狮剧《春暖花城》作为开场，将“粤剧+醒狮”两大岭南特色文化表演融合碰撞，充分展现出广州传统文化的创新创意与活力。12 月 17 日，由广州本土企业制作的国风动漫电影《雄狮少年》在全国上映。影片以岭南为背景，细致刻画了芳村地铁站、荔湾湖公园、木棉花等岭南城乡风貌，生动展现了“醒狮”这一岭南文化民俗，巧妙运用了富有草根气息的岭南音乐，完美呈现了顽强坚韧、不屈不挠的岭南草根精神。12 月 19 日，为庆祝澳门回归祖国 22 周年，广州歌舞剧院携手美高梅打造的大型科技民族舞剧《醒狮美高梅》在澳门美高梅剧院首演，旨在以醒狮文化为契机，加强湾区内的文化交流，发挥广州与澳门两地优势，共同传播中华优秀传统文化。

“海丝文化”增强开放优势。海上丝绸之路是海丝文化的象征，承载着两千多年来东西方的经济文化交流，有着丰富的物质文化和精神文化内涵。广州作为海上丝绸之路的重要发源地和海丝申遗联盟的牵头城市，肩负着整合海丝文化资源、重塑海丝精神、打造海丝文化品牌出新出彩的重担。6月29日，目前粤港澳大湾区唯一一座“海事”专题博物馆——广州海事博物馆正式开馆，展览从中外航线、造船航海、港口城市、瓷器出口、香药进口等方面，完整而系统地展现了广州海上对外贸易和交流的历史和文化。海事博物馆将成为广州海丝文化的重要地标，搭建起广州与世界文明开展文化交流的重要平台。除此之外，海丝文化进校园、海丝游径建设、海丝主题文创开发等一系列工作的推进，也令海丝文化能够更好地整合传播。9月24日，2021年广东21世纪海上丝绸之路国际博览会在广州隆重开幕。展会以“新阶段、新理念、新格局”为主题，采取“一展一会”“综合展+专业展”的模式举办。展会面积共7万平方米，参展企业超过1000家，有超40场合作交流配套活动。本届博览会的亮点之一是首设人工智能展区、数字经济展区和丝路电商展区，集中展示人工智能、无人机、新能源汽车等科技热点，吸引了亿航科技、玖的数码科技等科技企业积极参展，德国耐克森、美国康普等龙头企业也亮相展会现场。通过海丝博览会展会平台，推动参展企业顺应数字产业化和产业数字化发展潮流，共同加快建设数字丝绸之路，构建智能化互联互通新格局。9月27日，“四海通达——海上丝绸之路（中国段）文物联展”在广州南越王博物院王墓展区开幕；且广州积极发挥海上丝绸之路申遗牵头城市作用，开展海丝文化专题研究，“海上丝绸之路：港口、航线与贸易”学术研讨会同期举办。

“创新文化”激发城市活力。广东省是全国改革开放的前沿阵地和“试验田”，而广州是广东省改革开放的中心。改革开放40多年来，广州坚定不移地坚持“对外开放，对内搞活”的战略方针，敢为人先、敢试敢闯，经济社会发生了翻天覆地的变化，取得了举世瞩目的物质文明建设和精神文明建设成就。创新是引领发展的第一动力，广州开放包容的城市精神和“敢为人先”的人文品格是形成“创新文化”的重要基础。近年来，广州大力推进文化产业创新，为适应新时代需要，建设一批创新文化设施，推出一批以改革开放为主题的特色文化产品。2021年3月29日，粤港澳大湾区（广东）创新创业孵化基地正式开园。该基地由广东省人力资源和社会保障厅与广州市天河区人民政府共建，旨在打造具有人文特色的国家级、国际化、示范性港澳青年创新创业基地龙头标杆，形成示范引领和辐射带动效应，为粤港澳大湾区创新发展提供新动能。“大潮起珠江——广东改革开放40周年展览”以及“岁月留痕——广州红色史迹故事图片展”等一系列展览也相继举办，旨在通过以小见大的方式，展现广州在改革开放和社会主义现代化建设中所呈现的发展特色和卓越成就。其中，“岁月留痕——广州红色史迹故事图片展”还启动线上“广州红色史迹故事 VR 朗读者”征集活动，将读者朗读史迹故事的声音与史迹 VR 结合，用创新的文化传播方式，努力讲好改革开放故事。2021 年 6 月，广州市人民政府文史研究馆联合广州农讲所纪念馆和广东广播电视台，邀请第 12 届中国摄影金像奖得主叶健强先生举办“广州好——旧城区新活力　留下广州的记忆”专题讲座，以上百幅精选摄影作品，反映广州的人文精神、城市风貌和改革开放精彩故事。

(二)新业态:巧妙借力,科技赋能文化产业

习近平总书记在 2018 年全国宣传思想工作会议上首次提出，要推动文化产业高质量发展，健全现代文化产业体系和市场体系，推动各类文化市场主体发展壮大，培育新型文化业态和文化消费模式，以高质量文化供给增强人们的文化获得感、幸福感。2021 年，广州市紧抓数字经济发展新机遇，推动文化与科技的深度融合，坚持以科技创新为文化产业发展赋能，激发创新创造活力，促使文化产业新业态浪潮迭起，文化产业数字化转型步伐加快。上半年，广州市多媒体、游戏动漫和数字出版软件开发，互联网其他信息服务，互联网游戏服务，互联网搜索服务以及互联网广告服务营业收入规模均超过 70 亿元，营收规模在十六个文化新业态行业小类中位列前五；游戏动漫、新媒体娱乐、娱乐智能设备制造等 16 个文化新业态特征较为明显的行业小类共有规模以上法人单位 704 家，同比增加 115 家；实现营业收入 963.41 亿元，同比增长 26.3%，展现出强劲的增长韧性，助力全市文化产业步入增长快车道。

文化新业态浪潮迭起。随着数字经济的迅猛发展，数字互动娱乐、数字视听、数字音乐、网络影视等以数字内容为核心的新兴文化业态已成为广州经济社会发展的新引擎。这些数字文化产业新业态一方面促使文化产业数字化，即传统文化产业和数字技术深度融合，通过再现和创造，重塑文化产品的生产方式和消费方式；另一方面促使数字产业文化化，即数字产业巨头推进文化产业，

开发数字文化产业链条，推动经济效益和社会效益双效统一。2021年度，广州着力发展的数字文化产业新业态主要有以下几类：

一是数字媒体产业。数字媒体是传统媒体与数字技术结合的一种新传播形态，是媒体产业寻求创新发展的路径而与数字经济融合的产物。细分数字媒体产业，主要有数字影视、数字广告、数字图书、网络音视频、网络游戏、在线教育等产品形态，数字媒体技术在消费、教育、制造业等各领域的影响不断扩张。近年来，广州积极布局数字媒体产业，并利用短视频、社交媒体、网络直播等数字媒体推动文化创意产业的发展，使文化创意在不同形式的传播媒介中广泛传播。2021年6月，在“就地过节”的疫情防控背景下，广州市文化馆打造“云上过端午广式新体验”线上系列活动，通过云上观战、云端赏舞、“非遗”直播、短视频看龙舟、线上民俗讲座等五项活动，展现丰富多彩的民俗文化和“非遗”文化，让广大群众于线上领略岭南水乡的端午习俗和文化魅力，共庆端午佳节。

二是数字电竞产业。游戏和电竞产业是数字经济不可或缺的组成部分，电竞市场规模、用户规模等多项数据表明，中国已成为世界上最有影响力、最具潜力的电子竞技市场。广州电竞产业具有良好的发展基础，不仅有发达的互联网信息产业、积极的电竞产业扶持政策、专业的电竞游戏研发团队、设施良好的比赛场馆、各类投资运营和电子竞技专业人才，还有如网易、欢聚时代、三七互娱等国内电竞龙头企业。广州电竞产业在全国乃至全球的影响力不断提升，计划打造粤港澳大湾区游戏研发高地、中国电竞直播之都和世界电竞名城。2021年5月，粤港澳电竞发展研究院落户广州大河，成为华南地区首家电子竞技研究创新基地。研究院通过开展电竞产业调查研究、制定电竞行业标准、与国内外智库建立学术交流关系等系列工作，切实推动粤港澳地区电竞产业的高质量发展。2021年12月，2021年度中国游戏产业年会在广州举行，以“遵规自律，多元赋能，积极融入数字经济发展新浪潮”为主题，研讨未成年人守护、元宇宙等行业焦点话题，探索中国游戏产业高质量发展之道。

三是数字直播产业。直播产业带动广州数字商务的发展，成为广州市文化产业发展的新重点。自2020年起，诸如广州国际直播博览会、直播电商产业年会、直播节等一系列直播行业活动在广州云集，充分展示出“直播电商之都”的集聚效应。2021年3月，广州发布《广州市直播电商“个十百千万”工程评定标准》，进一步推进《广州市直播电商发展行动方案(2020—2022年)》的落实，推动直播电商产业集聚区、电商机构、MCN机构、品牌、带货达人的认证体系的完善发展，为广州直播电商行业中优质企业、优质人才的发展提供参考标准。2021年4月，中国直播产业数字经济大会在广州举行，分享直播产业数字经济发展趋势和战略，交流直播电商创新前沿，开展直播带货商家培训，助力直播产业专业、蓬勃发展。

四是数字音乐产业。广州是岭南音乐文化发源地，在改革开放初期还以“流行音乐发源地”闻名，2004年在广州诞生了国内第一个网络音乐PC客户端——酷狗音乐，发展至今，酷狗音乐深耕音乐科技领域，加速构建“音乐+”泛娱乐生态，成为中国领先的数字音乐交互服务提供商；与此同时，广州还拥有荔枝集团、天翼爱音乐、沃音乐等多个国内知名数字音乐企业；此外，广州的音乐产业园区建设成效显著，拥有多个国家级音乐园区，包括获评国家音乐产业基地的羊城创意园以及星海艺术产业园等。广州网络音乐总产值居全国前列，多元数字音乐生态体系发展态势良好。展望未来，广州将继续发挥广东省音乐文化产业的现有基础和资源优势，开拓音乐产业发展新格局。

五是沉浸式业态产业。近年来，广州响应文旅部“发展沉浸式业态”的号召，积极发展沉浸式体验新业态，接连推出沉浸式演艺、沉浸式展览、沉浸式文化旅游等活动。2021年4月，《在地新生》沉浸式科技艺术展以具有岭南地域文化的传统花鸟绘画为灵感，精选经典国画中的花、鸟、石等意象，结合数码编程、三维动画、体感交互等技术，创作出虚拟树林、梦境沉浸空间等系列展项，令观众身临其境感受传统艺术的当代魅力。9月，广东省博物馆推出“红色热土　不朽丰碑——沉浸式博物馆之夜”系列活动，围绕“中国共产党领导广东新民主主义革命历史展”内容，创新推出省内首个夜间沉浸式导赏活动，运用“展览+演艺”的模式，结合展厅空间设计，将可感可触的红色故事真实还原，让观众在沉浸式的观展体验中重温峥嵘岁月，感受红色文化的魅力。

数字化转型步伐加快。自2020年以来，受全球新冠肺炎疫情肆虐影响，传统的线下文化消费受到抑制，线上数字文化的消费需求大幅增长，“互联网+文化”逆势上行，科技创新释放传统文化产业的内生动力，促使传统文化产业向数字化转型步伐加快，数字文化产业发展稳中向好。随着人工智能、大数据等科技产业资源的不断发展与5G、VR/AR、4K/8K超高清视频等技术的日益成熟，以科技创新推动文化产业的数字化转型，日益成为当下广州文化产业发展的主题。

一是文化消费体验转型。后疫情时代，广州市准确把握新时代的文化消费需求变化，积极推进文化消费体验的数字化转型升级，由此催生了一批文化消费新业态：文旅与数字技术结合，“云端”演出、“云端”观展、“云端”旅游层出不穷；借数字直播产业助力，拓宽“非遗”文化产品推广和销售渠道；等等。8月，2021年广州国际旅游展览会改为线上举办，主办方主动抓住数字科技为文化旅游业带来的新机遇，联合阿里巴巴集团旗下云上会展有限公司打造数字化智能“云上旅游展”，汇聚了全球55个国家及地区，“云”展时间长达2个月。本届展会以“科技强赋能，文旅新赛道”为主题，创新采用数字化线上办展、轻量化线下推广、主题式云游直播等方式，围绕科技赋能、“非遗”传承、文博文创、体育旅游、影视文旅等领域，集中展示“双循环”新发展格局下的文旅融合发展新趋势。在“云展”举办期间，邀请行业资深人士借助直播镜头推介特色主题项目，买家及观众可关注官方微信公众号、官方微信视频号和官方小程序，实时了解展会最新资讯。2021年11月，广州市非遗保护中心在抖音短视频平台建设常态化运作、多维度传播的“抖音广州非遗馆”，利用短视频平台及话题、聚合页、流量池、直播带货等新媒体手段，探索非遗文化的传播新方式和非遗文创产品的销售新渠道，用数字技术助力非遗文化“重生”。在“抖音广州非遗馆”的首期建设中，集合了广绣、岭南古琴艺术、粤剧、醒狮、粤菜烹饪技艺等55个广州非遗项目，共吸引79位非遗传承人入驻，话题内聚合300多条非遗短视频，内容互动量达2.6万，直播单场销售额达1.7万元。为更好地探索广州非遗的线上销售路径，主办方安排非遗传承人以讲述非遗背后的传统文化和现场演示技艺等方式直播带货，并尝试用“秒杀”、发福利等方式售卖非遗产品；主办方还于12月18日举办专场线下培训，为广州非遗传承人提供专业化指导，提升传承人的新媒体传播能力和直播带货能力。

二是文化艺术产品转型。近年来，广州积极尝试将文化艺术产品与数字科技有机融合，推动文化艺术产品的数字化转型，用出新出彩的方式弘扬、保护、传承中华优秀传统文化，实现传统文化的创造性转化和创新性发展，彰显岭南地区的文化自信。由广州市文化广电新闻出版局主办的“广州市粤剧电影精品工程”于2018年正式启动，计划利用三年左右的时间将10部大型粤剧——《刑场上的婚礼》《南越王》《睿王与庄妃》等拍摄成粤剧电影，并在全球范围内发行上映。该项目旨在通过“粤剧+电影”“文艺+科技”等新的表现形式，继承并发扬粤剧兼容并包、敢于创新、与时俱进的文化品格，拓展粤剧艺术的发展空间，激发粤剧的传统活力。2021年5月20日，由珠江电影集团有限公司、广东粤剧院、佛山文化发展投资管理有限公司联合出品的中国首部4K全景声粤剧电影《白蛇传·情》在全国公映。该电影取材于中国四大民间传说之《白蛇传》，在继承传统的基础上，把特技融入戏曲，将极致视效与中式水墨诗韵巧妙结合，以“情”为主线，演绎了白素贞坚贞不渝爱许仙的故事，道出了人们对爱情的美好憧憬、对真善美的执着追求。经典桥段“水漫金山”在影片中长达6分钟，巨浪滔天的视觉效果震撼人心，将观众带入一场法与情的对峙之中。影片以最新的超高清视频技术演绎传统戏曲经典，通过年轻化、电影化的方式诠释经典魅力，使其成为一部“粤剧大片”，在为优秀传统文化注入新活力的同时，也为粤剧这一非物质文化遗产的现代传承做出了极具价值的尝试。2021年11月29日，由中国电影股份有限公司、广州广播电视台、市文化广电旅游局下辖广州粤剧院等单位联合出品的粤剧电影《南越宫词》，获第34届中国电影金鸡奖最佳戏曲片提名，该片运用国际领先的虚拟技术拍摄，通过高科技手段和艺术表现手法的创新，展现传统粤剧的韵味和南越古国风情，令中华优秀传统文化焕发出新的活力。

（三）新发展：文化惠民，焕发城市文化魅力

近年来，广州市坚持文化惠民，不断完善公共文化服务体系，努力使每个公民都拥有享受文化成果的权利、参与文化活动的权利和开展文化创作的权利。2021年度，广州城市公共文化服务实现提质增量，持续推进“图书馆之城”和“博物馆之城”建设，文化惠民活动不断增多。在数字科技的助力下，广州市计划实施公共文化数字化工程，开展新型公共文化空间建设，促使广州的文化服务供给更加丰富，城市文化魅力不断提升。

公共文化设施持续建设。近年来，广州市在公共文化设施建设方面硕果累累，公共文化设施类型不断增多、数量逐年增加，先后建成开放了广州大剧院、广东省博物馆、广州图书馆、南越王宫博物馆、粤剧艺术博物馆等一批体现城市特色和时代精神的现代化标志性文化设施。2021年，省“三馆合一”、市“三馆一院”等重大文化基础设施建设项目加快进度，广州海事博物馆、广州文化馆新馆、广州粤剧院等一批大型文化设施相继落地；新时代文明实践中心（所、站）实现区镇村三级全覆盖；每万人公共文化设施面积居全国前列；北京路文化核心区等国家级文化产业园区陆续建成；成功创建中国（广州）超高清视频创新产业示范区；等等。2021年3月，广东省文化和旅游厅发布公共文化服务评价，广州

综合排名居全省首位。谋篇“十四五”，广州还在规划新一轮公共文化设施建设，《广州市公共文化设施布局专项规划（2020—2035年）》提出以“一江两岸”为廊带，以新旧城市中心为核心轴线，建设及合理布局各级各类公共文化设施，形成“一江一廊、两轴两核、多心多节点”文化空间结构。规划广州市到2022年达到每5.5万人一座图书馆，建成图书馆之城；到2035年，实现每5万人一座图书馆，公共文化设施覆盖率达100%。

文化会展平台快速发展。广州经过多年的打造与经营，孕育了中国（广州）国际演艺交易会、广州文化产业交易会、广州艺术节（戏剧节）、羊城国际粤剧节、中国国际漫画节、中国（广州）国际纪录片节、中国国际儿童电影节、广州大学生电影节、广州国际艺术博览会等一批具有全国乃至全球影响力的知名文化会展平台，为广州文化产业的发展搭建了沟通交流与贸易的平台，推动文化产业的创新升级发展，从而使广州文化品牌走向市场、走向世界。2021年10月，中国国际漫画节动漫游戏展与AGF亚洲游戏博览会在广州双展联办，吸引腾讯视频动漫、网易游戏、哔哩哔哩等近40个知名品牌参与，展示动漫游戏相关衍生品达500余种。其中，“熊出没”“猪猪侠”“喜羊羊与灰太狼”等广东原创动漫IP受到国内外商家的青睐。自2017年首次举办以来，广州文化产业交易会已成为展示文化产业发展最新成果的重要平台，展会规模不断扩大，影响力与品牌效应也与日俱增。2021年12月，“文交会”首次以市政府的名义举办，办会规格和规模相较往届均有所提升。此次“文交会”以湾区文化为背景，以“新业态、新消费、新文旅”为主题，主体活动包括粤港澳大湾区（广州）数字文旅新业态成果展示会、演艺影视展、2021年广州国际旅游展览会三大主题展等，通过文化会展平台积极推动数字文化产业发展、文化旅游融合和粤港澳大湾区建设。

文化惠民活动不断增多。为庆祝2021年春节，广州举办各类文化旅游惠民活动300余场次，其中市级文艺惠民演出42场、公共文化和旅游场所惠民重点活动137场次、博物馆展览活动64场次，充分满足市民游客个性化、多样化、品质化的文化旅游需求。其中，展览有广州艺术博物院《惠风和畅——明清春天题材绘画展》、广东民间工艺博物馆《向往美好——馆藏传统工艺所见的小康生活题材》、广州博物馆《户上千色映羊城——广州博物馆藏广式彩色玻璃窗展》等一系列具有新年气息的馆藏文物展示活动；艺术演出既有《公主抢亲》《花染状元红》等传统粤剧，也有经典相声、广东音乐展演，还有大型童话人偶剧《再见灰姑娘》、音乐剧《在远方》。除此之外，广州持续举办“粤韵广州塔——名家周末大舞台”惠民演出，市属文艺院团开展惠民演出近200场；常态化开展“红色文化讲堂”，并在此基础上开展党史教育，推出“百年红讲台　传颂南粤红”年度宣传项目，直播收看观众超过20万人次；打造“听见花开”文化惠民一站式服务共享平台；定期开展“我在海珠玩”“非遗”主题系列活动，融入咸水歌、舞狮、粤曲等形式，让传统非物质文化遗产代代相传。

二、广州市文化产业与数字科技融合发展的样本经验

（一）西关永庆坊旅游区——文化遗产的保护与活化

2020年8月，省文化和旅游厅根据中华人民共和国国家标准《旅游景区质量等级的划分与评定》和《旅游景区质量等级管理办法》等规范，将8家旅游景区评定为国家4A级旅游景区，其中包括西关永庆坊旅游区在内的两家旅游景区位于广州。西关永庆坊旅游区是广州市荔湾区为适应现代标准需求，整合荔枝湾涌、永庆坊、粤剧艺术博物馆等三大片区而成。这一整片区域有着悠久的历史文化传统、鲜明的地域文化特色和完整的历史街区记忆，在更新改造过程中或是“修旧如旧”，或是创新性地运用科学技术促进文旅融合，真正实现了对文化遗产的保护和活化。

一是荔枝湾涌片区。荔枝湾涌历史文化街区，主要是指北起中山八路，南至多宝路，西到黄沙大道，加上东泮塘路和龙津路所围合的区域，包括泮塘周围的（上、下）西关涌，以及荔湾湖公园和周边岭南博物馆组群、仁威庙、文塔等更新改造区域。荔枝湾拥有两千多年的历史，素有“小秦淮”之美称，曾有古诗写道——“一湾溪水绿，两岸荔枝红”，这不仅是对荔枝湾曾经风光的生动写照，也是荔湾区名称的由来。位处西关腹地的荔枝湾涌一带，历史上曾是诗人和词人的聚居之地，也是书画名家荟萃之地，素有“粤剧曲艺之乡”之称，具有相当丰富的文化遗产资源，包含两千多年历史发展过程中遗留下来的遗迹等物质文化遗产，以及极具西关文化特色的各种传统文化表现形式等非物质文化遗产（见表12－1）。

表 12-1　荔枝湾涌的物质文化遗产与非物质文化遗产

文化遗产存在形态	主要类别	具体示例
物质文化遗产	(1)历史保护建筑	荔枝湾博物馆、陈廉伯公馆、蒋光鼐故居、文昌塔、小画舫斋等
	(2)独具西关特色的荔枝湾涌居民楼	骑楼、竹筒楼(又称眼镜房)、"三边过"西关大屋
	(3)独具西关特色的建筑构造	趟栊门、特色花窗等
非物质文化遗产	(1)广东传统戏剧和曲艺	粤剧、粤曲
	(2)民间艺术技艺	牙雕、玉雕、紫檀木雕、广绣和广彩
	(3)节庆活动	仁威庙会、文塔开笔礼、魁星诞等
	(4)地方特色节日习俗	春节前的迎春花市、花街,元宵节的元宵灯会和彩灯展示,端午节的赛龙舟等西关文化展示活动
	(5)美食	艇仔粥、马蹄糕、马蹄爽、钵仔糕等

传承历史文脉,保留城市记忆。20 世纪 50 年代以后,荔枝湾附近成为广州近代工业的基地,加之区域人口数量激增,工业污水和生活废水未经处理排放进入荔枝湾涌,持续造成河涌污染、水质恶化,致使荔枝湾的风光不再。2010 年,为迎接广州亚运会,荔枝湾故道得到复建,昔日"一湾溪水绿,两岸荔枝红"的岭南水乡风貌得以重现,荔枝湾涌也逐渐发展成为展现岭南水乡风情、承载千年西关文明的历史文化街区。对于物质文化遗产中的建筑与建筑群,荔枝湾涌在更新中主要选择整治改善与保护两种方式,对许多历史建筑如陈廉仲公馆、文昌塔、小画舫斋、梁家祠、仁威庙、十三行等进行一定程度的整修与保护,后用作旅游观赏,以促进当地文化旅游产业的发展。对于极具特色的民宅,荔枝湾涌在更新中主要选择适度整修与保留的方式,最大限度地保留荔枝湾历史文化遗产的原真性,因此形成了独具西关特色的街区氛围和市井氛围。

二是永庆坊片区。永庆坊片区地处广州市最美骑楼街——荔湾区恩宁路的中段,毗邻粤剧艺术博物馆,是恩宁路改造工程的一期试点项目,占地面积约 8000 平方米,修缮维护建筑面积约 1.2 万平方米。根据 2016 年 4 月的《永庆片区危(旧)房修缮和活化利用项目》招商公告,其定位为以共享办公空间为主的创意创业产业园。永庆坊是广州市第一个旧城"微改造"项目。"微改造"是指

"修旧如旧",即在维持旧有建筑风格和特色基本不变的情况下,对旧建筑进行局部更新,包括局部拆建、建筑物功能置换、保留修缮以及整治改善、保护、活化等更新方式。永庆坊的名字源自恩宁路 99 号永庆大街,在危旧房修缮改造后改挂"永庆坊"三字,建筑改造沿袭传统工艺,修复屋瓦面、灰雕、彩塑等传统元素,保留了青砖屋、红砖房、趟栊门、满洲窗等元素。对永庆坊"修旧如旧"的微改造,既完善了恩宁路一带的基础设施建设,改善周边居民的居住环境,又最大限度地留存了历史环境的原真性,延续了具有老广州特色西关风情的历史文明,同时还促进了永庆坊片区文化旅游产业的迅速崛起。2021 年 9 月,永庆坊被认定为省级旅游休闲街区。

文旅深度融合,活化利用非遗。2020 年 8 月,广州首个非遗主题历史文化街区——永庆坊 4A 级非物质文化遗产街区正式开放。建设广州非遗街区、打造西关永庆坊旅游区,是由广州市文化广电旅游局和荔湾区政府共同完成的文旅重点融合示范项目,旨在促进广州非遗保护事业发展,激发"老城市新活力"。非遗街区不仅聚集了众多岭南非遗项目的大师工作室,更是利用 VR 技术、互联网技术等数字科技赋能,活化非物质文化遗产的展示方式,进一步提升文化旅游品质,促进文化与科技、旅游的深度融合。赵家狮非遗生活馆于 2020 年入驻永庆坊非遗街区,整个生活馆分为三层:一楼经营醒狮文创产品、DIY 体验、休闲和轻餐饮,二楼打造非遗直播间、醒狮体验课和融科技与竞技一体的趣味醒狮游戏,三楼作为醒狮研讨、交流和设计创作的综合性区域。赵家狮非遗生活馆还创新性地推出利用 AR、VR 技术体验醒狮的活动,参观者戴上 VR 眼镜即可化身成为醒狮高手,沉浸式地感受醒狮的活力与魅力。这些充满创意的参与性活动推进了非遗醒狮的活态传承和跨界融合发展,让岭南非遗焕发新的生机。

三是粤剧艺术博物馆。坐落在广州市荔湾区永庆坊尽头的粤剧艺术博物馆原是恩宁路旧城改造地块,沿荔枝湾而建,形成建筑面积达 2.17 万平方米的岭南园林。粤剧艺术博物馆设有园林、展厅、戏台、剧场等传承展示区域,融艺术、展示、旅游功能为一体,在粤剧艺术展览、粤剧戏曲演出、粤剧教育研讨及文化休闲交流等领域均有所涉猎。园林景区环绕中心晚沙湖,错落六组院落空间,水上戏台广福台每周定期举行粤剧粤曲展演,动态展示粤剧艺术特色;基本陈列展厅设"南国红豆,粤韵佳音"展览,系统展示粤剧的发展历程、艺术特色、组织机构以及在海内外的重要影响力;主题展厅定期举办各种与粤剧艺术相关的专题展览；精品剧场设 237 个坐席，配备先进的声光电系统，可举办粤剧粤曲精品演出。

数字科技赋能，推广粤剧文化。两年来，粤剧艺术博物馆积极推动智慧博物馆建设，构建数字资源库和“虚拟漫游”平台，推进博物馆向数字化、科技化、智能化发展。在粤剧艺术博物馆的官方网站平台上，“数字博物馆”栏目包含“馆藏精品”“珍贵影像”“黑胶唱片”“数字文献”“虚拟漫游”“互动游戏”“建筑装饰”等七大板块。其中，“馆藏精品”分为戏服、道具、乐器、戏单、杂项等内容，详细介绍“排金绣蓝地男大扣”、“排金绒线绣米黄地团凤女服”、“广州金声造”皮鼓、“宇文成都战三雄”玻璃画等带有鲜明粤剧文化特色的馆藏精品，不仅图文并茂，还附加生动逼真的 3D 模型展示，让观众足不出户就能感受立体生动的馆藏珍品。粤剧艺术博物馆还着手制作展览、展品的导赏视频，举办“粤剧嘉年华”“云游博物馆”等直播活动，通过创新形式让粤剧走进更多年轻人的视野，从而更好地促进粤剧文化的传承、发扬、壮大。2021 年 11 月 17 日、18 日，由广东省文化和旅游厅主办、广东省艺术研究所策划承办的“2021 粤戏越精彩 · 广东戏曲行当展演”活动在粤剧艺术博物馆小剧场举行。本次展演涵盖粤剧、潮剧、广东汉剧等七大剧种，来自全省 15 个专业剧团的 40 名净行、武旦演员带来粤剧《霸王别姬》、潮剧《李逵下山》、广东汉剧《火判》等经典剧目，展演全程进行线上直播，直播观看量达 96 万人次。

（二）南越王博物院——传统博物馆迈向智慧博物馆

2021 年 9 月 8 日，南越王博物院正式揭牌成立。南越王博物院是以南越国重要考古遗存为依托的大型遗址类博物院，分为王墓和王宫两个展区。王墓展区位于解放北路 867 号，前身是 1988 年开放的西汉南越王博物馆；王宫展区位于北京路 374 号，前身为 2014 年开放的南越王宫博物馆。以二者为依托的南越王博物院合计占地面积近 4.5 万平方米、建筑面积约 4 万平方米，院内设有 6 大主题常设基本陈列和 3 个临时展厅，下辖秦代造船遗址、南越文王墓、南越国宫署遗址 3 个全国重点文物保护单位。就目前来看，在实现博物馆的数字化、科技化、智能化方面，南越王博物院有几点样本经验可供其他文化教育场所参考。

整合资源，提升公共服务。原西汉南越王博物馆以南越文王墓为核心建成，由主体陈列楼、综合陈列楼和古墓保护区三部分组成，常设展览“南越藏珍——南越王墓出土文物陈列”获得了“2009—2010 年度全国博物馆十大陈列展览精品”的荣誉；专题展览形成了诸侯王和名窑瓷器两大主题系列，具有较强的品牌效应；该馆还通过设置儿童活动区、出版科普读物、打造教育品牌等方式在博物馆教育方面进行了深入探索。原南越王宫博物馆则以南越国宫署遗址为核心，包括四个常设展览，即“南越王宫”“南汉王宫”“名城广州二千年”以及“饮水思源——广州古代水井文化”，还打造了“御前小学堂”暑期活动、“华音宫”系列学术讲座、“南越汉风文化节”传统文化活动等公共服务品牌。西汉南越王博物馆和南越王宫博物馆合并后，两个院址分别明确为“王墓展区”和“王宫展区”，在原有展览和馆藏文物的基础上融合互补，呈现出更完整的遗址面貌和历史内涵。合并能够最大限度地整合两馆的资源优势，有效改善两馆历史脉络相同、场地和资源单一的局限，提升两馆的文化辨识度和认知度。合并后的南越王博物院设立独立的公共服务部，进一步提升公共服务的质量，对标文旅行业最高服务标准，形成行之有效的博物院公共服务体系。

技术赋能，盘活文化文物资源。在广州市的“十四五”规划纲要中，明确提出打造岭南文化与海丝文化等品牌，这也成为南越王博物院建成后的重要任务。南越文王墓与南越王宫署遗址均属海上丝绸之路申遗广州六大史迹，见证了中国海上丝绸之路兴起、发展和繁荣的历史变迁。目前，“南越国宫署遗址数字化展示”项目正稳步开展，第一期对南越国宫苑曲流石渠的数字化复原展示已于 2020 年完成并通过专家验收，包括制作户外历史宣传片、曲流石渠声光电复原展示、弯月池遗址场景历史故事纱幕演绎、考古关键柱幻影成像展示、遗址现场线上虚拟参观导览等项目。项目第二期也于 2021 年年底完成，包括 MR 虚拟增强现实建筑复原、南汉宫殿场景演艺、遗址数字化展示、户外墙体灯光秀、线上虚拟导览系统等项目。其中，线上虚拟导览系统可使观众通过微信公众号及微信小程序，线上观看南汉国二号宫殿 360°全景，系统还配以音乐、解说、场景选择等功能，将数字化展示技术与遗址展示充分融合，让遗址“活起来”。南越王博物院承载着岭南文化两千余年的历史底蕴，肩负着岭南文化与海丝文化的传播使命，日后将持续通过技术赋能盘活文化和文物资源，充分利用遗址与藏品，讲好海丝故事，打造海丝文化品牌，传承海丝精神。未来，南越王博物院将在粤港澳大湾区尤其是人文湾区的建设中发挥积极作用，向成为国内一流遗址博物馆的目标迈进，助力广东文化强省建设。

科技创新，建设智慧博物馆。智慧博物馆是基于数字博物馆所产生的新概念，随着计算机网络、三维图形图像、虚拟现实、互动娱乐等技术的迅猛发展，国内外博物馆陆续开展智慧保护、智慧管理、智慧服务等博物馆智慧化建设。2021年5月，中宣部、文化和旅游部、国家文物局等九部门联合印发《关于推进博物馆改革发展的指导意见》，提出应当强化科技支撑，持续推进我国博物馆事业的高质量发展，“大力发展智慧博物馆，以业务需求为核心、以现代科学技术为支撑，逐步实现智慧服务、智慧保护、智慧管理”。南越王博物院灵活运用数字化的技术与手段，推动数字互动网站建设和移动设备软件开发——南越王博物院官方网站平台分为“关于南博”“王陵探秘”“南越藏珍”“文创展示”等儿大板块，其中“关于南博”板块设有“虚拟导览”专栏，参观人员可以通过移动终端初步了解馆藏与展厅信息；手机应用软件“西汉南越王博物馆智慧导览”中含有“地图导览、周边博物馆导览、微邮筒”等功能，参观人员在游览过程中可以通过软件判断所处位置，及时查看收听展品的讲解介绍。在南越王博物院揭牌仪式当天，“南越魔盒”惊艳亮相，它是由南越王博物院与广汽研究院共同开发打造的具有实体汽车形态的“移动智慧博物馆”，象征南越王博物院迈出由传统博物馆、数字博物馆变为“智慧博物馆”的第一步。“南越魔盒”是以广汽集团基于5G的V2X智慧车联网打造的Magic Box智能移动服务概念车为基础，依托广汽研究院在物联网、车联网、人工智能、大数据等领域丰富的技术储备，与博物院所承载的丰厚历史文化资源相结合共同开发而成。其车身线条流畅，造型设计极具科技感和未来感，车窗玻璃采用LED屏幕，将为观众带来“移动智能观展”新体验。未来，南越王博物院将紧抓“智慧博物馆相比数字博物馆更加注重‘以人为本’”这一关键点，创新运用虚拟现实、智慧导览、数字展示、体感互动等多项技术，提升博物馆的管理与服务水平，努力建设成为具有完整智能生态系统的智慧博物馆。

（三）羊城创意产业园——文化创意产业园区的转型发展

羊城创意产业园主园区位于广州市天河区黄埔大道309号、311号、351号，园区总用地面积17.1万平方米，总建筑面积10.8万平方米，地处广州东部新城区中心地带，由羊城晚报报业集团于2007年在原广州化学纤维厂上创建。羊城创意产业园是广州市第一批重点文化产业园区，现有多个“国字号”招牌：国家音乐创意产业基地、国家文化产业示范基地和国家文化出口基地，集聚酷狗音乐、荔枝、洋葱等130余家不同领域的文化科技企业。总的来看，羊城创意产业园区在媒体与产业园区深度融合、创意产业园区布局以及文化科技融合发展的探索实践中形成了自身的优势和亮点。其发展思路和经验主要有以下几点可供借鉴：

一是把握契机，"双品牌""双平台"深度融合。 创刊于1957年的羊城晚报，不仅在南粤大地各行业和各领域都积攒了丰富的资源，还有着强大的文化基因和文化传播优势。羊城创意产业园是身为传统媒体的羊城晚报在创意经济浪潮来临之际，准确把握时代趋势、主动寻求自我变革、积极推动转型升级和媒体价值再造的新路径和新突破口。2007—2015年，羊城晚报报业集团摸索如何利用媒体优势发展壮大产业园区，逐渐确立"传媒树品牌、园区聚要素、产业促融合"的转型发展路径。2015年，羊城晚报报业集团从东风东路老宅整体搬迁至羊城创意产业园，这不仅是物理实体上的迁移，更标志着羊城晚报报业集团从此迈向战略转型之路，以加速度实现媒体转型与融合发展。此后，羊城晚报报业集团依托羊城创意产业园实施产业生态重组和再造，在内容上，打造融合报纸、金羊网、官方微博微信以及"羊城派"客户端，并联通音视频等多种媒介的新型立体传播平台；在产业和渠道上，打造聚合产业、实现媒体价值再造的平台，建立起以羊城晚报报业集团旗下各系列报及数字媒体公司为核心，辐射视频直播、音乐移动播放、在线游戏制作、实体演艺剧院、偶像专属剧场等线上线下一体的多元传播生态。经过多年的经营与引导，羊城晚报报业集团持续推进"双品牌""双平台"融合发展战略，以文化与科技的创新融合发展为核心，最终形成业态清晰、定位准确、特色鲜明的新型文化产业生态格局，成为南粤文化创意产业带的龙头与标杆。

二是合理布局，一园多区形成产业集聚。 羊城晚报跳出一份报纸的局限，发展成为多维立体传播、全媒体融合发展的文化平台；羊城创意产业园也从一个园区发展成为"一园七区"的创意产业园区集群。因羊城创意产业园区由城市旧建筑改造而成，原有土地、建筑面积无法满足园区企业的高速发展需求，基于此，羊城创意产业园区确立了"一园多区"的产业布局战略。目前除羊城创意产业园主园区外，还布局有东风东园区、南沙园区、广州东园区、沙洛园区、羊城创意产业园南海分园、清远英德红茶科创小镇等园区。横向上，"一园七区"可以辐射带动周围地区的文化产业发展，积极进行品牌输出；纵向上，八个园区产业各具特色，形成差异化发展的态势。主园区位于天河区，大力发展文创新业态，是广州首批"互联网+"小镇的核心区，被文化部授予国家级音乐产业基地等称号。东风东园区又称羊城同创汇，位于广州越秀区，致力于打造新型移动互联网孵化器和创业综合体，汇聚链链好车、知微科技、康晶医疗等知名企业；南沙园区又名星海艺术产业园，位于广州南沙区，是融互联网创新创业孵化器、音乐教育、少儿艺术培训、文体培训、风物展示为一体的创新园区；广州东园区位于广州增城区，以原创时尚品牌设计产业为主导；沙洛园区位于广州荔湾区，以健康产业为主导，目前仍在建设中。羊城创意产业园区充分发挥产业集聚和孵化功能，使得入驻企业产值飞速发展，从 2010 年超 7 亿元，增长至 2020 年超 200 亿元，先后培育诞生了酷狗音乐、荔枝、洋葱集团等 9 家上市公司。

三是抓住主线，推进文化科技融合发展。近年来，羊城创意产业园区在产业发展过程中始终牢牢把握文化科技产业这一主线，大力推进文化与科技产业融合发展，这正是该产业园发展过程中的主要经验。羊城创意产业园区根据中央发展新型文化产业的精神和广东省、广州市产业规划，以文化为核心，以科技为重点，以金融为驱动，大力发展文化创意、移动互联和网络金融三大产业，积极推进“文化+科技+金融”创新融合发展，力争实现经济效益与社会效益的双效统一。目前，羊城创意产业园区拥有互联网音乐、直播、动漫游戏等多个大型产业链，以及电子商务、云计算、大数据等多个“互联网+”“人工智能+”创新型应用模式，逐渐成为具备一定影响力的文化产业园区。需要注意的是，羊城创意产业园区近年来不断探索科学的运营方式，充分发挥媒体资源整合的优势，围绕媒体本身的产业特点打造园区，形成差异化的发展策略。服务也是增强园区竞争力的一项重要因素，作为媒体园区，羊城创意产业园区不断拓展更新服务模式，为入驻企业构建文化金融中介服务、技术服务、知识产权服务、政务服务、公共服务等五大服务平台。与此同时，挖掘媒体园区特有的优势，譬如利用羊城晚报的品牌影响力，为入孵企业提供多元立体的传媒推广，促进企业内部的信息交流和资源共享。

三、广州市文化产业发展的未来趋势研判

2021 年 3 月 12 日发布的《中华人民共和国国民经济和社会发展第十四个五年规划和 2035 年远景目标纲要》将“健全现代文化产业体系”作为“发展社会先进文化，提升国家文化软实力”的重要内容，为文化产业发展提供了重大契机。展望未来，广州市应当紧跟时代趋势，加大文化领域的政策和资金扶持力

度，持续在文化与科技深度融合上发力，努力推进数字文化产业的高质量发展，培育壮大文化产业新业态，积极打造粤港澳大湾区文化产业圈。

（一）政策资金强助力，数字文化产业稳步发展

2021 年 9 月，根据广州市委宣传部印发的《关于申报 2021 年度广州市文化领域行业组织项目扶持资金的通知》，专家评审会评审出包括广州市游戏行业协会申报的"基于广州数字创意产业的优秀文化融合传播"等在内的 12 个项目，以此促进广州文化领域行业组织的健康发展，充分发挥行业组织在推动文化事业、文化产业发展中的积极作用。2022 年 2 月，为加快推进广州文化综合实力出新出彩，充分释放政策红利，广州市政务服务数据管理局会同广州市文化广电旅游局，正式启动"广州市文化和旅游产业发展专项资金'数字文化产业项目'"新一轮政策兑现工作。该事项已纳入广州市"政策兑现集成服务"，即市政务服务数据管理局以"精确、精细、精准"为目标，通过提高自身服务能力，帮助符合申报条件的企业更快速地获取政策资金扶持。一方面，升级线上政策兑现服务信息管理平台，搭建惠企政策"直通车"，运用大数据等技术手段，减少材料申报和审核的时间；另一方面，在市政务服务大厅开设专区，组建精干帮办队伍，新增智慧化服务设施，以提高企业办事效率。这些举措显示出政府在政策、资金、服务等多方面对数字文化产业发展的大力支持，将助力数字文化产业稳步发展、规模持续壮大，数字文化产业将在未来很长一段时间内成为激发消费潜力、推动经济发展的新引擎。

（二）借力科学技术，推动文化产业数字化转型

近年来，《广东省建设文化强省三年行动方案（2019—2021 年）》《广东省促进文化和科技深度融合实施方案（2021—2025 年）》等系列政策相继出台，大力推动文化与科技的深度融合，实施文化产业数字化战略，不断推动文化产业数字化转型。其中，《广东省促进文化和科技深度融合实施方案（2021—2025 年）》根据广东省文化和科技融合发展的实际情况，制定了实施文化科技关键技术引领、文化科技创新载体建设、公共文化服务科技提升、科技和文化旅游融合发展、文化新业态新产业做强做优、打造粤港澳世界级数字文化中心等六大工程，以及"建成 12 家左右国家文化和科技融合示范基地、50 家左右省级文化和科技融合示范基地，培育 50 家左右引领行业发展的文化和科技融合领军企业"的发

展目标，进一步促进文化和科技深度融合发展。2020年新冠肺炎疫情暴发对文化产业造成的巨大冲击，进一步加速了文化产业的数字化转型。目前，广州市的文化产业已进入提质转型、由高速发展转向高质量发展的关键时期，但广州在文化产业的数字化转型方面仍面临诸多挑战。例如，文化产业创新协作机制还不够完善、部分企业缺乏明确的数字转型战略、科技对文化建设支撑作用的潜力有待进一步释放等。未来，广州应加快推进以大数据、云计算、物联网、区块链、人工智能等为代表的新一代数字技术向文化产业领域的深度推广和应用，提升文化产业数字化、智能化水平，不断创新文化产业的生态系统，通过技术创新和科技要素助推文化产业高质量发展。

(三)持续培育新业态，促进文化融合深度发展

2021年，广州市紧抓数字经济发展新机遇，积极推动文化与科技、金融、旅游等领域的深度融合，初步形成数字音乐、数字出版、数字演艺、高清影视、动漫游戏、智慧旅游等新兴业态占主导的产业优势。广州文化产业发展迅猛，文化新产业和新业态均保持快速发展势头，数字文化企业实力不断增强。据统计，2021年上半年，广州规模以上文化企业实现营业收入超2209.58亿元，同比增长超过31.3%，新业态企业超60%，整体呈现良好的发展态势。在“文化+金融”方面，本年度的广州文化产业交易会首次推出文化金融峰会，积极搭建文化与金融对接平台，在加大文化产业投融资力度等方面深入探索。例如，邀请红杉资本等投资机构，湖南文旅基金等泛珠三角、长三角和粤港澳大湾区重点基金投资公司举办文化金融高端对话，引入优质文旅项目，进一步推动金融业和文旅产业的合作发展；创新搭建金融资本与文旅项目线上线下交流平台，实现企业项目方与金融资本机构的高效对接，进一步构建完善的文化和旅游产业金融体系。在“文化+旅游”方面，《广州市促进文化和旅游产业高质量发展的若干措施》提出广州市要促进“大文旅”融合发展，包括创建国家全域旅游示范区、推进文旅融合主题功能区发展、大力培育“文旅+”新动能等，推动文化和旅游进一步融合。未来，广州市将持续推动文化与更多其他领域融合发展，重点探索“文化+科技”“文化+金融”“文化+旅游”等多元融合发展机制，持续培育新型文化业态，进一步激发文化产业动能。

(四)积极开展区域协作,打造大湾区文化产业圈

粤港澳大湾区是承担我国若干战略功能的综合性平台,在粤港澳大湾区的区域融合发展建设过程中,文化融合能够进一步提高大湾区的综合发展成效,发展文化产业、建设人文湾区成为大湾区建设的重要任务。未来,广州市将以更加积极、主动的姿态投入粤港澳大湾区的文化产业建设中,争取建成大湾区文化枢纽城市。首先,充分发挥文化的认同与融合功能,促进大湾区其他城市群的文化交流融合,增强粤港澳地区的文化认同感。在"一国两制"的特殊背景下,珠三角与港澳地区在政治经济制度、社会发展水平、社会管理模式等诸多方面存在着明显差异,使得大湾区的文化交流融合存在着一定困难。但是,粤港澳大湾区历史上同属于珠江三角洲文化圈,在文化、政治、经济方面一直都是一个整体。因此,广州应当将文化创意产业作为促进城市群文化融合的重要手段,充分利用岭南文化这一粤港澳大湾区文化之"根",通过开展大湾区文化学术联合会、组建大湾区公共文化服务联盟等方式,发掘、梳理、传承弘扬共有的文化传统,求同存异,不断促进大湾区城市群的文化交流融合。其次,增加与粤港澳大湾区其他城市间的文化交流,有效整合大湾区城市群的文化产业资源,实现本土文化产业与大湾区其他城市优秀文化产业的对接和融合。近年来,广州打造了中国(广州)国际演艺交易会、广州国际艺术博览会、广州文化产业交易会等文化产业交流贸易平台,极大提升了城际文化交流水平,推进大湾区文创产业集群集聚发展。最后,积极开展与粤港澳大湾区城市之间的文化产业协作,打造完整产业链。广州身为大湾区的中心城市,应当从产业价值链的内容创意、营销推广环节进行供给侧改革,提升市场互联互通水平和生产要素流通速度,打造更多具有深度互动与合作的优质示范区,引领粤港澳大湾区的文化产业发展。

(本文系浙江大学马克思主义理论和中国特色社会主义研究与建设工程专项课题"马克思主义城市化理论的中国实践"(ZT2107)的阶段性成果)

(林玮,广州市粤港澳大湾区创新发展研究院副院长,浙江大学传媒与国际文化学院院长助理,影视艺术与新媒体学系系主任,副教授,博士生导师;高懿,浙江大学传媒与国际文化学院硕士研究生;蒋蝉羽,浙江大学传媒与国际文化学院博士研究生)

第十三章 贵阳：新媒体技术赋能数字文创产业发展

一、贵阳市文化产业发展概况及分析

二、新媒体技术赋能贵阳数字文创产业发展的主要政策措施

三、新媒体技术助推贵阳数字文创产业发展的具体案例

四、新媒体技术赋能贵阳数字文创产业的经验和未来展望

近年来，随着5G时代的到来，5G新基建加速布局、AI技术不断发展，贵阳市合理利用贵安新区大数据产业优势，推动了文化产业跨行业融合发展，开辟出新的市场空间、催生出更多新业态。在新媒体技术的加持下，数字文创产业发展迎来了新机遇，也激发出传统文化发展新动力，创新引领贵阳市文化产业高质量发展。

一、贵阳市文化产业发展概况及分析

2021年是实施“十四五”规划开局之年，是开启全面建设社会主义现代化的第一年，也是中国共产党成立100周年。贵阳市立足本市实际发展情况，全面推进“强省会”发展战略，支持贵阳贵安协同融合发展。随着新冠肺炎疫情防控取得明显成效，文化及相关产业成为推动贵阳市经济发展转型升级的重要力量。

(一)文化产业保持平缓增长，各行业产值有所回升

在新冠肺炎疫情的冲击下，2020年贵阳市文化产业发展速度缓慢、文化产业市场萎缩、营收下滑、企业亏损等问题，严重阻碍了各行业向前发展。在全国新冠肺炎疫情防控取得明显成效的基础上，2021年贵阳市文化产业保持平缓的增长速度向前发展，各行业产值也有所回升。2021年贵阳市生产总值4711.04亿元，同比增长6.6%。从产业分类上来看，第一产业增加值193.44亿元，增长7.8%，两年平均增长7.1%；第二产业增加值1681.34亿元，增长5.4%，两年平均增长5.5%；第三产业增加值2836.25亿元，增长7.3%，两年平均增长

5.8%。三次产业结构为4.1∶35.7∶60.2[①]。据统计,2017年贵阳市实现文化产业增加值141亿元,总量位居全省第一,占比3.97%,较2016年提升0.38个百分点;按照每年0.38个百分点的提升速率,预计2021年贵阳市文化产业增加值将达到260亿元[②]。贵阳市2021年前三季度规模以上文化产业企业营收持续向好[③],全市规模以上文化产业企业131家,实现营业收入138.41亿元,比2020年同期增长7.6%,比2019年同期增长27.3%,两年平均增长12.8%,与全省增长趋势一致,两年增速高于全省5.1个百分点。2021年前三季度,贵阳市规模以上文化产业企业营业收入占全省比重为52.2%,同比提升0.9个百分点。

从产业类型看,文化服务业贡献突出。前三季度文化服务业实现营收77.76亿元,占全市比重为56.2%,同比增长7.6%,拉动全市文化营收增长4.3个百分点,贡献率达56.5%;文化批发和零售业实现营收21.84亿元,同比增长11.7%,拉动全市文化营收增长1.8个百分点;文化制造业实现营收38.81亿元,同比增长5.3%,拉动全市文化营收增长1.5个百分点。从行业划分来看,贵阳市文化产业消费类行业产值逐步回暖,九大文化行业同比增长排名前三的是文化休闲娱乐服务、创意设计服务和新闻信息服务行业,分别实现营收2.36亿元、36.08亿元和13.80亿元,对全市文化营收增长的贡献达122.7%,拉动全市文化营收增长9.3个百分点。即使受疫情冲击较严重的文化娱乐休闲服务行业,同比增长达60.6%,也基本恢复到2019年的营收水平。从领域分层看,文化核心领域带动增强,实现营收96.18亿元,同比增长7.7%,与2019年相比增长26.9%,两年平均增长12.7%;文化相关领域实现营收42.23亿元,同比增长6.8%,与2019年相比增长28.0%,两年平均增长13.2%。文化核心领域和文化相关领域两年平均增长率分别高于全省水平2.5个和9.7个百分点。从地区分布看,文化营收占比前三位为云岩区、南明区和

① 贵阳市统计局.贵阳市2021年经济运行情况[EB/OL].(2022-01-29).贵阳市统计局官网,http://tjj.guiyang.gov.cn/2020_zwgk/2020_zdlygk/2020_sjfb/tjxxyfx/202201/t20220129_72446209.html.

② 此估值未考虑受疫情影响等因素,因此2021年贵阳市文化产业增加值可能低于260亿元。

③ 贵阳市统计局.前三季度贵阳市规模以上文化产业企业营收持续向好[EB/OL].(2021-12-13).贵阳市统计局官网,http://tjj.guiyang.gov.cn/2020_zwgk/2020_zdlygk/2020_sjfb/tjxxyfx/202112/t20211213_72013733.html.

花溪区，分别实现文化营收 35.79 亿元、32.65 亿元和 30.90 亿元，同比分别增长 8.2%、28.7%和 38.6%；文化营收占全市文化营收比重分别为 25.9%、23.6%和 22.3%，同比分别提升 0.2 个、3.9 个和 5.0 个百分点。

（二）支持大数据产业创新发展，形成全方位开放新格局

贵阳市依托贵安新区大数据产业发展优势，坚持“数据驱动创新、创新驱动发展”，继续深化大数据先行先试，打造大数据产业、应用、标准、法规、安全五大发展体系，建设国家大数据综合试验区核心区。以贵阳市信息技术服务产业集群纳入国家战略性新兴产业集群发展工程为契机，统筹构建数字产业体系，做强大数据电子信息产业，加快建设国家级贵阳·贵安大数据产业发展集聚区。深化大数据理论、法规、标准、技术创新，探索数据价值化实现路径，完善保障发展的数据安全体系，实现从“政策驱动”的软性创新向“政策、技术软硬结合”创新转变，巩固大数据发展成果，提升大数据竞争优势，加快建设大数据产业技术创新试验区，打造全国大数据发展创新策源地。为此，贵阳市坚定不移围绕“四新”主攻“四化”，把新型工业化作为首要任务，把新型城镇化作为重要引擎，继续抢占大数据发展制高点，加快形成全方位开放新格局①。

2021 年，贵阳贵安软件和信息技术服务业软件业务收入达到 240 亿元，同比增长 20%；规模以上互联网及相关软件及信息技术服务业营收增速达 60%；电信业务总量完成 978 亿元，同比增长 13%；信息基础设施完成投资 28 亿元；数字经济规模占全市 GDP 比重达到 39%，数字经济增加值突破 1800 亿元②。在贵阳贵安，大数据与实体经济深度融合，推动了产业发展智能化、协同化、数字化；大数据与乡村振兴深度融合，推动了农村产业革命智慧化、精细化、电商化；大数据与服务民生深度融合，推动了民生服务普惠化、均等化、便捷化；大数据与社会治理深度融合，推动了政府治理能力科学化、精准化、高效化。2021 年贵阳市在“数据创造价值、创新驱动未来”主题下，以“数智变·物致新”为年度主题，通过“线上+线下”办会模式成功举办了数博会。目前，数博会已经成为贵阳数字经济的放大器、扩音器，成为全球大数据发展的风向标，贵阳也从“跟跑

① 贵阳市人民政府．贵阳市国民经济和社会发展第十四个五年规划和 2035 年远景目标纲要[EB/OL]．(2021－07－07)．贵阳市发展和改革委员会官网，http://fgw.guiyang.gov.cn/zfxxgk/fdzdgknr/ghjh_5619427/ghjh/202107/t20210707_68938887.html.

② 高伟，刘娟．贵阳贵安：深耕大数据，赋能“强省会”[N]．贵州日报，2021－05－26(A20).

者"变成"领跑者","中国数谷"已成为贵阳最耀眼的名片之一。未来,贵安新区产业发展局将把新型工业化作为首要任务,继续抢占大数据发展制高点,探索市场化招商模式,加快组建专业化招商队伍,开展定点定向招商,紧盯重大龙头企业招商。在优化政策方面,针对购地、租房、数据中心、人才等关键要素资源,出台更具体、可操作性更强的政策,以广招商、兴产业的实际行动助力贵阳贵安高质量发展,为大力实施"强省会"行动贡献力量①。

(三)文旅产业全域化发展,激活乡村振兴新引擎

当前,我国旅游发展进入文旅新时代,文旅产业对传统产业结构转型起到推动作用,以文化为核心灵魂,旅游为动力,促进产业发展、乡村振兴,是助力区域经济腾飞的重要发展方向,通过特色文化旅游的发展可以为推进乡村振兴注入经济新活力。

贵阳市借助贵阳贵安大数据产业优势推动文旅产业全域融合发展,不断探索大数据时代旅游业态的创新路径,推动旅游业态持续升级。贵州推出的"一码游贵州"全域智慧旅游平台,因其便捷性一直深受广大游客喜爱。2021年"一码游贵州"全域智慧旅游平台贵阳板块全年访问量达2499.2万次、交易额达782.75万元。除了"一码游贵州"全域智慧旅游平台,贵阳贵安还打造了智慧景区管理平台——"智游贵阳"。"智游贵阳"微信公众号为游客提供了智能讲解功能,游客不用花钱请导游便可深入了解景区的文化底蕴以及景点。截至2021年底,"智游贵阳"全域旅游智能讲解项目已接入全省16个景区旅游电子手绘地图,使用人数达756万人。2021年,贵阳贵安还与马蜂窝、携程、美团、驴妈妈等平台,在数据结算留存、旅游精品路线策划运营、智慧旅游建设、景区景点一体化、文旅活动策划执行等方面开展合作,借助OTA企业旅游大数据优势全面赋能贵阳旅游。目前,贵阳市已与高德地图"地图管家"板块合作,变贵阳"高德地图"为"旅游地图"②。

2021年"五一"假日期间,全市各地持续推出丰富多彩的文化旅游娱乐活

① 梁婧,黄菊,谢孟航,等.只争朝夕拼搏实干,推动高质量发展[N].贵阳日报,2021-09-27(A01).

② 贵阳市大数据发展管理局.大数据赋能旅游产业化,打造智慧旅游"贵阳品牌",推动旅游业大提质[EB/OL].(2022-01-12).贵阳市人民政府官网,http://www.guiyang.gov.cn/zwgk/zdlyx-xgkx/dsjjsgl/yytggl/202201/t20220111_72288474.html.

动，吸引广大市民和游客参与体验，助力文旅市场全面复苏。由于春节假日“就地过年”的政策倡导，人民群众出游热情在“五一”假日集中爆发，据初步测算，贵阳市（含贵安新区）旅游人数 838.6 万人次，旅游收入 46.8 亿元[①]。2021 年“国庆”假日，全市文化和旅游行业在市委、市政府的强力领导及省文化和旅游厅的指导下，加强领导、强化统筹，以丰富假日文化和旅游产品供给和加强疫情防控、市场安全和文明旅游等为工作重点，全市文化和旅游市场持续火爆、文旅产品供给丰富。据初步测算，贵阳市（含贵安新区）国庆 7 天累计接待旅游人数同比增长 20.57%，旅游收入同比增长 21.46%。全市旅游人数和旅游收入分别恢复至 2019 年同期水平的 96%、95%[②]。青岩古镇景区荣获“2020 年度中国 5A 级景区品牌影响力 100 强”[③]；开阳县禾丰乡马头村获评全国乡村旅游重点村，青岩古镇入选首批国家级夜间文化和旅游消费集聚区。青岩古镇南北明清街旅游休闲街区、贵阳城投 CCPARK B 号街区入选贵州省首批“省级旅游休闲街区”[④]。贵阳选送的旅游商品在 2021 中国特色旅游商品大赛中荣获 5 金 8 银 7 铜，位居全省第一[⑤]。2021 年上半年，贵阳市实现旅游及相关产业增加值 114 亿元，占 GDP 比重达到 5.6%，旅游产业化综合评价指数位列全省第一。据初步测算，2021 年 1 月至 9 月，贵阳市累计接待国内游客 1.16 亿人次，同比增长 7.7%；实现旅游收入 1354.77 亿元，同比增长 21.3%；接待入黔游客 4075.07 万人次，同比增长 18.3%；接待过夜游客 1837.59 万人次，同比增长 56.16%[⑥]。在大数据的助力下，2021 年贵阳市旅游及相关产业增加值预计达到 270 亿元，

---

① 贵阳市人民政府．贵阳文旅市场强劲复苏，“五一”假期迎客 838.6 万人次，旅游收入 46.8 亿元[EB/OL].(2021－05－06).贵阳市文化和旅游局官网，http://wlj.guiyang.gov.cn/xwdt/bmdt/202105/t20210510_68037326.html.

② 贵阳市人民政府．2021 年国庆假期文化和旅游市场情况综述[EB/OL].(2021－10－08).贵阳市文化和旅游局官网，http://wlj.guiyang.gov.cn/xwdt/sjjs/202110/t20211008_70784411.html.

③ 贵阳市人民政府．花溪青岩古镇景区荣获“2020 年度中国 5A 级景区品牌影响力 100 强”[EB/OL].(2021－09－16).贵阳市文化和旅游局官网，http://wlj.guiyang.gov.cn/xwdt/bmdt/202109/t20210926_70540924.html.

④ 贵州省文化和旅游厅．关于确定“青岩古镇南北明清街旅游休闲街区”等 19 个街区为“省级旅游休闲街区”的公示[EB/OL].(2021－08－11).贵州省文化和旅游厅官网，https://whhly.guizhou.gov.cn/xwzx/tzgg/202108/t20210811_69478151.html.

⑤ 韦鑫．贵阳多举措推进旅游产业化发展[N].贵阳日报，2021－11－12(A04).

⑥ 贵阳市人民政府．今年上半年，贵阳市旅游产业化综合评价指数位列全省第一[EB/OL].(2021－10－19).贵阳市文化和旅游局官网，http://wlj.guiyang.gov.cn/xwdt/bmdt/202110/t20211020_70988579.html.

占 GDP 比重达到 8.7%，旅游产业化综合评价指数位列全省第一①。

（四）公共文化服务体系更加完善，公共文化服务水平不断提升

“十三五”期间，贵阳市成为国家公共文化服务体系示范区，新建公共图书馆 10 个、文化馆 10 个，且建立了网上图书馆、网上文化馆和微信公众号。另外，市级还建有网上数字博物馆、爽游贵阳、多彩贵州文化云贵阳平台等数字文化平台，为广大市民提供免费数字文化服务，畅通文旅部门与老百姓之间的联络渠道，公共文化服务数字化建设得到提升，覆盖城乡的公共文化服务设施网络基本建立，公共文化服务体系更加完善，呈现出整体推进、重点突破、全面提升的良好发展态势，广大市民群众享受到更加便利、多元、个性的公共文化服务，拥有更多文化获得感、幸福感、安全感。

贵阳市紧紧围绕“一圈两场三改”建设目标，实施“一圈两场三改”建设六大行动计划，2021 年文化和旅游局制定了《贵阳市文化和旅游局关于“一圈”工作专班工作机制》《贵阳市建设“15 分钟文化生活圈”实施方案（2021—2023 年）》《贵阳市规划建设“15 分钟文化生活圈”工作考核办法（2021—2023 年）》，大力推进优质公共文化服务向社区下沉延伸。贵阳贵安启动实施“15 分钟生活圈”项目 752 个；高新区以人民群众需求为导向，围绕 12 个方面 40 项内容，启动建设沙文园区生活圈；贵阳市首个“壹刻宝文化驿站”正式亮相②，由原有的碧海社区公共文化服务中心改造升级而成，实现了新闻宣传与社区公共文化服务的有机结合，整合、汇聚全市文化资源、社区商业资源，探索“新闻+服务”运营模式，构建融公共文化服务、社区服务、生活服务为一体的，贵阳老百姓离不开的同城生活服务平台。

硬件建设方面，全市电影院从 26 家增加到 49 家；现有免费开放纪念馆（陈列馆）4 个，民办博物馆 6 家；全市共有 143 个乡镇、街道（其中 71 个乡镇、72 个街道）全部完成综合文化中心（站）建设，建成覆盖率 100%；全市已设立机构的村、社区 1558 个，综合文化中心建成 1556 个（其中村 912 个、社区 644 个）；观山湖区文化馆、图书馆正式开馆。社区图书服务方面，2021 年贵阳市继续打造 40

---

① 贵阳市大数据发展管理局．大数据赋能旅游产业化，打造智慧旅游“贵阳品牌”，推动旅游业大提质[EB/OL].（2022－01－12）．贵阳市大数据发展管理局官网，http://dsjj.guiyang.gov.cn/newsite/zwgk/zdlyxxgk/yytg/202201/t20220112_72294434.html.

② 金毛毛，蔡婕．贵阳首个“壹刻宝文化驿站”启用[N]．贵阳日报，2021－12－31（A02）.

个“社区图书共享系统”，将图书服务下沉；图书馆小站51个，中国阳明文化园市少年儿童图书馆投入使用；已安排资金150万元，在贵安新区湖潮乡、观山湖区、云岩区分别建立3个24小时城市书房；在公共图书馆、城市综合体、社区、公园等地持续推进建设“社区图书共享系统”，推进公共文化机构互联互通，实现区域文化共建共享；新建社区图书共享系统40套，累计已建159套，现有系统注册用户数5.08万人，读者分享图书11.67万册，取阅图书10.79万册，日均用户活跃数达到2856人。文艺服务方面，2021年贵阳市共赴基层开展庆祝中国共产党成立100周年音乐会巡演10场、民族歌舞剧展演8场、优秀红色京剧展演10场、送文艺下基层演出50场、大型摄影展书画展活动13场，为各区（市、县）文化从业人员举办专业培训4场[①]。

（五）健全现代文化产业体系，探索文化产业发展新模式

党的十九届四中全会明确指出，要“健全现代文化产业体系和市场体系”，发展文化产业是满足人民多样化、高品位文化需求的重要基础，也是激发文化创造活力、推进文化强国建设的必然要求。2021年是“十四五”规划的开局之年，贵阳市全面贯彻落实文化和旅游部《“十四五”文化和旅游发展规划》和《贵州省“十四五”文化和旅游发展规划》的相关政策精神，制定出台了《贵阳市“十四五”文化和旅游发展专项规划》，不断健全现代文化产业体系，持续增强文化产业发展能力，推动文化产业发展不断开创新局面、迈上新台阶，如推进文化产业数字化，加快发展新型文化企业、文化业态、文化消费模式。

近年来，贵阳市文化产业不断改革创新，利用具有无限想象空间的“文化+”模式，走出了一条融合发展的多元创新路，让贵阳传统文化不仅仅局限于意识层面，更激活了文化产业，催生新业态、凸显新亮点、展示新特色。目前，由政府主导建设的“贵阳大数据文化创新平台”，重点围绕文化大数据资源中心、应用平台、标准规范体系等方面，通过探索“大数据+文化”的新模式，加快文化大数据生产和传播创新，推动文化产业融合发展，已经取得阶段性成果。贵阳市大力实施“文化+大数据”“文化+大旅游”“文化+乡村振兴”“文化+大健康”“文化+城镇化”等融合计划，逐步明确了文化产业与周边产业的融合发展路径。围绕“一品一业、百业富贵”的发展愿景，助推“爽爽贵阳·消费天堂”城市品牌打造，

① 李伟．贵阳市多措并举打造“15分钟文化生活圈”[N]．贵阳日报，2021-12-31(A02)．

着眼于市民和游客需求，推出了一系列精品夜间旅游产品。如贵阳市已经印发了《关于支持“百场千店万铺”建设促进消费升级的若干措施》《贵阳市推动夜间经济发展的意见》，明确提出要打造“夜贵阳”经济集聚区，繁荣夜间经济、“夜+”业态，相关政府部门在制定的发展规划中对夜间经济都明晰了发展领域和重点布局，包括规划建设美食街区、夜市街区，引入夜间书店、主题演艺、文体娱乐等业态，以打造夜间经济集聚区和夜间经济品牌等。

（六）深度挖掘优秀传统文化，重视文化精品创造生产

传统节日以一种潜移默化、寓教于乐的形式，展示着中华民族的精神世界，表达着人们对美好生活的理想、对智慧与伦理道德的追求和向往，是弘扬中华民族优秀传统文化和传承中华传统美德的重要载体。近年来贵阳市积极开展文明实践主题活动，以本土优秀的传统文化资源为依托，逐步加快阳明文化等资源创造性转化和创新性发展的步伐，推出了“我们的节日”主题系列活动，目前已经成为贵阳市传承中华优秀传统文化和建设精神文明高地的一个响亮品牌。云岩区自 2016 年开始每年开展的“良知行 · 阳明文化接力”系列活动，成为传承文化发展工程的重要品牌[①]。2021 年“五一”期间，贵阳市唯一一个 5A 级景区——青岩古镇，继续推出“大明志 · 英雄赋”第二季主题展演活动。活动以夜间穿越游沉浸式体验为特色，短短一个月内就吸引游客近百万人，一跃成为贵州旅游市场的“新晋网红”。国庆期间，各县区又结合当地传统文化推出了多样化的文化活动：花溪区青岩古镇推出“大明志”夜游活动和拾乐牧场项目，举办《大明志 · 锦绣华章》国庆节目；天河潭旅游度假区丰富“夜游天河”产品内容，开展彩虹热气球、草坪乐队、野奢帐篷等活动；高坡云顶滑雪场开展滑翔伞飞行项目；云顶花海开展小丑亲子互动、苗族舞蹈表演；龙井村开展《快乐布依 · 国庆节》演出；清镇市时光贵州推出古装巡游、梦回大唐等表演互动活动；乡愁贵州举办稻田非遗音乐艺术汇活动；四季贵州举办国潮主题游园集市活动；贵安新区云漫湖推出趣味集市、亲子互动、巡园演绎等活动。据统计，国庆假日期间，全市共开展群众文化活动 474 场，线下参与约 28.7 万人次，线上参与约 1 万人次。此外，贵阳市还通过充分挖掘传统手工艺、饮食文化、民族民俗

① 梁婧．用脚步丈量“红色云岩” 2021 年“良知行 · 阳明文化接力”漫步云岩活动举行[N]．贵阳日报，2021－08－04(A08)．

风情等文化资源，整合利用景区景点以及特色商圈、街区，差异化打造一批文商旅协同发展、动静态体验结合的综合性夜间文旅消费集聚区，丰富了贵阳市民的文化娱乐生活。

(七)稳步推进文物保护工程，开创文化遗产保护新局面

每一处旧址、每一座纪念馆、每一件文物都是一部教科书。近年来，贵阳市不断深化文物保护利用工作体制机制改革，通过积极申报国家级及省级文物保护单位、实施文物保护单位修缮提升工程、推进馆藏文物陈列展示等方式，不断推动文物的保护、传承和利用工作，开创了文化遗产保护新局面。贵阳市人民政府高度重视文物保护工作，已成立贵阳市文物局，下设文物管理处和达德学校旧址纪念馆、文昌阁和甲秀楼文物管理所、阳明祠文物管理所，负责所辖文物保护单位的安全保护、管理、开放、利用等工作。本着“保护为主、抢救第一、合理利用、加强管理”的原则，不断探索和完善贵阳市已开放文物景区的保护和开发利用创新模式，并制定了相关总体和细化方案。如开阳县制定《开阳县重点文物保护单位包保责任制》《开阳县不可移动文物巡查养护制度》，不断加强文物巡查养护。贵阳市文化和旅游局正在加紧制定《贵阳市“十四五”非物质文化遗产保护传承与发展规划》。截至 2021 年末，贵阳市共有文物保护单位 349 个，其中国家级 6 个、省级 43 个、市级 175 个、区县级 143 个①；“贵安新区招果洞遗址”入选“2020 年度全国十大考古新发现”②。

(八)继续拓展招商引资新渠道，推动文化产业蓬勃发展

贵阳市文化资源禀赋丰富，产业基础良好，拥有较好的招商引资外部环境。近年来在市委、市政府的高度重视下，不断扩展招商引资新渠道，推动文化产业向前发展。2021 年贵阳市积极参与省旅游“两会”文旅产业招商大会，共签约 6 个项目，涉及投资总额 128 亿元。截至 2021 年 11 月 20 日，全市年度共有文化产业招商引资项目 29 个，预计总投资额 87.21 亿元，已到位资金 14.60 亿元，引进优强企业 4 家。贵阳市制定印发《贵阳贵安 2021 年度文化产业招商引资

---

① 贵阳市审计局，对贵阳市文物景区管理经费问题及合理利用的几点建议[EB/OL].(2021-08-27).贵阳市审计局官网，http://sjj.guiyang.gov.cn/xxgk/xxgkgzdt/202108/t20210827_69794034.html.

② 汤欣健.贵安新区招果洞遗址入选 2020 年度全国十大考古新发现[N].贵阳日报，2021-04-14(A03).

工作方案》,要求继续利用好数博会、贵商大会、央企招商、生态文明国际论坛、酒博会等活动平台,加强招商引资合作,如积极推进北京依文集团投资建设"苗绣小镇"相关工作,助推北京天创文投文化发展集团有限公司在贵阳投资建设文旅综合项目;组织召开北京文投集团贵州文旅项目投资工作座谈会,积极推进《印象·贵州》、直播基地等文化项目落地贵阳;建成投产一批重点文化产业项目;加快推进融媒体中心项目建设、国家长征文化数字科技艺术馆重点项目建设工作;白云区中国东盟—艺术交流中心已完成总工程量的95%;蘑力小镇旅游项目总体框架建设已经基本完成;贵州网络视听产业园等一批具有地方特色的文产项目正在加快推进建设。由贵阳市委宣传部和腾讯视频联合出品的贵阳美食纪录片《风味原产地·贵阳》上线播出,共10集,每集时长10分钟,通过展现贵阳独特的烹饪手法和饮食习惯,发掘平凡美食背后的风土人情与历史文化变迁,打造贵阳特色美食品牌,进一步提高"爽爽贵阳·消费天堂"的知名度和美誉度。在贵阳市第十二届旅游产业发展大会招商引资项目签约环节中,集中签约13个文化旅游项目;贵阳市也将与爱奇艺公司签订战略合作协议,深度合作开展贵阳·爱奇艺动漫游戏嘉年华、爱奇艺·贵阳市动漫产业联盟等活动,区(市、县)层面,将签约贵阳融创文旅城、皇冠假日酒店等一批重大文化旅游项目,全面助推贵阳旅游产业化发展。

二、新媒体技术赋能贵阳数字文创产业发展的主要政策措施

贵阳市积极运用新媒体技术夯实文化产业数字基础,有力推动了云旅游、云看展等新业态,顺应了数字产业化和产业数字化发展趋势。贵阳文化创意产业的数字化革新,推动与扩大了优质数字文化产品线上线下融合,促进产业消费升级,有利于提高文化创意产品的质量效益和核心竞争力,满足了人民群众的多元化精神文化需求。

(一)政企合作发展线上数字云展览

日新月异的数字化技术正改变着传统的业态,文化创意产业随着产业数字化的飞速发展和加速转型,数字化、网络化、智能化正迎来融合发展机遇,并转化为创新创造新动能、新场景。具体表现为对博物馆、文化馆、休闲娱乐场所和景点街区内的文化资源进行不断开发并推出数字化产品和内容服务,将创作、

生产和传播等向线上拓展。2021 年疫情期间，贵州省博物馆结合多媒体数字技术创新推出“闭馆不打烊，藏品线上赏”的线上云系列展览，并在官方公众号上打造线上观展专栏，使观众能线上观赏馆内经典藏品。据了解，贵州省博物馆已成功推出馆藏精品绘画赏、近现代黔籍书法名家作品赏、20 世纪黔籍画家作品赏、中国传统马文化展和颐和园文物精选展等线上展览。贵阳市孔学堂也紧跟其后，在其官方网站、微信公众号上开通了“溪山翰迹”线上公益云展览专栏，将已成功在线下举办的部分展览作品在线上重现，打破了传统展览的时空禁锢。线上云展览以全景多维立体的形式在网上展厅呈现，同时还开通了线上真人语音讲解，尽可能为观众提供身临其境的观展体验，满足观众在家便可零距离观展的需求。2020 年 9 月 15 日，贵阳市委办公厅、市政府办公厅印发《贵阳市、贵安新区数字经济发展“六个重大突破”推进落实工作方案》，明确提出“要建设贵阳数字博物馆，建立文物资源统一数字管理体系”①。据悉，贵阳数字博物馆是贵阳市人民政府、贵阳市文化新闻出版广电局，以及贵州可佳艺术品投资股份有限公司等由政府搭台、企业唱戏联合打造的“云端博物馆”。该线上博物馆是结合三维扫描、虚拟现实和全景技术，大数据赋能文化与科技融合的“网上博物馆”，突破了传统博物馆展览场域和时间的约束。9 月，由中国国际贸易促进委员会贵州省委员会主办的“2021 云上·贵州(国际)特色优质产品展”在贵阳启动，吸引了 30 余家本土企业入驻线上云展览，从而将展览由线下转到线上、从“面对面”变为“屏对屏”，借助高科技手段“踏云出海”②。贵阳市利用数字化先行优势，把富含多彩贵州民族文化特色的产品呈现到更多的消费者面前，通过举办线上展会的形式，为世界各地的专业采购商、消费者提供一个便捷的贵州特色优质产品的线上消费平台。观众、采购商可以通过云上展会平台身临其境地步入产品原产地，享受“观展+购物”融合的数字商贸场景新体验。线上云展览是数字文创产业新一轮的技术革新，通过多媒体技术、数字化手段传达丰富而立体的信息，也有助于促进公共文化服务均等化，覆盖不能到场的观众。

---

① 贵阳贵安要在数据融合新业态方面实现重大突破[EB/OL].(2020－09－28). 贵阳网，黔资讯，http://www.gywb.cn/system/2020/09/28/030738192.shtml.

② 江婷婷. 借助科技“踏云出海”，云上贵州(国际)特色优质产品展启动[N]. 贵州日报，2021－09－08.

(二)构建文化与科技融合示范基地

构建文化产业与科技融合的示范基地,通过产业集聚的优势培育和塑造一批具有鲜明文化特色的原创IP,有利于打造出更多具有广泛影响力的数字文创品牌。贵阳市借助高新科技赋能文创产业,在新型基础设施建设方面,面向相关行业通用需求,通过建立并完善数据库中心、云平台等基础设施,构建起数字化、网络化、智能化的数字文创产业链条。近年来,贵阳市围绕数字文化创意产业的创新需求,集聚文化和旅游部重点项目,培育了一批数字文创市场主体。位于贵阳市高新区的贵阳数字内容产业园是贵州省第一家国家级文化与科技融合示范基地,现已有上百家发展文化科技企业入驻,主要包括文化服务、创意设计、动漫游戏、数字出版等领域的企业。在孵化器和产业园区的大力培育下,基地有效引导和推动了文化和科技融合,聚集技术、人才、资金、政策等要素,并依托示范园区内产业聚集的科技实力和创新能力,探索出了一条"文化、科技、资本相融合"的产业发展新路径,对全省"文化+科技"融合产业的发展起到了示范引领作用。数字文化创新融合电竞基地作为贵州省首个政府支持的电竞公共平台,是贵阳高新区文化与科技融合示范基地重点打造的项目之一,目前已正式运营数字文化创意馆高新电竞秀场(市级众创空间)①。其中的5G应用体验示范项目作为贵阳市2021年文化与科技融合的重点项目之一,在推动发展5G产业关键技术攻关、5G技术行业领域示范应用,以及"5G+"垂直领域应用条件和需求方面具有代表性。在将其推向文创市场时,该基地主要从以下三个方面切入:首先是与互联网通信运营商相互协作并借助其所拥有的资源,开发并打造基于5G技术的数字文化创意场景产品并推向数字文创市场;其次借助政策和资金的支持,以及园区基地内科技与人才的资源优势,开展基于5G应用场景的技术应用,将贵阳数字内容产业园5G应用体验项目开发打造为贵阳市首个5G高科技电竞秀场;最后是在数字内容产业市场上形成成熟可复制的5G应用技术,创新数字内容产业发展,加快推进5G相关技术在数字内容产业的应用,树立贵州省5G融合应用示范标杆。

① 贵阳国家高新技术产业开发区管委会.贵州省5G发展领导小组实地调研高新区5G应用示范项目[EB/OL].(2021-11-18).高新区大数据发展办公室官网,http://gxq.guiyang.gov.cn/gxqdt/gxqdtgzdt/202111/t20211118_71719131.html.

(三)数字技术助力文化产品服务创新

随着数字化技术在文化产业和多种现代服务业领域内的不断创新、融合发展,科技赋能推动了数字文化产品和服务在公共文化场馆的应用,丰富了民众在公共文化空间形式和内容上的体验感。贵阳市在夯实科技赋能数字文化产业发展的基础上,注重数字文创产品的内容原创能力,致力于创造出更多能满足人们文化需求的数字化文化产品。

互联网和数字技术大规模应用于文化领域,增强了文化产品的表现力和影响力。2020 年,文化和旅游部结合近年来文化产业发展的新趋势,研究制定了《文化和旅游部关于推动数字文化产业高质量发展的意见》,提出在"十四五"发展时期,要以满足人民日益增长的美好生活需要为根本目的,顺应数字产业化和产业数字化发展趋势,实施文化产业数字化战略,加快发展新型文化企业、文化业态、文化消费模式,改造提升传统业态,提高质量效益和核心竞争力。[①] 贵阳市数字文化产业在抗击疫情中异军突起,现今已发展形成新业态新模式,为贵阳文化产业的高质量发展注入了新动力。2021 年 9 月,爱奇艺受邀参加贵阳市第十二届旅游产业发展大会,拟开展贵阳・爱奇艺动漫游戏嘉年华、爱奇艺・贵阳市动漫产业联盟等深度合作。[②] 此次合作以贵阳・爱奇艺动漫游戏嘉年华活动为基础,形成了"1 + 4 合作框架",如共同举办的数字文创项目有"亚洲青年动漫与数字文化艺术大赛"、联合打造自有或引入 IP,以及赋能项目"爱奇艺+文旅""爱奇艺+商务""爱奇艺+农业"等。其目的第一是通过持续推进贵阳动漫产业项目,努力打造中国一流的动漫文化产业集聚街区,通过以"创意+科技"为手段制作动漫游戏等为文化提供新的表现形式与传播渠道,同时也通过提供年轻化的数字文化产品引领青年文化消费,引导传播满足年轻用户多样化消费需求的文化产品与服务;第二是有利于推动双方在文旅融合领域的深度合作,爱奇艺能充分利用自身资源优势和平台流量优势,以流量赋能的方式使地方文化和现代潮流融合碰撞,产生新的影响力。此外,也让参与其中的地方企

---

① 中华人民共和国中央人民政府. 文化和旅游部关于推动数字文化产业高质量发展的意见(文旅产业发〔2020〕78 号)[Z]. 2020 - 11 - 18.

② 贵阳市人民政府. 贵阳市第十二届旅游产业发展大会新闻发布会[EB/OL]. (2021 - 09 - 17). 贵阳市文化和旅游局官网, http://www.guiyang.gov.cn/jdhy/xinwenfabuhui_new/xwfbh2021/gysdsej-lycyfzdh/twzb_5872499/202109/t20210922_70487503.html.

业实现数字化经营与数字化产品服务的创新，帮助贵阳推进数字经济与实体经济的融合发展，提升数字文创产品的公共服务能力和社会治理等的数字化水平。

(四)新媒体技术助力文化资源数字化

数字文化产业新型业态的发展有利于促进民族文化资源数字化转化。借助新媒体技术对民族文化资源进行数字化转化和开发，让已经或濒临消失的文化资源借助数字技术重新"活"起来。由此，新媒体技术通过数字化手段赋予了本土文化新的生命力，实现了优秀传统文化的创造性转化和创新性发展。贵阳市通过借助新媒体技术、数字化手段将其丰富多样的文化资源进行数字化转化，建立了多个文化资源数据库，实现了高新科技与文化产业的融合创新发展。为推进民族文化资源数字化转化，2019 年贵阳市委、市政府出台《贵阳市非物质文化遗产保护发展实施方案(2014—2020 年)》，提出开展非物质文化遗产资源调查，建设数据库；把深度调查和数据库建设结合起来，对非物质文化遗产资源进行文字、图片、音频、视频资料数据全程、全景式收集整理；把调查成果转移至数据库及网络共享平台，创建全省非物质文化遗产普及教学、创作表演、发展研究、文化创意研发一体化的资源平台。[①] 经过多年的探索，贵阳市通过深化非物质文化遗产资源调查，建设贵阳市非物质文化遗产数据库，实施中国民族文化资源库贵阳市非遗项目及传承人数字化保护服务项目，并开展非遗数据资源著录工作，摸索出一条切实可行的非物质文化遗产资源数字化保护路径。在 2021 年数博会的数字应用馆，影谱科技亮相助力贵州传统工艺振兴，在展区特设"数字非遗生活馆"，对贵州非遗文化商品进行数字化处理，解构商品外形、材质、特征、使用说明、内部形态等多维度信息，通过视觉化和数字化的方式建立对非遗传统工艺和文化遗产的当代解读，促进非物质文化遗产在更广阔的空间内传播，激发非遗衍生品市场的消费活力。据了解，在对非遗衍生商品进行数字化展示时，运用形象拟真、精确流畅的"AI 虚拟主播"，能帮助消费者在购买前更准确地评估产品的适用性，同时帮助营销人员创造能吸引和娱乐客户的新鲜体验。

---

① 贵州省文化和旅游厅.《贵州省非物质文化遗产保护发展规划(2014—2020 年)》起草说明[EB/OL].(2016－03－29).贵州省文化和旅游厅官网，http://whhly.guizhou.gov.cn/zfxxgk/fdzdgknr/ghxx/201903/t20190320_6789674.html.

(五)数字化技术赋能新兴文化业态

在疫情防控常态化的背景下,文旅市场正发生着深层次的结构性变革,"周边游"、农家乐等成为观光度假的首选,民俗化、个性化、沉浸式体验成为文旅市场需求热点。贵阳市借助数字化技术推进文化与旅游深度融合发展,进一步促进文旅融合产业"以文塑旅"来实现深层次、高水平的文化旅游,推动贵州旅游产业高质量发展。2021 年 1 月,随着贵州省委、省政府印发《关于推动旅游业高质量发展　加快旅游产业化　建设多彩贵州旅游强省的意见》,提出"把提升质量作为重中之重,着力发展'智慧旅游''满意旅游'"[①],以深入贯彻执行"智慧旅游"部署,做深做实"互联网+旅游"行动,持续推进"大数据+全域智慧旅游"建设[②]。贵阳市推出了旅游景区 5G 文旅创新应用,由政府主导推出"5G + AR"云平台。目前,贵阳天河潭景区已成功实现"5G + AR"全覆盖应用,游客在家便可通过该项技术享受景点语音讲解、消费指引、导览导航等"智慧云旅游":通过互联网搭建的云平台载体,以科技化和数字化的方式服务云游客。在 2022 年国务院印发的《关于支持贵州在新时代西部大开发上闯新路的意见》中,明确支持贵州加快构建以数字经济为引领的现代产业体系,在促进文化产业和旅游产业繁荣发展等方面进行细化,"加快优秀文化和旅游资源数字化转化和开发,推动景区、博物馆等发展线上数字化体验产品,培育一批具有广泛影响力的数字文化和旅游品牌"[③]。在促进文化产业和旅游产业繁荣发展过程中,贵阳市积极利用发展大数据优势,加快优秀传统文化和旅游资源的数字化转化,一方面积极与以携程、美团为主的出行旅游平台合作,借助平台的流量和技术优势赋能文旅融合发展;另一方面积极推动开发线上数字化体验产品,在贵阳市现有的数字博物馆基础上,创新开发出更多的线上数字体验产品,进一步将贵阳市本土文化旅游资源通过数字化手段整合为智慧旅游景区,并发挥"大数据+"的优势,

① 贵阳市文化和旅游局 . 省委、省政府印发《关于推动旅游业高质量发展　加快旅游产业化　建设多彩贵州旅游强省的意见》[EB/OL]. (2021 - 01 - 12). 贵阳市文化和旅游局官网,http://wlj.guiyang.gov.cn/xwdt/sjjs/202101/t20210112_66114975.html.

② 贵阳市人民政府 . 5G+文旅:科技赋能智慧景区[EB/OL]. (2022 -02 -25). 贵阳市大数据发展管理局官网,https://www.guiyang.gov.cn/zwgk/zwgkxwdt/zwgkxwdtbmdt/202202/t20220225_72707622.html.

③ 贵州省文化和旅游厅 . 一码贵州享趣睡:把握战略机遇,构筑创新平台[EB/OL]. (2021 - 02 - 23). 多彩贵州网 · 众望新闻,https://whhly.guizhou.gov.cn/xwzx/wldt/202202/t20220223_72656466.html.

打造出在西部乃至全国有影响力的多彩民族文化旅游胜地。

三、新媒体技术助推贵阳数字文创产业发展的具体案例

新媒体的发展与文化产业的发展具有“同质性”，文化是新媒体技术发展的灵魂和核心，新媒体是文化产业发展的载体，文化产业为新媒体提供血液，新媒体为文化产业增添光彩。新媒体技术赋能文化产业可有效助推数字文创产业蓬勃发展。《“十三五”国家战略性新兴产业发展规划》中将“数字创意”确定为国家战略性新兴八大产业之一①，数字创意成为新时代新兴产业的亮点。发展数字文创产业应以数字技术与实体经济深度融合为主线，加快发展新型文化企业，壮大数字创意、数字出版、数字娱乐等②，使数字文创产业实现后发赶超，成为全国数字经济的重要组成部分。

（一）贵阳数字文创产业发展基本情况

1. 数字化赋能文旅融合发展

文化和旅游是贵州的一大亮点。随着中共贵州省委、贵州省人民政府《关于推动旅游业高质量发展　加快旅游产业化　建设多彩贵州旅游强省的意见》印发，在旅游发展方面，贵阳市也做出反应，率先推出了“智慧旅游”“云旅游”“一码游”等具有智慧化、数字化特色的旅游方式③。依托全国首个国家级大数据综合试验区，借助贵州旅游资源富集的优势，贵阳市在智慧景区等旅游公共服务体系建设方面取得良好成效，最为突出的当属5G基站进入景区。景区实现全方位无人机24小时巡查和监控；一码游景区实现云上观景，不出家门、不到景区就能全方位欣赏想去而受其他因素限制不能亲临的旅游风景区。整个贵州在旅游智慧化和旅游数字化方面利用绝对优势，对待智慧旅游等新事物的发展态度非常认真，在政策保障、制度规划和平台运营等方面的做法甚至走在

① 国务院办公厅．关于印发“十三五”国家战略性新兴产业发展规划的通知（国发〔2016〕67号）[Z]．2016－12－29．

② 国务院办公厅．关于印发“十四五”数字经济发展规划的通知，（国发〔2021〕29号）[Z]．2021－12－12．

③ 曹雯．数字创新助推文旅复苏[N]．贵州日报，2021－03－05（A09）．

了全国前列[①]。通过文化资源数字化，借助大数据及互联网平台，贵阳市的“文化+旅游”得到融合发展，整个贵州数百种农产品以及近百款旅游路线和旅游产品更是得到充分宣传和推广，同时极大地提升了贵阳数字经济产值。

2. 创新机制，推动数字经济发展

在数字经济机制创新和完善过程中，目标规划和布局引领对整个实体经济的发展起到支撑作用。贵阳市数字经济拥有巨大发展前景，数字经济在整个实体经济中占据举足轻重的地位。贵安新区数字经济增加值达千亿元级别，个别企业通过自身独特的运营模式和经营机制，更是实现年营收额突破亿元，成为贵阳市亿元级规模大数据企业。为实现和推动贵阳市数字经济发展，加快整个贵阳市数字产业化、产业数字化的发展步伐，贵阳市牵头清镇市拟写了《清镇市推动数字经济发展五年行动计划(2021—2025 年)》，明确了 2021—2025 年贵阳市数字经济的发展方向、发展战略以及发展目标等；同时明确了各项工作的职能部门既要围绕数字产业化，也要推动产业数字化，完善数字产业基础设施和服务，及时发现和治理数字化经济存在的问题，做到数字化管理、数字化治理。贵阳市通过聚焦新兴产业和数博会等活动，实现对外招商签订大数据项目 49 个，对接 10 余个新兴数字项目，涉及近 45 亿元的投资资金，累计建成 5G 基站 8006 个[②]；借助各类平台，实现近 7000 万芯片交易，签订云创大学等项目，完成近 2 亿元的资金引进[③]。

3. 聚焦资源，打造千亿级产业集群

“中国大数据在贵州，贵州大数据在贵安”，贵安新区是我国第八个国家级新区。2021 年初，贵安新区加速打造三个千亿级产业集群，主要提升产业指标，壮大产业规模，以打造数据中心集聚区、电子信息制造业产业集群、软件和信息技术服务产业集群三个千亿级产业集群为总值和目标，提高贵安数字经济核心

① 曹雯．以数字化推动文旅融合发展[N]．贵州日报，2021－05－14(A08)．

② 钱丽．贵阳累计建成 5G 基站 8006 个，实现主城区核心区域全面覆盖[N]．贵阳日报，2021－01－23 (A02)．

③ 清镇市人民政府．突出创新推动数字经济[EB/OL]．(2021－08－24)．清镇市人民政府网，http://www.gzqz.gov.cn/jgsz/zfbm/kjj/gzdt/202108/t20210824_69736801.html.

竞争力，加快“中国数谷”建设[1]，引领数字产业化发展加快步入“千亿级时代”。大学城、中国—东盟教育交流周永久会址、大数据试验区中心等聚集于贵安，华为、中国电信、中国移动、中国联通、腾讯等，也相继在贵安建造大型数据中心[2]。此外，自贵阳高新信息产业园被列入全省“5 个 100”工程和打造成为全省千亿级别园区后，又建成了金阳科技产业园、贵阳新型建筑材料产业园、贵阳电子商务产业园、中国(贵阳)跨境电子商务综合试验区等工业园区，涉及电子科学技术、软件和信息科学技术、AI 智能、非遗数字化等；通过全力推进大数据战略，贵阳大数据产业发展成果得到“首个国家大数据工程实验室、首个地方数据共享交换平台、首个大数据交易所、首个国家大数据及网络安全示范试点城市”等多个国家级荣誉称号[3]。贵阳市 3 部大数据地方性法规、第一部大数据工具书《数典》等，也为建设贵阳数字产业集群提供了重要保障。

(二)新媒体技术助力数字文创产业发展成功案例

近年来，贵阳市凭借区位、历史、人文等条件，依靠科技、媒体、数据等优势，始终坚守以产业为依托、文化创意为核心的理念发展文化产业和文化事业，最具代表性的是熊出没文旅小镇、文创人才小镇、贵阳数字内容产业园等。以上产业园区将文化、创意、产业和旅游等利用数字化方式进行创新融合，取得了良好成果。

1. 贵阳“熊出没”文旅小镇

贵阳熊出没文旅小镇是由深圳华强集团与贵阳市政府联合打造的。深圳华强集团于 2018 年 3 月进行实地考察，2018 年 12 月与贵阳市政府签订战略合作协议，并确定以白云区蓬莱仙界、沙田水库片区为小镇选址。该项目总计投资 150 亿元，用地面积约 665300 平方米，计划建设娱乐中心、创意产业基地、邻里生活中心、休闲商业、国际化社区等；涵盖文化创意、大数据、康养、旅游四大类产业和元素，是贵州乃至西南地区首个以数字文创为主题的集文化创意和旅

---

① 贵阳市人民政府．奋力夺取数字经济发展“开门红”——贵阳贵安加快打造三个千亿级产业集群[EB/OL].(2021－01－25). 贵阳市大数据发展管理局官网，http://www.guiyang.gov.cn/zwgk/zwgkxwdt/zwgkxwdtbmdt/202101/t20210125_66378807.html.

② 钱丽．主要产业指标高位增长，重点企业持续发展壮大，贵阳贵安加速打造三个千亿级产业集群[N]. 贵阳日报，2021－08－13(A01).

③ 贵阳市人民政府．2021 年政府工作报告[N]. 贵阳日报，2021－03－03(A01).

游于一身的文旅小镇[①]。

2. 贵阳文创人才小镇

贵阳文创人才小镇位于贵阳市白云区，在市政府及区政府合力支持下建成。小镇重点以“大数据”为核心，以大数据人才聚集、数据城市转型、大数据医疗和金融聚集等模式，建设大数据生态城，打造围绕“大数据生态”的中心试验区；为白云区留住人才、吸引人才、培养人才、珍惜人才，更为整个贵阳寻找人才和造就人才提供了一个绝佳的机会和条件，也使人才在贵阳能够感受到大数据及新兴科技带来的智慧化、智能化、数字化享受，让人才在贵阳能够安居、快乐、幸福。

3. 贵阳数字内容产业园

贵阳数字内容产业园于 2007 年 7 月正式挂牌成立，现坐落于贵阳市白云区白金大道云城尚居 A3－19 栋，是贵州省第一家以动漫为主导，涵盖网络和手机游戏开发、动漫衍生产品设计、软件服务和动漫人才培训的特色产业平台；产业园总面积 33360 平方米左右[②]，在产业园存续的企业达 325 家，涵盖大数据企业、动漫企业、文化产业企业、大健康企业、电商贸易企业等近 10 类企业[③]。自 2007 年挂牌以来，在产业园入驻的企业有 30 家，多家企业获得国家级以及省部级资历认定和荣誉称号。值得骄傲的是，该园区 2007 年被贵州省科技厅和原文化厅等多部门联合认定授予“贵阳数字动漫科技产业示范基地”，2009 年被科技部认定为“贵阳国家现代服务业数字内容产业化示范基地”，依托各方面政策和产业园自身的产业基础，根据《关于大力发展数字内容产业的意见》的指示，贵阳数字内容产业园已建设成为贵州省数字内容产业示范园，同时发挥园区特色带动周围小河等兄弟区，推动了全省数字内容产业与文化、旅游等业态协同发展。

① 贵阳市投资促进局．白云区熊出没文旅小镇项目取得新进展[EB/OL].（2018－07－04）．贵阳市投资促进局官网，http://tzcj.guiyang.gov.cn/newsite/tzzx/tzdt/202103/t20210316_67203194.html.

② 前瞻产业园区库．贵阳数字内容产业园[EB/OL]．前瞻网，https://y.qianzhan.com/yuanqu/Item/21e8b5a825672bb5.html.

③ 白云区人民政府．贵阳数字内容产业园建设情况[EB/OL].（2020－06－03）．白云区人民政府网，http://www.gzbaiyun.gov.cn/xwz/zwgk_5748401/gzjg/gzjg_5751310/byqdsjfzglj/gzdt_5757685/202009/t20200927_63500204.htm.

(三)案例分析

1. 集多功能于一身现全方位发展

文化和旅游是贵阳熊出没文旅小镇最为鲜明的符号。首先,“熊出没”原本是以熊大、熊二和光头强为主角,以熊大、熊二保护森林不被光头强盗砍偷伐为主题,构造出“熊”与“人”之间进行环保大战的故事,其本身就有极为丰富的文化内涵,具有创新创意特色,更具有传播价值。其次,白云区蓬莱仙界是融农、林、生态、旅游观光、布依族民俗文化等为一体的国家级 4A 级旅游区,旅游资源丰富,开发价值巨大;白云区沙田水库与中国红枫产业基地——“红枫园”接壤,山、水、丛林等生态资源富集,以此为熊出没文旅小镇的核心区域恰好符合《熊出没》动漫中“保护森林　爱护环境”的主题。最后,依托大生态、大旅游、大数据、大健康等优势,“文化+旅游”融合发展在贵州“水涨船高”。贵阳作为省会城市,通过将《熊出没》动漫的 IP 形象生态化、生活化和创意化地开发出来,打造出一个既具有文化内涵又富有创意,既可以推进城市文化事业和文化产业发展又可以提升新城市形象的文化创意旅游小镇,以此实现区域文化产业全方位发展。

2. 借助本土资源禀赋唤醒“沉睡”资源

“生态、环保和绿色”理念,已成为贵阳市经济社会发展的核心观念,而白云区文创人才小镇在生态开发和发展的观念之上又有创新——将“大数据”与“生态”融合,创新发展“大数据生态城试验区”,因此“大数据+生态”成为白云区旅游业经济发展的重要模式。以大数据产业为契机,以大生态为重要抓手,实施生态旅游工程,打造生态旅游目的地,落实大数据旅游工程,打造大数据旅游示范区成为该区未来发展的重点①。白云区铝矿资源禀赋优势巨大,已成为全国最大的铝工业基地之一。工业遗址、厂房、机械等成为开发创意景点的优选资源,将废弃的铝矿厂房改造升级为小镇商铺和店面,将铝矿工厂遗址修复添色利用到小镇特色建筑和标志性建筑设计中,将废弃的机械翻新换貌利用到小镇特色产品和纪念物品研发中,由此以“原汁原味”的形象将“旅游+工业”融合创

① 白云区人民政府. 白云区“十四五”旅游业专项规划[EB/OL].(2021-08-11). 白云区发改局官网,http://www. Gzbaiyun. gov. cn/xwz/zwgk_5748401/zdlyxxgk/whlycyfzjwwbh_5751510/zyghkfgl/202110/t20211029_71407060,html.

新展现得淋漓尽致。此外，将区域内的留置民房、留置土地、留置人员、闲余资产等“沉睡”资源盘活唤醒，是展示“爽爽贵阳”村景图的重要举措。白云区文创人才小镇在充分利用铝矿工业遗址工厂机械的基础上，将留置民房改用为小镇经营房、将留置土地改用为小镇文化项目体验地、将留置人员改用为小镇服务员，将闲置资产和资源等充分利用起来①，为民众、为游客打造了一个“记忆乡愁、回味农家”的充满文化创意的优质小镇。

3. 政府牵头牵线指导强企投“资”投“力”

2021 年是“十四五”战略的开端之年，亦是贵阳大数据蓬勃发展之年。贵阳市相关智能部门对贵阳数字内容产业园及数字内容产业的发展可谓“倾资尽力”，实施招商引资、招商引企、人才引进等工程，利用扩展园区面积、制定相关管理法规制度等措施，不断提升壮大产业园的实力。早在 2012 年，贵阳市人民政府就发布了《关于大力发展数字内容产业的意见》，提出“要大力发展以动漫为核心的数字内容产业，以白云、小河两区为带动力量，其他区分步推进，有条件有优势的区域集中发展，形成数字内容产业集群，进一步落实贵阳数字内容产业园的建设和完善”。相关产业部门和财政部门通过大力支持投入财政资金，加大财政扶持力度，加强人才队伍的建设与培养力度，完善财政资金奖励政策和融资税收优惠政策等，以及组建贵阳数字内容产业发展管理委员会，使贵阳市逐步成为数字、科技文化融合发展中心②。为将贵阳数字内容产业推向全国乃至世界，同时也为了更好地发展贵阳数字内容产业，贵阳市政府联动有关部门颁布了我国首部区市层面的大数据法规《贵阳市政府数据共享开放条例》，并制定《贵阳市“十四五”数字经济发展专项规划》等多个相关政策文件，为整个贵阳数字内容产业的发展起到了良好的保驾护航作用。

---

① 安璐．唤醒农村“沉睡”资源，画美爽爽贵阳村景图——贵阳市走农旅融合之路打造富美乡村[EB/OL].（2018－10－18）．多彩贵州网，http://gy.gog.cn/system/2018/10/18/016866690.shtml.

② 贵阳市人民政府．关于印发贵阳市人民政府《关于大力发展数字内容产业的意见》的通知（筑府发〔2011〕84 号）[Z].2012－01－04.

四、新媒体技术赋能贵阳数字文创产业的经验和未来展望

(一)新媒体技术赋能贵阳数字文创产业经验总结

1. 完善相关政策法规,为产业发展保驾护航

目前,国务院印发的《关于支持贵州在新时代西部大开发上闯新路的意见》提出[①]贵州打造“数字经济发展创新区”的战略定位,实施数字产业强链行动,培育了一批具有吸引力的数字文化产业和旅游品牌,支持贵阳大数据交易所和国家大数据安全靶场的建设,促进产业数字化转型。在“十四五”规划中单独提出“加快数字化发展,建设数字中国”,并明确指出要实施文化产业数字化战略,加快发展新型文化企业、文化业态、文化消费模式,壮大数字创意、网络视听、数字出版、数字娱乐、线上演播等产业。2020 年,在《文化和旅游部关于推动数字文化产业高质量发展的意见》中提到[②],支持互联网、超高清、VR/AR、大数据、云计算、人工智能等数字技术在文化产业领域的创新应用,建设一批文化产业数字化应用场景。贵阳将优秀的传统文化资源与数字技术创新相结合,借助新媒体技术让文化“活起来”。《市人民政府关于印发贵阳贵安“强省会”五年行动科技创新实施方案的通知》中也提出要“打造科技要素集聚共享云平台”[③],分产业、分技术、分领域推动贵阳贵安科技要素集聚共享云平台建设,实现科技成果转移转化、技术交易、科技金融、创新孵化等服务功能高效集成,打造立足贵阳贵安、覆盖全省的科技要素开放共享网络。在“十四五”全省文化高质量发展进程中,贵阳作为贵州省会城市,要彰显其在文化强省战略中的省会担当,建议政府部门大力支持贵阳发展文化事业、文化产业,推动高新区“国家级文化和科技融合示范基地”建设,将科技进步成果渗透到文化创作、生产、传播和消费各环

① 国务院办公厅.国务院关于支持贵州在新时代西部大开发上闯新路的意见(国发〔2022〕2 号)[Z].2022-01-26.

② 文化和旅游部.文化和旅游部关于推动数字文化产业高质量发展的意见(文旅产业发〔2020〕78 号)[Z].2020-11-18.

③ 市政府办公厅.市人民政府关于印发贵阳贵安“强省会”五年行动科技创新实施方案的通知(筑府发〔2021〕13 号)[Z].2021-08-04.

节，加快培育数字文化产业新业态，以科技赋能文化产业高质量发展[①]。2021年，贵阳市乌当区在探索旅游产业发展的新路径中坚持“文化+旅游”[②]策略，充分挖掘红色文化、传统文化、民族文化等，建设羊昌黄连红军村、新光里文化创意产业园以及传统工艺工坊、布依族文化节“六月六”和“三月三”等文化旅游项目。2021年，贵阳市人民政府在其发布的《贵阳市国民经济和社会发展第十四个五年规划和2035年远景目标纲要》中又强调，统筹构建数字产业体系，加快文化与科技融合，建设国家级贵阳贵安大数据产业发展集聚区，加强重点文艺网站建设和内容管理[③]。由此，完善的政策法规为推动贵阳数字文创产业发展提供了重要保障。

2. 引进多样化高层次人才，全方位提升服务质量

贵阳市第十一次党代会提出“坚持生态立市、工业强市、数字活市、人才兴市，奋力谱写新时代‘强省会’新篇章，大力实施人才引、育、用、留‘四大工程’”[④]。在人才培养方面，贵阳出台了院士工作站认定扶持政策，推动同济大学在贵安新区建立贵州实践基地，建设清华大学贵州大数据科技人才创新中心，实施人才培养工程。2021年，分级分类培训专业人才6.7万余人次，继续推进贵州籍人才和青年人才的引进计划。在高层次人才引进方面，贵阳政府出台了《贵阳贵安人才“强省会”行动若干政策措施》，提供引进人才资金奖励，对于带项目、资金和技术的人才来贵阳创业，将给予资金支持并且3年内免费提供500平方米的工作场所[⑤]。贵阳贵安一站式人才网上办事服务平台改善了对人才的线上服务环境，主要服务内容包括人才服务绿卡的办理、人才政策的咨询、生活津贴和安家费等30项人才服务事项的申报。“筑人才”App的上线、贵阳人才网的开放和“96567”人才服务热线的开通让业务办理智能化、对外服务和服务

① 贵阳市人民政府．加快推动贵阳建设全省文化中心的建议（筑府提复〔2021〕44号）[Z]. 2021-07-06.

② 乌当区人民政府．构建全域新格局　推进旅游产业化[EB/OL].（2022-02-14）. 天眼新闻，http://www.gzwd.gov.cn/xwzx/zwyw/202202/t20220214_72541608.html.

③ 贵阳市人民政府．贵阳市国民经济和社会发展第十四个五年规划和2035年远景目标纲要[EB/OL].（2021-07-07）. 贵阳市发展和改革委员会官网，http://fgw.guiyang.gov.cn/zfxxgk/fdzdgknr/ghjh_5619427/ghjh/202107/t20210707_68938887.html.

④ 高艳飞．奋力谱写新时代“强省会”新篇章[N]. 贵阳日报，2021-12-22(005).

⑤ 中共贵州省委，贵州省人民政府．关于支持实施“强省会”五年行动若干政策措施的意见[N]. 贵阳日报，2021-10-28(005).

方式多样化。2021 年，贵阳举行主题为“人才大会聚，共赢高质量”的人才博览会，采用“线上+线下”相结合的方式，借助数博会、中国—东盟教育交流周和省校战略合作知名高校引才活动等平台，实现引才工作的多元化。

3. 建设数字平台和基础设施，推出数字化创意服务平台

在 2018 年数博会上发布的“多彩贵州文化云”文化大数据平台，也是贵州省公共文化服务平台，包含文化新闻、文化遗产、热门活动、多彩贵州等功能板块，通过线上线下相结合的形式，将贵州的民族文化、历史文化、红色文化、三线文化和生态文化利用互联网技术展现给观众。贵阳市为深入推进文旅产业高质量发展，促进优秀传统文化创新性发展和创造性转化，开启全域智慧旅游新模式，推出“一码游贵州”全域智慧旅游平台。“一码游贵州”包括贵州智慧旅游大数据中心、数字智库、公众服务和电商平台，整合了大数据、人工智能、5G 直播、新零售、区块链等高新技术，通过二维码为游客提供便捷、多元、智能的旅游服务。2021 年年底，“壹刻宝文化驿站”正式启用。“壹刻宝文化驿站”的建设主要是为了整合贵阳市的文化资源，发挥各类文化主体的作用，打造贵阳市基层公共文化服务载体和数字资源赋能的承接通道，以“新闻+服务”的创新形式，利用融媒体、大数据等技术赋能基层公共服务活动，活跃文化生活，提升幸福指数。在公共文化服务方面，“壹刻宝文化驿站”利用大数据和人工智能技术，提供推送信息、活动报名、预约场馆等服务功能。“壹刻宝文化驿站”的“壹刻讲堂”功能区充分利用新媒体技术，多媒体大屏幕可以播放授课老师的 PPT、视频等课件，还接入“壹刻宝”首批签约贵州广播电视台 IPTV 的资源，打造“壹刻 G + TV”品牌。“壹刻视听”功能区可以上传近百个视频和图片，其中包括党建和非遗文化传承等内容，还接入 8 个 VR 场馆，可以满足社区居民的个性化需求。

(二)新媒体技术赋能贵阳数字文创产业发展展望

1. 拓宽新媒体传播渠道，推动数字文创产业新发展

新媒体为数字文化创意产业提供了虚拟市场，数字文创产业为新媒体增添了新的传播板块，在合作中可创建共赢的商业模式。随着科学技术的迅速发展，新媒体技术的应用逐渐出现群众忠实度低、应用渠道狭窄、监管制度缺失等问题，所以建立新媒体传播体系是推动数字文创产业发展的必然要求。新媒体

强大的资源整合能力，为数字文化创意产业的可持续发展提供了新动力。新媒体传播是建立在数字技术和网络技术之上的互动式传播，完善新媒体传播渠道为数字文创产业的运营、宣传、销售提供了一条捷径。首先，拓展新媒体传播链是新媒体传播体系建设的重要方面。利用贵阳先进的大数据技术可以为新媒体传播提质增速，建立文创产业数据库，实现新媒体数据批量传播，在完善传播链的同时提升数字文创产业的市场占有率。其次，新媒体传播容易产生“蝴蝶效应”，传播效果往往难以预料。建立新媒体传播秩序和紧急情况预警系统，并且完善相关方面的制度监管体系，让信息接收者和传播者共同成为责任人，可以通过技术手段引导或拦截在传播过程中出现负面影响的信息源。最后，打破传统媒体的传播形式，拓宽新媒体技术的应用渠道。通过多样化措施，让群众能够从手机媒体、QQ、微信、微博、MSN、电子邮件、博客等渠道获取相关信息，并且成为二次传播者。

2. 整合文化资源，开创数字文创新领域

贵阳市分布着布依族、苗族、彝族、侗族等 20 多个少数民族，丰富的民族文化资源为整合文化资源提供了重要资源基础。加强对民族文化资源进行系统的挖掘、整理和创新，寻觅贵阳优秀传统文化创造性转化过程中新的经济生长点，可以为贵阳数字文创产业的持续发展提供稳定的创新环境，有利于实现数字文创经济的高质量发展。针对贵阳市的文化资源禀赋优势，可研发以阳明祠、文昌阁、黔灵山等历史文化资源为代表的数字文创产品，用数字文创设计推动文化旅游产业创新升级；可依托贵阳独具特色的文化资源，整合贵阳市旧石器时代的洞穴文化遗址和古人类文化遗址资源，以及甲秀楼、南明区的黔明寺、马头寨古建筑群、阳明洞、弘福寺、明代永乐古堡遗址、白云区的白云寺和东山巢风寺等历史文化遗产资源，逐步探索数字文化产业发展新业态，“盘活”当地厚重的历史资源；通过收集整理辖区范围内的竹贴画、开阳平寨的苗族斗牛会、清水江的苗族杀鱼节、乌当区新堡乡杜寨的摩挪簸箕画和播娜摩簸箕画、苗族的“四月八”、布依族的“三月三”和“六月六”等民俗文化资源，实施贵阳数字文创产业精品培育工程，建设贵阳数字文化保护区。

3. 重视人才队伍建设，健全人才考核机制

人才是产业发展的核心竞争力，数字文创产业链建设必须依靠团队的紧密配合，齐心协力、各司其职，才能提高工作效率。贵阳发展数字文创产业要明确

本身的竞争优势，依托“中国数谷”的城市名片、富饶的文化资源和丰厚的引进补贴，才能吸引专业人才的加入。为此，一是应明确贵阳数字文创产业未来的发展规划，测算出需要的专业人才数量，形成针对性强的专业技术培训机制，采用线上线下结合的面试形式，尽可能地引进高质量的专业人才；二是坚持“分岗分技、分层分级”的引进原则，主要引进数字技术、文创设计、新媒体技术、运营策划、宣传销售等方面的专业人才，以提升贵阳数字文创产品的整体质量，打造完整的产业链，激活数字文创产品创意、策划、制作、宣传、销售的价值链；三是积极与高校和科研机构建立合作关系，招收相关专业学生，为数字文创行业输入新鲜血液；四是邀请相关专业的技术人才对企业员工进行培训指导，提升员工的业务水平，并充分利用好国家层面出台的人才激励机制，提高企业员工的科研积极性，鼓励相关技术人员创新突破。

4. 提炼品牌价值，突出数字文创产业发展优势

贵阳发展数字文创产业必须将文化资源优势转化为文化经济优势，挖掘其品牌价值，强化其品牌意识。文创产品将传统文化与现代生活连接起来，亟待在数字技术的推动下对优秀传统文化进行创造性转化，从而激发现代人对传统文化的兴趣，提升其购买欲望。因此，一要充分挖掘利用贵阳的地域文化、民族文化、红色文化、三线文化等文化资源，打响贵阳数字文创产业品牌，打造数字文创 IP，推动贵阳数字文创产业成为经济社会发展的引擎和重要增长极；二要借助《云上梯田》表演的关注度，以农业文化为内容，利用数字技术还原科技种田的情况，将科技与农业、地域特色、民族文化巧妙地融合在一起，通过剧情的创新发展、舞台的完美呈现，彰显贵州的地域文化之美①；三要善于借助新媒体平台获取时政热点，定期更新数字文创产品与服务，提升文创品牌的影响力，让贵阳数字文创品牌维持热度，加深大众对贵阳数字文创产业品牌的认知；四要培育一批创新能力强的贵阳数字文创企业，借助品牌效应建构“文化+品牌+数字技术+媒体”的发展模式，利用数字技术提取数字文创产业的核心竞争力，借助媒体技术扩大传播范围，突出数字文创产业的技术发展优势。

5. 加强与新媒体平台合作，提高数字文创产业经济效益

在新媒体不断发展的背景下，打造以新媒体技术为核心的文化产品是文化

① 贵阳市文化和旅游局．云上梯田：云上科技助力乡村振兴[EB/OL]．(2021－09－16)．贵阳市文化和旅游局官网，http://wlj.guiyang.gov.cn/xwdt/bmdt/202109/t20210918_70464604.html.

产业升级换代向高端发展的必然选择[①]。数字文创产业将文创产业与数字化技术深度融合，通过互联网平台来表达文化创意，借助新媒体技术提高经济效益。贵阳市发展数字文创产业，可以在微信平台、问答平台、直播平台和视频平台进行产业介绍、品牌宣传、产品销售和业务推广。必须重视数字文创产业与新媒体平台的合作，可申请贵阳数字文创产业微信公众号，让企业可以在微信平台通过特定群体文字、语言、视频及图片的方式，发布贵阳市的数字文创产业动态，从而降低宣传成本并提高服务效率。如抖音是一款社交类软件，其传播效应和聚集能力异常强大，并且在 2021 年推出"老友计划"，将抖音用户的年龄层次扩大至老年人。同时抖音平台不断举行运营活动，是拓宽贵阳数字文创产业传播销售渠道和投融资渠道的最佳选择。在新媒体平台建设贵阳数字文创产业的内容，并提升数字文创产品质量是吸引客户的关键点。采用"数字文创+新媒体平台"的发展模式，能够提升数字文创产业的关注度，进一步争取到不同年龄层次的消费者，从而提高数字文创产业的经济效益。

（本文系 2021 年度贵阳市非物质文化遗产重大招标课题"'强省会'背景下贵阳市非物质文化遗产保护工作路径探究"(2021GYFY002)的阶段性成果）

（王伟杰，贵州民族大学南方少数民族非物质文化遗产研究基地，教授，硕士生导师；熊朝霞、杨青，贵州民族大学民族学与历史学学院；冯涛、梁海，贵阳人文科技学院经济与管理学院）

① 刘静．新媒体技术对文化产业的影响力研究[J]．环渤海经济瞭望，2016(4)：56－57.

第十四章

西安:完善数字生态体系,以科技创新推进文化产业转型升级

一、2021 年西安文化产业发展概况

二、西安数字创意产业发展态势

三、西安科技赋能数字文创的典型案例——以西安文化科技创业城产业园为例

四、西安数字创意产业发展对策

科技创新是促进文化发展的强劲动力，文化与科技紧密结合，对于提升文化创新能力、催生文化新业态发挥着重要的支撑和引领作用。西安在文化资源和科技资源方面拥有独特优势，加快推进西安数字创意产业发展，是西安建设具有历史文化特色国际化大都市的战略选择，对西安调整经济结构、转变经济发展方式具有重大意义。2021 年，西安数字创意产业受到疫情冲击，但发展较为迅速。西安利用丰厚的文化资源禀赋，以传统文化发展为核心、新兴数字创意产业为支撑，文化新业态得以蓬勃发展。随着西安不断完善“文化+科技”的产业体系，文化新业态及文旅消费新模式不断涌现，日益成为西安文化产业新的增长点。

一、2021 年西安文化产业发展概况

(一)2021 年西安文化产业发展现状

1. 文化产业发展新动能不断增强

2021 年，西安统筹抓好迎全运、稳增长、防疫情等各项工作，经济延续稳定恢复态势，创新驱动动能强劲，经济结构调整优化，质量效益明显提升，呈现“稳步恢复、稳中提质”的发展态势。2021 年西安市国内生产总值达到 10688.28 亿元，比上年增长 4.1%，两年平均增长 4.6%。其中，第一产业增加值 308.82 亿元，增长 6.1%；第二产业增加值 3585.20 亿元，增长 0.9%；第三产业增加值 6794.26 亿元，增长 5.7%。2021 年第一季度，西安市规模以上文化企业总体运行良好，营业收入增长稳定，文化产业整体回暖。全市共有规模以上文化企业 713 家，文化制造业企业 40 家、文化批零业企业 97 家、文化服务业企业 576 家。规模以上文化企业共实现营业收入 125.53 亿元，同比增长 20.1%，比上年同期提高 28.8 个百分点，两年平均增速 4.7%。从产业类型来看，文化服务业企业

增速较快，带动效应明显，实现营业收入 90.60 亿元，同比增长 47.9%，比上年同期提高 59.7 个百分点；文化制造业企业实现营业收入 12.42 亿元，同比下降 50.3%，比上年同期回落 51.1 个百分点；文化批零业企业实现营业收入 22.51 亿元，同比增长 23.0%，比上年同期提高 33.3 个百分点。从行业类别来看，文化及相关产业 9 个行业中，营业收入同比增长的行业有 7 个，比上年同期多 4 个，其中增速达到 30%以上的行业是文化装备生产、文化娱乐休闲服务、文化投资运营和文化传播渠道。文化装备生产共 12 家单位，实现营业收入 1.16 亿元，同比增长 102.4%；文化娱乐休闲服务共 43 家单位，实现营业收入 4.57 亿元，同比增长 59.0%；文化投资运营共 13 家单位，实现营业收入 1.66 亿元，同比增长 49.7%；文化传播渠道共 132 家单位，实现营业收入 17.55 亿元，同比增长 36.1%，保持较好增长态势。从文化及相关产业细分行业来看，文化新业态保持较好发展。文化新业态特征较为明显的 16 个行业小类企业实现营业收入 40.61 亿元，占规模以上文化企业营业收入的比重为 32.3%，营业收入同比增长 62.5%，高于规模以上文化企业平均增速 42.4 个百分点。[①]

2. 数字经济释放新活力

西安以推动产业数字化和数字产业化为主攻方向，促进数字经济与实体经济深度融合，数字经济呈现良好发展态势。2020 年，西安数字经济规模达 3585 亿元，数字经济发展水平有较大幅度提升。西安紧抓国家新基建发展机遇，大力推进 5G 网络、工业互联网等基础设施建设，持续促进数字产业化和产业数字化发展，启动建设国家新一代人工智能创新发展试验区、首个国家级硬科技创新示范区，获批首批省级数字经济示范项目 14 个，数字经济生态体系不断优化。2020 年，西安获批“新一代人工智能创新发展试验区”。全市有工业互联网服务企业 40 余家，包括平台服务商、解决方案服务商、安全服务商等各类服务企业，企业上云赋智提效更进一步。225 个工业互联网平台（项目）被工信部评选为试点示范项目。“西安工业云平台”自上线运行以来累计注册总用户数 15272 个，运行良好，有效降低了中小企业信息化成本。2021 年，中国电子西部数字经济产业基地落户西安西咸新区，着力发展数字经济，布局软硬件研发、数字经济及相关智能网联、人工智能、大数据、云计算、云游戏等研发及应用产业。围绕“一网、一门、一次”的改革目标和“一网通办”要求，西安推动政务信息系统

① 2021 年第一季度规模以上文化企业发展分析[EB/OL].（2022－03－15）.西安市统计局网站 .

与西安市政务服务平台互联互通。加快数字政府和智慧城市建设，搭建“133N”政府数字化转型框架，市级政务服务事项网上可办率达到91.9%，信息化便民利民水平明显提升。①

3. 文化新业态快速发展

随着新冠肺炎疫情防控形势持续好转，西安文化市场回暖向好态势持续巩固，文化企业生产经营逐步改善。截至2020年底，“互联网+文化”潜力凸显，互联网搜索服务、互联网其他信息服务、增值电信文化服务、互联网广告服务和互联网文化娱乐平台5个“互联网+”新兴文化服务行业的增速均超过30%。西安加速发展文化旅游产业与互联网行业整合，云录制、云展览、云直播渐成新的消费场景。2020年以来，曲江文化旅游打开“云上空间”，XSO西安交响乐团推出系列“云上国宝音乐会”，先后走进陕历博，登上华山之巅，用音乐向全球观众展示陕西自然风光和人文历史，播出的8场“云上音乐会”累计播放量达8000万次。西安曲江艺术博物馆打造的《实幻印象——印象派艺术互动展》，借助VR技术将印象派大师的画作和光影幻境完美融合。曲江红色记忆博物馆借助VR虚拟现实数字技术，利用数字技术，在“云端”为文博爱好者打造了全新的博物馆。陕文投集团云创科技打造了以“游陕西”为矩阵的产品体系，包括一机游三秦、陕西文化旅游网、游陕西App、景小宝和惠旅云等互联网智旅产品，构建了数字文旅产品生态圈。西安各大景区、文化场馆以及在线旅游平台纷纷搭建起“云直播”平台，为足不出户的用户带来缤纷多彩的视觉旅游盛宴。在西安永宁门录制的“2021丝路嘉年华·和美之约——丝路云春晚”，以“24小时”的时间维度、“全球”的空间维度、“36个国家+国内外17家电视台”的展示维度，让在外地不能回家过年的西安游子及全国游客感受西安年味。

4. 补足创新发展动能

西安坚持需求引领、供给创新，以需求升级与供给升级协调联动增进经济效益，补足创新发展动能。做大做强现代金融业、电子商务、现代物流、文化旅游等产业，促进生产性服务业向专业化和价值链高端延伸、生活性服务业向精细化和高品质转变。打造丝绸之路经济带国际商贸物流中心，深化同丝绸之路沿线省区、国家间的旅游合作，共建丝绸之路国际黄金旅游带。大力发展数字

① 以数字经济赋能西安经济社会高质量发展[EB/OL].(2022－03－31).https://baijiahao.baidu.com/s?id=1697463929732009870&wfr=spider&for=pc.

经济、分享经济、平台经济、体验经济，推动模式创新、业态创新、服务创新和跨界融合，强化电子政务、电子商务、智慧城市等重点领域示范应用。以沣西大数据产业园为引擎，西安高新区、西安经开区、西安阎良基地等园区为支撑，积极开展西安—西咸新区国家云计算服务创新试点示范，建设丝绸之路经济带新起点数据核算区，推进大数据与云计算产业进入全国领先行列。

(二)2021年西安文化产业发展特点

1. 加快数字文创平台搭建

西安以科技创新为核心，攻克一批具有自主知识产权的关键技术，形成一批具有影响力的行业排头兵企业，促进高端要素向高技术产业、园区聚集。2021年，由陕旅集团、蚂蚁科技集团联合发起的陕西文化旅游数字产业平台成立。该平台正逐步完成陕西境内文博、文化、旅游等实体资产的数字化，完成文旅资源上链、确权、运营、开发、交易等全供应链保护，让陕西的国宝、非遗等文旅内容走进每个人的数字化生活。平台吸纳文博单位、旅游企业、图书馆、美术馆、非遗传承者等单位和个体，持续孵化优质文旅内容，聚焦新零售、AR/VR内容、游戏周边、数字藏品等数字资产，完善数字产业配套布局。陕旅集团已在"数字藏品——国宝守望系列""数字陕西科技馆"等项目中，率先实现数字文创商品的应用探索，并将通过产业运营交易，不断提高数字化应用场景拓展能力，带动整个产业发展。2021年，由西安音乐学院和西安地图出版社有限公司申报的项目入选国家文化和旅游科技创新工程项目储备库，其中西安音乐学院的"'一带一路'及黄河流域音乐文化资源智能创新工程"入选自由推荐项目二类名单，西安地图出版社有限公司的"历史文化专题数据库系统之初遇长安"入选自由推荐项目二类名单。此次项目入库，能够深入推进国家文化和旅游行业科技创新，充分发挥科技在西安文化和旅游发展中的支撑引领作用。

2. 夜间经济激活城市文化消费活力

发展夜间经济是扩大消费、推进文化和旅游供给侧结构性改革的要求。为深入挖掘夜间消费潜能，持续升级夜间消费场景，2021年西安市开展了以"夜品长安 悦享金秋"为主题的"金秋夜市逛长安"活动，依托主要商圈、特色商业街区和大型商业综合体，广泛开展"夜食、夜购、夜游、夜娱、夜行、夜宿"等形式多样、丰富多彩的系列活动，进一步丰富夜间消费环境和场景。西安连续2年荣获

"全国夜间经济十强城市"，大唐不夜城已成为西安"夜间经济"主阵地和潮流时尚新地标，荣获"游客最喜爱的十大商业街区及网红步行街"。在2020年中国夜间经济论坛上，西安市入选"2020夜间经济二十强城市"，曲江大唐芙蓉园景区入选"2020游客喜爱的十大夜景区"，《长恨歌》入选"2020游客喜爱的十大夜间演艺"。2020年前三季度，西安夜间经济市场规模约为2007.29亿元。截至2021年底，西安共有大唐不夜城国家级示范步行街，老城根Gpark省级示范步行街，大唐西市、四海唐人街2条省级试点步行街，永兴坊陕西非遗文化特色街区、老城根Gpark、易俗社文化街区等3条省级夜间经济示范街区，14条市级示范特色商业街区和11条市级夜间经济示范街区。

3. 文化产业园区和基地建设如火如荼

2012年，西安国家文化和科技融合示范基地获批第一批国家文化和科技融合示范基地。2019年，西安文化科技创业城产业园获批第三批国家文化和科技融合示范基地。这两个示范基地都是集聚类，以文化为核心内容、以科技创新为重要支撑、文化科技交互融合的集聚类文化产业园区，重点聚焦于文化资源数字化、文化艺术展演、数字出版、影视媒体融合、文化旅游综合服务等，基本形成了包括技术研发与集成应用、技术标准制定、产业技术联盟等在内的完整的文化科技创新价值链。在省级层面，2019—2021年，陕西共认定9家文化产业示范园区、33家文化产业重点园区、67家文化产业示范基地，省级文化产业"十百千"工程文化产业园区(基地)共计109家。西安曲江新区、华商传媒文化产业园、西安印刷包装产业基地、西部电影圈子·西影电影产业集聚区、西安曲江创客大街等园区基地，涵盖数字内容、动漫游戏和文化创意等业态，产业规模和企业聚集效应凸显。自2019年以来，陕西省开始认定文化和科技融合示范基地，分为集聚类示范基地和单体类示范基地。2021年，西安高新数字创意产业园、大西产业园、西安创新设计中心、思禾文化创意产业园、西安邮电大学、陕西风华文化发展有限公司、西安航天弘发实业有限公司、西安丝路智慧科技有限公司、西安地图出版社有限公司、西安恒沙金栗广告文化传媒有限责任公司荣获陕西省文化和科技融合示范基地称号。通过文化产业园区和基地的示范、引领、带动，西安文化科技资源得到整合，西安数字创意产业的整体竞争力得到有效提升，有力支撑了西安文化新业态的发展。

4. 产业政策优势鲜明

数字经济环境下政府为促进产业发展纷纷制定适宜的政策，政策文件的密集出台使数字创意产业迎来了前所未有的政策红利，对文化企业发展提供了良好的政策指导。西安市出台了《补短板加快文化产业发展的若干政策》《西安市加快通信基础设施建设行动计划》《西安市大数据产业发展实施方案（2017—2021年）》《西安市硬科技产业发展规划》《西安市发展硬科技产业十条措施》等政策文件，力促数字创意产业发展。为加强文化产业园区基地的管理，出台《西安市国家级文化和科技融合示范基地建设实施方案》《西安国家级文化和科技融合示范基地示范园区和示范企业评价标准》，创建大量的文化科技融合领域双创服务平台。2020年，为促进文化和科技深度融合，全面提升文化科技创新能力，推动文化事业和文化产业高质量发展，陕西出台《陕西省关于促进文化和科技深度融合的实施意见》，多措施推动科技和文化深度融合，提出到2025年，陕西将建设30家省级文化和科技融合示范基地，培育5家文化科技融合领军企业和50家文化科技融合重点、骨干企业，重点侧重于加强文化科技融合共性关键技术研发、完善文化科技创新体系建设、加快文化科技成果应用及推广、营造文化科技融合生态环境四个方面。2020年，陕西发布《陕西省推进"上云用数赋智"行动培育新经济发展实施方案（2020—2022年）》，提出夯实数字化转型技术支撑、构建多层联动的产业互联网平台、加快企业"上云用数赋智"、建立跨界融合的数字化生态和拓展经济发展新空间。

二、西安数字创意产业发展态势

（一）产业规模快速增长，产业转型升级加速

西安市文化科技融合发展亮点纷呈，成效显著。全市文化科技企业已达1.6万家，甲骨文、字节跳动、喜马拉雅、远望谷等多家知名文化科技企业在西安投资兴业，曲江新区"九号宇宙科普馆"文化科技融合项目，高新区易点天下、荣信教育等文化科技企业蒸蒸日上。自2009年以来，西安共有14家企业被文化和旅游部、财政部和国家税务总局认定为动漫企业，分别是陕西嘉荷空间图像设计有限责任公司（2009年）、西安新昆信息科技有限公司（2009年）、西安长风影视文化传播有限公司（2009年）、西安创梦数码有限公司（2009年）、西安市亿利达网络信息技术有限公司（2009年）、陕西飞鸟文化发展有限公司（2011年）、西安曲江乐雅动漫有限公司（2012年）、西安喜洋洋影视文化传播有限公司

(2012 年)、西安骄阳创意数字科技有限责任公司(2015 年)、西安新起点动漫科技有限公司(2015 年)、陕西鸣达鑫雨科技发展有限公司(2017 年)、陕西数字新媒体艺术有限公司(2018 年)、陕西凯创韵风影视文化传播有限公司(2018 年)、陕西斯淼艺术文化传播有限公司(2019 年)。西安维真视界影视文化传播股份有限公司、陕西嘉荷网络空间开发股份有限公司成为 2018 年进口免税资格动漫企业,继续获得进口免税资格。2018 年,专注移动互联网数字广告领域的易点天下成为西安首家独角兽企业,其服务对象包含消费类 App、手机游戏、跨境电商、旅游等行业,主营业务为效果广告服务、品牌广告服务、头部媒体账号管理服务,覆盖约 200 个国家或地区,全球客户数量超过 2000 家,“一带一路”沿线区域的用户数量超过 20 亿。围绕下一代互联网(IPv6)技术,西安在基础软件开发、核心芯片设计、云计算、大数据、AR/VR 以及移动互联网等领域形成了产业聚集。西安智多晶微电子有限公司研发了国内首款拥有自主知识产权的海鸥系列 FPGA 芯片产品,其性能和指标均已达到国际同类产品的先进水平。

(二)行业布局逐步完整,效益持续稳定增长

数字创意技术设备制造。从文化及相关行业九大类别来看,数字创意技术设备制造主要包含在文化装备生产和文化消费终端生产两大类中。依据 2017 年数据,陕西文化装备生产行业企业单位有 21 家,文化消费终端生产行业企业单位有 52 家,这两个行业的企业单位数占陕西文化产业企业单位数的比重为 6.09%;文化装备生产行业营业收入 195763.6 万元,文化消费终端生产行业营业收入 1313882.9 万元,这两个行业的营业收入占陕西文化产业营业收入的比重为 18.76%;文化装备生产行业利润总额是 8189 万元,文化消费终端生产行业利润总额是 53851 万元,这两个行业的利润总额占陕西文化产业利润总额的比重为 11.65%。

数字创意活动。从文化及相关行业九大类别来看,数字创意活动主要包含在内容创作生产和文化传播渠道两大类。在动漫游戏领域,西安加快动漫产业供给侧结构性改革,完善动漫产业链,创造适宜动漫产业发展的外部环境,抢占西北乃至全国动漫产业创意高地,树立了“动漫陕军”的新形象。在数字出版领域,西安国家数字出版基地是全国第八家国家数字出版基地,由陕西省新闻出版局和西安高新区管委会共同打造。数字出版基地为数字出版相关企业提供办公场所并实施税收减免等政策,出版社还可以通过项目申报获取国家出版基

金的项目补助。陕西新华出版传媒集团数字出版基地数字化制作转码水平已达到超国标水平，与亚马逊、咪咕、多看、苏宁易购、掌阅、京东等国际国内行业顶尖单位密切合作。基于移动互联网技术的"数字图书馆"已投入市场，该基地开发了农家书屋 Web 版(农翼网网站)、数字阅听 App(书翼网、农翼网)、设备端数字图书馆等数字创意产品，可提供数字农家书屋、24 小时自助智能社区书屋、24 小时自助智能街区书屋、24 小时自助智能校园图书馆、家庭数字图书馆及全民阅读公共服务网络平台等公共阅读基础设施建设方案。

设计活动。设计产业已成为代表新兴经济发展的创意经济中的重要门类。设计活动主要包括在创意设计服务门类中。西安市的品牌设计相关企业有 1.3 万家，占陕西全省总量的 86.7%。从企业增长速度来看，陕西 2019 年品牌设计类企业注册量为 3752 家，同比增长 38.5%，是过去十年中注册量最多的一年。

(三)搭建文化科技融合服务平台，打造产业发展新空间

西安已搭建各类文化与科技融合公共服务平台，从政策和资金上支持数字创意产业发展，促使产业链向中高端延伸，提升功能、优化环境、完善机制、升级服务。陕文投创建面向全国的艺术品交易平台、影视剧大数据评估平台、文化产业投融资平台和全省智慧旅游平台。西安高新区动漫产业示范区、碑林动漫产业平台和省动漫教育基地建设，搭建动漫产业公共技术服务平台，鼓励企业开发原创影视动画、手机动漫和网络游戏产品，鼓励衍生产品的研发制作和市场推广，引进和培育动漫游戏品牌企业。曲江新区制定了《西安曲江新区关于促进文化创意产业发展的若干政策(试行)》《西安曲江新区深化人才发展体制机制改革引进高层次人才若干政策》《西安曲江新区关于鼓励企业上市的奖励办法》等相关扶持政策，产业发展专项资金也从 10 年前的 800 万元增加到现在的 3 亿元，深受区内文化企业的欢迎。西安高新区立足科技资源优势，明确了文化和科技、金融、贸易融合的发展定位，编制了《西安高新区文化创意产业发展三年规划》，重点发展互联网文化信息服务、现代设计及创意服务、数字出版及现代传媒、动漫游戏等高附加值文化产业。

(四)数字双创极为活跃，合作交流持续推进

随着创业创新在更大范围和更深程度的推进，陕西动漫产业平台形成了提供资源平台与园区骨干企业共同创建专业众创空间的模式。陕西文交所面向

全国开展艺术品质押融资业务，探索艺术品电子盘交易平台业务，成为受到全国业界赞誉的良好品牌。携手中科院西安光机所，设立“西安书画艺术品光谱技术实验室”，首次利用光谱技术对书画艺术品进行“X光扫描”，通过引入光谱鉴定、定量分析，建立文化产业无形资产和艺术品的鉴定、评估、登记、托管、流转服务，有效推动文化资产的风险标准化。陕文投集团通过对内孵化和对外投资双管齐下的方式，推动互联网、大数据、人工智能等高科技与文化产业结合，推动企业从传统业态向新业态转移，建立智慧旅游网络系统，开发运营陕西旅游网，实现与全省160家景区智慧闸机系统的对接。陕西广电网络传媒(集团)股份有限公司与华为技术有限公司签署战略合作协议，在5G/700M融合无线网新技术推广、4K/8K超高清电视平台建设以及基于华为云联合创新等领域展开深入合作。

三、西安科技赋能数字文创的典型案例——以西安文化科技创业城产业园为例

西安文化科技创业城产业园位于曲江新区核心发展区，占地约300亩，建筑面积约70万平方米。基地覆盖数字+政务、数字+教育、数字+新媒体、数字+跨境电商等领域，通过产业向芯力、生态闭环力、平台构筑力、企业示范力、综合服务力的“五力”发展模型，助力西安文化科技融合。2019年9月，西安文化科技创业城产业园入选第三批国家文化和科技融合示范基地。

(一)产业形态

西安文化科技创业城产业园囊括了曲江369互联网创新创业基地、大西科普文化产业园、曲江创客大街等双创载体，聚集陕文投、曲文投、陕西广电网络、今日头条、优酷、喜马拉雅、西部电影频道等龙头企业，以及西安AR&VR产业联盟、广州玖的数码科技西安分公司、纸贵科技(独角兽企业)、可视可觉科技、维真视界(新三板)等各类企业共7860家，以及北大科技园、清华启迪科技园、浙江文创产业园、美霖影视产业园、OKIN团子·新媒体中心、智诚环球跨境电商产业园等特色众创空间63家，形成了影视动漫、文化旅游、创意设计、电竞游戏、人工智能、电子商务等门类齐全的文化产业聚集区。从产业形态看，西安文化科技创业城产业园涵盖新文创、新零售、新媒体、大数据、人工智能五大主导

产业，是统筹创新资源、创新技术、创新服务的重要平台。

自2015年获批陕西省文化产业示范基地以来，西安文化科技创业城产业园已先后荣获西安市创业孵化基地、西安市科技企业孵化器、陕西省文化产业示范基地以及国家级人力资源服务产业园等称号。2018年在产业园设立了西部数字经济研究院跨境电商分院，曲江新区也因此被评为“中国（西安）跨境电子商务综合试验区创新示范先行区”。西安文化科技创业城产业园将以打造“丝路文化科技融合先行区”“‘一带一路’文化科技领军人才高地”和“国际‘芯’文化硅巷”为目标，积极发挥国家文化和科技融合示范基地先行示范、辐射、带动作用，加速技术、人才、资金、政策等要素聚集。

（二）发展格局

西安文化科技创业城产业园通过“文化+互联网+科技”催生新动能，以“互联网+”为引擎为西安创新创业注入强大动力。园区聚集企业3000余家，特色众创空间49家，申请专利251项，企业融资30亿元，孵化创业创新项目500个，带动就业人数10万人，文化产业增速保持在20%以上，涵盖创业孵化、金融服务、产业加速、创意休闲、校企合作、生活配套等板块，已形成“一园两区三带”的新发展格局。

一园指产业加速聚集园。以“‘芯’文化创造”为核心，聚集文化演艺、影视动漫、新闻出版、文化旅游、网络文化、创意设计、电竞游戏、人工智能、电子商务、旅游休闲等全门类文化产业。

两区指校企合作示范区和商务生活配套区。校企合作示范区实行“政府+院校+企业”形式的产教一体化协同发展。通过深入推进高校“双创升级版”，打造国内具有示范性、引领性的高效产教融合样板式的创新创业园区。曲江新区与西安财经大学合作打造的“西财大曲江创新创业园区”，将成为该板块的重要拼图，通过创新性导入“一院一库六中心”，打造双创生态，有效实现高校赋能产业。商务生活配套区是产业园在引入新兴业态、培育龙头企业的同时完善功能配套建设，为创业者提供住宿配套，实现职住平衡，满足新形势下产城一体化的需求。

三带指创新孵化产业带、金融服务产业带、文化创意休闲带。创新孵化产业带涵盖众创空间、孵化基地、创业公寓、创业咖啡、创业展示中心、创业培训中心、创客商业餐饮等配套，打造自由、创意、活力、精彩的“创新创业”示范街区；

金融服务产业带重点引进银行、证券、基金、保险等传统金融机构以及提供资金融通、支付、投资、信息中介等服务的互联网金融机构，同时积极引入金融服务外包机构，整合金融上下游产业链，打造区域性金融产业中心；文化创意休闲带功能布局产业服务区、音乐主题区、设计创意区、动漫&VR区、社交互动区等，努力打造一个文化创意产业发展的标杆聚集地。

（三）双创空间

1. 曲江创客大街

曲江创客大街业态定位为文创街区、音乐街区、设计街区，建设融众创空间、创客公寓、创业咖啡、创客联盟、创投服务、展示培训等为一体的完整创业生态区，形成电竞、动漫、设计、文化、音乐融合发展的新型产业格局，吸引了226个重点项目和企业落户入驻。

2. 大西科普文化产业园

大西科普文化产业园总面积约2.5万平方米，于2018年6月正式开园运营。产业园聚焦“科创”“文创”“青创”“农创”“双创”的“五创”方向开展招商工作。目前落地的企业和项目有：“九号宇宙”科普研学基地、今日头条创作空间等。其中，九号宇宙是由大西产业园与中科创星联合打造的国内首家“文化+科技+教育”深空主题沉浸式研学基地。该项目获得教育部、中国航天机构、中国科学院的认定与支持，是专为青少年设计的互动式航天科普文化研学基地。

3. 西安量子晨数字娱乐双创产业园

曲江新区聚焦新兴文化产业，以电竞产业为突破口，通过成立电竞游戏产业发展组织，制定出台支持电竞产业的扶持政策，积极引进电竞知名企业，全球顶级赛事、LPL英雄联盟职业联赛、KPL王者荣耀职业联赛、WCG世界电子竞技大赛等国内外顶级电竞赛事在曲江轮番上演。西安量子晨数字娱乐双创产业园区项目规划建设约4000平方米数字娱乐中心（其中含1500座专业电竞场馆），约10000平方米K. work众创空间，约700平方米艺术空间，约2000平方米电竞主题酒店，着力打造西安数字娱乐新经济产业社区。

4. OKIN团子众创空间

OKIN团子是西安文化科技城创业城的第一个自主品牌众创空间。OKIN团子依托曲江新区政策扶持，积极探索电商平台、新零售产业、直播基地等产业发展新路径，打造团子直播基地、新媒体中心等新兴平台，通过直播、电商服务、供应链平台、智能云仓等一站式服务，形成网上零售新模式。

四、西安数字创意产业发展对策

文化科技融合背景下数字技术的传播拥有了全新的渠道，数字创意产业也会迅速普及与发展。制定合理的数字创意产业政策，促进数字创意产业发展，西安数字创意产业将面临更好的发展环境，更能满足人民群众日益增长的文化需求。

数字创意产业能够带动西安文化产业转型升级。数字化让传统文化领域的文物、非遗“活”起来、“火”起来。数字创意产业的繁荣离不开数字内容，数字内容的创作源泉是传统文化，因此传统文化资源的开发是数字创意产业价值创造活动的基础，文化创新才是数字创意产业的灵魂。在数字创意产业发展的进程中，要充分利用高新技术加快行业数字化进程，从内容质量上提升文化品位和市场价值，从创新模式上鼓励业态联动。数字创意产业是典型的高新技术产业，重视技术和装备的创新。要进一步加快网络基础设施演进升级，加快网络基础设施建设，以满足当下行业低时延、高可靠、广覆盖的网络需求。加快数字创意产业领域内的融合衔接。数字创意产业的关键技术与数字内容之间的通道在数字融合趋势下已经打通，领域之间界限逐渐消失，跨界发展也因此成为行业内融合的典型特征。同时，要加快数字创意产业与国民经济社会发展各产业门类的融合，加快与教育、贸易、物流等领域结合，提升企业的品牌效应和文化内涵。

创新技术赋能。高度重视基于科技文化创新驱动的数字创意产业的培育和发展，以科技与文化的深度融合营造新发展空间，以文化体制机制的创新助推新型文化业态，释放科技、文化资源优势为西安供给侧结构性改革添砖加瓦，形成利于成果转化的“人才+技术+资本+服务”的发展模式，推动西安科技资源优势和文化资源优势向经济优势转变。

发挥内容优势，共同推进数字内容的高质量发展。数字创意产业拥有丰富的内容资源，可以通过多渠道的运营，全面覆盖 PC、移动、音频、纸质书、电子书几大主流媒介载体。坚持政策引导和监管，高度重视数字内容的质量，在满足大众基本需求的同时提升其精神文化需求质量。完善法规制度，加强事中事后监管，鼓励、扶持原创精品创作出版，推动优秀的数字内容企业与原创作品“走出去”。

创新人才供给方式，提高人才投资效益。人才是实现数字创意产业高质量发展的最终竞争力。应进一步加强“高精尖”数字创意产业人才的引进培养，重视产业工人和服务型短缺人才的补给充实。同时，积极培养一批本土数字创意产业骨干人才队伍，培养一批数字经济企业家、科技人才和技能型人才以及数字创意产业领域的精英。完善人才引进和使用等配套机制，确保引进和培育的人才“引得来、留得住、能发展”，为新旧动能转换和经济社会发展提供持续智力支持。

创新体制机制，完善优化政策环境。着力营造规范有序、包容审慎、鼓励创新的发展环境。强化部门间、地市间统筹协调，加快推动战略性新兴产业规划实施，引领带动战略性新兴产业整体发展。健全法律法规，制定适应数字经济新技术、新应用、新业态、新产业发展的政策法规，完善网络安全制度体系。构建省级数字信息资源共享平台，稳步推进相关数据开放，形成覆盖全省、统筹全国的数据共享大平台，引导数据有序流通。

（本文系2021年陕西省创新能力支撑计划之软科学研究计划一般项目（项目编号：2021KRM123）阶段性研究成果）

（颜鹏，陕西省社会科学院文化与历史研究所，助理研究员）

第十五章
西宁:科技赋能数字文创蓄势待发,文化创意产业快速成长

一、2021 年西宁市文化创意产业发展情况

2021 年，西宁市紧紧围绕“生态优先、绿色发展”新时代幸福西宁成长坐标，全力打造多元文化展示中心、丝绸之路经济带国际旅游名城、西部区域旅游集散中心和青藏高原特色旅游服务基地，持续推动文化创意产业高质量发展。

（一）文旅融合活力彰显

2020—2021 年，全市完成文化旅游广电机构改革，培育文化法人单位 3830 家，实现销售收入 20.88 亿元，产业增加值年均增长 3%；出台《西宁市加快推进全域旅游发展的实施意见》，入选第一批国家文化和旅游消费试点城市。2020 年受疫情影响，全市共接待游客约 2152.51 万人次，实现旅游收入 219.71 亿元，分别为上年的 75.38%和 58.91%。2021 年全年接待国内外游客 2403.90 万人次，比上年增长 11.7%，旅游总收入 263.70 亿元，增长 20.0%。接待国内游客 2403.16 万人次，增长 11.7%，国内旅游收入 263.49 亿元，增长 20.0%。旅游外汇收入 311.61 万美元，增长 8.0%。2022 年 1—2 月，累计接待游客 235 万人次，增速 24%，实现旅游收入 26.5 亿元，增速为 22%。在“2021 年度中国旅游产业影响力案例”名单中，西宁成功入选“2021 年度中国冬游名城案例”。

（二）国际生态旅游目的地引领作用突出

聚力聚焦打造国际旅游生态目的地，制定出台《西宁市贯彻落实青海打造国际生态旅游目的地工作方案》，打造环青旅游精品线路升级版，创建湟中国家全域旅游示范区、大通国家生态旅游示范区，开拓冬季冰雪旅游市场，培育冰雪旅游基地，丰富冰雪旅游产品，建设全省生态冰雪体育旅游聚集区。持续开展促消费活动，打造文旅消费示范街区，拓展新型服务消费，促进传统消费恢复活

力，满足广大群众多层次、多样化消费需求。建成运营新华联国际旅游城、熊猫馆、藏博二期、塔尔寺大景区等重点项目，实施市民文化艺术交流中心、沈那遗址公园等项目，形成第三极看海洋、高原观熊猫等优势文旅产品；发起成立中国西部自驾车旅游联盟，连续举办联盟高峰论坛、青海地方特色小吃大赛暨西宁美食节、西宁河湟文化旅游艺术节等活动；提档升级10条乡村旅游示范带，有效发挥“三乡工程”助力乡村旅游的重要作用，提升生态旅游综合服务供给能力，打造7条乡村旅游精品线路、7个河湟精品民宿，乡村接待游客突破千万人次，实现乡村旅游收入32.5亿元。

（三）公共文化普惠均衡

聚力聚焦公共服务体系建设，制定出台西宁市《关于推动公共文化服务高质量发展的实施方案（2021—2025年）》，创建13个示范性乡镇（街道）综合文化站和14个村（社区）综合性文化服务中心，建设城市幸福书吧20家。成功创建国家公共文化服务体系建设示范区，建成乡镇文化站67个、社区文化站124个、村级文化中心643个，公共文化场馆全部免费开放。开展惠民演出约1600余场；组建5支文艺轻骑兵团队，开展志愿演出1000余场；荣获中宣部等三部门颁发的“全国服务农民服务基层文化建设先进集体”称号。建成旅游集散中心7处、自驾车营地17处，新建旅游厕所116座，旅游公共服务承载力显著提升。文化旅游体育与传媒财政支出累计完成15.3亿元，年均增长3.2%，重点支持文化馆、图书馆等“四馆”建设和基层公共文化设施、体育场馆免费低收费开放，推动文旅整合和高质量发展，逐步加强特色乡村旅游建设，改革成果惠及更多群众。

（四）艺术创作异彩纷呈

加强精品剧目创作，音乐剧《花儿·少年》入选黄河流域优秀剧目；秦腔《尕布龙》全国巡演100场并荣获全国秦腔艺术节优秀参演剧目；优秀剧目《邓训》《古道传奇》演出百场深受好评；影视作品《幸福西宁》《西宁非遗》生动记录体现西宁文化发展传承；推出了《绿水青山·幸福西宁》《西宁盛典》演艺剧目，以文艺演出、非遗展示和旅游推介等形式赴澳大利亚、新西兰、泰国等地展示幸福西宁城市形象，对外交流合作不断深入。聚力聚焦交流合作，不断丰富现代美丽幸福大西宁文化旅游品牌内涵，加强与新媒体OTA等企业跨界营销合作，赴武汉、南京、郑州等城市开展文旅宣传推介，整合创新营销模式，城市影响力不断扩大。

(五)文保利用切实加强

聚力聚焦文化遗产保护传承，加大革命文物保护利用。孙家寨考古勘探发掘和遗址公园、明长城(大通段)文化公园建设、西宁博物馆群5A级景区创建、全省第一批革命文物推荐公布、毛泽东主席塑像、寇从善旧居等革命文物遗址修缮和保护利用工作加快推进，新建15家市级非遗工坊，文保非遗工作全面开展。出台《西宁市关于加强文物保护利用改革的实施方案》，健全落实文物管理责任体系，先后实施沈那遗址、明长城、塔尔寺等文物本体修缮项目等70余项；完成300余件馆藏文物评估定级，修复文物325件，建立数字化档案；赴南京举办西宁文物交流展览，赴北京举办“西宁非物质文化遗产精品展示月”系列活动；出台市级非遗保护专项资金管理办法等政策措施，建立了四级非遗项目名录保护体系，开展非遗项目进校园、进社区活动。

(六)聚焦党史庆祝活动扎实开展

聚力聚焦建党百年主线，举办一系列纪念建党100周年活动，“10个100”等群众文化活动、音乐剧《花儿·少年》和脱贫攻坚舞台剧《湟水河畔》等展演活动、百场红色文艺轻骑兵基层巡演等文艺演出活动、“建党百年主题文物展”等文物书画展示展览活动等系列庆祝活动有序开展，全社会共庆中国共产党百年华诞的氛围浓厚，影响力强。

二、西宁市科技赋能数字文创发展情况

(一)科技赋能数字文创发展的成效

1. 不断提升数字资源开发利用水平，平台建设实现新突破

目前，青海已建成省级“数字文旅大数据平台”，构建了旅游大数据、产业运行监测、行业管理、景区客流四大分析系统。该系统具有文旅资源、旅游指数统计、文旅产业扶贫、景区运营、自驾游线路、文物数据、公众评价分析和旅游景区实时监控等8项数据功能，整合了旅游景区、饭店、旅行社、交通、大型商场、文

化场馆、非物质文化遗产等 9 大类文旅资源，以及 340 个景区、335 个酒店、109 个旅行社、303 个乡村旅游点、517 个旅游购物场所、219 个旅游厕所、43 个自驾游营地、45 个图书馆、32 个博物馆、17 个文化馆、26 个体育馆、8 个纪念馆、9 个演艺厅等旅游资源和文化场馆的位置信息采集，实现 199 项非物质文化遗产项目的数字化呈现。

青海"数字文旅"大数据平台暨应急指挥中心建设以来，以网络为载体，通过数字技术和信息通信技术推动文旅深度融合，直观地展示文化形态和旅游行为，为政府、企业、大众提供日益完善的数字服务，已成为新形势下青海省文化和旅游业发展新引擎。该平台围绕青海文旅发展实际，完善、优化数据分析模型，充分发挥大数据科学预测、智能分析优势，通过提升数据有效性与利用率，进一步提高分析结果供给与实际业务需求匹配度，实现为政府科学管理决策提供参考依据、为企业提供智力支撑、为公众提供智慧服务的数字化功能。通过数据应用，推进文旅智慧服务建设，促进文旅资源数字产品化转型和可视化表达，服务人民群众日益增长的在线文旅需求。通过人工智能、虚拟现实等技术的应用，形成更多可感知、可体验、可互动的文旅产品及服务；通过互联网、App、微信、微博等多种信息渠道，提供青海国际生态旅游目的地全方位信息，让游客在旅游行为前期、中期、后期均可获得便捷式服务、智慧化体验。通过平台在线反馈，在数据分析与数据决策上不断拓宽、延伸文化和旅游外延，促进合作共享、加强行业交流，综合提升青海文化旅游发展质量。

2. 线上线下综合开展文化活动，群众文化生活更加丰富

青海省 2022 年"文化进万家——视频直播家乡年"活动，在 2022 年 1 月 10 日(农历腊月初八)湟源县举办的"忆传统 · 游古城 · 品腊八"主题活动中拉开序幕。全省选定 10 个非遗项目及年俗活动参与青海省 2022 年"文化进万家——视频直播家乡年"活动，重点展现元宵节舞龙舞狮大会、九曲黄河灯会、官亭二十九火花会、塔尔寺酥油花灯会等精彩纷呈的青海特色非遗年俗活动，通过短视频、直播等方式，彰显青海丰富独特的非遗年俗文化，营造欢乐、祥和、喜庆的中国年氛围，让广大群众在疫情常态化防控背景下感受浓厚的家乡年味。

2021 年，各级公共图书馆、文化馆(站)线上线下举办群众文化活动 520 场次，参与人数达 180 余万人次；各类博物馆线上线下服务群众 47.84 万人次；原创生态舞剧《大河之源》在"青海文化周"线上展演，在线观看近 50 万人次。

2022年春节期间，按照“小型、分散、多点、线上”的原则，举办“文化进万家——视频直播家乡年”“赶非遗大集品传统文化——新春非遗大集”活动，在疫情防控常态化背景下通过直播等数字手段丰富群众文化生活。省演艺集团线上开展“戏曲闹新春，虎年迎吉祥”贺岁演播活动，省博物馆打造沉浸式5G数字体验区和历史传送门体验区，省图书馆开展过大年猜灯谜活动，省文化馆组织开展春节和冬奥会知识竞答、网络“晒福”图片展示等活动，提升了群众对于文化活动的参与度。青海文旅消费平台发放近10万张价值260万元的惠民消费券，各地推出景区门票减免、酒店系列优惠等一系列文旅惠民举措，通过微信公众号及抖音、快手、微博等新媒体平台推出“大美青海冬春欢乐季”“共话青海情”等主题活动。以云展演、云展播和云推广等形式，推送文艺晚会、舞剧、戏曲、音乐、刺绣、藏毯、唐卡、景区、景点、美食等文化和旅游资源，线上宣传播放量达500万，“共话青海情”短视频挑战赛播放量突破1.9亿，青海文旅综合曝光达2.4亿次。

3. 以园区建设为依托，文化创意产业发展质量不断提升

2020年7月，“1958高原文化创意产业园区”落地西宁市，创意产业园区依托原“青海汽车制造厂”旧址，利用其原有土地及厂房，本着“修旧如旧”的原则，打造集综合性物流、仓储、商业、旅游、文化创意、互联网生活体验、5G网红孵化等多功能于一身的产业园。利用互联网大数据、云计算等高精尖技术在物流运输、商业运营管理、微小企业孵化器、文化创意等行业进行产业输出。截至目前，园区运营管理公司已经和国内多家互联网头部企业签订战略合作协议，结合青海省经济战略优势、现代特色农牧产业优势、资源型工业优势、民族文化的区位优势，充分激活当地及辐射区域电商发展潜力。“1958高原文化创意产业园区”建设将为青海创意产业的发展提供广阔空间，保护开发再利用青海工业历史遗址，重新诠释场地的历史。园区建设依托阿里巴巴集团云计算信息化优势，加快产业工业互联网化，应用阿里云ET工业大脑、物联网、云计算等技术，建设智慧工厂、智能制造云服务平台等，支持企业实现数字化、网络化、智能化升级，打造西宁市首个集吃、住、行、休闲娱乐、办公文创于一身的创意园区，为青海省建设智慧城市、开展双创活动提供助力。同时，园区依托产业布局优势，打造“5G+物联网”平台样板，形成5G直播网红经济产业链。通过打造覆盖园区的智慧型、整合型云平台，对园区企业运营生产、项目建设、环境监控、安全生产、产品价格等数据进行统一收集、统筹和分析，并全面参与到区域智慧城市建

设中。

青海高原文化创意产业园位于西宁市海湖新区大剧院北侧，园区搭建了文化展示平台、电子商务交易平台、文化金融服务平台、知识产权服务平台、文化交流多功能平台，提供品牌推广服务等配套服务功能。全面展示包括唐卡绘画、手工地毯、民族服饰、雕塑、堆绣、建筑彩绘、石雕、木雕等项目在内的青海汉、回、土、撒拉、蒙古文化。园区包括民俗文化产业基地，艺术品展销中心，影视、美术产业基地和旅游、体育产业基地，围绕着“区域化、特色化”的目标，推行商旅文多元融合发展模式，实现从产业升级向城市升级转变。

(二)亟须提升科技赋能数字文创发展水平的主要领域

数字文创是基于“科技+文化”，以文化创意内容为核心，依托数字技术进行创作、生产、传播和服务的产品。通过数字化的方式，拉近当代人和传统文化之间的距离，打破现代生活和传统文化之间的壁垒。用新技术、新理念和新方式保留厚重的历史，让传统文化得以活起来，焕发新生，进而推进传统文化更好地保存和发扬。从西宁市乃至青海省的数字文创发展现状来看，面临发展动力不足、辐射维度不广、人才支撑较弱等突出问题。

从文化产业的禀赋来看，青海民族文化资源丰富，除汉族外，还有藏、回、土、撒拉等少数民族，民族文化仍保持着原有的古朴，如藏文化独特而鲜明，土族文化形态多样，“安昭舞”、“花儿”、民间刺绣等已逐渐形成品牌。青海地区主要以藏传佛教和伊斯兰教两大宗教文化为主。全省现有佛教寺院 600 多座，伊斯兰教寺院 1000 余座，其中塔尔寺是我国藏传佛教的六大寺院之一，寺院建筑瑰丽壮观，酥油茶、壁画、堆绣被誉为“艺术三绝”。丰富的民族文化资源和宗教活动，为提升西宁乃至青海省的民族文化知名度、建立品牌效应提供了得天独厚的条件。此外，西宁生态旅游资源丰富，市辖自然保护区 11 个，面积 21.78 万平方公里，其中国家级自然保护区 7 个，面积 20.74 万平方公里。随着青海省打造国际生态旅游目的地步伐不断加快，西宁市作为青海省与西北地区重要的旅游集散地，在文化旅游融合方面的潜力有待进一步激发。

从现有的数字文创发展模式来看，先行省份主要以影视、音乐、动漫、游戏、电竞以及网络文化、数字艺术展示等数字文创上下游产业为主，涵盖文旅、IP、云游戏、动画漫画、电竞、潮玩、国风、音乐、数字视觉艺术、沉浸式剧本杀、网络安全等行业前沿领域。考虑到青海经济体量较小、数字文创企业尚未形成集聚、文创人才匮乏等实际情况，数字文创尚处于起步阶段，高质量发展可涉及以下主要领域：

一是打造多元文化 IP，构建数字文创品牌矩阵。立足当下品牌，在活化传统文化的基础上，引入更多优秀的流行文化 IP。利用数字高新技术，展现西宁丰富的文化内涵。从特色文化中提炼挑选与西宁文化相适应的 IP 形象，并将其融入城市空间。形成以 IP 构建为核心的数字文创生产方式，促进 IP 产业价值和文化价值的良性循环，创造出更多具有影响力的西宁数字文化符号，进而推动西宁数字文创产业高质量发展。提升数字文创产品设计水平，实现品牌升级。强化传统文化、地域文化的数字内容作品创作，加快塑造优质、典型的数字内容品牌，发展适应新媒体、新受众、新生态的数字内容产品。鼓励企业加快基于 5G 的虚拟现实、增强现实和超高清数字内容开发，发展 5G 超高清实时传输环境下的移动制作、VR 制作、家庭影音等。支持数字音乐、网络文化及前沿领域等数字文创产业创新发展，构建基于 5G 的多场景、多生态的数字文创品牌网络。

二是构建模型数据平台，提升旅游景点推介效率。运用 3D 数据平台收集各旅游景点的景观、文物等 3D 模型数据，建立数据库，推出与数据平台绑定的各大旅游网站和 App，为景区建设一套线上线下结合的综合信息化服务系统，全面提升景区信息化水平，优化景区业务流程，提高运营管理效率，为游客提供更好的游览体验。通过数据分析为景区运行监控、旅游安全应急指挥、旅游运营人员、车辆调度提供可行性决策依据。

三是发掘原生态文化数字化发展切入点，打造民族文化品牌。目前，在青海黄南、玉树等地区依然保留着原生态的民族文化特色，不仅丰富了当地的文化类型，也成为打造青海民族文化品牌的先天优势。青海省在此基础上已开展建设民族文化艺术馆、举办民族文化产品推介会等多项文化传承和推介活动，但是在推广过程中，存在文化认同度较低、受众接受度不高、传播效果有限等问题。因此，将先进技术与原生态民族文化资源相结合，有助于扩大宣传覆盖面，收集受众反馈，进而发掘更加通俗适宜传播的活动形式，让民族文化焕发新的生机。

四是通过科技赋能与数字化发展，增强非遗传承与保护力度。以藏戏为代表的非遗文化，包含服装、唱腔、剧本、面具等多个元素，是一种较为综合的艺术形式。围绕如何高效灵活地对“藏戏”非物质文化遗产进行更加全面的保护与传承这一问题进行数字化技术的引入一直是人们关注和研究的热点。藏戏艺术风格是在生产方式、宗教信仰、社会生活、地理环境、民俗风情等自然的文化历史阶段背景下创造形成的，主要依靠艺人之间的口传心授、动作表演以及民间自发组织活动培养人才的方式世代相承。借由科技手段与数字方式，在记录藏戏的唱腔、表演等形式基础上，通过对藏戏文化符号的分析与再创作，增强藏戏的知名度，对于传承以藏戏为代表的非遗戏剧形式有重要的意义。

三、西宁市文化创意产业发展的展望

从西宁市文化创意产业发展的现状来看，虽然取得了一定的成效，但受西宁市经济发展水平与市场规模有待进一步扩大等因素的影响，目前还存在一些困难。一是文化产业规模较小、创新不够，缺乏市场竞争力和国内外具有较大影响力的文化企业；二是高质量旅游产品供给少，产业链条延伸不够；三是公共文化旅游基础设施和配套服务依然薄弱，特别是基层公共文化存在设施老化、面积不达标、专业队伍缺乏等问题；四是受财政收入增速减缓和支出需求增加的影响，市级文化旅游专项资金逐年减少，一定程度上影响了文旅市场主体培育，激励引导社会资本投入文旅产业发展的作用减弱。综合考虑西宁市文化创意产业发展的优势与存在的问题，未来提升西宁市文化创意产业发展质量应从以下几方面考虑：

（一）坚持生态优先，在打造国际旅游生态目的地中彰显省会担当

以打造国际旅游生态目的地服务基地、集散中心为目标，探索建立生态旅游可持续发展长效机制，将生态文明理念贯穿生态旅游发展各环节，构建生态旅游产品体系，提升生态旅游服务水平，加大全域旅游示范区创建、生态旅游度假区建设力度，打造生态型 A 级景区，大力发展乡村旅游，构建生态旅游品牌体系，不断提升生态旅游品牌知名度和影响力。

围绕国际生态旅游目的地建设，整合生态旅游资源，推进森林公园、旅游度假区、康养小镇、滑雪场、湿地公园小镇等项目建设。推动西宁市湟中区国家全域旅游示范区、大通回族土族自治县国家生态旅游度假区建设。积极推进自驾车旅游、休闲度假旅游、研学旅游、康养旅游等新业态产品化和产业化。在文旅产业融合发展中，重点发展培育一批以创意文旅、会议会展、温泉康养、乡村旅

游、生态度假、森林康养、冰雪旅游、红色旅游、历史人文体验为核心的生态旅游精品线路产品，丰富完善文化旅游产品供给，推动文旅产业提档升级。

提升乡村旅游品质，培育精品民宿、民俗文化体验等延伸产业链，增加旅游消费，丰富周末经济业态项目，促进乡村文化旅游品质提升。推进乡村文化产业基地、国家文化旅游重点村、省级文化旅游重点村、乡村旅游创客基地建设，培育乡村旅游龙头企业，建设乡村旅游示范景区。

(二)加快融入兰西城市群建设，合力推进文化旅游和对外交流合作

加强西宁—兰州都市圈和辐射周边重点城镇的交通连接，编制“大西宁”综合交通规划，实施畅通西宁、绿色交通工程，西宁凤凰山路、时代大道全线通车，昆仑路快速化改造等项目全面启动建设，完成城北客运站建设任务，加快城西客运站、城南客运站和公交枢纽站建设进度，快速推进西互一级公路扩能改造。与兰州市、海东市共同签订交通运输一体化合作意向书和公共交通互联互通备忘录，制定交通运输行政执法联席会议制度，从交通基础设施、物流枢纽、运输服务能力等方面促进一体化发展。配合青海省争取兰新高铁兰州至西宁段升级改造工程前期工作，加快西成铁路建设进度。

立足兰西城市群建设，与主要节点城市共同打造“甘青旅游大环线”等精品旅游线路，联合推动环青海湖国际公路自行车赛、CBA 职业联赛等国际国内赛事品牌影响力，协同参加外交部青海全球推介活动、民营企业 500 强峰会、兰州—西宁城市群高质量发展研讨会等对外对内交流活动，强化“共享湟水、同属一脉”的河湟文脉认同，共同打造河湟文化产业带。

(三)全面推进各领域信息化建设，以数字经济赋能文化创意产业发展

积极推动“互联网+”行动，加快智能制造、数据库开发，不断融入新技术、新产品、新业态、新商业模式，大力发展电子商务，培育壮大信息服务业。加大数字经济发展方面研究，积极培育物联网、云计算、大数据等新兴产业，加快传统产业向数字化自动化转型，有效推动西宁市数字经济产业发展。鼓励和扶持各类社会团体和机构开展群众性文化活动，加快文化志愿服务组织、数字公共文化“5G+文旅”“5G+广电”建设，加大信息资源共建共享，提高基层文旅公共设

施数字化管理服务水平和应急保障能力。

以打造国家河湟文化生态保护试验区为载体，加快推进“一窟两街三遗址”的保护利用，建立由市级中心带动，以传统工艺工作站、非遗工坊传习空间为补充的非遗保护传承发展体系及全市非遗数字化资源库，加大传承人研习培训和引导扶持，努力实现非遗保护传承创造性转化、创新性发展。

（四）坚持文化惠民，加大高质量文旅产品供给

坚持以人民为中心的创作导向，实施精品文艺创作工程，打造原创精品剧目，推动传统戏曲、花儿、曲艺传承发展，支持旅游演艺发展；深入推进文旅融合，大力发展全域旅游、工业旅游、乡村旅游、自驾旅游，努力扩展旅游新业态，推进多层次的文化旅游对外交流合作，不断提升文旅产品供给能力和质量。

鼓励引导线下经营实体加快商业模式创新，向场景化、体验式、互动性、综合性消费场所转型。紧抓“构建以国内大循环为主体、国内国际双循环相互促进”的政策优势，以国家文化和旅游消费城市试点为抓手，培育壮大文旅消费市场规模，通过文旅消费惠民、举办文旅消费特色活动、发展假日和夜间经济等措施，持续补短板、强弱项、铸品牌，全面激发文化旅游消费活力和潜力。打造新千国际广场思路风情街、香格里拉商业中心等一批夜间消费聚集区，推动力盟商业街、五矿天地巷子等具有地方特色的消费主体街区建设。积极发展健康养老、家政物业、工业设计、信息服务、科技服务等新业态，推动服务业向高品质多样化升级。及时梳理中小微企业融资需求，强化融资对接，落实国家文农文小优惠政策，切实加大金融支持力度。

（五）坚持开放合作，不断提升城市品牌形象

近年来，西宁市通过深入挖掘本土特色文化元素，大力实施文旅营销战略，不断扩大文旅宣传规模，成功打造西宁河湟文化旅游艺术节、FIRST 青年电影展、西宁美食节等系列品牌活动，并以此为抓手，提升城市形象，塑造城市品牌，构建现代美丽幸福大西宁。在连续多年成功举办西宁河湟文化旅游艺术节、西宁美食节、西宁城市发展投资洽谈会等一系列重大节会活动的带动下，西宁市各区县加湟中暖锅节、大通花儿会、湟源排灯节、城中区后备箱集市、城西区音乐嘉年华、城北区宋家寨面食文化节、城东区非遗集市等特色节会蓬勃发展。各地充分结合特色，通过各种节会活动，打造当地城区发展名片，共同铸就西宁

城市品牌，为推动西宁经济社会发展发挥了重要作用。下一步，西宁市应当围绕“中国夏都”等核心文旅宣传品牌，加大“公园城市”“湟水风韵”“河湟谷地”等支撑延展品牌的推广，彰显现代美丽幸福大西宁城市形象。主动融入兰西城市群、黄河流域高质量发展等国家战略，创新宣传推广方式，着力构建跨区域、跨平台、跨终端的宣传营销体系，注重区域联动和品牌打造，助力文化强市和国际旅游名城建设。

(六)汇聚高端人才和技术，提升数字文创要素质量

一是设立数字文创应用型高端人才培养“示范区”。以产教融合方式和“专业+人文”的人才培养模式，将数字文创人才培养列入政府计划，发挥高校应用型人才培养和输送平台的作用，鼓励职业培训机构大力开展文化创意人才职业培训。推动校企双方在数字文创领域进行深度合作，培养符合长远发展需求的复合型数字文创人才，打造数字文创领域中外人文交流实践平台和品牌项目。与产业端、高校端共同打造数字文创生态圈，用行业资源、市场化项目赋能高校人才培养，共同为全行业培养新型高端数字文创人才。

二是强化前沿数字技术的应用和发展，提升数字经济发展新动能。推动“5G+工业互联网”新基建，促进传统基础设施的数字化、智能化升级改造，加快形成与数字经济和智慧社会发展需求相适应的新型融合基础设施体系。加速建设人、机、物互联的基础设施，打通全产业链和全价值链的数据通道，不断提高数字经济发展必备的核心能力。在夯实数字文创产业发展基础上，进一步推动云计算、大数据技术创新，强化数字文创发展。聚焦人工智能、虚拟现实、区块链、量子技术，在打造良性互动的产业发展平台上，加快推动未来产业领域的科技、人才、金融、政策等要素集聚和配置组合优化。完善数字文化产业服务体系，通过数字化场景建设，以规模化的市场应用拉动产业数字化前沿技术、基础技术和融合应用技术的研发与成果转化，健全产业功能。

(刘畅，青海省社会科学院经济研究所，助理研究员)

第十六章
澳门:科技赋能文化产业,促进经济多元发展

一、澳门文化产业发展概况及其分析

二、澳门科技赋能数字文创取得的成果、政策支持、年度热点事件、案例分析

三、科技赋能澳门数字文化创意产业的发展展望

数字技术的快速传播，不仅改变了传统经济的生产及消费方式，还积极推动各产业转型与发展。数字文化产业正是在此背景下孕育而生，并逐渐成为文化产业发展的新业态、新趋势。《中华人民共和国国民经济和社会发展第十四个五年规划和2035年远景目标纲要》明确指出，在实施文化产业数字化战略的同时，要积极鼓励数字文化产品"走出去"。

澳门特别行政区拥有400多年中西方文化历史，是联合国认定的"世界文化遗产历史城区及创意城市美食之都"，具有深厚多元的文化底蕴及文化产业基础。当前，澳门"数字+文创"的融合已初见成效，尤其体现在澳门光影节、澳门无人机表演、双城数字创意MIF展以及澳门文创节等诸多节庆活动和展会活动上。澳门作为粤港澳大湾区建设的核心城市之一，承担着打造以中华文化为主流、多元文化共存的交流合作基地的重要使命。

因此，澳门必须紧贴国家战略，积极推动数字文化产业的发展，与内地紧密合作，各展所长，深度挖掘中华传统文化和本地多元文化资源，加强创新，全力打造高质量的数字文化产业项目及产业群，为继续推动澳门产业适度多元发展、打造具有国际影响力的澳门文化品牌提供坚实的基础。

一、澳门文化产业发展概况及其分析

在澳门特别行政区政府的有力支持下，2021年澳门文化产业的总体规模不断扩大，竞争力逐渐增强，发展水平稳步上升。

（一）澳门文化产业总体规模[①]

根据澳门特别行政区政府《文化产业发展政策框架》，澳门文化产业包括创意

① 2020年文化产业统计[R]. 澳门：澳门特别行政区政府统计暨普查局，2021：1.

设计、文化展演、艺术收藏及数码媒体四大领域。2020 年，根据澳门文化产业基金统计，营运机构共有 2483 家，比上年增加 28 家；在职员工比 2019 年减少 13.4%，至 11862 名；员工支出减少 4.8%至 21.1 亿元。

2020 年，文化产业的服务收益为 50 亿澳门元，下跌 36.9%；反映其对经济贡献的增加值总额为 21.4 亿澳门元，下跌 27.9%，占澳门 2020 年整体行业增加值总额的 1.1%，与 2019 年相比，上升 0.4 个百分点（见表 16－1）。2020 年增加值总额与服务收益比例为 42.9%，较上年增长 5 个百分点，行业营运水平有所提高。

2020 年，因期内部分机构出售物业及减少添置设备，澳门文化产业的固定资本总额减少 35.7%至 3.9 亿澳门元，其中"文化展演"的固定资本形成总额占 77.1%（3.0 亿澳门元）、"数码媒体"占 20.4%（8070 万澳门元）。

表 16－1　2016—2020 年澳门文化产业发展概况　单位：百万澳门元

年份	企业（家）	在职员工（人）	服务收益	增加值总额	固定资本形成总额
2016	1913	10996	6752.1	2224.7	471.0
2017	2088	11702	7076.1	2379.2	455.6
2018	2246	12719	7180.9	2597.1	285.1
2019	2454	13659	7848.0	2976.4	613.5
2020	2484	11862	4999.4	2144.7	394.7

资料来源：澳门特别行政区政府统计暨普查局。

（二）澳门文化产业四大领域发展情况①

2020 年，澳门文化产业的四个领域中，"数码媒体"的服务收益（26.3 亿澳门元）和增加值总额（13.5 亿澳门元）所占份额最大，分别占文化产业整体的 52.6%和 63%。"文化展演"的固定资本形成总额（3.0 亿澳门元）所占份额最大，占文化产业整体的 77.1%。2020 年按领域统计的文化产业企业数量、在职员工、服务收益、增加值总额、固定资本形成总额如表 16－2 所示。

① 2020 年文化产业统计[R]. 澳门：澳门特别行政区政府统计暨普查局，2021：1.

表 16－2　2020 年按领域统计的文化产业相关数据　单位：百万澳门元

领域	企业(家)	在职员工(人)	服务收益	增加值总额	固定资本形成总额
总数	2483	11862	4999.4	2144.7	394.7
创意设计	1377	3895	1790.0	623.5	5.5
文化展演	308	2627	512.0	149.5	304.5
艺术收藏	139	466	68.8	20.6	4.0
数码媒体	659	4874	2628.5	1351.1	80.7

资料来源：澳门特别行政区政府统计暨普查局。

1. 创意设计领域

创意设计领域包含品牌设计、文化创意产业设计、展览设计、时装设计、广告设计、工业设计、建筑设计等。

2020 年，创意设计领域共有营运机构 1377 家，占澳门文化产业总营运机构的 55.5%，与 2019 年相比减少 21 家。其中从事广告业为主的有 666 家，减少 12%；从事专门设计的有 445 家，增加 20.9%。在职员工减少 15.8%至 3895 人，广告业人员有 1657 人，专业设计有 1369 人，共占从事创意设计领域人数的 77.7%。

服务收益为 17.9 亿澳门元，占比 35.8%，同比减少 29.9%。其中，建筑设计的服务收益为 5.4 亿澳门元，减少 28.8%；广告业的服务收益为 5.2 亿澳门元，减少 41.7%；专门设计的服务收益为 4.0 亿澳门元，减少 5.0%。

增加值总额为 6.2 亿澳门元，减少 28.8%。其中，建筑设计及广告业的增加值总额分别减少 2.8%及 48.7%；专门设计的增加值总额为 1.7 亿澳门元，增加 17.3%。

因期内机构出售物业及减少添置设备，创意设计领域的固定资本形成总额大幅减少 88.6%至 555 万澳门元。其中以广告业的减幅最大，固定资本形成总额为负值。

2. 文化展演领域

文化展演领域包括表演艺术制作、文化展演经济服务、表演艺术培训及表演艺术场地营运等。

2020 年，文化展演领域共有营运机构 308 家，占比 12.4%，比 2019 年增加 27 家。在职员工有 2627 人，占澳门文化产业总在职员工的 22.1%，同比减少 13.7%。服务收益为 5.1 亿澳门元，占比 10.2%，同比减少 64.5%，其中门票收入占12%。增加值总额为1.5亿澳门元，减少40.6%，占比7.0%。固定资本形成总额亦减少25.4%至3.0亿澳门元，占比77.1%。

文化展演领域以表演艺术制作为主，其全年服务收益为2.9亿澳门元，占该领域的55.9%。从事表演艺术制作的营运机构主要有210家，同比增加17家，占文化展演领域总数的68.2%；在职员工1863人，占比70.9%，减少18.7%。服务收益减少76.5%，以至增加值总额缩减92%至1310万澳门元。

从事表演艺术培训的营运机构共88家，占比28.6%，同比增长12家；在职员工652人，占比24.8%，增加3.5%。服务收益(1.3亿澳门元)和增加值总额(9405万澳门元)分别增加53.9%及1.2倍。固定资本形成总额亦增加1.5倍至1081万澳门元。

3. 艺术收藏领域

艺术收藏领域包括艺术品(绘画、书法、雕刻、摄影、古玩、园艺等)创作、销售和拍卖，以及摄影服务。2020年有营运机构139家，占比5.6%，比2019年增加1家；在职员工466人，仅占澳门文化产业总在职员工的3.9%。

艺术收藏领域的服务收益为6884万澳门元，占比1.4%，减少39.8%；增加值总额为2063万澳门元，占比1.0%，减少43.9%；固定资本形成总额为396万澳门元，占比1.0%，与2019年相比减少40.3%。

从事艺术品创作、销售和拍卖的营运机构共21家，减少2家，占该领域的15.1%。在职员工67人，占该领域在职员工的14.4%。服务收益1194万澳门元，减少30.6%，其中拍卖服务佣金收入占31.8%。增加值总额187万澳门元，减少73.2%。固定资本形成总额160万澳门元，减少30.2%。

从事摄影服务的营运机构增加3家，至118家。在职员工399名，减少8.9%；员工支出2413万澳门元，减少20.9%。服务收益5690万澳门元，减少41.4%。增加值总额1876万澳门元，减少37.1%。固定资本形成总额减少45.6%，至237万澳门元。在118家从事摄影服务的营运机构中，婚纱及个人摄影等机构共56家，在职员工236人；服务收益3481万澳门元，减少20.2%；增加值总额1157万澳门元，减少22.0%。

4. 数码媒体领域

数码媒体领域是文化传播的主要途径，主要包含咨询、出版、电台及电视节目制作、电影院的经营、电影的制作及发行等。2020年营运机构增加21家，至

659家，占比26.5%；在职员工有4874人，占比41.1%，减少11.2%。

从事咨询业的运营机构增加12家至398家；在职员工有2105人，减少8.4%。而出版业机构减少1家至173家；在职员工有1471人，减少12.4%。

数码媒体领域的员工支出为10.7亿澳门元，减少5.0%。其中电台及电视节目制作、资讯业的员工支出(3.8亿澳门元)分别减少3.5%及1.3%。

数码媒体领域的服务收益为26.3亿澳门元，减少31.2%，占比52.6%。资讯业为该领域的主要组成部分，全年服务收益为15.0亿澳门元，占比57.0%，减少32.7%；其次为电台及电视节目制作，其服务收益减少9.5%，至5.6亿澳门元，占比21.3%。

数码媒体领域的增加值总额为13.5亿澳门元，减少25.4%，占比63.0%。其中，资讯业的增加值总额为7.0亿澳门元，减少27.2%；电台及电视节目制作的增加值总额为4.0亿澳门元，减少3.8%。电影的制作及发行的服务收益为8459万澳门元，增加值总额为2916万澳门元，分别减少30.0%及29.2%。电影院的经营服务收益为3060万澳门元，增加值总额为477万澳门元，均有显著减幅，分别减少74.9%及90.3%。

由于机构减少购置新器材及设备，数码媒体领域固定资本形成总额同比减少46.5%，至8070万澳门元。其中，出版业减幅显著，固定资本形成总额455万澳门元，减少93.3%；而资讯业则增加1.3倍，至4592万澳门元。

(三)澳门文化产业基金资助情况①

2020年，文化产业基金合计收到169个资助申请(包括4个专项资助计划的申请)，获得资助批准的项目有46个，总批准资助金额约6512万澳门元，具体如表16－3所示。

表16－3　2020年文化产业基金总体资助情况

类别	常规资助	专项资助计划				合计
		文化旅游品牌塑造专项资助计划	社区文创专项资助计划	文化展演品牌推广专项资助计划	文创市场拓展专项资助计划	
申请数目(个)	36	58	51	23	1	169

① 文化产业基金年报2020[R]. 澳门：澳门特别行政区政府文化产业基金，2021：3－4.

续表

<table>
<tr><th rowspan="2">类别</th><th rowspan="2">常规资助</th><th colspan="4">专项资助计划</th><th rowspan="2">合计</th></tr>
<tr><th>文化旅游品牌塑造专项资助计划</th><th>社区文创专项资助计划</th><th>文化展演品牌推广专项资助计划</th><th>文创市场拓展专项资助计划</th></tr>
<tr><td>资助数目（个）</td><td>14</td><td>4</td><td>18</td><td>10</td><td>0</td><td>46</td></tr>
<tr><td rowspan="2">资助款项（万澳门元）</td><td>项目补贴516</td><td>项目补贴1200</td><td>项目补贴680</td><td>项目补贴778</td><td>—</td><td rowspan="2">6512</td></tr>
<tr><td>免息贷款3338</td><td>—</td><td>—</td><td>—</td><td>—</td></tr>
</table>

资料来源：2020 年澳门文化产业基金年报。

2020 年，文化产业基金共收到 36 个常规资助申请项目，其中以数码媒体及创意设计两个领域的申请项目所占比例最高，分别是 47.22％及 33.33％，而文化展演、艺术收藏及其他领域的申请项目所占比例依次为 11.11％、5.56％及 2.78％。

二、澳门科技赋能数字文创取得的成果、政策支持、年度热点事件、案例分析

(一)澳门科技赋能数字文创取得的成果——深澳创意周携湾区数字创意成果亮相澳门①

随着澳门科技赋能数字文创的深化，澳门特别行政区政府不遗余力地与内地在数字文化产业方面展开深入的合作。深澳创意周作为深圳与澳门两地政府共同携手推进的文化交流平台，在 2021 年以“数字赋能湾区动力”为主题，推出八大行程。其中“数字深澳”最为重要的行程之一以“数字深澳”双城数字创意展（MIF 展）的形式在澳门亮相，这也是备受两地关注的巡展之一。MIF 是澳门规模最大、规格最高的国际性经贸展会，由澳门贸易投资促进局主办。“数字

① 深澳创意周携湾区数字创意成果亮相澳门[EB/OL].（2021－12－14）. 中国日报，https://ex. chinadaily. com. cn/exchange/partners/82/rss/channel/cn/columns/j3u3t6/stories/WS61b87a6aa3107be4979fd126. html.

深澳”双城数字创意展(MIF展)以展示高新数字创意成果为主要内容,向澳门及国际企业、采购商多维度呈现VR交互、数字媒体、8K高清屏技术、精密科技、影视制作、原创IP、AR方案等高精尖数字创意展品。以深圳参展的14家数字创意相关企业为例,在短短的三天内,就以高精尖的数字创意产品与奇幻的视觉特效吸引了大批参展观众的关注。例如金雅福集团展出的最新3D全息智能销售机,向观众展示了“数字+珠宝+文创”的创新模式;魔秀的360°球幕影院和裸眼3D盒子,以独特的视野覆盖面打造沉浸式互动光影体验,营造唯美梦幻空间等。

深澳创意周是在《粤澳合作框架协议》下,进行深入合作的重要项目。尤其是2021年以“数字赋能、湾区动力”为主题的系列活动,更契合深澳两地文化创意产业的融合发展要求,也更贴合时代的发展与进步。不仅紧跟数字产业化与产业数字化的全球经济发展浪潮,还紧紧围绕文化创意产业数字化发展的趋势,推动数字技术与文化创意之间的相互融合、共同发展,全面提升了深澳创意周系列活动的文化温度与科技含量。资料显示,自深澳创意周开办以来,已推动了深澳两地上千家企业、机构共同参加活动与展览,两地的相互交流也有200余次,促成了400多项两地合作项目落地,并转化了包括深澳国际文化科技园在内20多个重大项目。该活动已成为深澳两地共同培育文化产业的交流平台,也是深圳市政府和澳门特别行政区政府最为关注的重点项目。

(二)澳门科技赋能数字文创政策支持

1.《文化产业发展政策框架(2020—2024)》①

2020年,澳门特别行政区政府公布《澳门特别行政区文化产业发展政策框架(2020—2024)》(以下简称《框架》)。《框架》拟定了未来五年澳门文化产业发展的重点任务:构建高质量的文化市场体系,打造完整文化产业生态链,推动澳门成为多元、包容、特色、时尚、活力的国际文化创新城市。

澳门文化产业的发展,辅之以文化旅游、文化贸易、文化科技等三大手段。针对文化旅游方面,积极推动文化产业与旅游业两大产业在价值链上的延伸和渗透,通过文化旅游涉及面广、带动性大、辐射力强、体验性高等特点,融合出新

① 澳门特别行政区文化产业发展政策框架(2020—2024)[R]. 澳门:澳门特别行政区政府,2020:6-7.

的产品及新的市场。在文化贸易方面，把握移动互联网时代的机遇，抓住文化贸易的数位化趋势，增强文化资源的贸易流动性，打通文化产业链条，助力中国文化“走出去”。针对文化科技方面，致力于推动文化与科技融合，提升自主创新的能力，驱动产业从低附加值的简单产品向高附加值产品延伸，提升澳门文化产业的价值链。

文化科技是澳门文化产业发展的三大手段之一，《框架》中针对文化科技方面提到，积极促进文化与科技融合，逐渐形成新的文化业态，激发新的商业模式，促进产业结构升级，助力澳门向实现经济多元化的目标迈进。人才方面，《框架》中提到，澳门还需要培养文化科技的复合型人才，提升创新能力，加强澳门文化创意产业知识产权的保护。

2. 澳门文化发展基金①

澳门文化发展基金是为了配合澳门特别行政区的文化政策，运用资源支持发展文化及艺术领域的活动和交流、文化产业的项目，以及支持保护文化遗产的活动和项目而设立的。

基金支持的活动和项目：促进有利于澳门特别行政区和可持续发展的文化及艺术领域的活动或交流；有助于促进文化产业孵化、产业化或规模化的项目；具有鲜明本土特色，且具有发展潜力的项目；推动文化创意商品的研发、设计、生产、营销和推广的项目；有助于促进知识产权登记的项目；有助于保护被评定的不动产及文化价值的不动产的项目；有助于传承及推广已被列入清单的非物质文化遗产项目的活动；属其宗旨范围内的其他活动和项目。

基金包括文创产业项目资助、文化艺术活动交流资助和奖励。其中文创产业项目资助包括常规资助和专项资助。专项资助包括文创市场拓展专项资助计划、文创展演—品牌推广专项资助计划、社区文创专项资助计划、文化旅游品牌塑造专项资助计划、时装/时尚综合服务平台专项资助计划、设计综合服务平台专项资助计划等。文化艺术活动交流资助包括文化活动/项目资助计划、跨年度资助计划、文化艺术管理人才培养计划。奖励包括优秀文产项目奖和优秀文产企业奖。

---

① 澳门特别行政区政府文化发展基金[EB/OL]. https://www.fdc.gov.mo/zh-hant/.

此外,《澳门特别行政区经济和社会发展第二个五年规划(2021—2025年)》[①]中提出推动文化产业发展。加强文化配合"以中华文化为主流、多元文化共存的交流合作基地"建设,落实《澳门特别行政区文化产业发展政策框架(2020—2024)》,整合及优化文化范畴的资助制度,提升文化艺术范畴的专业化程度和文创产业的市场化、产业化程度,配合建设世界旅游休闲中心的定位,通过与不同领域的联动发展,促进产业升级。《粤港澳大湾区文化和旅游发展规划》[②]中提出,坚持高质量发展,把握文化和旅游融合发展新趋势,促进文化和科技融合,坚持以文塑旅,以旅彰文,推动粤港澳大湾区文化和旅游融合发展。

(三)澳门科技赋能数字文创年度热点事件(2021年)

1. 澳门创意馆参展深圳文博会[③]

第十七届中国(深圳)国际文化产业博览交易会于2021年9月23日至27日举行,澳门特别行政区政府文化局与文化产业基金合作,设立"澳门创意馆",引领澳门文创特色产品与服务"走出去",为开拓澳门创意产业市场提供机会。

澳门文化局自2006年起组织澳门业界参展深圳文博会,此次文博会在深圳国际会展中心举行。"澳门创意馆"面积180平方米,设立于粤港澳大湾区文化馆,展馆中包含体现澳门特色的建筑元素。"澳门创意馆"汇聚澳门多个品牌,向内地业界及民众展示澳门多元创意文化,助力澳门文创产业的发展。

文博会关注文化产业发展的新产品、新技术、新模式等热点,展示"文化+科技""文化+金融""文化+贸易""文化+旅游""文化+创意"等各个领域的最新成果。

近年来,文博会积极顺应信息技术发展趋势,持续加快数字化转型。2020年,第十六届文博会以"云上文博会"形式举办,"澳门创意馆"以VR虚拟实境体现,虚拟展馆面积150平方米,通过VR虚拟实境呈现澳门中西文化交融及传统与现代交汇的城市魅力。2021年,文博会首次实行线上与线下结合,深化

---

① 澳门特别行政区经济和社会发展第二个五年规划(2021—2025年)[R]. 澳门:澳门特别行政区政府,2021:21.

② 文化和旅游部,粤港澳大湾区建设领导小组办公室,广东省人民政府. 粤港澳大湾区文化和旅游发展规划[R]. 2020:2.

③ 澳门特别行政区政府文化局. 澳门创意馆参展深圳文博会,助澳门文创界展成果拓商机[EB/OL]. (2021-09-23). https://www.icm.gov.mo/gb/News/detail/19815.

实施文化产业数字化战略。

2. 内地与澳门数字文化产业发展与合作论坛在澳门举行[①]

“十四五”规划指出，粤澳两地在数字文化产业领域的紧密合作将是粤港澳大湾区建设的未来发展方向，澳门与内地可以发挥各自所长，加强创新，全力打造高质量的数字文化产业项目及产业群。

在此规划下，澳门于2021年6月就以“数字文化产业”为主题，举办了内地与澳门数字文化产业发展与合作论坛。该论坛主要讨论“影视与版权合作”“数字文化市场健康发展”“数字时代两地文创产业发展”等内容。此次论坛不仅促进了中国版权协会、腾讯研究院与澳门自强文创智库的深入合作交流，还举行了三方战略合作发展签约仪式，为数字文化产业的发展奠定基础。同时，中央人民政府驻澳门联络办公室姚坚副主任还对澳门的文化产业发展提出了三点建议：第一，坚定文化自信，打造具有国际影响力的澳门文化品牌；第二，将文化产业融入国家新发展格局，畅通国内国际文化产业双循环；第三，有效市场和有为政府双轮驱动，营造良好的文化产业发展环境。本次论坛吸引了来自内地、澳门的专家、学者、业界人士和澳门高校师生积极参与，为澳门数字文化产业的稳健发展提出了诸多宝贵意见。

3. 2021年澳门光影节[②]

“澳门光影节”是一项深受澳门市民和游客喜爱的盛事。自2015年开始，每年12月举办一次，以灯光装饰、光雕表演、互动游戏等形式呈现，冠以不同的主题。2021年澳门光影节以“火星想旅行”为主题，串联一系列与旅游、文创、科学、美食、环保、康体、大自然及宇宙相关的元素，通过幽默手法为观众带来欢乐与正能量，凸显澳门健康宜游的形象。

本届澳门光影节在澳门半岛、氹仔和路环7条路线、17个地点呈现。其中，光雕表演由4个主题组成：在澳门科学馆，以“原味澳门”为主题，通过美食等元素，传递出阖家欢乐的幸福景象。在康公庙前地，以“我们”为主题的光雕表演，讲述琴澳两地的历史文化、经济发展和风貌变化，以及琴粤澳深度合作的建设

① 中央人民政府驻澳门特别行政区联络办公室．内地与澳门数字文化产业发展与合作论坛在澳门举行[EB/OL].(2021－06－07). http://www.zlb.gov.cn/2021－06/07/c_1211190768.htm.

② 中央人民政府驻澳门特别行政区联络办公室．澳门光影节，一场流动的盛宴[EB/OL].(2022－01－11). http://big5.zlb.gov.cn/2022－01/11/c_1211525301.htm.

成果，展现澳门融入国家发展大局、居民安居乐业的景象。

4. 翱游澳门无人机表演盛会[①]

2021年12月，澳门旅游局首办“翱游澳门无人机表演盛会”，与2021年澳门光影节同期举行。10个场次的无人机表演于12月4日、12月11日、12月18日、12月20日、12月25日晚上7点和9点45分在南湾湖举行，5个晚上有不同主题，每场表演使用无人机300架次，时长10～15分钟。

“翱游澳门无人机表演盛会”利用2D及3D立体联动设计、灯光和音乐等元素，使科技绽放流光溢彩，点缀澳门夜空，为市民及旅客带来新的夜间娱乐体验，深化“旅游+”跨界融合。

此次无人机表演共有“遨游·澳门光影节”“诗意澳乐游”“优享澳游”“澳莲盛放”“澳游圣诞”5个主题，将科技和人文艺术相融合，展示澳门的节庆气氛、安全宜游的城市风貌及旅游与文化、节庆和体育等元素的跨界融合，同时体现澳门与内地城市间的友谊和交流。无人机表演将配上音乐及旁述，并于南湾·雅文湖畔至大型白色帐篷一带的南湾湖景大马路靠湖一侧行人路区域设置扬声器，增强演出的效果和气氛，让大家享受视听娱乐体验。

5. 融合与创新——2021澳门数字文创节项目[②]

“融合与创新——2021澳门数字文创节项目”是中华人民共和国文旅部关于内地与港澳文化、旅游交流的重点项目，其主旨是推动三方携手在澳门数字文化和新经济领域展开深入合作，通过文化赋能，助推澳门数字文旅产业发展，推动澳门成为数字文化产业新高地和中华文化传播新高地。

澳门作为中西方文化交流的重要平台，也是粤港澳大湾区建设的核心城市，在推动三地数字文化产业发展方面，具有非常重要的作用。首先，“2021澳门数字文创节”的成功举办，促使三地在数字文化产业方面实现优势互补，通过集合行业交流和潮流数字文创互动展示，吸引广大年轻群体关注和参与，起到了较好的文化传播效果；其次，通过举办数字文化交流论坛，深入探讨当代文创

---

① 澳门特别行政区政府旅游局．“翱游澳门无人机表演盛会”12月上演[EB/OL].(2021－11－11). https://www.gov.mo/zh－hans/news/569629/.

② 清华文创院与澳门自强文创智库、完美世界控股集团携手助推澳门数字文创发展[EB/OL].(2021－04－12). 中国日报，https://qiye.chinadaily.com.cn/a/202104/12/WS6073b70da3101e7ce9748a0d.html.

产业发展趋势与澳门数字文创产业的发展与革新，为澳门文创产业的发展建言献策，同时也为文创学术、文旅创新、文创孵化等数字文创领域提供交流平台；最后，该活动通过打造专属活动品牌 IP、文创嘉年华数字平台、文创校园设计大赛等线上云端交互文创活动，举办互动展览、还原经典游戏动漫 IP 场景、顶级游戏动漫潮流 IP 大秀等线下沉浸体验式文创嘉年华方式，对澳门非遗和传统文化进行数字化展示和全方位宣传推广。

(四)澳门科技赋能数字文创案例分析

1. 案例

(1)中国古代发明体验展

2021 年，澳门科学馆在展览中心举行了各项展览，14 个展厅中均有展出。除了每年的长期展览外，澳门科学馆还会举办特别展览。中国古代发明体验展在 2021 年的展览中备受关注，展览时间为 2021 年 10 月 1 日至 2021 年 12 月 31 日，后因反响热烈延长至 2022 年 2 月 20 日。

《中国古代重要科技发明创造》一书为中国科学院自然科学史研究所编著，中国古代发明体验展以该书为蓝本，通过可视化交互技术，带领公众穿越中国上下五千年的悠久历史，认识我国古代科技发展脉络及对中华民族乃至世界文明的贡献，深入了解中华优秀传统及科技文明的精髓。

展览共由五个部分组成，分别为古代发现与创造、古代医学、交通军事地理、农业与手工业、古代工程。古代发现与创造包括曾侯乙编钟、敦煌星图、AR 墙、88 项发明、中国发明挂图、二十四节气、小孔成像。古代医学包括针灸、四诊法、本草学/人痘接种术、《本草纲目》。交通军事地理包括郑和航海、水密舱壁、指南车/系统的岩溶地貌、兵器墙。农业与手工业包括扇车、双作用活塞式风箱、温室栽培、水排/水碓、龙骨水车、大风车、养蚕、瓷器。古代工程包括活字印刷术、长城/都江堰模型、榫卯结构、苏州园林、紫禁城、布达拉宫。这五个展区通过数字多媒体、虚拟实景(VR)、扩增实景(AR)、动作捕捉、拼接大屏、互动模型、标本观察、手工创客、3D 荧光书、全息透明屏、动书及图书展板等有趣及先进展示技术，向公众呈现近 30 项古代中国的科技成就。

(2)郑家大屋推出扩增实景(AR)

郑家大屋始建于 1869 年，是中国近代思想家郑观应的祖屋，占地 4000 平方米，拥有 60 间房间，是澳门现存的最古老的大型中式民居之一。2001 年，澳门文化局接管大屋，对其进行修缮，恢复原本样貌。2005 年，郑家大屋作为澳门历史城区的一部分，被列为世界文化遗产。

澳门文化局持续推动文化遗产资源的数字化利用，推出“郑家大屋”线上虚拟实景(VR)导览功能，便利市民、旅客“云参观”。2022 年是郑观应诞辰 180 周年，文化局进一步推出“郑家大屋”现场扩增实景(AR)手机应用程序，让市民通过智能手机探索屋内多个现实与虚拟结合的 AR 互动场景。应用程序以虚拟技术重现郑观应编撰《盛世危言》以及昔日郑家七十二家房客时期的面貌，并可观赏昔日郑家大屋不同时期的动画影片。应用程序附设具导航功能的景区地图，并提供繁、简、葡、英四语导航，便利参观者随性随赏；同时，为丰富现场参观的趣味性和独特体验，小程序也设置了寻宝游戏及多个特效拍照场景，鼓励参观者探索郑家大屋的不同角落，提供良好的参访体验，同时加深旅客对澳门世界遗产的认识。

文化局积极运用创新科技多元地展示澳门文化遗产，通过为文物建筑叠加对时下青年群体颇具吸引力的 AR 互动元素，丰富郑家大屋世界遗产青少年教育基地的文化推广内涵，引导青少年群体主动认识澳门历史和中华文化，同时通过增添智慧导览元素，提升市民及旅客的参访体验。文化局未来将继续积极推动文化遗产资源与科技的融合，持续研究为更多合适文遗景点增加新科技应用功能，不断加强澳门文化遗产的推广并丰富教育内涵，持续深化文旅融合。

(3)“艺文荟澳”呈现 AR 扩增实景科技艺术作品“拟合”

澳门大型国际文化艺术盛会“艺文荟澳”(Art Macao)，开创了澳门“全城美术馆，处处艺术园”的展现模式，一个崭新的城市文化旅游品牌正在形成，在澳门掀起一股当代艺术的热潮。

第二届“艺文荟澳”:澳门国际艺术双年展于 2021 年 7 月至 10 月举行。此次展览以“因创造而美好”为主题，举办 30 项、25 个地点的大型展览，包括主题展、度假村及酒店特展、创意城市馆、公共艺术展、本地作品征集展以及平行展等不 同板块。汇聚全球妙思创意，提升世遗的美誉度，重塑后疫情时代崇尚美好的人文精神。

为打破观展空间和地域界限，加强公众与艺术作品的互动体验，构建在线展示平台，由科技艺术家融合扩增实景科技(AR)与艺术特质，形式全新参展作品“拟合”(Art Fitting)。“拟合”为一项流动应用程序，公众下载应用程序即可进入艺术家天马行空的想象空间。观众可到达“艺文荟澳”指定九个展览空间，通过特定空间扫描，欣赏及体验相应的 AR 作品，亦可选择参与“不在现场”的 AR 体验。

“艺文荟澳”借助世界艺术资源，丰富了市民生活，激发了城市智慧和想象，不断推进澳门作为世界旅游休闲中心及创意城市“美食之都”的人文建设，加强了中华文化和多元文化在澳门的交流，推动了澳门文化产业的发展。

(4)澳门城市艺穗节

第二十一届澳门城市艺穗节由文化局主办，以“破隔”为主题，呈现 20 出精彩节目及 14 项周边活动，在疫情之下，打造“破隔”艺术之旅。艺穗节在多个社区举办，将艺术的活力因子注入城市大小角落，为文艺工作者及市民带来展现创意和才华的平台。艺穗节贯彻“全程舞台、处处观众、人人艺术家”的理念，鼓励市民全程参与这项艺术盛事。

此次的节目将现代科技与艺术融合，《后疫情时代的“疯”》结合了扩增实景(AR)技术、多媒体与剧场等元素，反思后疫情时代社会与大自然之间的关系；《寻季》结合澳门的实时天气数据与水墨艺术，创造既虚拟又现实的展示空间；《铁打》重现了已被城市遗弃的打铁行业的声音；来自英国 AΦE 在亚洲首演的节目《舞踪生有》，是短片舞蹈结合扩增实景(AR)技术的沉浸式作品；亲子奇幻节目《全民魔法影院》与《空・一人一世界》等带来充满想象力的演出，深受居民喜爱。

艺穗节对多位粤港澳大湾区的传媒及艺术评论人进行线上访问，通过大湾区的推广及报道扩大节庆影响力，借助澳门文化资源的优势，积极推动人文湾区发展。

2. 案例思考

科技的发展是时代进步的必经之路，如何将科技与各产业相互融合、相互贯通是人类发展的重要命题。文化是人类的精神食粮，将文化产业与科技相结合，不仅能增强文化的推广和教育功能，还能增强其影响力。如今，数字文化产业的发展已成为文化产业发展的新态势。

澳门具有非常深厚的文化底蕴，早在 2005 年，作为中西方文化的结晶——“澳门历史城区”就被联合国教科文组织列入《世界遗产名录》中，中西方文化在此地交融、发展、繁荣。澳门特别行政区政府为了弘扬本土文化，积极举办节事活动和会展活动来吸引人们参与，但是随着人们生活品质的提升，单一且缺乏创新的文化宣传已经很难引起大众的注意。如何将文化遗产活化，以吸引更多游客和居民关注，成为澳门文化产业发展的重点问题。科技与文化相融合就是最为有效的解决办法，而大力发展数字文化产业也成为澳门特别行政区政府施政的重点方向之一。

当前，澳门已将科技与文化相互融合，运用于各类节事活动以及会展活动当中，使原有的节事活动和会展活动更为生动、有趣，不仅增强了游客与市民的体验感，还加强了澳门文化遗产的推广和教育内涵，使澳门文化深入人心，逐渐在人们心中建立起"澳门文化品牌"的意识。而澳门文化的发展，不能只是单纯地将文化与科技相融合，还应注重文化产业与科技的共同发展，衍生出一条"数字文化产业链"。只有这样，才能使澳门文化在进一步得到推广的同时，还能带动相关产业及经济的发展，推动澳门经济适度多元发展，并树立起"文化之都"的城市形象。

三、科技赋能澳门数字文化创意产业的发展展望

(一)加快配套政策制定，协助文创企业发展

《"十三五"国家战略性新兴产业发展规划》明确指出数字文化产业是国家的重点发展目标，将形成一条由文化引领的完整的数字文化产业发展格局。澳门特别行政区政府也相应地颁布了《澳门特别行政区文化产业发展政策框架(2020—2024)》，为澳门数字文化产业的发展指明方向。该框架指出，澳门的文化产业发展是澳门社会经济发展的重要组成部分，应制定相应的短中长期目标，并结合科技发展，为文化产业与大数据、文化产业与人工智能、文化产业与3D打印技术等科技融合创造条件。

澳门特别行政区政府应加快完善数字文化产业发展的配套政策，为澳门文创企业的发展提供有力的保障。首先，澳门特别行政区政府需制定和完善保障数字文化产业发展的法律法规体系，充分保障数字文化产业相关企业和个体的相关权益，尤其体现在知识产权方面，以保障澳门数字文化相关企业的合法权益；其次，澳门特别行政区政府应完善企业的税收优惠政策，以刺激和鼓励澳门企业生产并研发数字文化产业的相关产品，同时完善相应的贸易政策，支持数字文化产业相关企业积极进行国际贸易，以期打造澳门品牌并推动其"走出去"；最后，设立相关政府机构以及颁布相关政策，帮助文创企业积极地进行数

字化转型，以适应当前社会发展需求。同时鼓励中小型文创企业与科技企业进行跨界交流与合作，打破传统思想，跨越消费者偏好界限，形成新的产业形态。

（二）做好人才培养规划，引进优秀文化产业人才

文化产业不仅需要创意型人才，还需要创新型人才。澳门文化产业发展的阻碍之一就是缺乏人才。作为文化产业发展的核心，人才的培养和储备在澳门文化产业的发展中起到至关重要的作用。

澳门统计局资料显示，截至 2020 年，澳门文化产业在职员工 11863 人①，澳门总就业人口为 405400 人②，文化产业就业人数仅占澳门总就业人数的 2.9%。从数据可以看出，澳门文化产业就业人员占比较小，这不仅不利于文化产业的长远发展，更不利于向数字文化产业的转型。因此，澳门特别行政区政府需重视数字文化产业相关人才的培养与引进，完善人才体系。

澳门数字文化产业人才体系的构建应分“两步走”。一方面，大力引进相关人才。在引进人才方面，澳门特别行政区政府应先完善相关专才引进政策，放宽人才引进标准，并给予相应的人才补贴政策，以此吸引大量的科技、文创、金融贸易等复合型数字文化产业专才来澳发展，为澳门数字文化产业的发展增砖添瓦。另一方面，制定数字文化产业人才的培养规划，对设定培养目标起到引导、指导作用，形成合理的人才培养结构层次。首先，澳门特别行政区政府可根据澳门各高等院校在专业设置上的区别，从“文化+教育”“文化+科技”等方面培育人才，培养适合澳门文化产业的“中西创意人才”“跨文化的文创人才”“文化科技的研发人才”等③。其次，可重点培养和引进一批文化产业领军人才、高层次的管理人才、文化科技融合的创新人才，以及熟悉国际文化产业和贸易规则的外向型人才。最后，加强与境内外知名高校或机构的对接与合作，使其为澳门特别行政区的数字文化产业发展提供智力支持，同时，粤港澳大湾区共同建立人才联合培养基地，合作培养具有国际视野的高端文化产业专业人才，满足澳门、大湾区乃至国家的需求。

此外，在人才的引进和培养方面，还需要完善相应的制度体系，例如数字文

① 2020 年文化产业统计[R]. 澳门：澳门特别行政区政府统计暨普查局，2021：1.

② 2020 年统计年鉴[R]. 澳门：澳门特别行政区政府统计暨普查局，2021：71.

③ 澳门特别行政区文化产业发展政策框架(2020—2024)[R]. 澳门：澳门特别行政区政府，2020：15.

化产业人才的认定机制、激励机制以及评价体系等，为澳门数字文化产业的发展奠定人才基础。

（三）搭建文产数字平台，加快澳门文创发展

在互联互通的时代，澳门文化产业领域逐渐出现新的平台，成为澳门文化产业的推广引擎。当前，依托澳门发展战略，诸多澳门文化产业平台孕育而生，其中澳门文化创意产业研究中心是一家非营利的民间团体，在“一国两制”的方针下，致力于开展文创产业相关研究，促进文化产业发展，进而推动澳门社会经济适度多元发展。该平台积极推动澳门文创产业、博彩业与内地文创产业的联合发展，在共同发展两地文化产业经济的同时，还为澳门及内地文化产业相关人士提供交流平台。澳门特别行政区政府在支持澳门民间力量搭建文化产业相关平台的同时，还十分重视本地文化产业的发展，积极设立澳门文化产业基金。该基金是隶属于澳门特别行政区政府的基金之一，专门负责运用资源支持澳门特别行政区文化产业项目，为需要的企业提供资助平台，以推动澳门文化产业发展。

澳门特别行政区政府在文化产业发展上起到了至关重要的推动作用，但是还未能适应当前社会经济发展的要求。尤其是在澳门文化产业逐渐走向数字化以及诸多文产企业及组织将业务转移至网络虚拟平台的情形下，专项的数字文化产业平台以及相关的服务平台的搭建工作还需加强。首先，澳门特别行政区政府可依托科技力量，建立虚拟交易平台，并对澳门文化产业内容、渠道以及平台进行整合，从而为利益相关者提供相应的资讯和交易功能、跨界融合和创新功能、国际交流和贸易功能等，实现供需的高效结合；其次，加强产学研深度融合，澳门特别行政区政府应积极融入粤港澳大湾区建设当中，支持粤港澳企业、高校、科研院所共建高水平的协同创新数字文化平台，推动数字文创产业成果转化，推动澳门数字文化产业进一步发展；最后，依托科技力量建立资讯、业务洽谈、艺术品交易等一体化平台，协助澳门本地企业与其他产业融合的同时，利用澳门低税率优势，形成具有澳门特色的古玩、艺术品等拍卖市场，以此进一步推动澳门产业经济适度多元发展。

（四）营造数字文化氛围，树立全民文化意识

科技赋能文化产业的情境下，全民参与不仅可以满足居民的学习、娱乐等

基本的文化需求，还可以满足自身的表达与身份认同的进阶文化需求。

2021年，澳门举办了多场文化活动。澳门科学馆举办的中国古代发明体验展，澳门旅游局举办的光影节、无人机表演，澳门文化局举办的澳门艺穗节，澳门文化局和旅游局共同举办的“艺文荟澳”等，都体现文化与科技的融合。澳门文化局为了吸引公众的参与，为文物建筑、博物馆等新增VR、AR技术，受到公众的一致好评。全民参与既是文化产业发展的重要组成部分，同时也客观反映出文化产业发展的程度。

澳门应加强营造数字文化氛围，举办更多强调数字文化产业且适合全社会参与的活动。第一，澳门特别行政区政府应注重培养居民文化概念、文化习惯，提升居民文化品位，针对不同层次的居民举办不同类型的文化活动，让居民在活动中意识到数字文化的重要性。第二，加强澳门文化景观的建设，将科技融入文化资讯平台，引导市民走进图书馆、博物馆、文化活动中心等，以增强居民对文化产业的认知。第三，制定有助于澳门数字文化发展的策略。通过对数字文化的宣传，引起全体居民、学生、社团等的高度关注，在社会上掀起数字文化的浪潮。第四，注重文化与科技的结合。澳门特别行政区政府应优化文化设施、文化景观的建设与管理，保护文化遗址、文物建筑，结合新技术为居民和公众提供良好的文化体验。第五，加强澳门当地媒体的发展。政府应为澳门文化产业提供有效的传播平台，让市民通过不同渠道获取相关信息，并且加强社区的文化氛围，使居民养成主动参与文化活动的习惯，从而发挥文化传承对下一代的重要教育作用。

(五)大力发展社区经济，鼓励居民积极参与

社区经济作为一种优化的资源配置方式，可以将社区内各种没有关联的资源相互结合，促进文化、娱乐、饮食等多方面发展。社区经济的发展强调以社区为主体，动员社区居民共同参与，利用社区内未被发掘的才能、技术等资源，建立社区组织及网络，改善居民生活。澳门数字文化产业的发展必须调动全民的积极性，充分利用社区资源，使数字文化产业与社区经济协调发展。

澳门特别行政区政府十分重视文化产业与社区经济的协调发展。例如2021年，澳门特别行政区政府为广泛普及澳门文化遗产知识与《文化遗产保护法》，组织流动宣传站在澳门各个社区及旅游景点宣传；澳门艺穗节也在澳门各个社区举办节目，将艺术活力因子注入城市大小角落；在不同社区创作以社区

的由来为故事主题的艺术壁画，丰富街巷景色；相约澳门—中葡文化艺术节在路环意度亚马忌士前地、妈阁庙前地、大三巴牌坊、祐汉街市公园，为公众带来合计 8 场社区表演；“2021 澳门国际博物馆日嘉年华”强化社区关系，塑造文化湾区；内港氹仔文化深度游戏，拉近艺术与社区的距离，带来联结社区故事及发掘社区历史的制作，为大众带来不一样的社区艺文体验。在此之后，2022 年澳门特别行政区财政年度施政报告中指出，将继续举办“澳门光影节”“游澳消费乐满 FUN”等系列活动，拉动社区经济效益。推出“社区旅游经济拓展”专项计划，鼓励和支持澳门社团利用社区的文化、历史、旅游资源等，为社区增添旅游新元素及活化营商环境，吸引游客前往社区游览。

虽然澳门特别行政区政府已经很好地将文化产业与社区经济相融合，但还需进一步将科技元素与其融合。因此，澳门特别行政区政府应将科技元素充分融入文化产业与社区经济之中，可依托澳门独特的中西方文化，从文化产业角度借助社区营造来进行，并充分融合科技。社区营造可以挖掘社区历史文化、营造社区环境、宣传社区特色，将独特的社区、历史建筑、废旧厂房等与科技相结合，根据社区的需求制定社区营造的内容。社区营造不仅重视社区参与，还能增强社区成员之间的合作，推动数字文化产业可持续发展。

（六）文化科技深度融合，促进两者共同发展

科技是推动文化产业前进的关键，文化科技融合可促进科技成果在文化产业领域的应用。互联网、大数据技术迅速发展的时代，科技已经逐渐融入文化产业之中。

当前，澳门已将文化产业与科技进一步融合。例如，澳门博物馆为“三城记——明清时期的粤港澳大湾区与丝绸外销”展览增设线上 VR 虚拟导览；澳门艺术博物馆与中国美术学院合办“多棱·互观——国际当代艺术邀请展”，展出海峡两岸暨港澳地区及海外 32 位当代艺术家的绘画、影像、装置、AR/VR 等多种跨领域的媒介作品；澳门文化局持续推进文博资源的数字化利用，继澳门博物馆及澳门艺术博物馆之后，下辖四家博物馆，包括“龙环葡韵—生活馆”“路凼历史馆”“冼星海纪念馆”“典当业展示馆”也增设线上 VR 虚拟展厅，实现 360°“云参观”。由此可见，澳门文化局极为重视澳门文化产业与科技的融合。

由于大数据、AR、VR 等新技术发展迅速，世界已迈入大数据时代，这意味着澳门文化产业的发展需要与科技深度融合。首先，澳门特别行政区政府应注

重培养及引进文化科技复合型人才。人才是创新的基础，文创人才与科技人才相互配合才能迸发出新活力，而这不仅是推动澳门数字文化产业发展的基础，也是重中之重。其次，提升科技创新能力。澳门特别行政区政府应加强对澳门文化创意产业知识产权的保护和创新，使科技在文化保护和管理、生产和创新、传播和传承、展示和体验、消费和服务中得到很好的应用。科技创新也为澳门文化产业提供技术支撑，文化与科技融合，可逐渐形成新的文化业态，激发新的商业模式出现，促进产业结构升级，促使澳门文化产业更上一层楼的同时产生新的凝聚力和竞争力。最后，澳门特别行政区政府应顺应市场消费结构升级趋势，深入推动数字产业与文化消费、资讯服务与消费融合等，加快推进文化产品与服务的生产、传播、消费的网络化、数字化进程。

（七）全力推进区域合作，更好地融入国家发展

《粤港澳大湾区发展规划纲要》的出台，体现了粤港澳大湾区在国家经济发展和对外开放中的支撑引领作用，同时也是推动“一带一路”联动发展的需要。而文化产业是粤港澳大湾区加强合作的重点之一，需以中华文化为基础，凭借澳门、香港的优势将中西文化相融合，进一步推动大湾区特色文化产业发展。如何推动要素的自由流动，实现资源合理配置，逐渐成为粤港澳大湾区文化产业深入发展的关键。

当前，澳门已举办或参加了多项粤港澳大湾区的活动。例如，澳门创意馆参加了第十七届中国深圳国际文化产业博览交易会；澳门举办了“数字深奥”双城数字创意展（MIF 展），深澳创意周携湾区数字创意成果在澳门亮相；澳门还举办了内地与澳门数字文化产业发展与合作论坛等，充分体现了粤港澳大湾区在文化产业方面的合作。

“十四五”规划中明确指出，数字文化产业是文化产业未来发展的重点。为了更好地融入国家发展大局，澳门特别行政区政府应充分发挥澳门的人文、历史、区位等优势，进一步加深澳门与横琴的合作，加快打造澳门—横琴文化产业园区，重点发展数字阅读、数字创意、网络视听、网络文学等行业。此外，粤港澳大湾区各市应加强“产学研”合作。首先，粤港澳大湾区各高校及研究机构应加强合作交流，开办以数字文化产业为主题的论坛，为粤港澳大湾区数字文化产业的发展指明方向；其次，各高校及研究机构应进一步将数字文化产业理论转化为实践，开发相关产品；最后，澳门特别行政区政府应与内地政府加强沟通，

研究制定更多有益于推广数字文化产品在境内外贸易的相关政策，并积极搭建相关交易平台，为数字文化产品的流动提供基础。

“社会主义文化强国”和“数字中国”是未来国家发展的重点，也是党中央对中国数字文化产业发展所赋予的期望。数字文化产业是新时代文化产业转型的重点任务，也是文化高质量发展以及深度融合经济的必然要求，更是丰富人们精神及物质需求的历史使命。

澳门具有400多年的文化历史，如何使澳门文化深入人心，让大众感受到澳门文化的魅力，是澳门文化发展需要思考及重视的问题。数字文化产业的发展正是解决这一问题的“钥匙”。它不仅能使澳门深厚的历史文化进行创造性、创新性的发展与转型，不断地释放文化新动能，还能为澳门经济适度多元发展做出自身贡献。当前，澳门数字文化产业的发展已逐渐进入轨道，数字文化产业链也初步形成。未来，澳门更需要重视数字文化产业相关人才的培养、相关配套政策的落实，加快文产数字平台的搭建，加强粤港澳大湾区在数字文化产业上的“产学研”合作，推动“澳门文化品牌”“走出去”等，为澳门文化、经济的发展增砖添瓦，更为增强澳门居民文化自信、提升中国软实力以及实现中华民族复兴的伟大梦想而努力。

（旷婷玥，澳门城市大学商学院助理教授，工商管理博士；胡玥，澳门城市大学葡语国家研究院，博士研究生）

第十七章

指数发布:2021年中国城市文化创意指数报告

一、理论基础:中国城市文化创意指数理论依据
二、评价体系:中国城市文化创意指数评价指标
三、计算公式:中国城市文化创意指数编制方法
四、分类十强:2021年中国城市文化创意指数分类排行
五、指数分析:2021年中国城市文化创意指数综合十强
六、单项评价:2021年中国城市文化创意指数单项指标
七、指数应用:中国城市文化创意指数评级
八、专题报告:中国城市文化创意三大城市群指数分析
九、综合排名:全部城市排序及各级城市总排名

2021年是疫情后的第二年。这一年,疫情反反复复。在疫情常态化防控背景下,全国文化旅游市场、文娱体验与消费市场都在历经寒冬并努力应对。文旅部发布的2020年文化和旅游发展统计公报显示,2020年,国内旅游人数28.79亿人次,比上年下降52.1%,国内旅游收入2.23万亿元,比上年下降61.1%。针对受疫情影响的文旅市场,很多城市都出台了应对疫情影响、促进旅游业发展的相关政策及措施。

2020年11月,文化和旅游部、国家发展改革委、教育部、工业和信息化部等十部门联合印发《关于深化"互联网+旅游"推动旅游业高质量发展的意见》,结合新时期"互联网+旅游"发展面临的新形势、新机遇和新挑战,提出加快建设智慧旅游景区,明确了在线预约预订、分时段预约游览、流量监测监控、科学引导分流、非接触式服务、智能导游导览等建设规范,并要求国有旅游景区于2021年底前全部提供在线预约预订服务。同时,支持旅游景区运用数字技术充分展示特色文化内涵,积极打造数字博物馆、数字展览馆等,提升旅游体验。2020年,"云旅游""云展览"等线上体验成为文化旅游市场发展的重要趋势。据中国经济网、《中国青年报》等官方媒体报道,2020年全国各地博物馆在闭馆防疫期间,共推出2000余个在线展览项目和云教育活动,访问量突破50亿,是2019年全国博物馆线下接待观众人次的4倍,数字创意赋能文化旅游迎来广阔的市场前景。

2020年武汉在经历封城之后,掀起了一轮境内旅游高潮,2020年国庆假期,武汉市游客接待人次位居全国城市第一,黄鹤楼一度上升为国内第一热度景区。《2020年武汉市国民经济和社会发展统计公报》数据显示,全年旅游人次达到2.59亿,超越了连续多年排在全国第一位的重庆,武汉成为全国旅游人气最旺的城市。2021年度的中国城市文化创意指数,武汉也首次跻身全国十强。

然而由于香港和澳门受疫情影响,其文化旅游市场萎缩严重。2021年香港、澳门统计年鉴显示,2020年香港全年旅游人次从2019年的6515万骤减至

356.9 万,澳门从 3580 万减至 589.6 万。不仅是文化旅游收入缩水,城市整体 GDP 产值也为负向增长,澳门的 GDP 同比跌幅高达 56.3%。2021 年度香港和澳门的城市文化创意指数排名也大幅下降。

2021 年度中国城市文化创意指数排名前十位城市分别是北京、上海、深圳、广州、杭州、成都、武汉、西安、苏州、南京。

中国城市文化创意指数研究及发布已经第 4 年。相比以往,我们依旧在努力完善与持续精进。2021 年中国城市文化创意指数在数据源与数据项方面再次进行了丰富与拓展,在使用统计年鉴等相关统计数据的同时,首次引入第三方互联网开放平台数据,丰富了如书店、茶馆、咖啡店等文娱消费市场数据、高新技术企业等创新主体数据,提升了数据的时效性,数据来源也更加多元化,弥补了统计数据在结构性、滞后性、开放性等方面的局限,使得中国城市文化创意指数在客观性、科学性方面得到进一步提升和完善。

一、理论基础:中国城市文化创意指数理论依据

"文化产业"这一术语产生于 20 世纪初,最初出现在霍克海默和阿道尔诺合著的《启蒙辩证法》一书中:"文化产业把旧的、熟悉的东西熔铸成一种新的特质。"应该说,文化产业的大规模发展使审美的商品属性昭然若揭,并使审美生产与消费呈现出规模化效应。①

联合国教科文组织关于文化产业的定义如下:文化产业就是按照工业标准,生产、再生产、储存以及分配文化产品和服务的一系列活动。这一定义主要从传统工业化角度,对文化产品和服务以工业标准化流程即生产、流通、分配、消费进行界定。

英国是最早提出"创意产业"并以此为理论进行创意产业发展战略规划的国家。1998 年英国成立"创意产业特别工作小组",并将创意产业定义为:源于个人创造力与技能及才华,通过知识产权的生成和利用,具有创造财富并增加就业潜力的活动。在这一定义中,首次融入知识产权概念,并强调了创意产业与知识产权的生成和利用是密不可分的。

"文化产业""创意产业""文化创意产业",是不同国家以及不同区域基于其

① 王一川.美学教程[M].上海:复旦大学出版社,2004.

文化背景对"精神消费商品"的不同认知（在我国不同城市，也会经常使用"文化产业"或"文化创意产业"的不同描述），虽然其内涵部分是重叠的，却有着根本的差别——比如对创意的定义。

中国城市文化创意指数的核心理论，依据北京大学文化产业研究院研究员，北京九州一方文化创意院院长、首席专家王齐国有关文化产业、创意、文化创意及"文化创意+"的研究成果和理论体系，其定义有别于目前国内外的学者认知。

（一）对文化产业的概念界定

王齐国教授对文化产业的定义为：文化产业是生产和销售与人们精神消费商品相关的产业；是以创意为根本手段，以文化内容、创意成果为核心价值，以知识产权实现或消费为交易特征，为社会创造财富，并促进社会进步和人们综合素质提升的产业（见图 17－1）。[①]

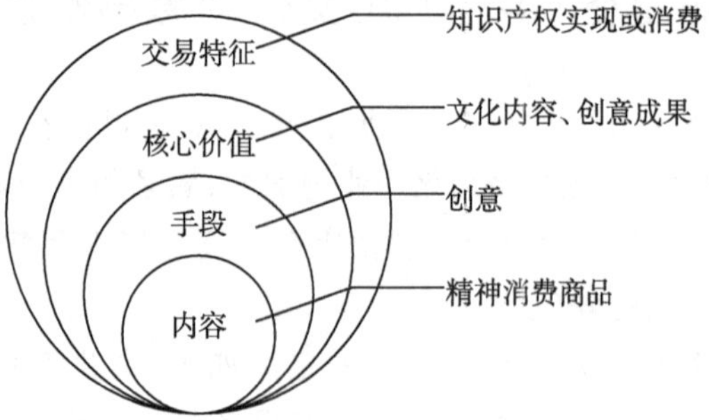

图 17－1　文化产业的定义

王齐国教授从三个方面阐述文化产业的内涵：**第一是产出**，文化产业生产的是精神消费商品。**第二是属性**，文化产业具有经济和文化的双重属性，经济是第一属性，文化是第二属性。从根本上解决了文化产业属性不清的问题。**第三是效率平衡**，文化产业在追求批量生产和规模效益的工业化效率的同时，又反效率化，强调精神消费商品的异质性和个性化（见图 17－2）。

① 王齐国，张凌云．文化产业园区理论与实践[M]．济南：山东大学出版社，2011：3.

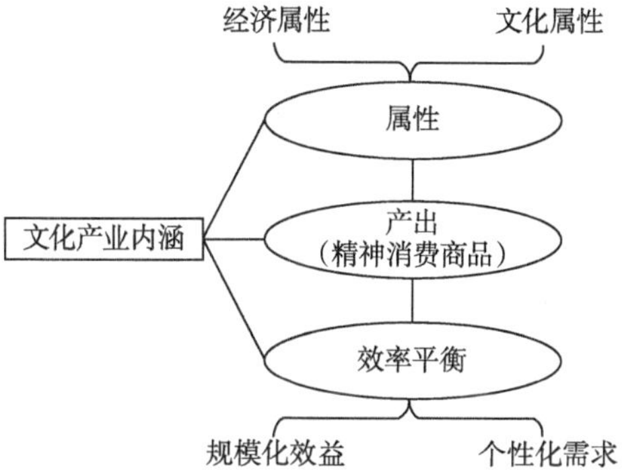

图 17－2　文化产业的内涵

（二）对创意的概念界定

王齐国教授对于创意及文化创意也做出了界定：创意是通过改变事物的原有形态，使之符合时代的审美需求，并创造出价值的活动①。创意作为文化产业发展的根本手段，首先是一种创新手段。创意的成功与否，最主要的是看它有没有实现或者贡献新的价值。

创意的五个基本原则见图 17－3。

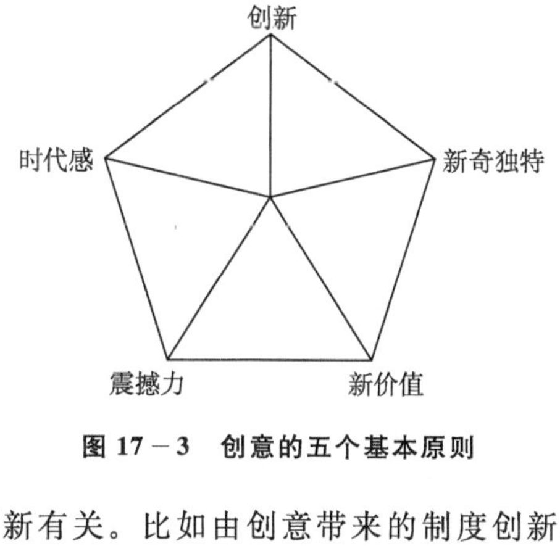

图 17－3　创意的五个基本原则

第一，创意与创新有关。比如由创意带来的制度创新、模式创新、技术创

① 王齐国，张凌云．文化产业园区理论与实践[M]．济南：山东大学出版社，2011：6.

新、生态创新、产品创新、服务创新等。第二，创意要有时代感。也就是说，创意是与时俱进的。第三，追求新奇独特（个性与特质）。第四，有震撼力——打动心灵的能力。第五，贡献新价值。

创意的本质是追求更高价值，而不是追求效用最大化。创意所追求的异质性、差异性、个性等，都是反效率的尺度标准。这种反效率的尺度标准，正是创意的评价标准。比如一个杯子，在工业化的标准化、规模化生产过程中，在对质量和数量的追求中达到效用最大化，但价值仅停留在作为容器的使用价值上。融入创意元素后，杯子除使用价值外，被提升了审美趣味、增加了审美价值，具有了收藏价值。

（三）对文化创意的概念界定

文化创意是指在创意活动中发现并创造新的审美趣味和审美价值，从而促进经济和社会变革的活动。

文化创意的本质是价值驱动和审美驱动。价值驱动从根本上解决人的生存动机、生产动机、生活动机（包含消费动机），体现对人的尊重和对人性的尊重，是构建美好社会的基本手段。而审美驱动则是提高人的审美趣味，让人有高远的精神追求：把人从物质引向形式，从感觉引向法则[①]，从有限存在引向绝对存在。生活经历唤醒感性冲动，规律唤醒形式冲动，只有这两种冲动都存在时，人性才得以形成。而人具有人性后才会追求美的，抵制丑的，追求善的，抵制恶的，在价值观取向上有所作为[②]。此时，人已不单单是物质的，也包括精神的。人生格局、格调大不相同，就会神采奕奕、光芒万丈。

（四）"文化创意+"理论

中国倡导"互联网+"以后，社会上涌动众多"+"："文化+""旅游+""××行业+"等等，造成"+"混乱。

"互联网+"之所以可以实现，是因为互联网具有经济引擎功能，所以才可以"+"得起来。经济引擎有三类：一是要素引擎（投资、消费、出口）；二是技术引擎（包括激发创新的知识）；三是制度引擎（有利于资源配置的方式方法）。

---

① 席勒.审美教育书简[M].冯至，范大灿，译.北京：北京大学出版社，1985.

② 王齐国.文化创意：变革的力量[M].北京：开明出版社，2018.

"文化创意+"具有经济引擎的特质——技术(激发创新的知识)和制度(有利于资源配置的方式方法的文化)对经济社会发展的贡献是显而易见的,所以才能够"+"起来。并且,与"互联网+"提高传统产业的量及便利性不同,"文化创意+"提升传统产业的内涵和品位,更加关注经济社会发展的品质,可以与"互联网+"形成双翼或双轮。

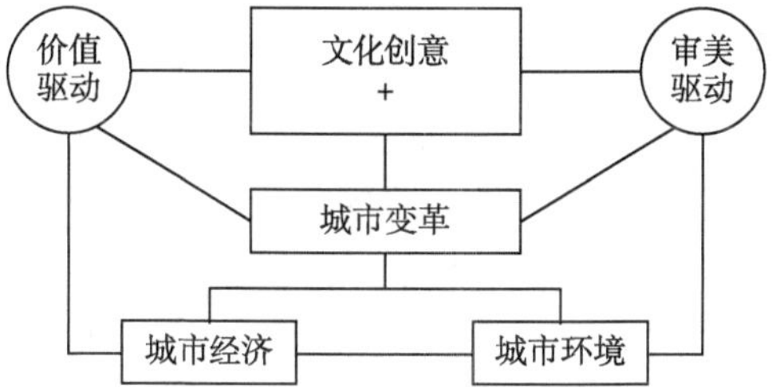

图 17－4 "文化创意+"理论模型

如图 17—4 所示,文化创意的价值驱动可以从两个方面体现:一是以文化创意作为生产力,通过创意设计赋能传统经济社会,实现价值最大化;二是以文化创意作为生产资料,使无形资产(有时候特指知识产权)转变为价值资产。

文化创意的审美驱动也可以从两个方面体现:一是文化创意与商品服务融合,在商品服务的使用价值之上,增加审美趣味,实现商品服务更高的附加值;二是文化创意与城市空间融合,使空间结构利用更加高效,空间设施更具人文色彩、更加舒适而便利,空间景观更加具有审美意义。

"文化创意+"理论认为,文化创意的价值驱动和审美驱动,是推动城市变革的动力因素,文化创意对城市变革的作用与影响体现在城市经济和城市环境两方面。第一,文化创意可以无边界地与各个产业融合发展,实现传统产业的转型升级和供给侧产品结构改革与创新,向消费者提供高品质、高附加值、有竞争力的商品。比如"文化创意+农业",可以形成农业创意观光、生态美食、高品质农产品、田园游憩、家庭种植体验等;又如"文化创意+工业",可以使传统工业商品从内到外发生改变,即内在的技术创新与外在的审美形态,成为一个"崭新"商品。第二,文化创意可以融入城市建筑、城市景观、城市公共设施等城市环境中,提升城市文化内涵,树立新的审美形象,提高居民生活品质和幸福指数。第三,文化创意具有集聚效应,当一个城市拥有较好的文化创意氛围时,对创意人才以及高端人才产生吸引力,人才的聚集会带动产业发展,产业的发展吸引资本聚集,资本的投入再反作用于产业发展，产业发展再形成人才的集聚，人才聚集再带动各种城市配套环境的提升与发展，由此形成良性发展的生态闭环。

二、评价体系：中国城市文化创意指数评价指标

（一）中国城市文化创意指数的核心评价模型

中国城市文化创意指数以“文化创意+”理论为基础，其核心评价模型与中华古老智慧相融合，借助太极生两仪、两仪生四象的思辨方法，以文化创意为道（太极），延伸出两仪即文化创意的价值驱动和审美驱动，再向外延伸至四象即四个一级指标——“文化创意+”创意生态、“文化创意+”赋能能力、“文化创意+”审美驱动力、“文化创意+”创新驱动力，由此构成中国城市文化创意指数的核心评估模型（见图 17－5）。

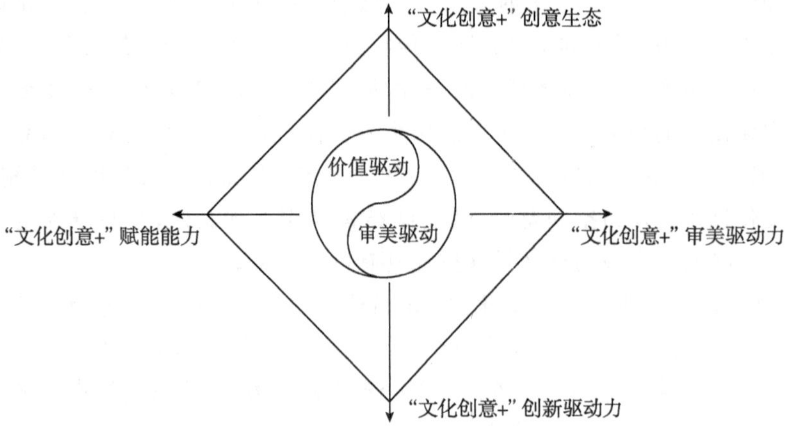

图 17－5　中国城市文化创意指数模型

“文化创意+”创意生态，是“文化创意+”赋能能力、“文化创意+”审美驱动力、“文化创意+”创新驱动力的前提基础，反映城市发展文化创意和开发利用文化创意的资源现状和条件基础。

“文化创意+”赋能能力，反映文化创意对城市经济、产业转型升级、产品与消费升级以及城市的宜居和舒适的价值贡献。

“文化创意+”审美驱动力，反映文化创意对城市环境、城市软实力、市民的

热情和友善、市民的审美趣味及审美水平的影响力和社会价值贡献。

"文化创意+"创新驱动力，反映以文化创意作为创新要素及手段推动城市发展的能力，同时反映城市文化创意创新环境水平。

（二）中国城市文化创意指数的评价体系和指标说明

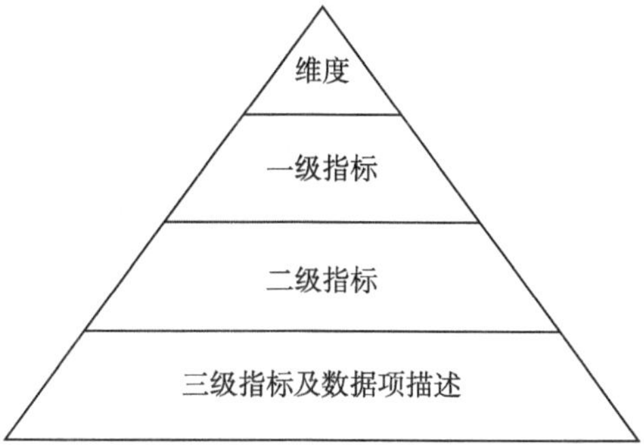

图 17－6　中国城市文化创意指数的指标框架结构

中国城市文化创意指数的指标框架结构由维度、一级指标（4 个）、二级指标（16 个）、三级指标（45 个）以及数据项描述构成（见图 17－6）。维度体现为价值驱动维度和审美驱动维度。4 个一级指标分别是"文化创意+"创意生态、"文化创意+"赋能能力、"文化创意+"审美驱动力、"文化创意+"创新驱动力。16 个二级指标分别是智力资本、资本环境、政策环境、市场潜力、文化创意 GDP、文创贡献率、产品设计力、消费驱动力、城市好客度、城市美感、城市普惠度、城市幸福感、智权成果、失败容忍度、创新研发力、未来可塑性（见图 17－7）。

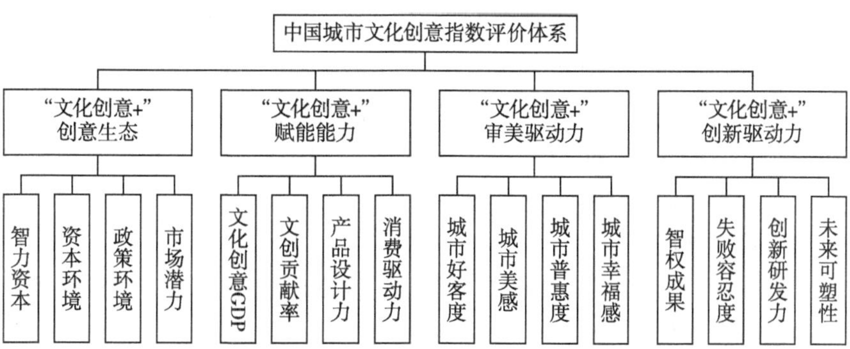

图 17－7　中国城市文化创意指数评价体系

1.“文化创意+”创意生态

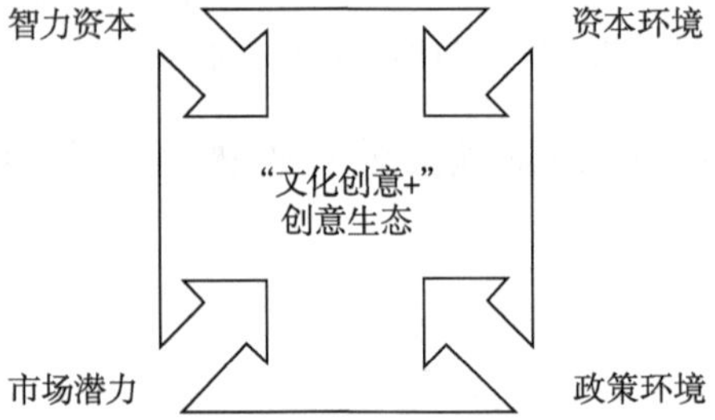

图 17－8　“文化创意+”创意生态指标结构

一级指标“文化创意+”创意生态由 4 个二级指标构成，分别是智力资本指标、资本环境指标、政策环境指标、市场潜力指标（见图 17－8）。

（1）智力资本指标

智力资本指标，反映某一中国城市文化创意领域的人才水平。该指标数值越高，说明区域性文化创意人才市场人才储备能力越强。

智力资本指标的数据量化可以从以下两方面进行：一是从业人力资本，即文化创意从业者的量化描述，可以选用数据项包括文化创意领域从业人员数量、文化创意领域从业人员占比等；二是潜在人力资本，即潜在的文化创意人才，可以选用数据项包括人才培养机构如高等院校、高等教育在校生人数等。

（2）资本环境指标

资本环境指标，反映某一城市文化创意发展的金融环境。该指标数值越高，说明文化创意资本环境越好。

资本环境指标的数据量化可以选择以下方面进行：一是面向文化创意领域金融服务体系的完善度，是否具备多样化、多层次的金融服务体系，比如知识产权质押贷款、文化创意领域专项投资基金、文化创意企业 IPO 等；二是服务于文化创意领域的资本规模，可以选用文化创意领域信贷总额、文化创意领域授信额度、文化创意领域投资额占比等数据项。

（3）政策环境指标

政策环境指标，反映某一城市文化创意发展的政策环境。该指标数值越高，说明区域性文化创意政策环境越好。

政策环境指标的数据量化可以选择以下方面进行：一是针对文化创意相关

政策体系是否完善,如制度法规性文件、财政支持政策、人才政策、专项规划等;二是针对文化创意的财政支持,可以选用文化创意财政支出金额、文化创意财政支出占比、是否有财政类文化创意专项扶持资金等数据项;三是政策稳定性和持续性,可以通过年度新出台政策内容、数量等进行量化。

(4)市场潜力指标

市场潜力指标,反映某一城市文化创意发展的市场环境。该指标数值越高,说明该区域市场潜力越大。

市场潜力指标的数据量化可以选择以下方面进行:一是城市居民的消费能力水平,可以选用家庭可支配收入、文化创意消费支出、文化创意消费支出占比等;二是城市居民对文化创意产品的消费习惯,可以选用博物馆参观人数、图书馆借阅人数等数据项反映当地居民的文化创意消费诉求和文化创意活动参与意愿;三是城市文化创意市场规模及市场想象空间,可以选用城市人口数量、外来游客数量等数据项。

2."文化创意+"赋能能力

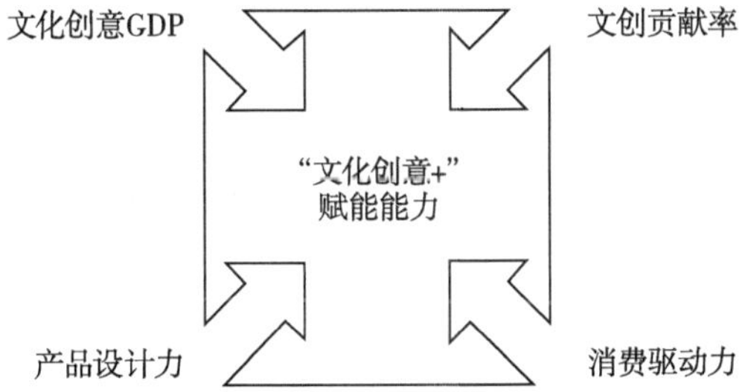

图 17-9 "文化创意+"赋能能力指标结构

一级指标"文化创意+"赋能能力由 4 个二级指标构成,分别是文化创意 GDP 指标、文创贡献率指标、产品设计力指标、消费驱动力指标(见图 17-9)。

(1)文化创意 GDP 指标

文化创意 GDP 指标,是从文化创意产业的经济产值角度反映某一城市文化创意产业发展水平。该指标数值越高,说明该区域文化创意相关产业经济产值越高。

文化创意 GDP 指标从文化创意相关制造业和文化创意相关服务业进行数据描述:文化创意相关制造业包括国民经济统计分类中的造纸和纸制品业、印刷和记录媒介复制业、文教/工美/体育和娱乐用品制造业等；文化创意相关服务业包括国民经济统计分类中的信息传输/软件和信息技术服务业、文化体育和娱乐业等。

(2)文创贡献率指标

文创贡献率指标，反映文化创意产值对国民经济的贡献能力。该指标数值越高，说明文化创意的价值驱动力越高，对社会经济的贡献越大。

文创贡献率指标量化数据项包括文化创意相关制造业的GDP贡献率、文化创意相关服务业的GDP贡献率。

(3)产品设计力指标

产品设计力指标，是从设计价值角度反映文化创意对产品价值溢价产生的作用力。该指标数值越高，说明文化创意产品设计能力越强，对促进产品差异化、提升产品附加值、优化产品供给侧结构越具优势。

产品设计力指标的量化可以选用某一城市的外观设计专利和实用新型专利的申请数量和授权数量等数据项。

(4)消费驱动力指标

消费驱动力指标，反映文化创意驱动产品或服务消费的能力。该指标数值越高，说明消费驱动能力越强。

消费驱动力指标的量化描述可以选用文化创意消费支出金额、文化娱乐消费支出占比、旅游收入等数据项。

3.“文化创意+”审美驱动力

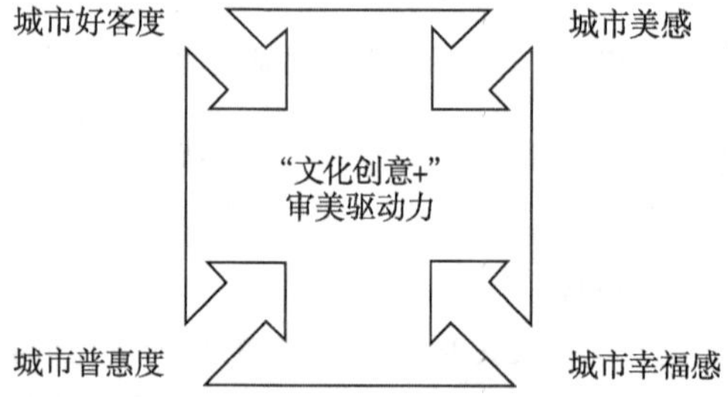

图17－10　“文化创意+”审美驱动力指标结构

一级指标“文化创意+”审美驱动力由4个二级指标构成，分别是城市好客度指标、城市美感指标、城市普惠度指标、城市幸福感指标（见图17－10）。

(1)城市好客度指标

城市好客度指标,反映某一城市居民以及城市对外来人口的热情度与和善度。该指标数值高,说明城市居民善良友好、城市包容开放度高。

城市好客度指标的量化可以选用请客次数、捐款人占比、流动人口占比、外来常住居民数量、旅游人次、旅游人次增长率等数据项。

(2)城市美感指标

城市美感指标,反映文化创意为城市带来的美感与吸引力。该指标数值越高,说明某一城市优美度越高、文化创意审美水平越高、城市魅力越强。

城市美感指标可以从城市建筑外观优美度、城市公共设施和城市空间公共艺术水平进行量化,可以选用最美建筑物、世界文化遗产、公共绿地、博物馆拥有量、图书馆拥有量、美术馆及艺术馆拥有量、空气质量等数据项。

(3)城市普惠度指标

城市普惠度指标,是指城市居民公平享受文化的权利和福利。该指标数值越高,说明某一城市文化创意的居民覆盖度越高,文化创意对居民生活的渗透度越高。

城市普惠度指标的数据量化可以选择以下方面进行:一是文化创意方面的人均财政支出,可以反映普惠力度;二是文化创意资源的人均水平,可以反映出普惠密度,具体可以选用广播电视节目综合人口覆盖率、人均艺术场馆拥有量、人均博物馆拥有量、人均图书馆拥有量、人均体育馆拥有量等数据项。

(4)城市幸福感指标

城市幸福感指标,是指文化创意对城市居民幸福感提升的影响力。该指标数值越高。说明某一城市居民的文化创意体验与参与满意度越高,居民日常的幸福感是一种重要的城市竞争力。

城市幸福感指标的数据量化可以选择以下方面进行:一是生活方式多样性,丰富多彩的生活姿态反映了城市多元、包容的特质,也是城市魅力所在。具体可以选用以下数据项:城市市民人均拥有的健身场馆面积、体育馆数量、公园绿地面积等;富裕程度和消费能力如咖啡馆数量、茶馆数量、书店数量、电影院数量等。二是文化教育资源的丰富度与覆盖率,反映城市居民享受文化教育资源的权益,具体可以选用公共教育资源数量、百万人口高等教育比例等数据项。

4."文化创意+"创新驱动力

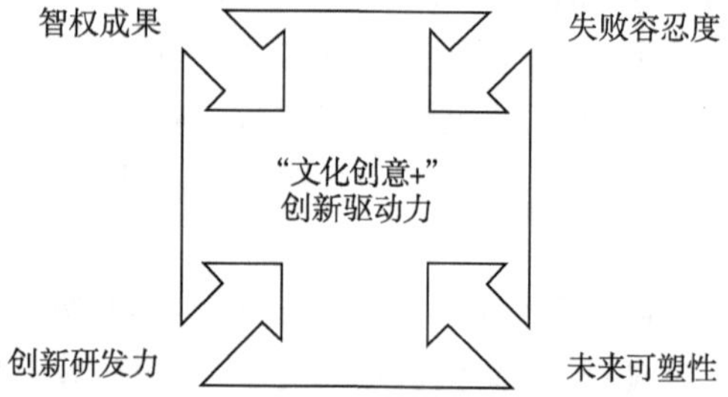

图 17－11 "文化创意+"创新驱动力指标结构

一级指标"文化创意+"创新驱动力由 4 个二级指标构成,分别是智权成果指标、失败容忍度指标、创新研发力指标、未来可塑性指标(见图 17－11)。

(1)智权成果指标

智权成果指标,是从知识产权的角度反映某一城市的文化创意智慧成果。该指标数值越高,说明智权成果累积越丰富,由智权成果推动形成的创新应用条件要素越充分。因此,文化创意智权成果指标是反映城市创新驱动力条件的重要因素之一。

智权成果指标的量化可以按照智权成果的分类进行数据项设计,包括城市地理标志、商标注册申请新增数量和累计授权数量、专利申请新增数量和累计授权数量、著作权及版权登记新增数量和累计登记数量等。

(2)失败容忍度指标

失败容忍度指标,反映某一城市对文化创意创新创业的包容度。该指标数值越高,说明对创新创业失败的容忍度越高、包容性越好。

失败容忍度指标的量化可以选用研发投入经费、创新成果转化率、市场主体的活跃性和成长性、人才流动情况等数据项。

(3)创新研发力指标

创新研发力指标,反映某一城市对创新研发的支持力度和实践水平。该指标数值越高,说明文化创意研发力量越强,有利于推动文化创意智权成果的创造和创新。

创新研发力指标的量化可以选用高新技术企业数量、万人发明专利拥有数量、高端人才引进数量、企业研发人员和研发投入力度、区域财政对科学技术的支持经费等数据项。

(4)未来可塑性指标

未来可塑性指标，是从可持续发展角度反映某一城市文化创意的想象空间和可塑潜力。该指标数值越高，说明文化创意未来可塑性越高、发展机会越多，也就意味着文化创意成长价值越高。因此，未来可塑性指标是反映城市创新驱动力成长价值的重要因素之一。

未来可塑性指标的量化可以从城市包容性、开放性、成长性等方面设计。城市包容性有利于多元文化融合，宽松包容的城市氛围有助于滋长丰富多彩的文化创意。对城市包容性的数据量化可以选用外籍流动人口数量、外资企业数量等数据项。城市开放性有利于各种文化创意要素流动，充分流动有助于在交换中实现价值溢出。对城市开放性的数据量化可以从交通便利性方面进行，包括铁路可直达城市数、民航国内可直达航线数、国际航线数等；也可以从对外交流活跃性方面进行，包括国际交流活动、对外文化贸易等。城市成长性是文化创意发展的大环境保障，可以通过文化创意产业经济增长率、GDP 增长率等数据项描述。

中国城市文化创意指数指标结构见表 17－1。

表 17－1　中国城市文化创意指数指标结构

一级指标	二级指标	三级指标/数据项
I “文化创意+”创意生态	1 智力资本	1 文化创意从业者数量 2 文化创意从业者结构比 3 潜在文化创意人力资源
	2 资本环境	4 信贷环境 5 金融景气指数 6 外资利用环境
	3 政策环境	7 文化创意财政支出规模 8 文化创意财政支出占比 9 文化创意政策持续力度
	4 市场潜力	10 文化创意消费能力 11 文化创意本地消费市场容量 12 文化创意入境消费市场规模

续表

一级指标	二级指标	三级指标/数据项
Ⅱ “文化创意+”赋能能力	5 文化创意 GDP	13 文化创意相关制造业产值 14 文化创意相关服务业产值
	6 文创贡献率	15 文化创意相关制造业贡献率 16 文化创意相关服务业贡献率
	7 产品设计力	17 文化创意设计资源增量 18 人均文化创意设计能力
	8 消费驱动力	19 文化旅游消费力
Ⅲ “文化创意+”审美驱动力	9 城市好客度	20 外来常住人口数量 21 常住人口流动增速 22 旅游人次
	10 城市美感	23 文化创意旅游资源 24 文化创意旅游吸引力 25 公共人文空间资源 26“蓝繁”环境指数
	11 城市普惠度	27 人均文化创意财政补贴 28 人均公共文化设施拥有量 29 人均拥有图书馆藏书量 30 人均休闲绿地拥有量
	12 城市幸福感	31 高等教育资源人群覆盖度 32 文化休闲空间服务
Ⅳ “文化创意+”创新驱动力	13 智权成果	33 智权创造活跃度 34 新增智权成果
	14 失败容忍度	35 创新支持力度 36 新增市场主体 37 创业增长率 38 外来人口占比
	15 创新研发力	39 高新技术企业 40 专利密度 41 研发投入规模 42 研发投入力度

续表

一级指标	二级指标	三级指标/数据项
Ⅳ “文化创意+”创新驱动力	16 未来可塑性	43 城市对外开放性 44 城市商业吸引力 45 城市经济成长性

三、计算公式:中国城市文化创意指数编制方法

(一)中国城市文化创意指数的计算模型

$$X_i = F_{(A_i)} + F_{(B_i)} + F_{(C_i)} + F_{(D_i)} \qquad (i = 1,2,3,\cdots,n)$$

其中,X_i 代表城市文化创意综合指数分值,满分为 100;$F_{(A_i)}$ 代表“文化创意+”创意生态指数分值,满分为 20;$F_{(B_i)}$ 代表“文化创意+”赋能能力指数分值,满分为 30;$F_{(C_i)}$ 代表“文化创意+”审美驱动力指数分值,满分为 30;$F_{(D_i)}$ 代表“文化创意+”创新驱动力指数分值,满分为 20;$F_{(A_i)}$、$F_{(B_i)}$、$F_{(C_i)}$、$F_{(D_i)}$ 分别占综合指数分值权重比为 2/10、3/10、3/10、2/10。

其中:

$$F_{(A_i)} = A1_i + A2_i + A3_i + A4_i$$
$$F_{(B_i)} = B1_i + B2_i + B3_i + B4_i$$
$$F_{(C_i)} = C1_i + C2_i + C3_i + C4_i$$
$$F_{(D_i)} = D1_i + D2_i + D3_i + D4_i$$

$A1_i$、$A2_i$、$A3_i$、$A4_i$ 分别代表构成“文化创意+” 创意生态指标的四个二级指标数值,即智力资本指标数值、资本环境指标数值、政策环境指标数值、市场潜力指标数值;其中,$A1_i$、$A3_i$、$A4_i$ 值域均为[0,5],$A2_i$ 值域为[−5,5]。

$B1_i$、$B2_i$、$B3_i$、$B4_i$ 值域均为[0,7.5],分别代表构成“文化创意+”赋能能力指标的四个二级指标数值,即文化创意 GDP 指标数值、文创贡献率指标数值、产品设计力指标数值、消费驱动力指标数值。

$C1_i$、$C2_i$、$C3_i$、$C4_i$ 分别代表构成“文化创意+”审美驱动力指标的四个二级指标数值,即城市好客度指标数值、城市美感指标数值、城市普惠度指标数值、城市幸福感指标数值。其中,$C2_i$、$C3_i$、$C4_i$ 值域均为[0,7.5],$C1_i$ 值域

为[-7.5,7.5]。

$D1_i$、$D2_i$、$D3_i$、$D4_i$ 分别代表构成“文化创意+”创新驱动力指标的四个二级指标数值，即智权成果指标数值、失败容忍度指标数值、创新研发力指标数值、未来可塑性指标数值。其中，$D1_i$、$D3_i$ 值域均为[0,5]，$D2_i$、$D4_i$ 值域均为[-5,5]。

(二)指标计算公式

1. $A1_i$ 即智力资本指标，计算公式为

$$A1_i = \left(\frac{a11_i}{\max\{a11_i\}} + \frac{a12_i}{\max\{a12_i\}} + \frac{a13_i}{\max\{a13_i\}}\right)/3$$

其中，$a11_i$ 以高等学历在校生人数代表潜在文化创意人力资源，数据单位：万人；$a12_i$ 代表文化创意从业者，数据单位：万人；$a13_i$ 代表文化创意从业者比例结构，数据单位：%。$A1_i$ 指标量化值域[0,5]。

2. $A2_i$ 即资本环境指标，计算公式为

$$A2_i = \left(\frac{a21_i}{\max\{a21_i\}} + \frac{a22_i}{\max\{a22_i\}} + \frac{a23_i}{\max\{a23_i\}}\right)/3$$

其中，$a21_i$ 代表信贷规模，数据单位：亿元；$a22_i$ 以连续信贷增长率代表金融景气度，数据单位：%；$a23_i$ 代表外资利用环境，数据单位：亿美元。$A2_i$ 指标量化值域为[-5,5]。

3. $A3_i$ 即政策环境指标，计算公式为

$$A3_i = \left(\frac{a31_i}{\max\{a31_i\}} + \frac{a32_i}{\max\{a32_i\}} + \frac{a33_i}{\max\{a33_i\}}\right)/3$$

其中，$a31_i$ 代表文化创意财政规模，数据单位：亿元；$a32_i$ 代表文化创意财政支出占比，数据单位：%；$a33_i$ 以年度是否有新出台文化创意相关政策及数量等体现文化创意政策持续力度，数据单位：无，以数值表示。$A3_i$ 指标量化值域为[0,5]。

4. $A4_i$ 即市场潜力指标，计算公式为

$$A4_i = \left(\frac{a41_i}{\max\{a41_i\}} + \frac{a42_i}{\max\{a42_i\}} + \frac{a43_i}{\max\{a43_i\}}\right)/3$$

其中，$a41_i$ 以可支配收入代表文化创意消费能力，数据单位：元；$a42_i$ 以常住人口代表文化创意当地消费人群规模，数据单位：万人；$a43_i$ 以国内外旅游人次代表文化创意入境消费人群规模，数据单位：万人次。$A4_i$ 指标量化值域为

[0,5]。

5. $B1_i$ 即文化创意 GDP 指标，计算公式为

$$B1_i = \frac{(b11_i + b12_i)}{\max\{b11_i + b12_i\}}$$

其中，$b11_i$ 代表文化创意相关制造业产值，数据单位：万元；$b12_i$ 代表文化创意相关服务业产值，数据单位：万元。$B1_i$ 指标量化值域为[0,7.5]。

6. $B2_i$ 即文创贡献率指标，计算公式为

$$B2_i = \frac{(b21_i + b22_i)}{\max\{b21_i + b22_i\}}$$

其中，$b21_i + b22_i$ 代表文化创意相关制造业产值 GDP 占比与文化创意相关服务业产值 GDP 占比之和，数据单位：%。$B2_i$ 指标量化值域为[0,7.5]。

7. $B3_i$ 即产品设计力指标，计算公式为

$$B3_i = \left(\frac{b31_i}{\max\{b31_i\}} + \frac{b32_i}{\max\{b32_i\}}\right)/2$$

其中，$b31_i$ 以外观设计专利和实用新型专利申请数量代表文化创意设计资源新增数量，数据单位：件；$b32_i$ 代表文化创意设计资源人均拥有量，数据单位：件/万人。该指标通过文化创意设计资源的绝对值增加量和相对值拥有量综合反映文化创意设计能力。$B3_i$ 指标量化值域为[0,7.5]。

8. $B4_i$ 即消费驱动力指标，计算公式为

$$B4_i = \frac{b41_i}{\max\{b41_i\}}$$

其中，$b41_i$ 代表文化旅游消费收入，数据单位：亿元。$B4_i$ 指标量化值域为[0,7.5]。

9. $C1_i$ 即城市好客度指标，计算公式为

$$C1_i = \left(\frac{c11_i}{\max\{c11_i\}} + \frac{c12_i}{\max\{c12_i\}} + \frac{c13_i}{\max\{c13_i\}}\right)/3$$

其中，$c11_i$ 代表外来常住人口数量，数据单位：万人；$c12_i$ 代表外来常住人口流动增速，数据单位：%；$c13_i$ 代表旅游人次，数据单位：万人次。$C1_i$ 指标量化值域为[−7.5,7.5]。

10. $C2_i$ 即城市美感指标，计算公式为

$$C2_i = (\frac{c21_i}{\max\{c21_i\}} + \frac{c22_i}{\max\{c22_i\}} + \frac{c23_i}{\max\{c23_i\}} + \frac{c24_i}{\max\{c24_i\}})/4$$

其中，$c21_i$ 以5A和4A级文化旅游景区代表文化创意旅游资源，数据单位：个；$c22_i$ 代表文化创意旅游市场吸引力，数据单位：万人次；$c23_i$ 以城市博物馆和图书馆拥有量代表文化创意公共空间资源，数据单位：个；$c24_i$ 代表“蓝繁”环境指数，数据单位：%。$C2_i$ 指标量化值域为[0,7.5]。

11. $C3_i$ 即城市普惠度指标，计算公式为

$$C3_i = (\frac{c31_i}{\max\{c31_i\}} + \frac{c32_i}{\max\{c32_i\}} + \frac{c33_i}{\max\{c33_i\}} + \frac{c34_i}{\max\{c34_i\}})/4$$

其中，$c31_i$ 代表人均文化创意财政补贴，数据单位：元/人；$c32_i$ 代表人均博物馆拥有量，数据单位：个/万人次；$c33_i$ 代表人均拥有图书馆藏书量，数据单位：册/人；$c34_i$ 以人均公园绿地面积代表人均人文休闲空间资源，数据单位：人/平方米。$C3_i$ 指标量化值域为[0,7.5]。

12. $C4_i$ 即城市幸福感指标，计算公式为

$$C4_i = (\frac{c41_i}{\max\{c41_i\}} + \frac{c42_i}{\max\{c42_i\}})/2$$

其中，$c41_i$ 代表高等教育资源人群覆盖度，数据单位：无，以数值表示；$c42_i$ 代表文化休闲空间服务，数据单位：个。$C4_i$ 指标量化值域为[0,7.5]。

13. $D1_i$ 即智权成果指标，计算公式为

$$D1_i = (\frac{d11_i}{\max\{d11_i\}} + \frac{d12_i}{\max\{d12_i\}})/2$$

其中，$d11_i$ 以专利申请量代表智权创造活跃度，数据单位：件；$d12_i$ 以专利授权量代表新增智权成果资源，数据单位：件。$D1_i$ 指标量化值域为[0,5]。

14. $D2_i$ 即失败容忍度指标，计算公式为

$$D2_i = (\frac{d21_i}{\max\{d21_i\}} + \frac{d22_i}{\max\{d22_i\}} + \frac{d23_i}{\max\{d23_i\}} + \frac{d24_i}{\max\{d24_i\}})/4$$

其中，$d21_i$ 代表创新支持力度，数据单位：亿元；$d22_i$ 代表新增市场主体数量，数据单位：万户；$d23_i$ 代表创业增长率，数据单位：%；$d24_i$ 代表外来人口占比，数据单位：%。$D2_i$ 指标量化值域为[−5,5]。

15. $D3_i$ 即创新研发力指标，计算公式为

$$D3_i = (\frac{d31_i}{\max\{d31_i\}} + \frac{d32_i}{\max\{d32_i\}} + \frac{d33_i}{\max\{d33_i\}} + \frac{d34_i}{\max\{d34_i\}})/4$$

其中，$d31_i$ 代表高新技术企业数量，数据单位：家；$d32_i$ 代表专利密度，数据单位：件/万人；$d33_i$ 代表研发投入规模，数据单位：亿元；$d34_i$ 代表研发投入GDP占比，数据单位：%。$D3_i$ 指标量化值域为[0,5]。

16. $D4_i$ 即未来可塑性指标，计算公式为

$$D4_i = (\frac{d41_i}{\max\{d41_i\}} + \frac{d42_i}{\max\{d42_i\}} + \frac{d43_i}{\max\{d43_i\}})/3$$

其中，$d41_i$ 以对外贸易进出口额体现城市开放度，数据单位：亿元；$d42_i$ 以外商投资额体现城市商业吸引力，数据单位：亿美元；$d43_i$ 以 GDP 平均增长率体现城市经济成长力，数据单位：%。$D4_i$ 指标量化值域为[−5,5]。

(三)指数样本、数据来源及权重设计

2021 中国城市文化创意指数共计纳入 140 个样本城市，覆盖 22 个省、5 个自治区、4 个直辖市、2 个特别行政区，同时囊括粤港澳大湾区城市群、长三角城市群、京津冀城市群。

本年度城市样本动态调整基于过往三个年度城市指数相关数据项的公开情况和可得性，以及确保区域城市群完整性考虑，相较于 2020 年，剔除了萍乡、盘锦、鞍山、阳泉、渭南、咸阳、吐鲁番、石河子、临沧等 9 个城市。

2021 年度样本城市的数据来源主要有以下几方面：2018—2020 年连续三年的国民经济和社会发展统计公报；2020—2021 年城市政府工作报告；2019—2021 年城市统计年鉴以及各省份统计年鉴；各城市政府统计局、文化和旅游局、市场监督局、科学技术局等官网发布的数据及文化创意相关政策信息；另外，本年度新增“大众点评”(本地生活信息、独立第三方消费点评网站)、“企查查”(企业信用信息查询平台)等互联网平台开放数据等。

本次指数权重设计以指数的核心旨意为出发点，突出文化创意对城市发展的价值驱动和审美驱动功能和作用，设计一级指标分值权重为：“文化创意+”创意生态指标分值权重占比 2/10、“文化创意+”赋能能力指标分值权重占比3/10、“文化创意+”审美驱动力指标分值权重占比 3/10、“文化创意+”创新驱动力指标分值权重占比 2/10，相对于对“文化创意+”创意生态和“文化创意+”创新驱动

力，对“文化创意+”赋能能力和“文化创意+”审美驱动力两项指标分值进行了增强加权设计。

四、分类十强：2021 年中国城市文化创意指数分类排行

（一）2021 年中国城市文化创意指数总榜十强

2021 年度中国城市文化创意指数总榜十强城市分别是：1 北京（69.106）、2 上海（61.738）、3 深圳（58.923）、4 广州（50.674）、5 杭州（49.635）、6 成都（41.981）、7 武汉（40.422）、8 西安（40.094）、9 苏州（38.980）、10 南京（34.350）（见图 17－12）。

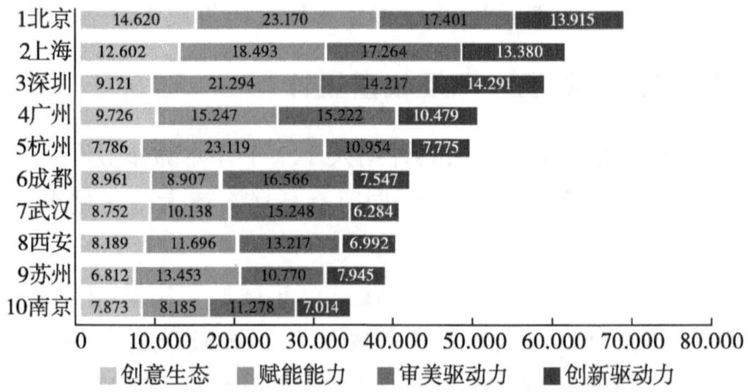

图 17－12　2021 年中国城市文化创意指数总榜十强

（二）2021 年中国城市文化创意指数直辖市榜单

2021 年度中国城市文化创意指数直辖市排名分别是（见图 17－13）：

1 北京（69.106，总榜第 1 名）、2 上海（61.738，总榜第 2 名）、3 天津（34.259，总榜第 11 名）、4 重庆（34.063，总榜第 12 名）。

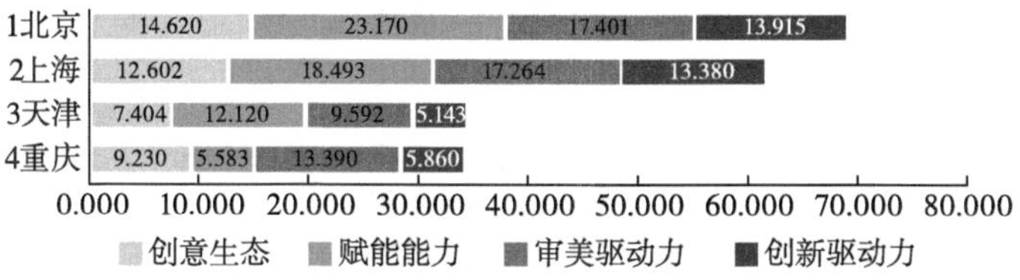

图 17－13　2021 年中国城市文化创意指数直辖市榜单

(三)2021 年中国城市文化创意指数副省级城市十强

2021 年度中国城市文化创意指数副省级城市十强分别是(见图 17－14)：

1 深圳(58.923,总榜第 3 名)、2 广州(50.674,总榜第 4 名)、3 杭州(49.635,总榜第 5 名)、4 成都(41.981,总榜第 6 名)、5 武汉(40.422,总榜第 7 名)、6 西安(40.094,总榜第 8 名)、7 南京(34.350,总榜第 10 名)、8 宁波(32.413,总榜第 13 名)、9 厦门(31.703,总榜第 14 名)、10 青岛(25.806,总榜第 20 名)。

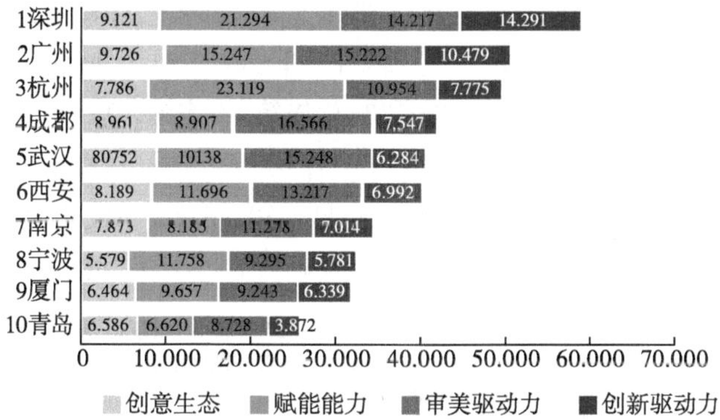

图 17－14　2021 年中国城市文化创意指数副省级城市十强

(四)2021 年中国城市文化创意指数地级市十强

2021 年度中国城市文化创意指数地级城市十强分别是(见图 17－15)：

1 苏州(38.980,总榜第 9 名)、2 郑州(29.294,总榜第 15 名)、3 东莞(29.232,总榜第 16 名)、4 长沙(28.251,总榜第 17 名)、5 金华(27.685,总榜第 18 名)、6 无锡(26.499,总榜第 19 名)、7 合肥(25.710,总榜第 21 名)、8 佛山

(25.533，总榜第 22 名)、9 南昌(25.235，总榜第 23 名)、10 温州(25.036，总榜第 24 名)。

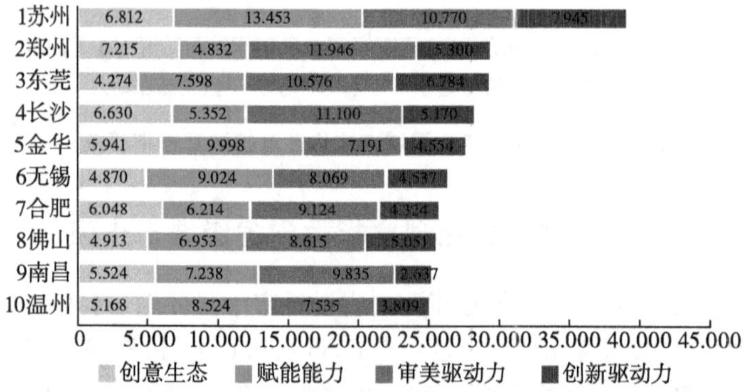

图 17－15　2021 年中国城市文化创意指数地级市十强

(五)2021 年中国城市文化创意指数粤港澳大湾区榜单

2021 年度中国城市文化创意指数粤港澳大湾区排名分别是(见图 17－16)：

1 深圳(58.923，总榜第 3 名)、2 广州(50.674，总榜第 4 名)、3 东莞(29.232，总榜第 16 名)、4 佛山(25.533，总榜第 22 名)、5 珠海(24.797，总榜第 25 名)、6 中山(19.769，总榜第 37 名)、7 江门(18.948，总榜第 42 名)、8 惠州(17.856，总榜第 45 名)、9 香港(14.269，总榜第 70 名)、10 肇庆(12.677，总榜第 85 名)、11 澳门(10.257，总榜第 106 名)。

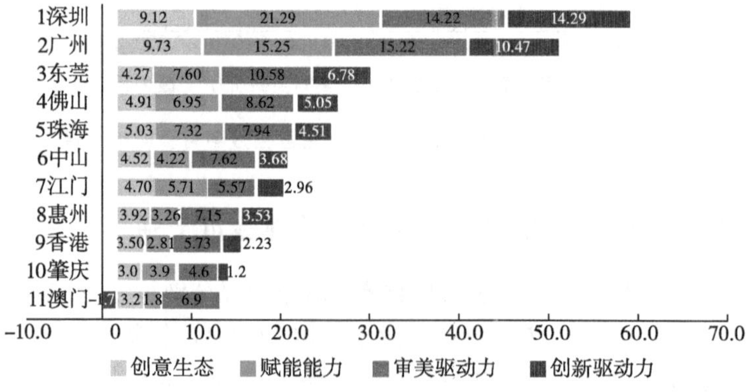

图 17－16　2021 年中国城市文化创意指数粤港澳大湾区榜单

(六)2021年中国城市文化创意指数长三角城市群十强

2021年度中国城市文化创意指数长三角城市群十强分别是(见图17－17)：1上海(61.738,总榜第2名)、2杭州(49.635,总榜第5名)、3苏州(38.980,总榜第9名)、4南京(34.350,总榜第10名)、5宁波(32.413,总榜第13名)、6金华(27.685,总榜第18名)、7无锡(26.499,总榜第19名)、8合肥(25.710,总榜第21名)、9嘉兴(23.989,总榜第26名)、10湖州(22.991,总榜第29名)。

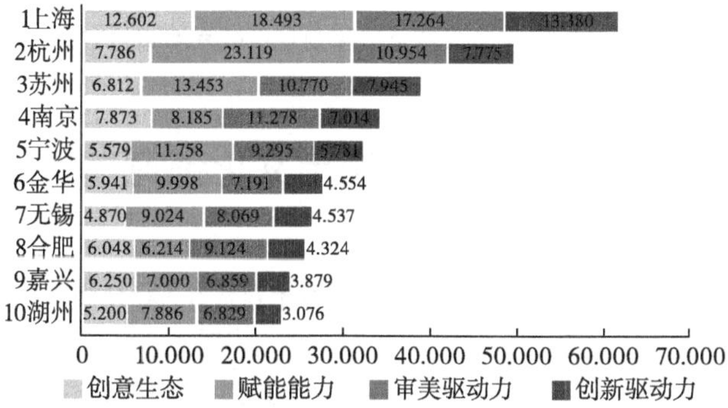

图17－17 2021年中国城市文化创意指数长三角城市群十强

(七)2021年中国城市文化创意指数京津冀城市群十强

2021年度中国城市文化创意指数京津冀城市群十强分别是(见图17－18)：1北京(69.106,总榜第1名)、2天津(34.259,总榜第11名)、3石家庄(16.596,总榜第55名)、4唐山(12.173,总榜第89名)、5秦皇岛(11.560,总榜第94名)、6安阳(9.025,总榜第120名)、7保定(8.929,总榜第122名)、8邢台(8.141,总榜第126名)、9张家口(7.853,总榜第128名)、10邯郸(7.436,总榜第133名)。

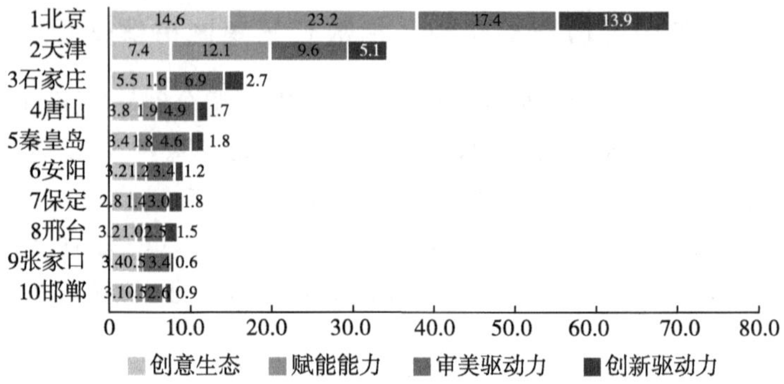

图 17－18　2021 年中国城市文化创意指数京津冀城市群十强

五、指数分析：2021 年中国城市文化创意指数综合十强

表 17－2　2021 年中国城市文化创意指数十强城市指标分值及排名情况

2021 年排序	城市	创意生态	赋能能力	审美驱动力	创新驱动力	2021 年指数	上年对比	
							2020 年排序	名次变动
1	北京	14.620	23.170	17.401	13.915	69.106	1	→
2	上海	12.602	18.493	17.264	13.380	61.738	3	↑＋1
3	深圳	9.121	21.294	14.217	14.291	58.923	2	↓－1
4	广州	9.726	15.247	15.222	10.479	50.674	4	→
5	杭州	7.786	23.119	10.954	7.775	49.635	5	→
6	成都	8.961	8.907	16.566	7.547	41.981	11	↑＋5
7	武汉	8.752	10.138	15.248	6.284	40.422	13	↑＋6
8	西安	8.189	11.696	13.217	6.992	40.094	8	→
9	苏州	6.812	13.453	10.770	7.945	38.980	6	↓－3
10	南京	7.873	8.185	11.278	7.014	34.350	7	↓－3

注：“→”代表名次保持不变；“↑”代表名次上升；“↓”代表名次下降。

2021 年度中国城市文化创意指数总榜十强城市分别是：1 北京、2 上海、3 深圳、4 广州、5 杭州、6 成都、7 武汉、8 西安、9 苏州、10 南京（见表 17－2）。

2021 年度三甲分别是北京、上海、深圳。北京继续保持榜首位置；上海从

2020年排名第3提升至第2;深圳下降1位,排在上海之后列第3名。

第4名和第5名依然由广州和杭州占据,与上年度保持一致。

成都和武汉成为2021年度十强突围城市。相较2020年,武汉成为本年度黑马城市,首次跻身十强,排名从上年的第13名提升6位,名列第7;成都排名提升5位,从上年的第11名进入十强列第6。

西安、苏州、南京依然保持十强位置。西安较上年度排名未变,依然排在第8名;苏州下降3位列第9名;南京下降3位列第10名。

2020年入围十强的重庆和东莞,2021年度分别为第12名和第16名。

(一)前三名北京、上海、深圳对比分析

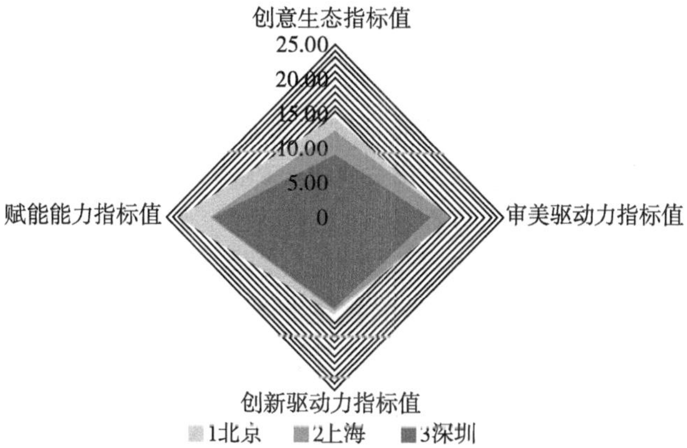

图17-19 中国城市文化创意指数雷达图(北京、上海、深圳)

通过雷达图对北京、上海、深圳进行对比呈现,我们可以看到2021年中国城市文化创意指数前三名城市在四项一级指标方面的优势与差异(见图17-19)。在创意生态指标方面,北京分值优势明显,上海分值高于深圳(见图17-20)。在赋能能力指标方面,依然是北京分值最高,深圳分值高于上海(见图17-21)。在审美驱动力指标方面,北京以略微优势高于上海,上海以明显优势高于深圳(见图17-22)。在创新驱动力指标方面,三个城市之间的分值差距较小,深圳以略微优势依次高于北京和上海(见图17-23)。

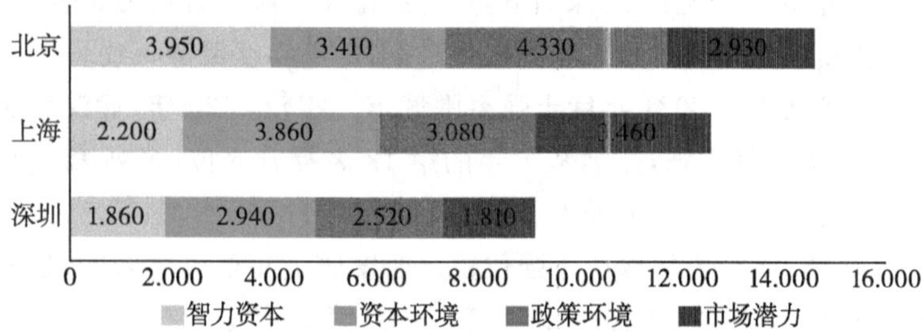

图 17－20　创意生态指标对比(北京、上海、深圳)

进一步展开中国城市文化创意指数的创意生态一级指标,我们可以看到北京在文化创意智力资本和政策环境方面具有明显优势。据北京市统计局数据,2020 年 12 月末,北京规模以上文化产业单位从业人员为 59.3 万人;高校在校生作为储备人才,北京的数量高于上海和深圳。在政策环境方面,北京的文化相关财政支出一直居全国首位,《北京统计年鉴》(2020)数据显示,2019 年北京在文化体育与传媒方面的财政支出为 279.32 亿元,较上年增长 13.8%。

在资本环境和市场潜力方面,上海更具优势。《2020 年上海国民经济和社会发展统计公报》显示,2020 年上海本外币贷款余额为 84643.04 亿元,居全国之首;外资利用约 202.33 亿美元,远高于北京和深圳。在市场消费能力方面,2020 年上海人均可支配收入为 72232 元,高于北京(69434 元)和深圳(64878 元);在旅游市场方面,2020 年上海全年接待旅游人次约 2.37 亿,高于北京(1.84 亿人次)和深圳(0.5 亿人次)。

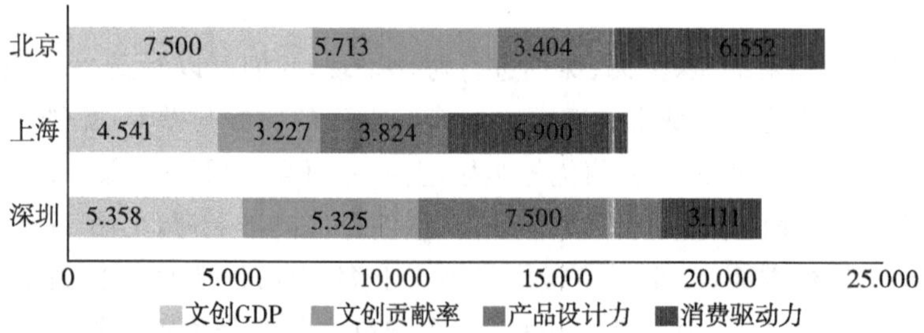

图 17－21　赋能能力指标对比(北京、上海、深圳)

对中国城市文化创意指数的赋能能力一级指标进行展开,可以看到二级指标中,北京在文创 GDP 方面优势明显,上海在消费驱动力方面优势明显,深圳在产品设计力方面优势明显。

文创 GDP 指标包括文化创意相关制造业和服务业两方面数据。据 2020 年各城市统计年鉴数据，北京文创 GDP 指标统计值约为 5857.18 亿元，列全国第 1 位，其中文创制造业约 327.58 亿元，文创服务业约 5529.60 亿元，合计 GDP 占比约 16.22%。深圳文创 GDP 指标统计值约为 4184.04 亿元，列全国第 2 位，其中文创制造业约 1521.93 亿元，文创服务业约 2662.10 亿元，合计 GDP 占比约 15.12%。上海文创 GDP 指标统计值约为 3546.4 亿元，其中文创制造业约 906.71 亿元，文创服务业约 2639.69 亿元，合计 GDP 占比约 9.16%。从数据来看，三个城市的文创 GDP 均以文创相关服务业为主，其中深圳在文创相关制造业产值方面较北京和上海产值更高；而北京由于非首都功能疏解和产业结构调整，文创相关制造业产值占比明显更低。

在产品设计力方面，深圳依然保持着创意之都的城市优势。《深圳统计年鉴》(2020) 显示，深圳在 2019 年申请外观设计专利和实用新型专利共计 22.03 万件，较上年增长 23.35%，处于全国领先水平。北京申请两类专利共计 11.10 万件，上海申请两类专利共计 13.17 万件。

在消费驱动力方面，《2020 年上海国民经济和社会发展统计公报》显示，全年实现旅游总收入 3068.77 亿元，列全国第 2 位。北京和深圳的 2020 年统计公报显示，北京旅游总收入为 2914 亿元，列全国第 4 位；深圳旅游总收入为 383.50 亿元，列全国第 17 位。

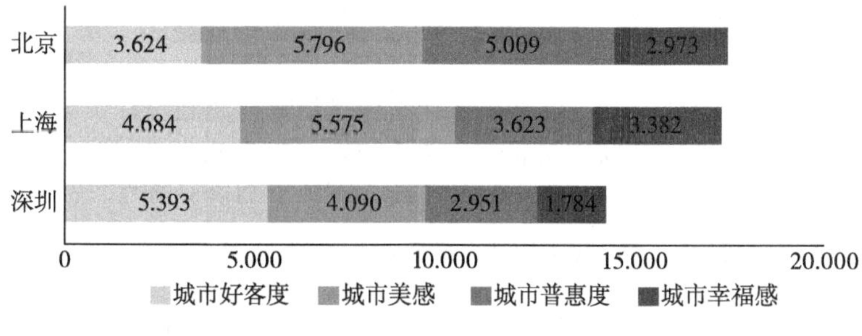

图 17－22　审美驱动力指标对比(北京、上海、深圳)

对中国城市文化创意指数的审美驱动力一级指标进行展开，可以看到深圳在城市好客度方面优势明显，北京在城市美感和城市普惠度方面优势明显，上海则在城市幸福感方面优势明显。

在城市好客度指标方面，深圳的优势体现为对外来人口的包容度。据广东省第七次全国人口普查数据，2020年深圳市常住人口为1756.01万人，较上年增加412.13万人，增长率达到30.67%；其中外来常住人口数量达到1168.61万人，位居全国第1。而北京和上海的常住人口增长率分别仅为1.66%和2.43%。

在城市普惠度指标方面，依据2020年各城市统计年鉴数据测算，2019年北京财政在文化传媒与体育方面的人均支出约为1275.84元，较上年增长11.9%，保持全国领先水平。上海人均约723.34元，深圳人均约381.50元。在人均公园绿地数据方面，2020年北京人均公园绿地面积为16.50平方米，深圳为15平方米，上海为8.6平方米。

在城市美感指标方面，北京的公共人文空间资源较为丰富，拥有博物馆数量全国第一。据2020年北京、上海、深圳统计公报数据，三个城市拥有的博物馆数量分别为197个、149个、52个。

在城市幸福感指标方面，上海的文化休闲空间较为丰富，大众点评开放数据显示，在茶馆商业服务方面，上海拥有4204家茶馆，北京拥有3739家茶馆，深圳拥有3745家茶馆；在咖啡馆商业服务方面，上海拥有9100余家咖啡馆，数量位居全国第一，北京拥有5600余家咖啡馆，深圳拥有4000余家咖啡馆。

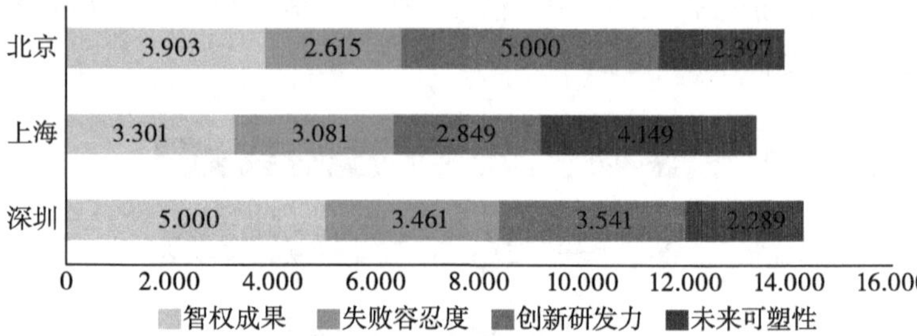

图17－23　创新驱动力指标对比(北京、上海、深圳)

对中国城市文化创意指数的创新驱动力一级指标进行展开，我们可以看到这三个城市的整体得分差距不大，但各自优势不同。深圳在智权成果方面优势明显，《深圳市2020年度知识产权白皮书》显示，2020年深圳市国内专利授权22.24万件，居全国首位，同比增长33.49%。据北京市知识产权局数据，2020年北京国内专利授权量16.3万件；据上海知识产权局数据，2020年上海国内专利授权量 13.98 万件。

在创新研发力方面，北京优势明显。2020 年全国科技经费投入统计公报显示，2020 年北京研究与试验发展(R&D)经费投入 2326.6 亿元，占 GDP 比重 6.44%，研发投入力度位居全国第一。在专利密度方面，2020 年北京每万人发明专利拥有量达到 155.80 件，位居全国第一；上海和深圳的每万人发明专利拥有量分别为 60.21 件和 119.10 件。另外，在高新技术企业方面，企查查平台开放数据显示，北京拥有高新技术企业约 36903 家，数量位居全国第一；上海和深圳分别约为 20313 家和 21090 家。

在未来可塑性方面，上海分值高于北京和深圳，主要体现在城市对外开放性和商业吸引力方面。《2020 年上海国民经济和社会发展统计公报》显示，2020 年上海市货物进出口总额 34828.47 亿元，全年口岸货物进出口总额 87463.10 亿元，保持世界城市首位。在外商投资方面，2020 年上海实际利用外资达到 202.3 亿美元，增长 6.2%；北京和深圳的实际利用外资分别为 141 亿美元和 86.83 亿美元。

(二)第 4 名、第 5 名广州、杭州对比分析

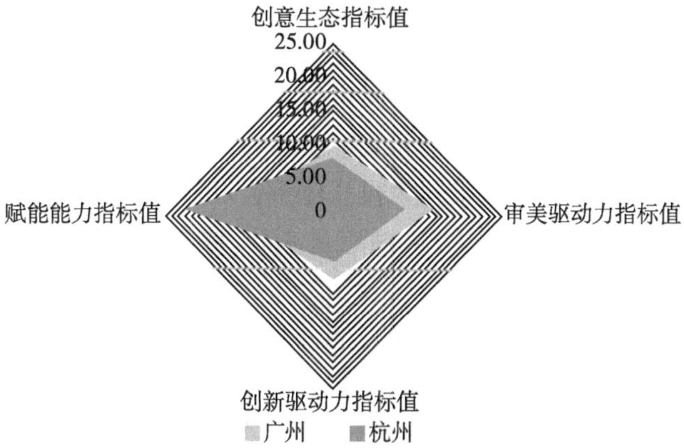

图 17－24　中国城市文化创意指数雷达图(广州、杭州)

2021 年度中国城市文化创意指数十强城市中，第 4、第 5 位依然在广州和杭州之间角逐，并保持 2020 年的排名未变。

如图 17－24 所示，在创意生态指标、审美驱动力指标、创新驱动力指标方

面，广州均具有高于杭州的分值，但在赋能能力指标方面，杭州呈现出压倒性的优势。

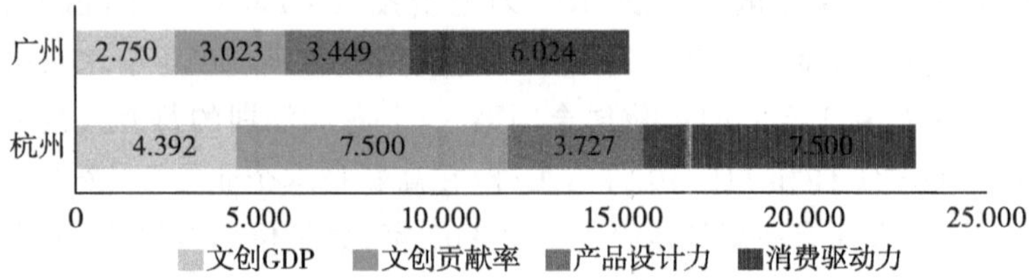

图 17－25　赋能能力指标对比（广州、杭州）

我们对文化创意赋能能力一级指标进行展开，可以看到杭州四项二级指标分值全面超越广州（见图 17－25）。

在文创 GDP 指标方面，根据 2020 年城市统计年鉴中社会经济行业分类测算，2019 年杭州文创 GDP 产值约为 3430.11 亿元，排名全国第 4；广州约为 2147.8 亿元，排名全国第 5。

在文创贡献率指标方面，2019 年杭州文创 GDP 贡献率约为 21.3%，居全国第 1 位；广州文创 GDP 贡献率约为 8.58%，全国排名第 23。

在产品设计力指标方面，杭州列全国第 4 位，广州列全国第 6 位。在体现产品设计附加值的实用新型专利和外观设计专利方面，《杭州统计年鉴》(2021) 显示，2020 年杭州实现实用新型专利申请 70983 件、外观设计专利申请 17632 件，合计数量列全国第 5 名。广州 2020 年三种专利具体申请数量未公开，因而采用最近三年相关数据平均值作为模拟值替代，虽然实用新型专利和外观设计专利合计数量高于杭州，但从万人拥有量来看，杭州每万人常住人口拥有量达到 74.24 件，而广州为 55.93 件。

在消费驱动力指标方面，《2020 年杭州市国民经济和社会发展统计公报》显示，全市实现旅游收入 3335.4 亿元，在全国旅游市场受重创情况下，杭州冲至全国榜首。《广州市 2020 年国民经济和社会发展统计公报》显示，全市实现旅游收入 2679.07 亿元，居全国第 6 名。

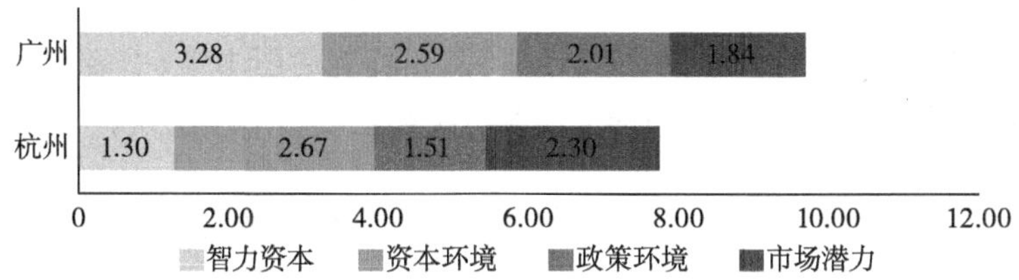

图 17－26　创意生态指标对比(广州、杭州)

进一步展开中国城市文化创意指数的创意生态一级指标，我们可以看到广州智力资本指标和政策环境指标的分值明显高于杭州，杭州资本环境指标和市场潜力指标的分值略高于广州(见图 17－26)。

在智力资本指标方面，广州的高校人才资源优势明显，《广州市 2020 年国民经济和社会发展统计公报》显示，全市普通高校在校生约为 130.71 万人，位居全国第 1;《杭州统计年鉴》(2021)显示，2020 年普通高校在校生约为 55.1 万人，居全国第 18 位。

在政策环境指标方面，《广州统计年鉴》(2020)显示，2019 年广州在文化体育与传媒方面的财政支出为 52.67 亿元，列全国第 5 位。同时，广州在 2020 年发布《广州市公共文化设施布局专项规划(2020—2035 年)》，以推进广州公共文化服务均等化、特色化发展，将广州建设成为世界文化名城。

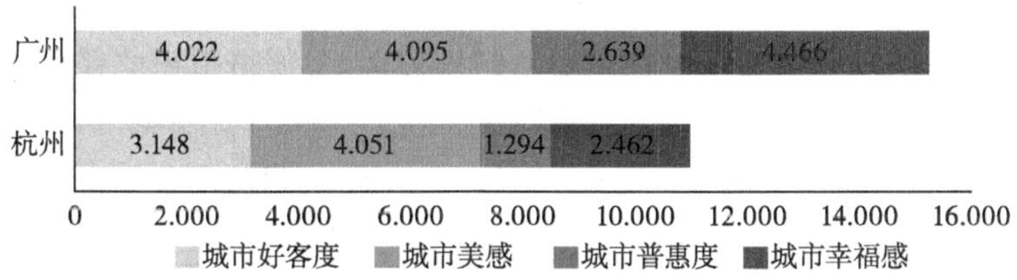

图 17－27　审美驱动力指标对比(广州、杭州)

对中国城市文化创意指数的审美驱动力一级指标进行展开，可以看到广州的城市好客度指标、城市普惠度指标、城市幸福感指标的分值明显高于杭州，城市美感指标的分值也略高于杭州(见图 17－27)。

在城市好客度指标方面，广州居全国第 5 位，据广东省第七次全国人口普查数据，2020 年广州常住人口达到 1867.66 万人，较上年增长 20.02%，其中外来常住人口 882.55 万人，排名全国第 3。

在城市幸福感指标方面，广州居全国第 2 位，杭州居第 14 位。从城市文化休闲服务空间来看，广州较杭州更为丰富，广州拥有的图书馆、书店、茶馆、咖啡店数量均高于杭州。同时，广州的大学教育资源也明显多于杭州。

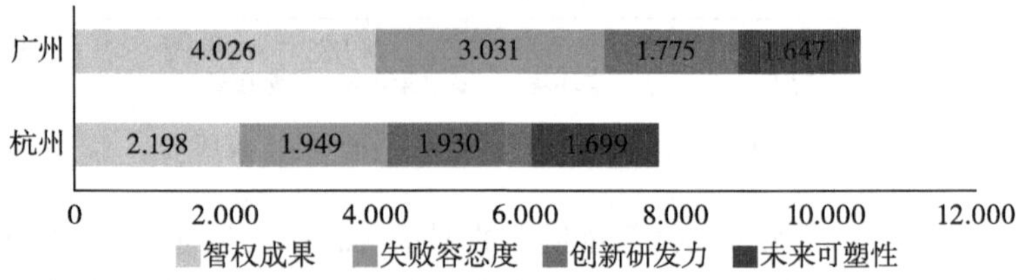

图 17－28　创新驱动力指标对比(广州、杭州)

对中国城市文化创意指数的创新驱动力一级指标进行展开，可以看到广州的智权成果指标和失败容忍度指标分值明显高于杭州，杭州的创新研发力指标和未来可塑性指标分值略微高于广州(见图 17－28)。

在智权成果指标方面，《广州知识产权发展与保护状况(2020 年)》白皮书显示，广州市专利授权量 15.58 万件，授权数量列全国第 3 位。《杭州统计年鉴》(2021)显示，2020 年杭州专利授权数量 14.39 万件，列全国第 6 位。

在失败容忍度指标方面，广州在创新创业活跃度和创新研发费用支出方面超越杭州。《2020 年全国科技经费投入统计公报》显示，2020 年广州研究与试验发展(R&D)投入经费 774.84 亿元，列全国第 4 位；杭州 R&D 投入经费 578.80 亿元，列全国第 6 位。在创业活跃度方面，各城市市场监督管理局数据显示，2020 年广州新增各类市场主体数量 55.27 万户，全国排第 3 位，新增市场主体数量占当年市场主体总量的 20.5%。2020 年杭州新增各类市场主体数量 23.81 万户，全国排第 15 位，新增市场主体数量占当年市场主体总量的 16.97%。

(三)第 6 名、第 7 名、第 8 名成都、武汉、西安对比分析

2021 年度中国城市文化创意指数十强城市中，成都、武汉、西安分别居第 6 名、第 7 名、第 8 名，其雷达图见图 17－29。在创意生态指标方面，成都以较小的分值差距领先武汉，武汉分值高于西安(见图 17－30)；在赋能能力指标方面，西安以明显分值差距高于武汉和成都，武汉又以一定分值优势拉开与成都的分值差距(见图 17－31)；在审美驱动力指标方面，成都的分值高于武汉、武汉的分

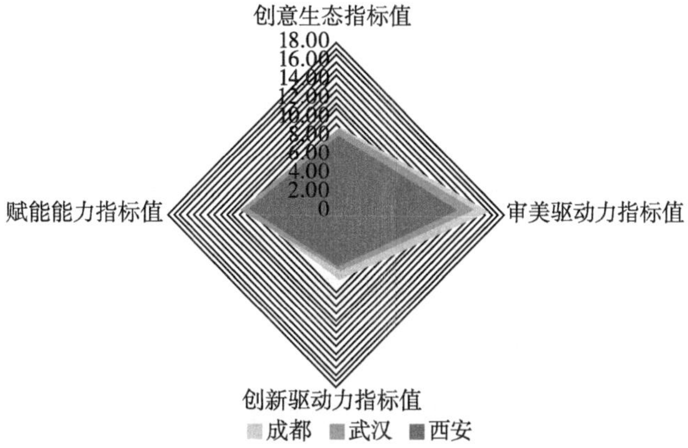

图 17－29　中国城市文化创意指数雷达图(成都、武汉、西安)

值高于西安(见图 17－32);在创新驱动力指标方面,成都的分值高于西安,西安的分值高于武汉(见图 17－33)。

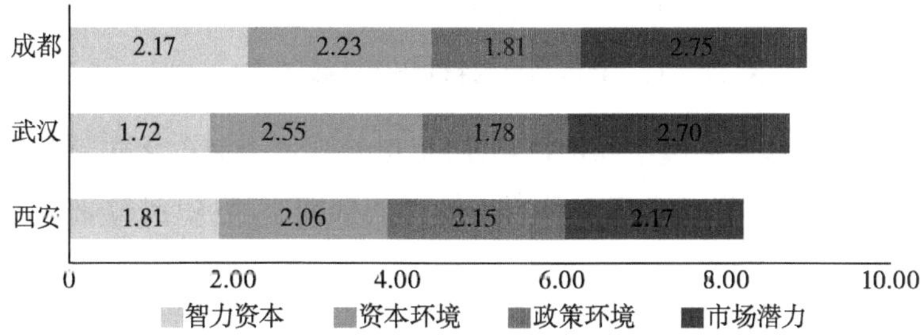

图 17－30　创意生态指标对比(成都、武汉、西安)

进一步展开中国城市文化创意指数的创意生态一级指标,我们可以看到二级指标中,成都在智力资本方面优势较为明显,武汉在资本环境方面更具优势,西安则在政策环境方面体现出优势。

在智力资本指标方面,从高校人才资源来看,各城市统计公报及年鉴显示,2020 年武汉普通高校在校生约为 106.72 万人,位居全国第 3;成都普通高校在校生约为 92.7 万人,位居全国第 4;西安普通高校在校生约为 76.49 万人,位居全国第 6。

在资本环境指标方面,从各城市 2020 年统计公报中外商投资数据来看,2020 年武汉实际利用外资 111.65 亿美元,名列全国第 4;成都和西安分别为

77.6 亿元美元和 76.77 亿美元，分别名列全国第 7 和第 8。

在政策环境指标方面，2020 年西安从资金支持、认定扶持、办法出台等多方面营造文化创意发展环境，包括支持旅游产业快速发展专项资金、宣传文化事业专项资金、支持实体书店专项资金、文化艺术和旅游研究项目信息化发展专项资金等，出台了《西安市旅游发展专项资金管理办法》《西安市文化产业发展专项资金管理办法》，公布了首批市级文化产业示范园区（基地）名单、首批西安智慧景区、西安智慧旅行社名单、文化旅游行业 2020 年西安市企业标准“领跑者”等。

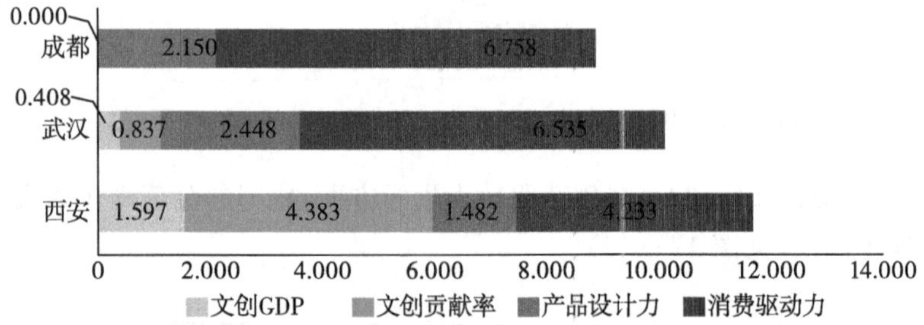

图 17－31　赋能能力指标对比（成都、武汉、西安）

我们对赋能能力一级指标进行展开，可以看到三个城市之间的差异化。西安在文创 GDP 指标以及文创贡献率指标上的优势明显，但消费驱动力指标分值明显低于武汉和成都。

在文创 GDP 指标方面，根据《西安统计年鉴》（2020）中社会经济行业分类测算数据，2019 年西安文创 GDP 约为 1247.24 亿元，排全国第 8 位，其中文创相关制造业 GDP 约为 153.16 亿元，文创相关服务业 GDP 约为 1094.08 亿元。

在消费驱动力指标方面，各城市 2020 年统计公报数据显示，2020 年西安旅游总收入约为 1882.42 亿元，全国排第 10 位。成都和武汉分别实现旅游收入 3005.2 亿元和 2906.29 亿元，列全国第 3 位和第 5 位。

对中国城市文化创意指数的审美驱动力一级指标进行展开，我们可以看到二级指标中西安在城市好客度方面分值较高，武汉在城市美感、城市普惠度方面分值较高，成都在城市幸福感方面分值较高。

在城市美感指标方面，武汉的旅游吸引力在 2020 年居全国榜首，《2020 年武汉市国民经济和社会发展统计公报》显示，全年旅游人次超过 2.5 亿。另外，

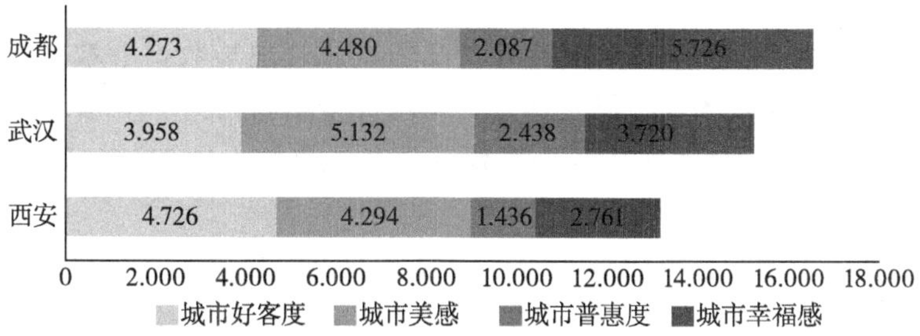

图 17－32　审美驱动力指标对比(成都、武汉、西安)

在空气质量方面,2020 年武汉空气质量达标天数比例为 84.4%,成都为 76.5%,西安为 69.0%。

在城市普惠度指标方面,武汉列全国第 15 位,成都列第 30 位,西安列第 79 位。依据 2020 年各城市统计年鉴数据,在文化体育与传媒方面的人均财政支出,武汉、成都、西安分别约为 389.07 元、218.64 元、162.72 元。

在城市幸福感指标方面,成都列全国第 1 位,武汉列全国第 4 位,西安列全国第 13 位。成都被誉为“休闲之都”,其拥有的博物馆、图书馆、茶馆、咖啡馆、书店等文化休闲空间总数量位居全国第一,尤其是茶馆多,大众点评网公开数据显示,成都有 18236 家茶馆,其次是重庆,拥有 11337 家茶馆。

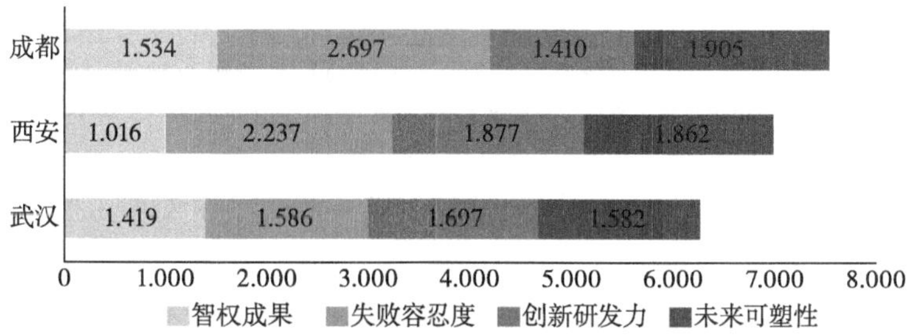

图 17－33　创新驱动力指标对比(成都、武汉、西安)

对中国城市文化创意指数的创新驱动力一级指标进行展开,我们可以看到二级指标中,成都在智权成果、失败容忍度、未来可塑性方面分值均高于武汉和西安,而西安在创新研发力方面的分值高于武汉和成都。

在智权成果指标方面,各城市 2020 年知识产权发展与保护状况白皮书显示,2020 年成都专利申请数量 9.91 万件,全国排第 7 位;武汉专利申请数量

9.4 万件，全国排第 9 位；西安专利申请数量 6.84 万件，全国排第 15 位。

在失败容忍度指标方面，从各城市市场监督管理局数据看城市创业活跃度，2020 年成都新增各类市场主体 60.4 万户，全国名列第 2；西安新增各类市场主体 44.92 万户，全国排名第 7；武汉新增各类市场主体 18.65 万户，全国排名第 27。

在创新研发力指标方面，《2020 年全国科技经费投入统计公报》显示，西安 2020 年研究与试验发展（R&D）经费投入 506.06 亿元，虽然低于武汉的 548.05 亿元和成都的 551.4 亿元，但是西安 R&D 经费投入占 GDP 比重达到 5.46%，城市研发投入力度排名全国第 3。

在未来可塑性方面，从对外开放性来看，据各城市 2020 年统计公报进出口总额数据，2020 年成都实现外贸进出口总额 7154.2 亿元，比上年增长 22.4%，进出口总额排全国第 9 位。西安和武汉的进出口总额分别为 3473.8 亿元和 2704.3 亿元，分别列全国第 20 位和第 25 位。

（四）第 9 名、第 10 名苏州、南京对比分析

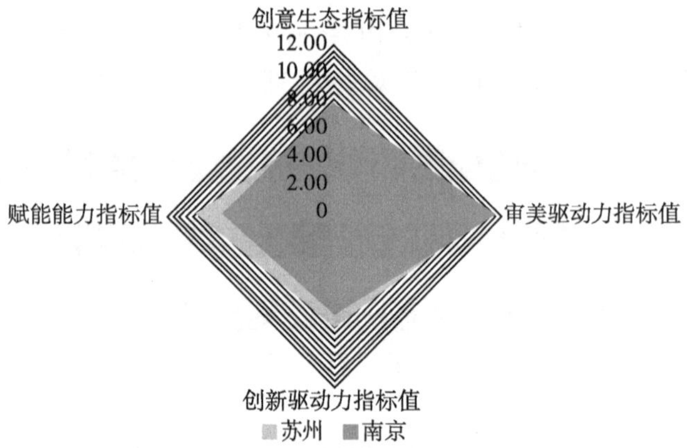

图 17－34　中国城市文化创意指数雷达图（苏州、南京）

2021 年度中国城市文化创意指数十强城市中，苏州、南京分别居第 9 位和第 10 位。从综合指数分值来看，两个城市的指数分值有一定差距，苏州高于南京 4.630 分。从四项一级指标对比来看，苏州的优势在于赋能能力指标和创新驱动力指标，而南京则在创意生态指标和审美驱动力指标方面更具优势（见图 17－34）。

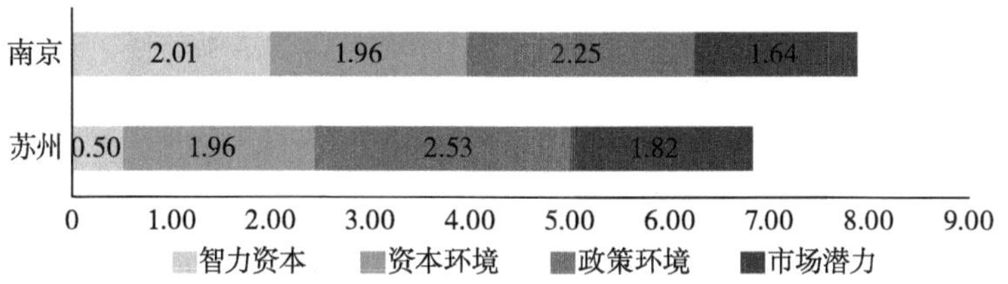

图 17－35　创意生态指标对比（苏州、南京）

我们对创意生态一级指标进行展开，可以看到二级指标中，南京在智力资本指标方面呈现出明显优势（见图 17－35）。在高等教育人才方面，《南京统计年鉴》（2021）、《苏州统计年鉴》（2021）显示，2020 年南京普通高等学校在校生约为 75.71 万人，列全国第 7 位；苏州普通高等学校在校生约为 26.3 万人，为全国第 28 名。

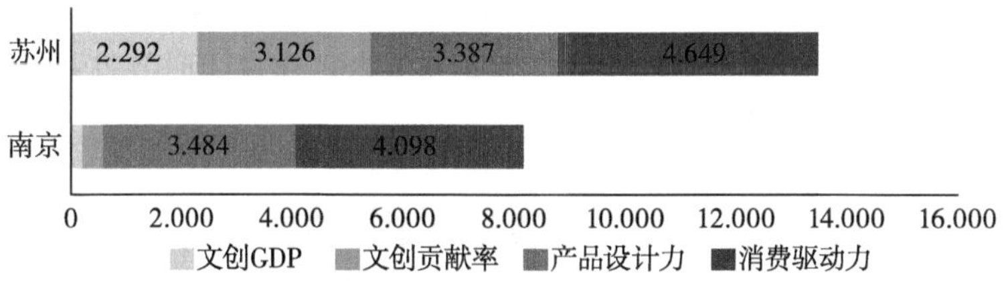

图 17－36　赋能能力指标对比（苏州、南京）

对赋能能力一级指标进行展开，可以看到二级指标中，苏州在文创 GDP 指标、文创贡献率指标方面分值明显高于南京，消费驱动力指标分值略高于南京，而南京在产品设计力指标方面的分值略高于苏州（见图 17－36）。

根据 2020 年城市统计年鉴中社会经济行业分类测算数据，2019 年苏州的文创 GDP 约为 1790.25 亿元，排全国第 6 位，其优势在于文创相关制造业产值较高，约为 1102.99 亿元，列全国第 3 位。

在消费驱动力方面，2020 年苏州和南京的统计公报显示，2020 年苏州全年旅游收入实现 2067.4 亿元，较上年减少 24.85%，但旅游总收入排名全国第 7；南京全年实现旅游收入 1822.64 亿元，较上年减少 35.55%，旅游总收入排名全国第 11。

对审美驱动力一级指标进行展开，可以看到苏州在城市好客度指标方面具有明显优势，而南京在城市幸福感指标方面具有明显优势（见图 17－37）。

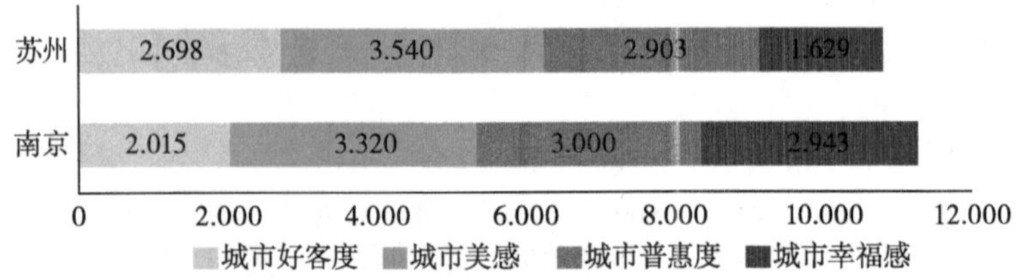

图 17－37　审美驱动力指标对比(苏州、南京)

在城市好客度方面,苏州和南京的外来常住人口数量相差并不多,但从常住人口增速来看,依据 2020 年和 2019 年统计公报数据,苏州常住人口数量增长率约为 18.59%,南京约为 9.58%。

在城市幸福感方面,南京在高等教育资源覆盖度方面列全国第 4 位,《南京市 2020 年国民经济和社会发展统计公报》显示,2020 年南京普通高等学校本专在校生 75.71 万人,数量居全国第 6 位,本专在校生人数与常住人口数量之比为1∶12.3,相当于每万人常住人口中有 812.8 人正在接受高等教育,人均高等教育资源覆盖率全国名列第 3。

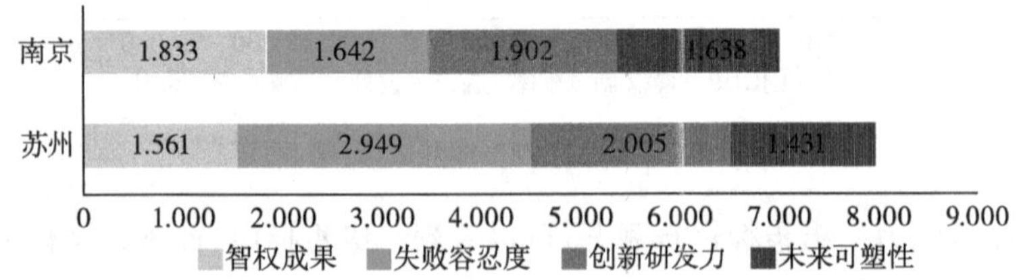

图 17－38　创新驱动力指标对比(苏州、南京)

在创新驱动力一级指标分值方面,苏州高于南京,对展开的二级指标进行对比,可以看到苏州的优势主要体现为失败容忍度指标分值明显高于南京(见图 17－38)。

在营商以及创业活跃度方面,苏州和南京市场监督管理局数据显示,2020 年苏州新增各类市场主体 67.7 万户,列全国榜首,新增市场主体数量占总市场主体数量的 27.71%。南京 2020 年新增各类市场主体 24.65 万户,列全国第 14 位,新增市场主体数量占总市场主体数量的 16.24%。

六、单项评价:2021 年中国城市文化创意指数单项指标

(一)创意生态指标十强城市

"文化创意+"创意生态指标用于评价城市文化创意发展的环境条件,包括人才、政策、资本、市场等基本环境要素,通过该指标的量化呈现,可以了解城市文化创意生态现状、发现优势与短板,进而实现针对性的创意生态哺育。该指标具体由智力资本、资本环境、政策环境、市场潜力综合体现。

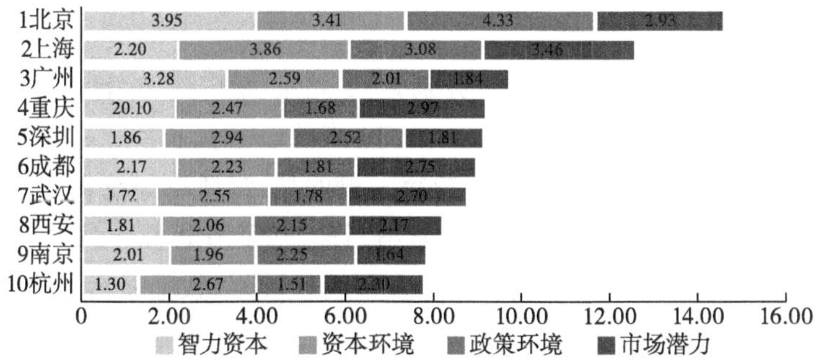

图 17－39 2021 年中国城市文化创意指数创意生态指标十强榜

2021 年中国城市文化创意指数创意生态指标排名前十的城市分别是:1 北京、2 上海、3 广州、4 重庆、5 深圳、6 成都、7 武汉、8 西安、9 南京、10 杭州(见图 17－39)。

2021 年度创意生态十强榜单,南京再次回归,相较于 2020 年香港落选。

表 17－3 2021 年创意生态一级指标及其子指标十强排序

排序	一级指标 创意生态	二级指标 智力资本	二级指标 资本环境	二级指标 政策环境	二级指标 市场潜力
1	北京	北京	上海	北京	上海
2	上海	广州	北京	海口	重庆
3	广州	上海	深圳	上海	北京
4	重庆	成都	杭州	苏州	成都
5	深圳	重庆	广州	深圳	武汉

续表

排序	一级指标 创意生态	二级指标 智力资本	二级指标 资本环境	二级指标 政策环境	二级指标 市场潜力
6	成都	南京	武汉	扬州	杭州
7	武汉	长沙	厦门	青岛	西安
8	西安	郑州	重庆	淄博	香港
9	南京	深圳	成都	济南	天津
10	杭州	澳门	西安	南京	长沙

对创意生态一级指标进一步展开，我们可以看到4项二级指标的十强城市名单(见表17－3)。

2021年度智力资本十强城市分别是:1北京、2广州、3上海、4成都、5重庆、6南京、7长沙、8郑州、9深圳、10澳门。其中，上海、长沙、深圳、澳门成为本年度4个新晋智力资本十强城市。值得一提的是，深圳高等教育资源长期以来相对短缺，与城市地位和发展定位严重不匹配，但随着近几年的高等教育资源引进，《深圳市2020年国民经济和社会发展统计公报》数据显示，普通高等学校在校生数达到13.62万人，比上年增长20.3%。

2021年度资本环境十强城市分别是:1上海、2北京、3深圳、4杭州、5广州、6武汉、7厦门、8重庆、9成都、10西安。其中，厦门和西安是本年度资本环境十强新晋城市，尤其在外商投资方面，《厦门市2020年国民经济和社会发展统计公报》数据显示，其实际利用外资约166.05亿美元，排在全国第2位;《西安市2020年国民经济和社会发展统计公报》数据显示，其实际利用外资约76.77亿美元，排在全国第8位。

2021年度政策环境十强城市分别是:1北京、2海口、3上海、4苏州、5深圳、6扬州、7青岛、8淄博、9济南、10南京。其中，扬州、淄博、济南、南京成为本年度4个新晋政策环境十强城市。扬州在2020年陆续出台了《扬州市旅游促进条例》《关于促进影视产业高质量发展的若干政策意见(试行)》《关于2020年促进旅游业发展更好服务游客的意见》，并在研学旅行示范课程、非物质文化遗产保护等方面开展资金扶持、认定申报等工作。淄博在2020年的文创政策力度也十分强劲，发布了《淄博市公共文化服务体系建设“十三五”规划基本思路》《应对新冠肺炎疫情影响促进文化和旅游产业健康发展有关工作的通知》《淄博市非国有博物馆管理办法(试行)》《2020“乐游淄博”文化旅游活动年总体方案》《淄博市建设“书香淄博”实施方案(2020—2022)》《淄博市文化和旅游局招商引资工作流程(试行)》,并开展市级“乡村记忆”博物馆、首批淄博市工业旅游示范基地、书香之村(社区)书香之镇(街道)等认定工作。济南在2020年发布了《济南市精品旅游发展规划(2020—2022年)》《济南市民宿业发展专项资金使用管理办法(征求意见稿)》等政策。

2021年度市场潜力十强城市分别是:1上海、2重庆、3北京、4成都、5武汉、6杭州、7西安、8香港、9天津、10长沙。其中长沙为本年度新晋的市场潜力十强城市。受疫情影响,很多城市的文化旅游市场严重萎缩,《2020年长沙市国民经济和社会发展统计公报》显示,全市全年接待旅游总人数约1.5亿人次,从上年的全国第15位上升至全国第10位。

(二)赋能能力指标十强城市

“文化创意+”赋能能力指标评价文化创意对区域产业结构调整和转型升级、产品供给侧消费升级等城市经济的带动能力,通过指标量化呈现,可以了解区域文化创意赋能的结构现状,分析发挥带动效应的主要途径,针对性强化其他赋能途径。该指标具体由文化创意GDP、文创贡献率、产品设计力、消费驱动力综合体现。

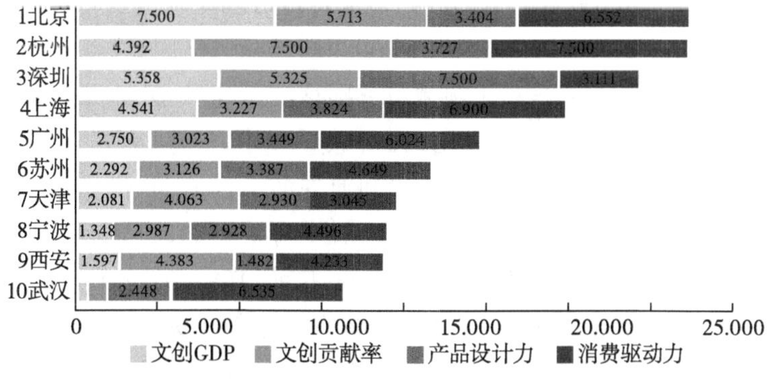

图17－40　2021年中国城市文化创意指数赋能能力指标十强榜

2021年中国城市文化创意指数赋能能力指标排名前十位城市分别是:1北京、2杭州、3深圳、4上海、5广州、6苏州、7天津、8宁波、9西安、10武汉(见图17－40)。

从分值差距来看,排名第1位、第2位的北京、杭州之间的分值比较接近,排名第7、第8、第9位的天津、宁波、西安之间的分值也很接近。相比2020年赋能能力指标十强榜单,宁波、西安、武汉成为本年度3个新晋十强城市,而南京、泉州、东莞三个城市落选。

表17-4　2021年赋能能力一级指标及其子指标十强排序

排序	一级指标 赋能能力	二级指标 文创GDP	二级指标 文创贡献率	二级指标 产品设计力	二级指标 消费驱动力
1	北京	北京	杭州	深圳	杭州
2	杭州	深圳	蚌埠	无锡	上海
3	深圳	上海	连云港	上海	成都
4	上海	杭州	北京	杭州	北京
5	广州	广州	深圳	南京	武汉
6	苏州	苏州	马鞍山	广州	广州
7	天津	天津	西安	北京	苏州
8	宁波	西安	衢州	苏州	宁波
9	西安	佛山	九江	东莞	昆明
10	武汉	宁波	厦门	常州	西安

对赋能能力一级指标进一步展开,我们可以看到4项二级指标的十强城市名单(见表17-4)。

2021年度文创GDP指标十强城市分别是:1北京、2深圳、3上海、4杭州、5广州、6苏州、7天津、8西安、9佛山、10宁波。其中,天津、西安、宁波成为本年度3个新晋文创GDP十强城市。天津和西安的文创GDP优势体现在文创相关服务业,《天津统计年鉴》(2020)和《西安统计年鉴》(2020)显示,2019年天津、西安的文创相关服务业产值分别为1251.60亿元、1094.08亿元,分别列全国第6位和第7位。而宁波的文创GDP优势体现在文创相关制造业,根据《宁波统计年鉴》(2020)数据,其文创相关制造业产值742.98亿元,列全国第6位。

2021年度文创贡献率指标十强城市分别是:1杭州、2蚌埠、3连云港、4北京、5深圳、6马鞍山、7西安、8衢州、9九江、10厦门。与上年十强榜单相比,本年度十强城市变动较大,依然守住十强位置的3个城市是杭州、深圳、连云港。杭州作为文创贡献率指标排名冠军,其文创贡献率达到21.30%,其中文创相关服务业贡献率为17.92%,文创相关制造业贡献率为3.38%。深圳的文创贡献率为15.12%，其中文创相关服务业贡献率为9.62%，文创相关制造业贡献率为5.50%。连云港文创相关产值规模虽然与杭州和深圳相差较大，但其文创贡献率达到17.15%，对城市经济发展发挥着重要推动作用。

2021年度产品设计力指标十强城市分别是：1深圳、2无锡、3上海、4杭州、5南京、6广州、7北京、8苏州、9东莞、10常州。其中，无锡、常州成为本年度2个新晋产品设计力十强城市。《无锡统计年鉴》(2021)数据显示，2020年无锡的实用新型专利和外观设计专利申请总量为7.03万件，数量排全国第10位；每万人申请量达到94.19件，万人设计力居全国第2位。《常州统计年鉴》(2021)显示，2020年常州的实用新型专利和外观设计专利申请总量为4.52万件，数量列全国第19位；每万人申请量达到85.56件，万人设计力排全国第3位。

2021年度消费驱动力指标十强城市分别是：1杭州、2上海、3成都、4北京、5武汉、6广州、7苏州、8宁波、9昆明、10西安。其中，苏州、宁波、昆明成为本年度3个新晋消费驱动力十强城市。因受疫情影响，2020年全国文化旅游市场收入普遍大幅下降。各城市统计公报数据显示，2019年全国旅游收入排名第1的北京，2020年旅游收入减少3310.6亿元，下降53.19%，全国排名下滑至第4位。而杭州2020年以旅游收入3335.40亿元从上年全国排名第7跃升到全国排名第1，相较2019年杭州旅游收入减少669.6亿元，下降16.72%。苏州、宁波、昆明在2020年分别实现旅游收入2067.40亿元、1999.5亿元、1900.57亿元，分列全国第8、第9、第10位，相较2019年，其旅游收入分别下降24.85%、14.22%、30.47%。

(三)审美驱动力指标十强城市

“文化创意+”审美驱动力指标评价城市公共文化空间、公共文化服务等为市民提供文化艺术享受及审美趣味培养等服务的水平，通过指标量化呈现，可以了解区域公共文化空间和城市服务的现状，以便更加具有针对性地改善和提升城市公共文化服务和治理。该指标具体由城市好客度、城市美感、城市普惠度、城市幸福感综合体现。

2021年中国城市文化创意指数审美驱动力指标排名前十位城市分别是：1北京、2上海、3成都、4武汉、5广州、6深圳、7重庆、8西安、9郑州、10南京(见图17－41)。

从分值差距来看，排名第1位的北京和排名第2位的上海，其分值比较接

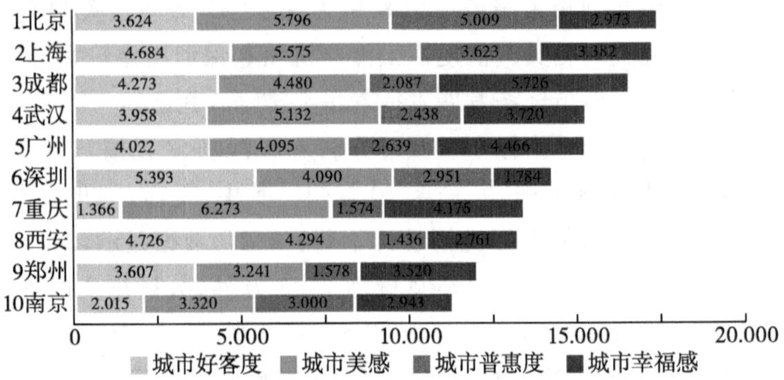

图 17－41　2021 年中国城市文化创意指数审美驱动力指标十强榜

近；排名第 4 位的武汉和排名第 5 位的广州的分值差距也甚微；另外，排名第 7 位和第 8 位的重庆和西安，分值也很接近。相比 2020 年审美驱动力指标十强榜单，成都、武汉、郑州、南京成为本年度 4 个新晋十强城市。

表 17－5　2021 年审美驱动力一级指标及其子指标十强排序

排序	一级指标 审美驱动力	二级指标 城市好客度	二级指标 城市美感	二级指标 城市普惠度	二级指标 城市幸福感
1	北京	深圳	重庆	北京	成都
2	上海	西安	北京	澳门	广州
3	成都	上海	上海	上海	重庆
4	武汉	成都	武汉	鄂尔多斯	武汉
5	广州	广州	成都	舟山	郑州
6	深圳	武汉	天津	南京	上海
7	重庆	东莞	西安	深圳	北京
8	西安	北京	广州	苏州	南京
9	郑州	郑州	深圳	东营	兰州
10	南京	长沙	杭州	广州	长沙

对审美驱动力一级指标进一步展开，我们可以看到 4 项二级指标的十强城市名单（见表 17－5）。

2021 年度城市好客度指标十强城市分别是：1 深圳、2 西安、3 上海、4 成都、5 广州、6 武汉、7 东莞、8 北京、9 郑州、10 长沙。其中西安、成都、广州、郑州、长沙成为本年度5个新晋十强城市。深圳居城市好客度榜首，全国各地第七次人口普查数据显示，2020年深圳常住人口达到1756.01万人，较上年增长30.67%，其中外来常住人口1168.61万人，排名全国第1。西安2020年常住人口达到1295.29万人，较上年增长26.95%，增长率名列全国第4。成都2020年常住人口达到2093.78万人，较上年增长26.28%，增长率名列全国第5。广州2020年外来常住人口为882.55万人，位列全国第3。

2021年度城市美感指标十强城市分别是：1重庆、2北京、3上海、4武汉、5成都、6天津、7西安、8广州、9深圳、10杭州。其中武汉、天津、广州成为本年度3个新晋十强城市。城市美感指标排名第1的重庆，A级景区资源全国最为丰富，重庆市政府官网数据显示，截至2020年11月，全市共有224个A级景区，其中5A级8个、4A级85个、3A级77个。

2021年度城市普惠度指标十强城市分别是：1北京、2澳门、3上海、4鄂尔多斯、5舟山、6南京、7深圳、8苏州、9东营、10广州。其中上海、鄂尔多斯、舟山、南京、东营成为本年度5个新晋十强城市。据各城市2020年统计年鉴数据显示，在人均公园绿地方面，鄂尔多斯和东营分别以32.66平方米和27.40平方米列全国第2和第3位。在人均文化旅游体育与传媒财政支出方面，上海、鄂尔多斯、舟山分别以723.34亿元、721.05亿元、535.03亿元列全国第3、第4、第7位。在人均图书馆藏量方面，上海、南京、舟山分别以3.24册、2.26册、2.12册列全国第3、第6、第7位。

2021年度城市幸福感指标十强城市分别是：1成都、2广州、3重庆、4武汉、5郑州、6上海、7北京、8南京、9兰州、10长沙。2021年度城市幸福感指标进行了数据源和数据项的拓展与丰富，在文化休闲空间服务数据方面新增加了互联网平台开放数据，如具有中国城市消费指南功能的大众点评平台，引入城市茶馆、咖啡馆、书店等多元文化休闲服务空间数据。在各类文化休闲空间方面，成都的茶馆数量全国第1，其次是重庆，都达到上万家规模，上海和广州的茶馆数量达到4000家以上，数量排全国第3位和第4位。在咖啡馆数量方面，上海居全国第1，数量是第2名北京的1.64倍，第3名是广州。另外，成都不仅在传统茶文化休闲空间方面具有优势，其咖啡馆数量也很多，排名全国第4。在高等教育资源方面，值得一提的是兰州，《2020年兰州市国民经济和社会发展统计公报》数据显示，2020年兰州普通高等教育在校生为56.03万人，与常住人口数量之比为1∶7.78，其高等教育资源人群覆盖率位居全国第1，相当于每万人常住人口有 1285.26 人正在接受高等教育。

(四)创新驱动力指标十强城市

“文化创意+”创新驱动力指标评价城市创新能力水平，通过指标量化呈现，可以了解区域创新成果、创新环境以及城市未来发展潜力。该指标具体由智权成果、失败容忍度、创新研发力、未来可塑性四项指标综合体现。

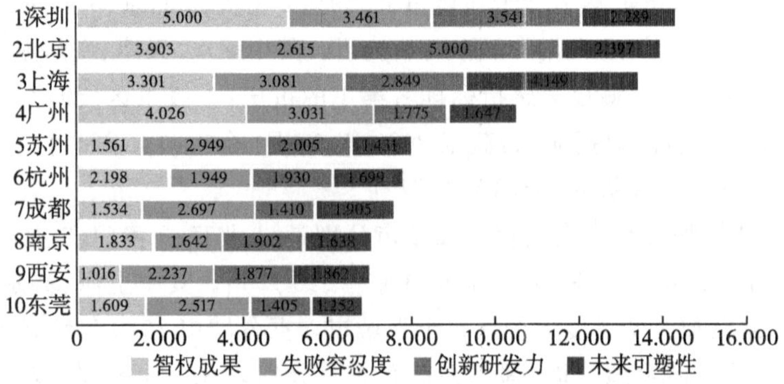

图 17－42　2021 年中国城市文化创意指数创新驱动力指标十强榜

2021 年中国城市文化创意指数创新驱动力指标排名前十位城市分别是：1 深圳、2 北京、3 上海、4 广州、5 苏州、6 杭州、7 成都、8 南京、9 西安、10 东莞（见图 17－42）。

相较于 2020 年创新驱动力指标榜单，成都替代宁波成为本年度新晋十强城市。

表 17－6　2021 年创新驱动力一级指标及其子指标十强排序

排序	一级指标 创新驱动力	二级指标 智权成果	二级指标 失败容忍度	二级指标 创新研发力	二级指标 未来可塑性
1	深圳	深圳	深圳	北京	上海
2	北京	广州	上海	深圳	厦门
3	上海	北京	广州	上海	北京
4	广州	上海	苏州	苏州	深圳
5	苏州	杭州	成都	杭州	成都
6	杭州	南京	北京	南京	重庆

续表

排序	一级指标 创新驱动力	二级指标 智权成果	二级指标 失败容忍度	二级指标 创新研发力	二级指标 未来可塑性
7	成都	东莞	东莞	西安	西安
8	南京	苏州	西安	广州	长沙
9	西安	成都	佛山	武汉	舟山
10	东莞	武汉	长春	天津	杭州

对创新驱动力一级指标进一步展开，我们可以看到4项二级指标的十强城市名单(见表17－6)。

2021年度智权成果指标十强城市分别是：1深圳、2广州、3北京、4上海、5杭州、6南京、7东莞、8苏州、9成都、10武汉。其中武汉替代天津成为本年度新晋十强城市。2020年武汉市知识产权发展状况白皮书显示，2020年武汉专利申请总量93950件，同比增长21.86%；专利授权总量58923件，同比增长50.09%；武汉专利申请总量和授权总量分别在全国排第9位和第15位。

2021年度失败容忍度指标十强城市分别是：1深圳、2上海、3广州、4苏州、5成都、6北京、7东莞、8西安、9佛山、10长春。其中成都、佛山、长春成为本年度3个新晋十强城市。《2020年全国科技经费投入统计公报》显示，2020年成都全市研究与试验发展(R&D)经费投入551.40亿元，排名全国第7。在新增市场主体数量方面，成都、长春市场监督管理局数据显示，2020年成都、长春分别新增市场主体60.4万户、34.1万户，分列全国第2位和第9位。在当年新增市场主体占比方面，长春新增市场主体占市场主体总量的31.8%，创业活跃度居全国第2位。在人才流动方面，2020年佛山常住外来人口占比50.12%，列全国第4位。

2021年度创新研发力指标十强城市分别是：1北京、2深圳、3上海、4苏州、5杭州、6南京、7西安8、广州、9武汉、10天津。其中南京、武汉、天津成为本年度3个新晋十强城市。在高新技术企业数量方面，据企查查平台公开数据，天津、南京分别拥有9284家、8393家，分列全国第7、第9位。在研发投入力度方面，南京和天津分别名列全国第8和第9，《2020年全国科技经费投入统计公报》中，南京和天津的全市研究与试验发展(R&D)经费占GDP比重分别为3.48%和3.44%。

2021 年度未来可塑性指标十强城市分别是：1 上海、2 厦门、3 北京、4 深圳、5 成都、6 重庆、7 西安、8 长沙、9 舟山、10 杭州。其中厦门、西安、长沙、舟山、杭州成为本年度 5 个新晋十强城市。在商业投资吸引力方面，据各城市 2020 年统计公报数据，厦门以 2020 年实际利用外资 166.05 亿美元荣升全国第 2 名，西安和杭州分别以 76.77 亿美元和 72 亿美元排在全国第 8 位和第 10 位。在经济成长性方面，据各城市 2020 年统计公报数据，2020 年舟山市以 GDP 增长 12%列全国第 1 位，厦门和西安分别以 GDP 增长 5.7%和 5.2%列全国第 3 位和第 5 位。

七、指数应用：中国城市文化创意指数评级

2021 年中国城市文化创意指数应用评级结果见表 17—7。

表 17－7　2021 年中国城市文化创意指数应用评级

城市类型	序号	城市	评级	序号	城市	评级
文化创意 4A＋城市（文化创意高能赋城市）	1	北京	AAAA＋	2	上海	AAAA＋
	3	深圳	AAAA＋	4	广州	AAAA＋
	5	杭州	AAAA＋	6	西安	AAAA＋
	7	武汉	AAAA＋			
文化创意 4A 城市（文化创意驱动城市）	1	成都	AAAA	2	苏州	AAAA
	3	南京	AAAA	4	天津	AAAA
	5	重庆	AAAA	6	宁波	AAAA
	7	厦门	AAAA	8	郑州	AAAA
	9	东莞	AAAA	10	长沙	AAAA
	11	金华	AAAA	12	无锡	AAAA
	13	青岛	AAAA	14	合肥	AAAA
	15	佛山	AAAA	16	温州	AAAA
	17	珠海	AAAA	18	嘉兴	AAAA
	19	贵阳	AAAA	20	湖州	AAAA
	21	绍兴	AAAA	22	济南	AAAA
	23	常州	AAAA			

(一)2021 年文化创意 4A 城市(文化创意驱动型城市)

评级标准:基于城市文化创意指数的四项核心指标,凡指标分值达到全部样本城市的平均值以上,该项指标即评为 A 级。四项指标均达到 A 级水平,则该城市入围文化创意 4A 城市。文化创意 4A 城市意味着该城市为文化创意转型城市,文化创意正在推动城市社会经济发展方式转变。

2021 年中国城市文化创意指数样本中共有 23 个城市入围文化创意 4A 城市,其中包括 2 个直辖市(天津、重庆)、6 个副省级城市(成都、南京、宁波、厦门、青岛、济南)、15 个地级市(苏州、郑州、东莞、长沙、金华、无锡、合肥、佛山、温州、珠海、嘉兴、贵阳、湖州、绍兴、常州)(见表 17－7)。

(二)2021 年文化创意 4A+城市(文化创意高能赋城市)

评级标准:以文化创意 4A 城市作为样本池,基于城市文化创意指数的四项核心指标,当四项指标分值均超过 4A 城市指标平均值水平时,则入围文化创意 4A+城市。

文化创意 4A+城市意味着该城市已经成为文化创意高能赋城市,文化创意高度融合并渗透城市发展之中,在产业经济、产品服务、公共空间、市民素质等方面具有较高能赋水平。

2021 年中国城市文化创意指数样本中共有 7 个城市入围文化创意 4A+城市,分别是北京、上海、深圳、杭州、广州、西安、武汉,武汉成为本年度新增文化创意 4A+城市。

(三)中国文化创意 4A/4A+城市分布

从 2021 年中国文化创意 4A 城市和文化创意 4A+城市分布来看,按城市群划分,相对集中在长三角地区和粤港澳大湾区;按南北方城市划分,主要分布在南方;中部六省除山西以外,各省会城市均达到 4A 水平。

四个直辖市均达 4A 水平,其中北京和上海被评为 4A+城市;副省级城市中,除了东北三省的哈尔滨、长春、沈阳、大连以外,其他副省级城市均达到 4A 水平,其中广州、深圳、杭州、西安、武汉被评为 4A+城市。地级市中有 11 个城市达到 4A 水平,其中浙江省有个 5 城市(温州、绍兴、嘉兴、金华、湖州),江苏省有 3 个城市(苏州、无锡、常州),广东省有 3 个城市(东莞、佛山、珠海),安徽省有 1 个城市(合肥),贵州省有 1 个城市(贵阳),河南省有 1 个城市(郑州),湖南省有 1 个城市(长沙)。

(四)中国文化创意 3A/3A+城市

2021 年中国城市文化创意指数 3A/3A+城市见表 17-8。

表 17-8　2021 年中国城市文化创意指数 3A/3A+城市

序号	城市	创意生态评级	赋能能力评级	审美驱动力评级	创新驱动力评级
1	苏州	—	A+	A+	A+
2	成都	A+	—	A+	A+
3	南京	A+	—	A+	A+
4	南昌	A	A	A	—
5	泉州	—	A	A	A
6	昆明	A	—	A	A
7	福州	A	—	A	A
8	南宁	A	A	A	—
9	扬州	A	A	—	A
10	江门	A	A	—	A
11	长春	A	—	A	A
12	海口	A	—	A	A

注:通过对样本城市核心指标的指数评级应用,可以发现城市文化创意相对短板,有助于针对性制定完善和提升城市文化创意相关要素和发展水平的规划与政策。

我们对未能评为 4A/4A+的城市进行统计整理,将具备 3A 和 3A+水平的城市进一步梳理出来。2021 年度城市文化创意指数 3A/3A+城市列表显示,苏州、成都、南京均已达到 3A+水平,苏州在创意生态指标上缺失 A+,成都和南京在赋能能力指标上缺失 A+。这也意味着这三个城市应在相应缺失项上进行提升和进一步完善。

2021 年度城市文化创意指数 3A 城市共计 9 个。其中,泉州在创意生态指标上缺失 A;昆明、福州、长春、海口在赋能能力指标上缺失 A;扬州、江门在审美驱动力指标上缺失 A;南昌、南宁在创新驱动力指标上缺失 A。

八、专题报告:中国城市文化创意三大城市群指数分析

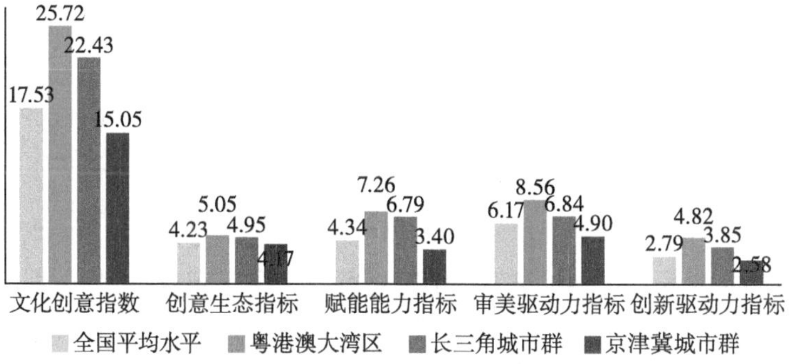

图 17－43　2021 年中国城市文化创意指数城市群比较

基于 2021 年中国城市文化创意指数,我们对粤港澳大湾区、长三角区域、京津冀区域三个城市群进行比较,如图 17－43 所示,粤港澳大湾区城市群、长三角城市群的城市文化创意指数平均值、各项一级指标平均值都明显高于全国城市平均值,而京津冀城市群的城市文化创意指数平均值、各项一级指标平均值都低于全国城市平均值。

对比粤港澳大湾区城市群和长三角城市群,粤港澳大湾区的城市文化创意发展综合优势更加明显,在四项一级指标方面,粤港澳大湾区的审美驱动力和创新驱动力的指标分值领先明显,而在创意生态和赋能能力指标上,长三角城市群和粤港澳大湾区城市群可谓不相上下。

(一)2021 年粤港澳大湾区城市文化创意指数分析报告

表 17－9　2021 年粤港澳大湾区城市文化创意指数指标分值及排名情况

大湾区排名	城市	创意生态	赋能能力	审美驱动力	创新驱动力	2021 年指数	总榜排名
1	深圳	9.121	21.294	14.217	14.291	58.923	3
2	广州	9.726	15.247	15.222	10.479	50.674	4
3	东莞	4.274	7.598	10.576	6.784	29.232	16
4	佛山	4.913	6.953	8.615	5.051	25.533	22

续表

大湾区排名	城市	创意生态	赋能能力	审美驱动力	创新驱动力	2021年指数	总榜排名
5	珠海	5.027	7.320	7.940	4.509	24.797	25
6	中山	4.246	4.217	7.622	3.685	19.769	37
7	江门	4.701	5.710	5.575	2.963	18.948	42
8	惠州	3.922	3.258	7.149	3.527	17.856	45
9	香港	3.500	2.812	5.730	2.227	14.269	70
10	肇庆	2.960	3.938	4.620	1.158	12.677	85
11	澳门	3.188	1.845	6.874	−1.651	10.257	106

粤港澳大湾区，由香港、澳门两个特别行政区和广东省广州、深圳、珠海、佛山、惠州、东莞、中山、江门、肇庆九个珠三角城市组成，共计11个城市。

2021年度中国城市文化创意指数粤港澳大湾区城市排名分别是：1深圳、2广州、3东莞、4佛山、5珠海、6中山、7江门、8惠州、9香港、10肇庆、11澳门（见表17－9）。

2021年度中国城市文化创意指数的平均值约为17.53，粤港澳大湾区城市群的文化创意指数平均值约为25.72。其中，香港、肇庆、澳门三个城市的指数值低于全国平均水平。

相较于2020年度排名，香港和澳门的排名降幅较大，由此可见疫情对这两个城市的整体经济以及文化旅游市场造成了重创。

2020年香港GDP较2019年下降5.41%，澳门GDP较2019年下降56.3%，在全国城市GDP增长率排名中，香港排名倒数第二，澳门排名倒数第一。

在文化旅游市场方面，2020年香港旅游人次仅有356.9万，仅是2019年旅游人次的5.5%，旅游收入数据在相关年鉴中未公开。

澳门的文化旅游市场同样遭受冷遇，2020年澳门旅游人次为589.6万，较2019年减少2990万人次，同比下降83.5%；旅游收入119.38亿澳门元，减少521.39亿澳门元，同比下降81.4%。

表 17－10 2021 年粤港澳大湾区城市文化创意指数排名及一级指标排名

排名	指数综合排名	创意生态排名	赋能能力排名	审美驱动力排名	创新驱动力排名
1	深圳	广州	深圳	广州	深圳
2	广州	深圳	广州	深圳	广州
3	东莞	珠海	东莞	东莞	东莞
4	佛山	佛山	珠海	佛山	佛山
5	珠海	江门	佛山	珠海	珠海
6	中山	东莞	江门	中山	中山
7	江门	中山	中山	惠州	惠州
8	惠州	惠州	肇庆	澳门	江门
9	香港	香港	惠州	香港	香港
10	肇庆	澳门	香港	江门	肇庆
11	澳门	肇庆	澳门	肇庆	澳门

从表 17－10 来看，粤港澳大湾区的创意生态一级指标排名前三位城市分别是广州、深圳、珠海，而赋能能力指标、审美驱动力指标、创新驱动力指标排名前三位均被深圳、广州、东莞所占据。

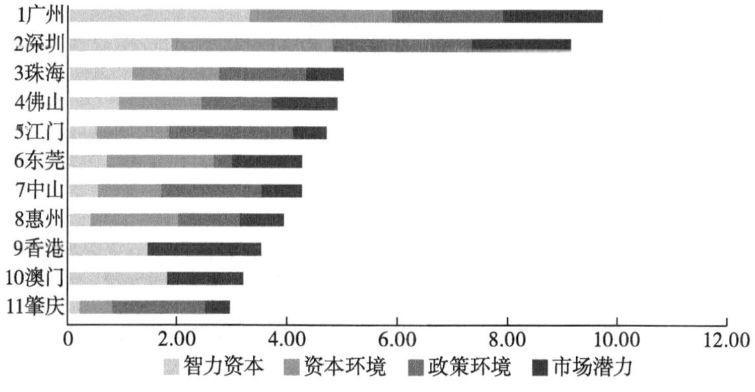

图 17－44 2021 年粤港澳大湾区城市创意生态指标排名

对创意生态一级指标进行展开，我们可以看到粤港澳大湾区城市群中，广州在文化创意人才方面优势明显，其次是深圳，澳门排在第三位。在资本环境和政策环境方面，深圳呈现明显优势。在市场潜力方面，香港仍然保持相对优势(见图 17－44)。

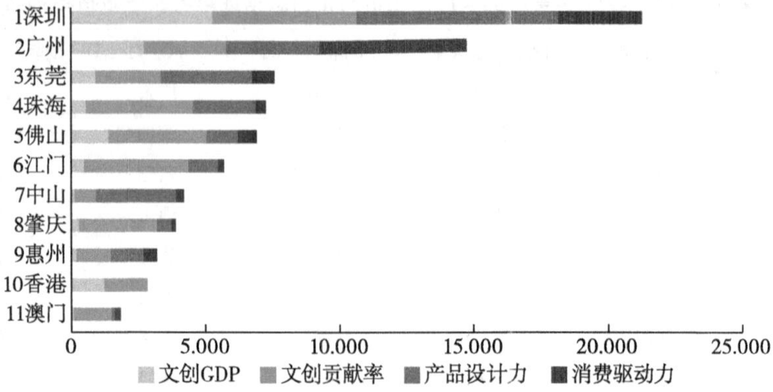

图 17－45　2021 年粤港澳大湾区城市赋能能力指标排名

对赋能能力一级指标进行展开，我们可以看到粤港澳大湾区城市群中，深圳在文创 GDP、文创贡献率、产品设计力方面的分值均明显高于其他城市，而广州在消费驱动力方面呈现出明显优势(见图 17－45)。

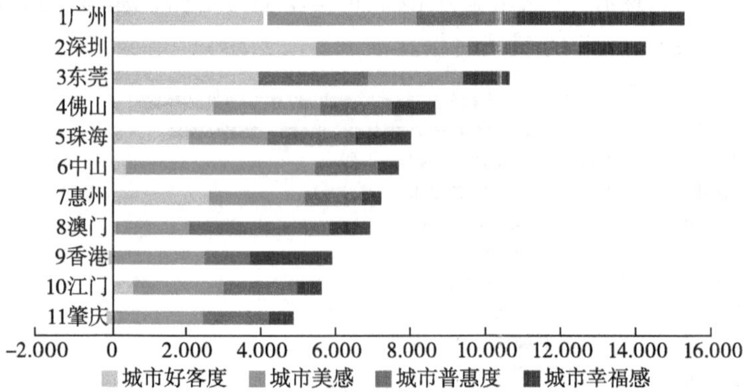

图 17－46　2021 年粤港澳大湾区城市审美驱动力指标排名

对审美驱动力一级指标进行展开，我们可以看到粤港澳大湾区城市群中，深圳的城市好客度指标分值领先，广州的城市幸福感指标分值领先，澳门的城市普惠度指标分值领先(见图 17－46)。

对创新驱动力一级指标进行展开，我们可以看到粤港澳大湾区城市群中，深圳在智权成果、失败容忍度、创新研发力、未来可塑性四项指标上全面领先。广州的智权成果指标分值相对深圳以外的城市，优势也较为明显。澳

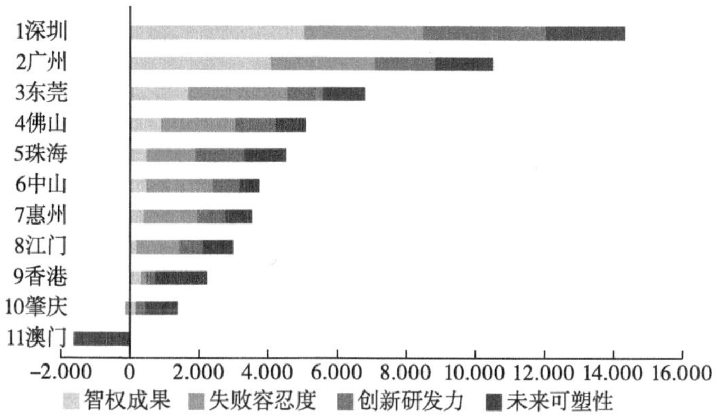

图 17－47　2021 年粤港澳大湾区城市创新驱动力指标排名

门在 2021 年度指数排名下降的主要原因是创新驱动力指标分值的下降，尤其在未来可塑性方面的得分为负。从城市成长性来看，2019 年澳门已经呈现负增长，GDP 下降 0.24%，而 2020 年下降率达到 56.3%，城市经济在疫情期间受到严重打击，连续两年经济负增长（见图 17－47）。

(二)2021 年长三角城市群文化创意指数分析报告

表 17－11　2021 年长三角城市群文化创意指数指标分值及排名情况

长三角排名	城市	创意生态	赋能能力	审美驱动力	创新驱动力	2021 年指数	总榜排名
1	上海	12.602	18.493	17.264	13.380	61.738	2
2	杭州	7.786	23.119	10.954	7.775	49.635	5
3	苏州	6.812	13.453	10.770	7.945	38.980	9
4	南京	7.873	8.185	11.278	7.014	34.350	10
5	宁波	5.579	11.758	9.295	5.781	32.413	13
6	金华	5.941	9.998	7.191	4.554	27.685	18
7	无锡	4.870	9.024	8.069	4.537	26.499	19
8	合肥	6.048	6.214	9.124	4.324	25.710	21
9	嘉兴	6.250	7.000	6.859	3.879	23.989	26
10	湖州	5.200	7.886	6.829	3.076	22.991	29
11	绍兴	4.498	7.303	6.595	3.820	22.217	31

续表

长三角排名	城市	创意生态	赋能能力	审美驱动力	创新驱动力	2021年指数	总榜排名
12	常州	4.985	6.269	6.709	3.712	21.675	34
13	扬州	4.685	5.881	5.928	2.841	19.335	40
14	台州	4.240	5.354	6.942	2.654	19.191	41
15	镇江	4.157	5.312	5.624	2.233	17.325	47
16	南通	4.008	2.898	5.958	4.177	17.040	52
17	马鞍山	3.918	6.412	3.649	2.426	16.405	56
18	舟山	3.200	2.659	6.250	2.714	14.822	64
19	盐城	3.764	2.965	4.653	2.284	13.667	75
20	泰州	2.962	3.226	4.486	2.842	13.517	77
21	芜湖	3.329	2.691	4.906	1.664	12.590	86
22	滁州	3.330	2.581	4.045	1.895	11.851	91
23	安庆	3.909	2.581	3.973	1.134	11.597	93
24	池州	3.777	2.011	3.777	0.839	10.404	105
25	宣城	2.686	1.691	3.615	1.953	9.944	108
26	铜陵	2.216	1.686	3.005	0.625	7.532	131

长江三角洲城市群(简称长三角城市群)以上海为中心,包括上海、江苏省9个城市、浙江省8个城市、安徽省8个城市,共计26个城市。

2021年度中国长三角城市群文化创意指数排行前十位城市分别是:1上海、2杭州、3苏州、4南京、5宁波、6金华、7无锡、8合肥、9嘉兴、10湖州(见表17-11)。

2021年度中国长三角城市群文化创意指数平均值约为22.43,高于全国城市文化创意指数平均值(17.39)。在长三角区域26个城市中,文化创意指数分值在全国平均值以下的有12个城市;分值高于全国城市文化创意指数平均值的有14个城市,同时高于长三角城市群平均值的有10个城市,其中上海、杭州、苏州、南京入围全国十强(见图17-48)。

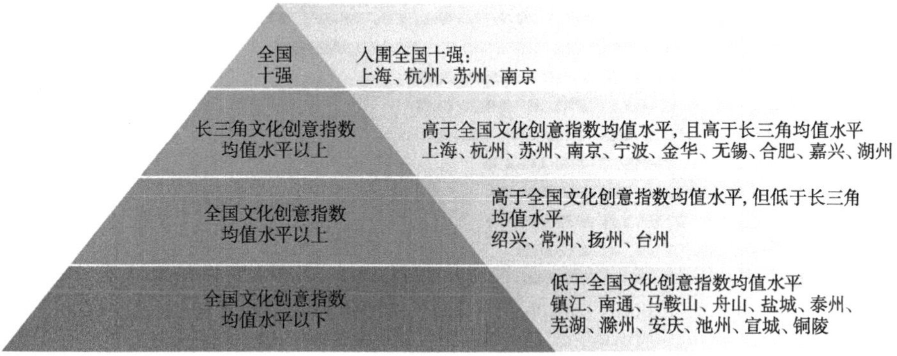

图 17－48　2021 年中国长三角城市群文化创意指数层级

2021 年长三角城市群文化创意指数及一级指标排名前十见表 17－12。

表 17－12　2021 年长三角城市群文化创意指数及一级指标排名前十

排名	指数综合排名	创意生态排名	赋能能力排名	审美驱动力排名	创新驱动力排名
1	上海	上海	杭州	上海	上海
2	杭州	南京	上海	南京	苏州
3	苏州	杭州	苏州	杭州	杭州
4	南京	苏州	宁波	苏州	南京
5	宁波	嘉兴	金华	宁波	宁波
6	金华	合肥	无锡	合肥	金华
7	无锡	金华	南京	无锡	无锡
8	合肥	宁波	湖州	金华	合肥
9	嘉兴	湖州	绍兴	台州	南通
10	湖州	常州	嘉兴	嘉兴	嘉兴

如图 17－49 所示，长三角城市群十强城市中，上海在创意生态、审美驱动力、创新驱动力方面的指标值明显领先；杭州赋能能力的指标值拔得头筹。苏州和南京对第三名与第四名竞争激烈、旗鼓相当，苏州在整体分值上略高于南京，其赋能能力指标和创新驱动力指标值高于南京，而南京创意生态指标值和审美驱动力指标值高于苏州。

抛开上海，我们对长三角城市群中 4 个生力军城市杭州、苏州、南京、宁波

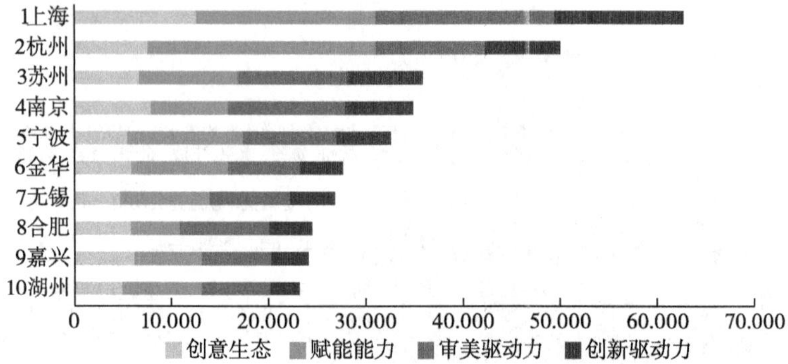

图 17－49　2021 年长三角城市群城市文化创意指数十强一级指标情况

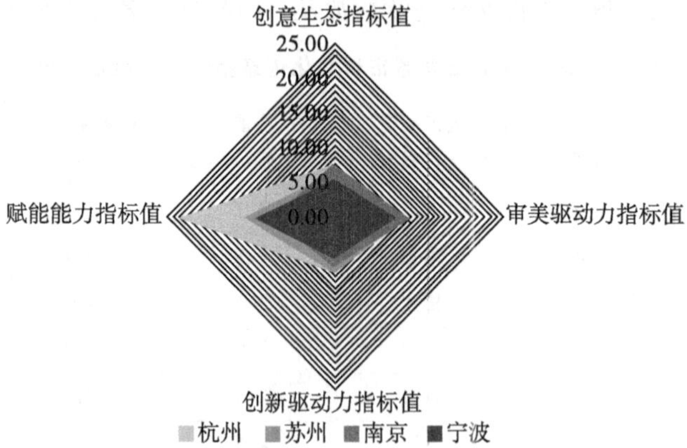

图 17－50　中国城市文化创意指数雷达图(杭州、苏州、南京、宁波)

进行一级指标雷达图呈现(见图 17－50),可以看到这 4 个城市各自优势所在。

在创意生态环境指标方面,南京分值最高,但第二名的杭州仅与其差 0.1,宁波在创意生态方面相对落后。

在赋能能力指标方面,杭州的分值遥遥领先。其次是苏州、宁波、南京。

在审美驱动力方面,南京分值最高,但第二名杭州和第三名苏州仅分别与其相差 0.3 和 0.5,宁波分值相对差距较大。

在创新驱动力指标方面,苏州分值最高,但第二名杭州和第三名南京仅分别与其相差 0.2 和 0.9,同样是宁波的分值相对差距较大。

表 17-13 2021 年长三角城市群文化创意指数热力表

省市	城市	创意生态	赋能能力	审美驱动力	创新驱动力	2021 年指数	长三角排序
直辖市	上海	12.602	18.493	17.264	13.380	61.738	1
浙江	杭州	7.786	23.119	10.954	7.775	49.635	2
浙江	宁波	5.579	11.758	9.295	5.781	32.413	5
浙江	绍兴	4.498	7.303	6.595	3.820	22.217	11
浙江	台州	4.240	5.354	6.942	2.654	19.191	14
浙江	嘉兴	6.250	7.000	6.859	3.879	23.989	9
浙江	金华	5.941	9.998	7.191	4.554	27.685	6
浙江	湖州	5.200	7.886	6.829	3.076	22.991	10
浙江	舟山	3.200	2.659	6.250	2.714	14.822	18
江苏	南京	7.873	8.185	11.278	7.014	34.350	4
江苏	苏州	6.812	13.453	10.770	7.945	38.980	3
江苏	镇江	4.157	5.312	5.624	2.233	17.325	15
江苏	无锡	4.870	9.024	8.069	4.537	26.499	7
江苏	南通	4.008	2.898	5.958	4.177	17.040	16
江苏	常州	4.985	6.269	6.709	3.712	21.675	12
江苏	盐城	3.764	2.965	4.653	2.284	13.667	19
江苏	扬州	4.685	5.881	5.928	2.841	19.335	13
江苏	泰州	2.962	3.226	4.486	2.842	13.517	10
安徽	合肥	6.048	6.214	9.124	4.324	25.710	8
安徽	安庆	3.909	2.581	3.973	1.134	11.597	22
安徽	芜湖	3.329	2.691	4.906	1.664	12.590	21
安徽	马鞍山	3.918	6.412	3.649	2.426	16.405	17
安徽	铜陵	2.216	1.686	3.005	0.625	7.532	26
安徽	滁州	3.330	2.581	4.045	1.895	11.851	23
安徽	池州	3.777	2.011	3.777	0.839	10.404	24
安徽	宣城	2.686	1.691	3.615	1.953	9.944	25

注：不同颜色深浅度代表一级指标分值和综合指数分值的不同水平：分值在全国平均值以下为白色；分值在全国平均值以上但在长三角区域平均值以下，为浅色；分值在长三角区域平均值以上，为较深色；分值达到全国十强范围，为深色。

从长三角城市群文化创意指数热力表(见表17－13)我们可以看到,浙江省城市的热力颜色覆盖率最大,且颜色更深。除了舟山以外,其他7个城市的文化创意指数分值都在全国平均值以上。舟山相较于其他7个城市,在创意生态、赋能能力、创新驱动力方面的指标分值均低于全国平均值,仅审美驱动力指标分值达到全国平均值以上。

江苏省的热力颜色覆盖率低于浙江省,9个城市中有4个城市的文化创意指数分值低于全国平均值。安徽省的热力颜色覆盖率最低,8个城市中,仅合肥的文化创意指数分值达到全国平均值以上,同时达到长三角区域平均值以上。除此以外,仅有马鞍山的赋能能力指标分值达到全国平均值以上。

(三)2021年京津冀城市群文化创意指数分析报告

表17－14　2021年京津冀城市群文化创意指数指标分值及排名情况

京津冀排名	城市	创意生态	赋能能力	审美驱动力	创新驱动力	2021年指数	总榜排名
1	北京	14.620	23.170	17.401	13.915	69.106	1
2	天津	7.404	12.120	9.592	5.143	34.259	11
3	石家庄	5.480	1.598	6.852	2.666	16.596	55
4	唐山	3.754	1.877	4.854	1.689	12.173	89
5	秦皇岛	3.402	1.777	4.586	1.794	11.560	94
6	安阳	3.208	1.202	3.375	1.241	9.025	120
7	保定	2.784	1.355	3.036	1.754	8.929	122
8	邢台	3.160	0.969	2.514	1.498	8.141	126
9	张家口	3.385	0.479	3.377	0.612	7.853	128
10	邯郸	3.051	0.945	2.566	0.874	7.436	133
11	沧州	2.682	0.876	2.210	1.494	7.262	134
12	廊坊	1.159	0.282	3.345	1.936	6.721	137
13	承德	2.286	0.675	2.892	0.265	6.117	139
14	衡水	1.984	0.242	2.067	1.285	5.578	140

京津冀城市群的概念由“首都经济圈”发展而来,包括北京和天津两个直辖市,河北省保定、廊坊、唐山、石家庄、邯郸、秦皇岛、张家口、承德、沧州、邢台、衡水11个地级市和定州、辛集2个省直管市,以及河南省安阳市。2021年京津冀

城市群文化创意指数样本城市共计 14 个，未包含定州和辛集。

2021 年度中国京津冀城市群文化创意指数排行榜前十位城市分别是：1 北京、2 天津、3 石家庄、4 唐山、5 秦皇岛、6 安阳、7 保定、8 邢台、9 张家口、10 邯郸(见表 17－14)。

2021 年度京津冀城市群文化创意指数平均值约为 15.05，尽管有排首位的北京的高分拉动，均值仍然低于全国城市文化创意指数平均值(17.53)。2021 年度京津冀城市群中，除了北京和天津两个直辖市以外，其余 12 个城市的文化创意指数均在全国平均水平以下。在四项一级指标方面，北京和天津无疑都在全国平均水平以上，其他城市中，仅有石家庄的创意生态指标、审美驱动力指标达到全国平均水平以上，其余都低于全国平均水平。

表 17－15　2021 年京津冀城市群文化旅游情况对比

序号	城市	2020 年旅游人次(万人次)	2020 年旅游收入(亿元)
1	北京	18400.00 ▲	2914.00▲
2	天津	14117.13 ▲	1354.37▲
3	石家庄	6230.22 ▲	684.20 ▲
4	唐山	4238.00 ▲	447.00
5	沧州	1693.10	118.80
6	邯郸	4004.90 ▲	420.40
7	保定	5355.90 ▲	602.60
8	廊坊	—	—
9	秦皇岛	2680.11 ▲	268.32
10	张家口	2457.65 ▲	213.10
11	承德	2800.10 ▲	300.00
12	衡水	1444.30	107.70
13	邢台	4064.10 ▲	431.10
14	安阳	2738.70 ▲	361.23
全国城市平均水平		1152.41	639.28

注：廊坊相关数据缺失；▲代表该项数值高于全国平均水平。

2020 年全国旅游市场受疫情影响严重，据文旅部发布的数据，2020 年全国城市旅游人次数平均水平约为 1152.41 万人次，较上年减少 7652.99 万人次；城市旅游收入平均水平约639.28亿元，较上年减少513.13亿元(见表17－15)。

在此种情况下，京津冀城市群的旅游人次数除了缺失数据项的廊坊，其他城市均超过全国平均水平。而在2019年，仅有北京、天津、石家庄、保定的旅游人次数超过全国平均水平。

在旅游人次数相对占有优势的情况下，实现旅游收入却不尽如人意。2020年京津冀城市群中只有北京、天津、石家庄的旅游收入在全国平均水平以上，说明京津冀城市仅有旅游人数的优势，但在旅游消费驱动力方面仍未释放出应有的潜力，在文旅体验、文旅产品以及商业服务方面仍有待提升。

九、综合排名:全部城市排序及各级城市总排名

(一)2021年中国城市文化创意指数综合排序

2021年排序	城市	创意生态	赋能能力	审美驱动力	创新驱动力	2021年指数	上年对比	
							2020年排序	名次变动
1	北京	14.620	23.170	17.401	13.915	69.106	1	→
2	上海	12.602	18.493	17.264	13.380	61.738	3	↑+1
3	深圳	9.121	21.294	14.217	14.291	58.923	2	↓－1
4	广州	9.726	15.247	15.222	10.479	50.674	4	→
5	杭州	7.786	23.119	10.954	7.775	49.635	5	→
6	成都	8.961	8.907	16.566	7.547	41.981	11	↑+5
7	武汉	8.752	10.138	15.248	6.284	40.422	13	↑+6
8	西安	8.189	11.696	13.217	6.992	40.094	8	→
9	苏州	6.812	13.453	10.770	7.945	38.980	6	↓－3
10	南京	7.873	8.185	11.278	7.014	34.350	7	↓－3
11	天津	7.404	12.120	9.592	5.143	34.259	12	↑+1
12	重庆	9.230	5.583	13.390	5.860	34.063	10	↓－2
13	宁波	5.579	11.758	9.295	5.781	32.413	14	↑+1
14	厦门	6.464	9.657	9.243	6.339	31.703	18	↑+4
15	郑州	7.215	4.832	11.946	5.300	29.294	35	↑+20
16	东莞	4.274	7.598	10.576	6.784	29.232	9	↓－7

续表

2021年排序	城市	创意生态	赋能能力	审美驱动力	创新驱动力	2021年指数	上年对比	
							2020年排序	名次变动
17	长沙	6.630	5.352	11.100	5.170	28.251	15	↓−2
18	金华	5.941	9.998	7.191	4.554	27.685	32	↑+14
19	无锡	4.870	9.024	8.069	4.537	26.499	48	↑+29
20	青岛	6.586	6.620	8.728	3.872	25.806	20	→
21	合肥	6.048	6.214	9.124	4.324	25.710	21	→
22	佛山	4.913	6.953	8.615	5.051	25.533	23	↑+1
23	南昌	5.524	7.238	9.835	2.637	25.235	24	↑+1
24	温州	5.168	8.524	7.535	3.809	25.036	29	↑+5
25	珠海	5.027	7.320	7.940	4.509	24.797	19	↓−6
26	嘉兴	6.250	7.000	6.859	3.879	23.989	25	↓−1
27	贵阳	5.144	4.516	10.609	3.498	23.767	17	↓−10
28	泉州	3.998	8.155	6.593	4.443	23.189	16	↓−12
29	湖州	5.200	7.886	6.829	3.076	22.991	31	↑+2
30	昆明	5.253	4.274	9.959	3.290	22.776	40	↑+10
31	绍兴	4.498	7.303	6.595	3.820	22.217	26	↓−5
32	济南	6.298	4.462	7.424	3.656	21.840	27	↓−5
33	福州	5.358	4.054	8.293	4.078	21.783	33	→
34	常州	4.985	6.269	6.709	3.712	21.675	45	↑+11
35	九江	4.563	8.616	5.813	2.117	21.108	37	↑+2
36	大连	3.738	7.204	7.151	2.577	20.671	51	↑+15
37	中山	4.246	4.217	7.622	3.685	19.769	28	↓−9
38	南宁	4.399	6.206	7.051	2.084	19.739	66	↑+28
39	沈阳	5.595	3.672	7.941	2.252	19.460	44	↑+5
40	扬州	4.685	5.881	5.928	2.841	19.335	42	↑+2
41	台州	4.240	5.354	6.942	2.654	19.191	43	↑+2
42	江门	4.701	5.710	5.575	2.963	18.948	39	↓−3
43	长春	4.280	3.771	6.970	3.350	18.371	63	↑+20
44	潍坊	4.149	5.895	5.938	1.884	17.867	64	↑+20

续表

2021年排序	城市	创意生态	赋能能力	审美驱动力	创新驱动力	2021年指数	上年对比	
							2020年排序	名次变动
45	惠州	3.922	3.258	7.149	3.527	17.856	49	↑+4
46	衢州	3.514	6.712	5.863	1.438	17.527	55	↑+9
47	镇江	4.157	5.312	5.624	2.233	17.325	47	→
48	海口	5.468	1.198	7.432	3.215	17.313	52	↑+4
49	蚌埠	3.762	8.378	3.349	1.761	17.249	76	↑+27
50	哈尔滨	3.868	4.835	6.980	1.555	17.238	59	↑+9
51	威海	3.683	4.283	6.456	2.646	17.068	58	↑+7
52	南通	4.008	2.898	5.958	4.177	17.040	38	↓−14
53	太原	5.027	0.876	8.335	2.488	16.727	93	↑+40
54	连云港	3.293	7.359	4.278	1.750	16.680	53	↓−1
55	石家庄	5.480	1.598	6.852	2.666	16.596	68	↑+13
56	马鞍山	3.918	6.412	3.649	2.426	16.405	81	↑+25
57	呼和浩特	3.893	2.431	7.563	2.407	16.294	41	↓−16
58	淄博	4.265	4.350	5.745	1.852	16.211	36	↓−22
59	济宁	4.246	5.485	5.417	1.022	16.170	80	↑+21
60	宜昌	3.899	4.180	5.489	2.108	15.675	62	↑+2
61	丽水	2.884	4.972	6.057	1.742	15.654	71	↑+10
62	徐州	4.310	2.289	5.514	3.409	15.522	78	↑+16
63	兰州	4.128	2.129	7.854	1.305	15.416	46	↓−17
64	舟山	3.200	2.659	6.250	2.714	14.822	60	↓−4
65	烟台	3.421	3.055	6.046	2.266	14.787	61	↓−4
66	淮安	3.553	3.383	4.270	3.503	14.710	82	↑+16
67	宜宾	4.399	2.679	5.204	2.394	14.676	92	↑+25
68	三亚	3.734	0.985	8.235	1.705	14.659	88	↑+20
69	遵义	3.596	2.941	6.080	1.782	14.399	67	↓−2
70	香港	3.500	2.812	5.730	2.227	14.269	22	↓−48
71	宿迁	3.509	4.445	3.973	2.258	14.184	86	↑+15
72	洛阳	4.486	2.384	3.821	3.436	14.127	72	→

续表

2021年排序	城市	创意生态	赋能能力	审美驱动力	创新驱动力	2021年指数	上年对比	
							2020年排序	名次变动
73	莆田	3.080	4.578	4.781	1.386	13.826	50	↓−23
74	柳州	4.469	1.686	5.881	1.648	13.683	79	↑+5
75	盐城	3.764	2.965	4.653	2.284	13.667	74	↓−1
76	漳州	3.609	4.237	3.515	2.170	13.530	56	↓−20
77	泰州	2.962	3.226	4.486	2.842	13.517	91	↑+14
78	郴州	4.065	3.725	4.592	1.111	13.493	54	↓−24
79	赣州	3.267	0.883	6.231	3.068	13.450	57	↓−22
80	临沂	4.140	2.170	4.787	2.257	13.355	89	↑+9
81	岳阳	3.746	4.714	3.406	1.262	13.127	84	↑+3
82	新乡	3.301	2.164	4.789	2.842	13.097	95	↑+13
83	开封	3.515	3.215	4.717	1.602	13.049	99	↑+16
84	银川	3.617	0.416	7.101	1.613	12.747	75	↓−9
85	肇庆	2.960	3.938	4.620	1.158	12.677	70	↓−15
86	芜湖	3.329	2.691	4.906	1.664	12.590	34	↓−52
87	湛江	3.381	4.086	3.567	1.283	12.317	73	↓−14
88	泰安	3.563	2.083	5.111	1.447	12.204	69	↓−19
89	唐山	3.754	1.877	4.854	1.689	12.173	85	↓−4
90	鄂尔多斯	2.516	1.110	6.912	1.625	12.164	105	↑+15
91	滁州	3.330	2.581	4.045	1.895	11.851	97	↑+6
92	东营	2.287	2.486	5.730	1.125	11.628	106	↑+14
93	安庆	3.909	2.581	3.973	1.134	11.597	65	↓−28
94	秦皇岛	3.402	1.777	4.586	1.794	11.560	94	→
95	西宁	1.896	2.040	6.053	1.508	11.496	141	↑+46
96	嘉峪关	2.610	1.655	5.759	1.134	11.158	77	↓−19
97	株洲	2.832	1.915	3.981	2.336	11.064	109	↑+12
98	泸州	3.844	2.469	3.630	1.012	10.955	87	↓−11
99	襄阳	3.509	2.606	3.530	1.307	10.952	90	↓−9
100	德州	2.933	2.245	3.204	2.499	10.881	117	↑+17

续表

2021年排序	城市	创意生态	赋能能力	审美驱动力	创新驱动力	2021年指数	上年对比	
							2020年排序	名次变动
101	常德	3.819	1.324	3.702	2.015	10.860	118	↑+17
102	大同	3.570	0.901	4.999	1.135	10.606	110	↑+8
103	延安	2.325	0.385	5.903	1.953	10.566	108	↑+5
104	衡阳	3.471	1.571	4.033	1.413	10.489	113	↑+9
105	池州	3.777	2.011	3.777	0.839	10.404	102	↓−3
106	澳门	3.188	1.845	6.874	−1.651	10.257	30	↓−76
107	乌鲁木齐	1.776	1.077	5.354	2.012	10.219	83	↓−24
108	宣城	2.686	1.691	3.615	1.953	9.944	104	↓−4
109	宝鸡	3.181	1.090	3.890	1.782	9.943	101	↓−8
110	南阳	3.486	0.858	3.653	1.942	9.940	120	↑+10
111	菏泽	3.325	2.013	3.618	0.893	9.849	107	↓−4
112	滨州	2.328	1.315	4.609	1.587	9.840	111	↓−1
113	周口	2.691	3.100	3.368	0.581	9.740	133	↑+20
114	枣庄	2.807	2.416	3.728	0.727	9.677	96	↓−18
115	榆林	2.377	0.390	5.535	1.171	9.473	132	↑+17
116	吉林	1.926	2.787	4.346	0.096	9.156	139	↑+23
117	聊城	2.997	2.231	3.301	0.541	9.070	115	↓−2
118	许昌	3.599	0.749	3.325	1.372	9.045	126	↑+8
119	拉萨	1.584	0.679	4.171	2.601	9.035	130	↑+11
120	安阳	3.208	1.202	3.375	1.241	9.025	124	↑+4
121	张家界	2.763	1.430	3.762	0.986	8.940	125	↑+4
122	保定	2.784	1.355	3.036	1.754	8.929	121	↓−1
123	通辽	2.522	1.215	3.942	1.150	8.830	134	↑+11
124	张掖	2.773	1.968	3.285	0.712	8.738	114	↓−10
125	茂名	2.819	0.776	3.548	1.118	8.261	103	↓−22
126	邢台	3.160	0.969	2.514	1.498	8.141	142	↑+16
127	丽江	2.622	1.148	3.264	1.040	8.074	135	↑+8
128	张家口	3.385	0.479	3.377	0.612	7.853	112	↓−16

续表

2021年排序	城市	创意生态	赋能能力	审美驱动力	创新驱动力	2021年指数	上年对比	
							2020年排序	名次变动
129	临汾	3.790	0.677	1.914	1.271	7.653	122	↓−7
130	包头	1.628	0.553	3.700	1.754	7.635	131	↑+1
131	铜陵	2.216	1.686	3.005	0.625	7.532	98	↓−33
132	淮南	3.249	1.004	2.160	1.111	7.524	123	↓−9
133	邯郸	3.051	0.945	2.566	0.874	7.436	129	↓−4
134	沧州	2.682	0.876	2.210	1.494	7.262	116	↓−18
135	大庆	1.851	0.447	3.562	1.334	7.194	148	↑+13
136	长治	2.422	0.610	2.832	1.243	7.107	127	↓−9
137	廊坊	1.159	0.282	3.345	1.936	6.721	149	↑+12
138	孝感	3.334	0.606	1.637	0.931	6.508	128	↓−10
139	承德	2.286	0.675	2.892	0.265	6.117	119	↓−20
140	衡水	1.984	0.242	2.067	1.285	5.578	143	↑+3

注:“↑”代表较上年度名次提升;“↓”代表较上年度名次下降;“→”代表与上年度名次持平。

(二)2021年中国城市文化创意指数直辖市排序

2021年排序	城市	创意生态	赋能能力	审美驱动力	创新驱动力	2021年指数	较2020年名次变动	2021总榜排名
1	北京	14.620	23.170	17.401	13.915	69.106	→	1
2	上海	12.602	18.493	17.264	13.380	61.738	→	2
3	天津	7.404	12.120	9.592	5.143	34.259	↑+1	11
4	重庆	9.230	5.583	13.390	5.860	34.063	↓−1	12

注:“↑”代表较上年度名次提升;“↓”代表较上年度名次下降;“→”代表与上年度名次持平。

（三）2021年中国城市文化创意指数副省级城市排序

2021年排序	城市	创意生态	赋能能力	审美驱动力	创新驱动力	2021年指数	较2020年名次变动	2021年总榜排名
1	深圳	9.121	21.294	14.217	14.291	58.923	→	3
2	广州	9.726	15.247	15.222	10.479	50.674	→	4
3	杭州	7.786	23.119	10.954	7.775	49.635	→	5
4	成都	8.961	8.907	16.566	7.547	41.981	↑+2	6
5	武汉	8.752	10.138	15.248	6.284	40.422	↑+2	7
6	西安	8.189	11.696	13.217	6.992	40.094	↓−1	8
7	南京	7.873	8.185	11.278	7.014	34.350	↓−3	10
8	宁波	5.579	11.758	9.295	5.781	32.413	→	13
9	厦门	6.464	9.657	9.243	6.339	31.703	→	14
10	青岛	6.586	6.620	8.728	3.872	25.806	→	20
11	济南	6.298	4.462	7.424	3.656	21.840	→	32
12	大连	3.738	7.204	7.151	2.577	20.671	↑+1	36
13	沈阳	5.595	3.672	7.941	2.252	19.460	↓−1	39
14	长春	4.280	3.771	6.970	3.350	18.371	↑+1	43
15	哈尔滨	3.868	4.835	6.980	1.555	17.238	↓−1	50

注："↑"代表较上年度名次提升；"↓"代表较上年度名次下降；"→"代表与上年度名次持平。

（四）2021年中国城市文化创意指数地级市排序

2021年排序	城市	创意生态	赋能能力	审美驱动力	创新驱动力	2021年指数	较2020年名次变动	2021年总榜排名
1	苏州	6.812	13.453	10.770	7.945	38.980	→	9
2	郑州	7.215	4.832	11.946	5.300	29.294	↑+16	15
3	东莞	4.274	7.598	10.576	6.784	29.232	↓−1	16
4	长沙	6.630	5.352	11.100	5.170	28.251	↓−1	17

续表

2021年排序	城市	创意生态	赋能能力	审美驱动力	创新驱动力	2021年指数	较2020年名次变动	2021年总榜排名
5	金华	5.941	9.998	7.191	4.554	27.685	↑+10	18
6	无锡	4.870	9.024	8.069	4.537	26.499	↑+24	19
7	合肥	6.048	6.214	9.124	4.324	25.710	→	21
8	佛山	4.913	6.953	8.615	5.051	25.533	→	22
9	南昌	5.524	7.238	9.835	2.637	25.235	→	23
10	温州	5.168	8.524	7.535	3.809	25.036	↑+3	24
11	珠海	5.027	7.320	7.940	4.509	24.797	↓−5	25
12	嘉兴	6.250	7.000	6.859	3.879	23.989	↓−2	26
13	贵阳	5.144	4.516	10.609	3.498	23.767	↓−8	27
14	泉州	3.998	8.155	6.593	4.443	23.189	↓−10	28
15	湖州	5.200	7.886	6.829	3.076	22.991	↓−1	29
16	昆明	5.253	4.274	9.959	3.290	22.776	↑+7	30
17	绍兴	4.498	7.303	6.595	3.820	22.217	↓−6	31
18	福州	5.358	4.054	8.293	4.078	21.783	↓−2	33
19	常州	4.985	6.269	6.709	3.712	21.675	↑+8	34
20	九江	4.563	8.616	5.813	2.117	21.108	→	35
21	中山	4.246	4.217	7.622	3.685	19.769	↓−9	37
22	南宁	4.399	6.206	7.051	2.084	19.739	↑+23	38
23	扬州	4.685	5.881	5.928	2.841	19.335	↑+2	40
24	台州	4.240	5.354	6.942	2.654	19.191	↑+2	41
25	江门	4.701	5.710	5.575	2.963	18.948	↓−3	42
26	潍坊	4.149	5.895	5.938	1.884	17.867	↑+17	44
27	惠州	3.922	3.258	7.149	3.527	17.856	↑+4	45
28	衢州	3.514	6.712	5.863	1.438	17.527	↑+8	46
29	镇江	4.157	5.312	5.624	2.233	17.325	→	47
30	海口	5.468	1.198	7.432	3.215	17.313	↑+3	48
31	蚌埠	3.762	8.378	3.349	1.761	17.249	↑+24	49
32	威海	3.683	4.283	6.456	2.646	17.068	↑+7	51

续表

2021年排序	城市	创意生态	赋能能力	审美驱动力	创新驱动力	2021年指数	较2020年名次变动	2021年总榜排名
33	南通	4.008	2.898	5.958	4.177	17.040	↓－12	52
34	太原	5.027	0.876	8.335	2.488	16.727	↑＋38	53
35	连云港	3.293	7.359	4.278	1.750	16.680	↓－1	54
36	石家庄	5.480	1.598	6.852	2.666	16.596	↑＋11	55
37	马鞍山	3.918	6.412	3.649	2.426	16.405	↑＋23	56
38	呼和浩特	3.893	2.431	7.563	2.407	16.294	↓－14	57
39	淄博	4.265	4.350	5.745	1.852	16.211	↓－20	58
40	济宁	4.246	5.485	5.417	1.022	16.170	↑＋19	59
41	宜昌	3.899	4.180	5.489	2.108	15.675	↑＋1	60
42	丽水	2.884	4.972	6.057	1.742	15.654	↑＋8	61
43	徐州	4.310	2.289	5.514	3.409	15.522	↑＋14	62
44	兰州	4.128	2.129	7.854	1.305	15.416	↓－16	63
45	舟山	3.200	2.659	6.250	2.714	14.822	↓－5	64
46	烟台	3.421	3.055	6.046	2.266	14.787	↓－5	65
47	淮安	3.553	3.383	4.270	3.503	14.710	↑＋14	66
48	宜宾	4.399	2.679	5.204	2.394	14.676	↑＋23	67
49	三亚	3.734	0.985	8.235	1.705	14.659	↑＋18	68
50	遵义	3.596	2.941	6.080	1.782	14.399	↓－4	69
51	宿迁	3.509	4.445	3.973	2.258	14.184	↑＋14	71
52	洛阳	4.486	2.384	3.821	3.436	14.127	↓－1	72
53	莆田	3.080	4.578	4.781	1.386	13.826	↓－21	73
54	柳州	4.469	1.686	5.881	1.648	13.683	↑＋4	74
55	盐城	3.764	2.965	4.653	2.284	13.667	↓－2	75
56	漳州	3.609	4.237	3.515	2.170	13.530	↓－19	76
57	泰州	2.962	3.226	4.486	2.842	13.517	↑＋13	77
58	郴州	4.065	3.725	4.592	1.111	13.493	↓－23	78
59	赣州	3.267	0.883	6.231	3.068	13.450	↓－21	79
60	临沂	4.140	2.170	4.787	2.257	13.355	↑＋8	80

续表

2021年排序	城市	创意生态	赋能能力	审美驱动力	创新驱动力	2021年指数	较2020年名次变动	2021年总榜排名
61	岳阳	3.746	4.714	3.406	1.262	13.127	↑+2	81
62	新乡	3.301	2.164	4.789	2.842	13.097	↑+12	82
63	开封	3.515	3.215	4.717	1.602	13.049	↑+15	83
64	银川	3.617	0.416	7.101	1.613	12.747	↓−10	84
65	肇庆	2.960	3.938	4.620	1.158	12.677	↓−16	85
66	芜湖	3.329	2.691	4.906	1.664	12.590	↓−49	86
67	湛江	3.381	4.086	3.567	1.283	12.317	↓−15	87
68	泰安	3.563	2.083	5.111	1.447	12.204	↓−20	88
69	唐山	3.754	1.877	4.854	1.689	12.173	↓−5	89
70	鄂尔多斯	2.516	1.110	6.912	1.625	12.164	↑+14	90
71	滁州	3.330	2.581	4.045	1.895	11.851	↑+5	91
72	东营	2.287	2.486	5.730	1.125	11.628	↑+13	92
73	安庆	3.909	2.581	3.973	1.134	11.597	↓−29	93
74	秦皇岛	3.402	1.777	4.586	1.794	11.560	↓−1	94
75	西宁	1.896	2.040	6.053	1.508	11.496	↑+45	95
76	嘉峪关	2.610	1.655	5.759	1.134	11.158	↓−20	96
77	株洲	2.832	1.915	3.981	2.336	11.064	↑+11	97
78	泸州	3.844	2.469	3.630	1.012	10.955	↓−12	98
79	襄阳	3.509	2.606	3.530	1.307	10.952	↓−10	99
80	德州	2.933	2.245	3.204	2.499	10.881	↑+16	100
81	常德	3.819	1.324	3.702	2.015	10.860	↑+16	101
82	大同	3.570	0.901	4.999	1.135	10.606	↑+7	102
83	延安	2.325	0.385	5.903	1.953	10.566	↑+4	103
84	衡阳	3.471	1.571	4.033	1.413	10.489	↑+8	104
85	池州	3.777	2.011	3.777	0.839	10.404	↓−4	105
86	乌鲁木齐	1.776	1.077	5.354	2.012	10.219	↓−24	107
87	宣城	2.686	1.691	3.615	1.953	9.944	↓−4	108
88	宝鸡	3.181	1.090	3.890	1.782	9.943	↓−8	109

续表

2021年排序	城市	创意生态	赋能能力	审美驱动力	创新驱动力	2021年指数	较2020年名次变动	2021年总榜排名
89	南阳	3.486	0.858	3.653	1.942	9.940	↑+10	110
90	菏泽	3.325	2.013	3.618	0.893	9.849	↓−4	111
91	滨州	2.328	1.315	4.609	1.587	9.840	↓−1	112
92	周口	2.691	3.100	3.368	0.581	9.740	↑+20	113
93	枣庄	2.807	2.416	3.728	0.727	9.677	↓−18	114
94	榆林	2.377	0.390	5.535	1.171	9.473	↑+17	115
95	吉林	1.926	2.787	4.346	0.096	9.156	↑+23	116
96	聊城	2.997	2.231	3.301	0.541	9.070	↓−2	117
97	许昌	3.599	0.749	3.325	1.372	9.045	↑+8	118
98	拉萨	1.584	0.679	4.171	2.601	9.035	↑+11	119
99	安阳	3.208	1.202	3.375	1.241	9.025	↑+4	120
100	张家界	2.763	1.430	3.762	0.986	8.940	↑+4	121
101	保定	2.784	1.355	3.036	1.754	8.929	↓−1	122
102	通辽	2.522	1.215	3.942	1.150	8.830	↑+11	123
103	张掖	2.773	1.968	3.285	0.712	8.738	↓−10	124
104	茂名	2.819	0.776	3.548	1.118	8.261	↓−22	125
105	邢台	3.160	0.969	2.514	1.498	8.141	↑+16	126
106	丽江	2.622	1.148	3.264	1.040	8.074	↑+8	127
107	张家口	3.385	0.479	3.377	0.612	7.853	↓−16	128
108	临汾	3.790	0.677	1.914	1.271	7.653	↓−7	129
109	包头	1.628	0.553	3.700	1.754	7.635	↑+1	130
110	铜陵	2.216	1.686	3.005	0.625	7.532	↓−33	131
111	淮南	3.249	1.004	2.160	1.111	7.524	↓−9	132
112	邯郸	3.051	0.945	2.566	0.874	7.436	↓−4	133
113	沧州	2.682	0.876	2.210	1.494	7.262	↓−18	134
114	大庆	1.851	0.447	3.562	1.334	7.194	↑+13	135
115	长治	2.422	0.610	2.832	1.243	7.107	↓−9	136
116	廊坊	1.159	0.282	3.345	1.936	6.721	↑+12	137

续表

2021年排序	城市	创意生态	赋能能力	审美驱动力	创新驱动力	2021年指数	较2020年名次变动	2021年总榜排名
117	孝感	3.334	0.606	1.637	0.931	6.508	↓－10	138
118	承德	2.286	0.675	2.892	0.265	6.117	↓－20	139
119	衡水	1.984	0.242	2.067	1.285	5.578	↑＋3	140

注:"↑"代表较上年度名次提升;"↓"代表较上年度名次下降;"→"代表与上年度名次持平。

(王齐国,北京大学文化产业研究院研究员;陈昱,中央文化和旅游管理干部学院副研究员;朱良智,清华大学公共管理学院城市更新与治理研究中心副主任;王苗苗,北京九州一方文化创意院创意总监)

参考文献

[1]北京市统计局. 北京全面加快建设全球数字经济标杆城市[EB/OL].(2022－4－8). http://tjj. beijing. gov. cn/zxfbu/202204/t20220408_2669178. html.

[2]电玩巴士. 2021 年北京市游戏企业总产值为 1022. 61 亿元[EB/OL].(2021－12－28). https://k. sina. com. cn/article_1743028057_67e47f5902000yfkh. html.

[3]马宇骏. 政府工作报告——2022 年 1 月 23 日在石家庄市第十五届人民代表大会第二次会议上.（2022－01－27). https://www. sjz. gov. cn/col/1641437541200/2022/01/27/1643248614523. html.

[4]江西省统计局. 刘娥解读 2021 年全省规模以上文化产业营业收入数据[EB/OL]. http://www. jiangxi. gov. cn/art/2022/2/22/art_423_3866582. html.

[5]周苏雁. 文港毛笔获第二届全国文房四宝设计创新大赛银奖 [EB/OL]. https://baijiahao. baidu. com/s? id＝1704411115471770222&wfr＝spider&for＝pc.

[6]区文广新旅局. 第三届中国(江西)动漫文化产业博览会暨艾妮动漫游戏展在南昌盛大开幕[EB/OL]. https://m. thepaper. cn/baijiahao_14770113.

[7]电影《邓小平小道》发布剧照,跨时空解密尘封往事[EB/OL]. https://www. 163. com/dy/article/H64CF4LN051791LB. html.

[8]洪城里. 南昌一新馆试运营免费开放[EB/OL]. https://baijiahao. baidu. com/s? id＝1718572752583789322&wfr＝spider&for＝pc.

[9]VR 发展南昌亮点[EB/OL]. 南昌日报,https://baijiahao. baidu. com/s? id＝1724333132763318821&wfr＝spider&for＝pc.

[10]习近平. 在党史学习教育动员大会上的讲话[J]. 当代江西,2021(4):13.

[11]万晓霞. “VR＋”助推“红色教育”数字化转型[EB/OL]. http://www. ncnews. com. cn/xwzx/ncxw/zhxw/202108/t20210812_1737766. html.

[12]红谷滩城投集团:VR赋能,让党史"动"起来[EB/OL]. 中国江西网,https://baijiahao.baidu.com/s?id=1700071756083267449&wfr=spider&for=pc.

[13]赵瑞明.打造时尚产业生态链 江西太酷云介文化产业园正式开园[EB/OL]. https://www.finding.com.cn/html/fashion/2021/0425/58176.html.

[14]《中国共产党怎样解决贫困问题》(有声书)荣获全国2020年度十佳数字阅读作品[EB/OL]. https://m.thepaper.cn/baijiahao_12259260.

[15]甘婷.颠覆性叙事模式下网络电影传播研究——以"海昏侯墓"系列电影为例[J].兰州教育学院学报,2019(10):78.

[16]江西文物保护迈向"智能化"[EB/OL]. 江西日报,https://www.jiangxi.gov.cn/art/2019/11/5/art_393_824852.html.

[17]"十四五"文物保护与传承科技创新战略规划专家咨询会在京召开[EB/OL]. http://www.ncha.gov.cn/art/2020/8/26/art_722_162681.html.

[18]数字文博,来得静悄悄[EB/OL]. https://k.sina.com.cn/article_1831058717_6d23bd1d001012il1.html?sudaref=www.so.com&display=0&retcode=0#/.

[19]梦幻灵动的数字科技古村——江西省抚州市金溪县游垫村[EB/OL]. https://baijiahao.baidu.com/s?id=1718553174332816065&wfr=spider&for=pc.

[20]新时代文物工作:更好展示中华文明风采[EB/OL]. https://baijiahao.baidu.com/s?id=1724886952852953786&wfr=spider&for=pc.

[21]善用数字技术让文物活起来[EB/OL]. https://baijiahao.baidu.com/s?id=1718117897788106369&wfr=spider&for=pc.

[22]数据在讲文博故事中的应用研究[EB/OL]. https://www.fx361.com/page/2020/1125/7258218.shtml.

[23]数字文博,来得静悄悄[EB/OL]. https://xw.qq.com/cmsid/20211221A01UM800.

[24]文博数字化2.0时代:新文创+新科技如何打造数字文化生态圈?[EB/OL]. https://www.shangyexinzhi.com/article/4452441.html.

[25]江西省融媒体博物馆数字化建设的思考[EB/OL]. https://www.fx361.com/page/2020/0126/7510423.shtml.

[26]吴健.加强文物科技创新[EB/OL]. https://jxcomment.jxnews.

com. cn/system/2022/03/28/019578288. shtml.

[27]国家文物局:文博单位不应直接将文物原始数据作为限量商品发售[EB/OL]. https://baijiahao. baidu. com/s? id = 1729997935264937431&wfr = spider&for=pc.

[28]市文化和旅游局:宜居宜游城市全国第2! 2021年青岛市文旅业持续繁荣发展助推文旅强市建设[EB/OL].(2022-03-15). 青岛政务网, https://mp. weixin. qq. com/s/O3ba2ovNuZV2ufpLM1au6w.

[29]文旅中国.推动产业格局进入数字化重构新阶段[EB/OL].(2022-03-15). https://baijiahao. baidu. com/s? id = 1725433073164314018&wfr = spider&for=pc.

[30]青岛市市南区文化和旅游局.最in打卡地 | 青岛故宫文创馆《清明上河图》,开映! [EB/OL].(2020-08-03). https://mp. weixin. qq. com/s/ceRkXurH5NRuLE5 Ne8coKQ.

[31]王泽佩.时代催生智慧旅游 青岛的智慧旅游还有多远? [EB/OL].(2021-07-19). 青岛财经日报/青岛财经网, https://i. ifeng. com/c/87veHRAOkEt.

[32]衣涛.青岛唯一! 崂山风景区入选文旅部2021年智慧旅游典型案例[EB/OL].(2022-01-20). 青岛日报/观海新闻,https://baijiahao. baidu. com/s? id=1722419954519927763&wfr=spider&for=pc.

[33]青岛市博物馆.青岛市博物馆2020年工作报告及2021年工作规划[EB/OL].(2021-03-25). https://www. qingdaomuseum. cn/news/detail/7210.

[34]青岛市博物馆.青岛市博物馆2021年工作报告[EB/OL].(2022-01-01). https://www. qingdaomuseum. cn/news/detail/7286.

[35]李魏.博物馆的"上新"季[EB/OL].(2022-03-07). 青岛日报, https://www. guanhai. com. cn/p/157117. html.

[36]海天中心.我在青岛看世界:全国面积最大单体建筑灯光秀来了[EB/OL].(2021-06-21). https://mp. weixin. qq. com/s/2uG6PQnDEN4IMDrARazItA.

[37]青岛发布.外交部发言人点赞! 青岛跨年光影秀火出圈[EB/OL].(2022-01-05). https://mp. weixin. qq. com/s/URH8gUlxDX8HHVz8_2gkRA.

[38]新浪科技.震撼! 青岛电视塔烟火秀刷屏,现场实际漆黑一片,它是怎么做到的? [EB/OL].(2022-01-04). https://baijiahao. baidu. com/s? id=

1720986350 644436060&wfr=spider&for=pc.

[39]年度城市科技创新竞争力榜单出炉，青岛跻身“头部梯队”[EB/OL].(2021－11－08).潇湘晨报，https://baijiahao.baidu.com/s?id=1715830477964273265&wfr=spider&for=pc.

[40]青岛发布.只要够努力，总会被看见！盘点2021城市榜单中的青岛[EB/OL].(2021－12－04).https://m.thepaper.cn/baijiahao_15692843.

[41]关于印发数字青岛2021年行动方案的通知[EB/OL].(2021－04－27).青岛政务网，http://www.qingdao.gov.cn/zwgk/xxgk/bgt/gkml/gwfg/202104/t20210427_3095762.shtml.

[42]范志华.以文物链接时尚——青岛市博物馆多维度赋彩群众美好文化生活[EB/OL].(2021－03－01).中国文化报，http://www.ce.cn/culture/gd/202103/01/t20210301_36345601.shtml.

[43]北京大学文化产业研究院.《中国文化产业年度报告(2022)》发布：关注文化基因与中国道路[EB/OL].(2022－01－08).中国网文创，http://creativity.china.com.cn/2022－01/08/content_41847162.htm.

[44]王萌.青岛企业逐浪“元宇宙”[N].青岛日报，2022－01－10(001).

[45]“吃住行游购娱”一站式体验，卡奥斯赋能青岛文旅服务全新升级[EB/OL].(2021－03－16).大众新闻，https://www.163.com/news/article/FSBP5JV100019OH3.html.

[46]延宏，王华.“VR+”：“元宇宙”视域下出版业的融合发展模式——以青岛出版集团为例[J].新传媒出版广角，2021(22):81.

[47]王一如.“青岛样本”诞生记[J].Sailing City，2020:42－45.

[48]文旅融合产业规划.如何推动数字文旅高质量发展[EB/OL].(2022－03－16).https://mp.weixin.qq.com/s/0o4DV1RszHsSPU5c3qn1Fw.

[49]湖北武汉坚持以文兴城文旅产业实现大幅增长[EB/OL].(2021－12－20).中国新闻网.http://www.chinanews.com.cn/cj/2021/12－20/9633871.shtml.

[50]信息化发展典型案例 | 武汉打造文化消费大数据产业平台“文惠通”[EB/OL].(2021－11－07).中传云资讯系统网，https://www.ccmapp.cn/news/detail?id=6e9ecc12－1a34－45ba－bd73－b7c6bb31d1d9

[51]在武汉市第十五届人民代表大会第一次会议上武汉市发展和改革委员

会关于武汉市2021年国民经济和社会发展计划执行情况与2022年国民经济和社会发展计划草案的报告[EB/OL].(2022－01－29).武汉市发展和改革委员会官网，http://fgw.wuhan.gov.cn/zfxxgk/zfxxgk_1/qtzdgkwj/202201/t20220129_1917799.html.

[52]入选联合国"设计之都"四年 武汉拼来千亿级产业[EB/OL].(2021－11－01).武汉文明网，http://hbwh.wenming.cn/rdjj/202111/t20211101_7393830.html.

[53]2020年北京市规模以上文化产业收入同比增长13.9%[EB/OL].(2021－12－10).光明网，https://m.gmw.cn/baijia/2021－12/10/1302714574.html.

[54]中华人民共和国中央人民政府. 2020年上海文化创意产业总产出逾2万亿元人民币[EB/OL].(2021－03－31).中国政府网. http://www.gov.cn/xinwen/2021－03/31/content_5597036.htm.

[55]杭州市人民政府.关于杭州市2020年国民经济和社会发展计划执行情况与2021年国民经济和社会发展计划草案的报告(摘要)[EB/OL].(2021－02－10).杭州日报，http://www.hangzhou.gov.cn/art/2021/2/10/art_1229487146_59027793.html .

[56]深圳文化产业从业者超百万　文化产业增加值占全市GDP比重8%[EB/OL].(2022－01－19).九派新闻网，https://baijiahao.baidu.com/s?id=1722338167107605117&wfr=spider&for=pc.

[57]陈聪，刘文波.大数据时代数字化人才队伍建设的思考——以武汉民营企业"两化融合"发展为例[J].中国商论，2021(22):166－168.

[58]第十三届"全国文化企业30强"发布[EB/OL].(2021－09－24).人民网，http://cpc.people.com.cn/n1/2021/0924/c64387－32235202.html.

[59]市民身边的公共阅读空间，小而美[EB/OL].(2021－11－20).武汉市人民政府网，http://www.wuhan.gov.cn/zjwh/whrw/202111/t20211120_1855553.shtml.

[60]2021年市文化产业发展专项资金预算公开[EB/OL].(2021－03－12).武汉市人民政府网，http://www.wuhan.gov.cn/ztzl/yjs/2020_52695/drz/zgwhswxcb_36895/bndys_36896/202103/t20210312_1649996.shtml.

[61]创建"东亚文化之都"武汉：以文兴城，推进文旅产业高质量发展[EB/OL].(2021－12－20).极目新闻网，http://www.ctdsb.net/channel/1661/202112/20/1334291.html.

[62]2020 年度武汉科技创新报告[EB/OL].(2021－07－09).武汉市科学技术局官网，http://kjj. wuhan. gov. cn/zwgk_8/fdzdnrgk/ndbg/kjcxbg/202107/t20210713_1736511. shtml.

[63]贵阳市 2021 年经济运行情况[EB/OL].(2022－01－29).贵阳市统计局官网,http://tjj. guiyang. gov. cn/2020_zwgk/2020_zdlygk/2020_sjfb/tjxxyfx/202201/t20220129_72446209. html.

[64]前三季度贵阳市规上文化产业企业营收持续向好[EB/OL].(2021－12－13).贵阳市统计局官网,http://tjj. guiyang. gov. cn/2020_zwgk/2020_zdlygk/2020_sjfb/tjxxyfx/202112/t20211213_72013733. html.

[65]贵阳市人民政府.贵阳市国民经济和社会发展第十四个五年规划和 2035 年远景目标纲要[EB/OL].(2021－07－07).贵阳市发展和改革委员会官网，http://fgw. guiyang. gov. cn/zfxxgk/fdzdgknr/ghjh_5619427/ghjh/202107/t20210707_68938887. html.

[66]高伟,刘娟.贵阳贵安:深耕大数据,赋能“强省会”[N].贵州日报,2021－05－26(A20).

[67]梁婧,黄菊,谢孟航,等.只争朝夕拼搏实干,推动高质量发展[N].贵阳日报,2021－09－27(A01).

[68]贵阳市大数据发展管理局.大数据赋能旅游产业化,打造智慧旅游“贵阳品牌”,推动旅游业大提质[EB/OL].(2022－01－12).贵阳市人民政府网，http://www. guiyang. gov. cn/zwgk/zdlyxxgkx/dsjjsgl/yytggl/202201/t20220111_72288474. htm.

[69]贵阳市人民政府.贵阳文旅市场强劲复苏,“五一”假期迎客 838.6 万人次,旅游收入 46.8 亿元[EB/OL].(2021－05－06).贵阳市文化和旅游局官网,http://wlj. guiyang. gov. cn/xwdt/bmdt/202105/t20210510_68037326. html.

[70]贵阳市人民政府.2021 年国庆假期文化和旅游市场情况综述[EB/OL].(2021－10－08).贵阳市文化和旅游局官网,http://wlj. guiyang. gov. cn/xwdt/sjjs/202110/t20211008_70784411. html.

[71]贵阳市人民政府.花溪青岩古镇景区荣获“2020 年度中国 5A 级景区品牌影响力 100 强”[EB/OL].(2021－09－16).贵阳市文化和旅游局官网,http://wlj. guiyang. gov. cn/xwdt/bmdt/202109/t20210926_70540924. html.

[72]贵州省文化和旅游厅.关于确定“青岩古镇南北明清街旅游休闲街区”

等19个街区为“省级旅游休闲街区”的公示[EB/OL].(2021－08－11).贵州省文化和旅游厅官网，https://whhly.guizhou.gov.cn/xwzx/tzgg/202108/t20210811_69478151.html.

[73]韦鑫.贵阳多举措推进旅游产业化发展[N].贵阳日报，2021－11－12(A04).

[74]贵阳市人民政府.今年上半年，贵阳市旅游产业化综合评价指数位列全省第一[EB/OL].(2021－10－19).贵阳市文化和旅游局官网，http://wlj.guiyang.gov.cn/xwdt/bmdt/202110/t20211020_70988579.html.

[75]大数据赋能旅游产业化，打造智慧旅游“贵阳品牌”，推动旅游业大提质[EB/OL].(2022－01－12).贵阳市大数据发展管理局官网，http://dsjj.guiyang.gov.cn/newsite/zwgk/zdlyxxgk/yytg/202201/t20220112_72294434.html.

[76]金毛毛，蔡婕.贵阳首个“壹刻宝文化驿站”启用[N].贵阳日报，2021－12－31(A02).

[77]李伟.贵阳市多措并举打造“15分钟文化生活圈”[N].贵阳日报，2021－12－31(A02).

[78]梁婧.用脚步丈量“红色云岩” 2021年“良知行·阳明文化接力”漫步云岩活动举行[N].贵阳日报，2021－08－04(A08).

[79]对贵阳市文物景区管理经费问题及合理利用的几点建议[EB/OL].(2021－08－27).贵阳市审计局官网，http://sjj.guiyang.gov.cn/xxgk/xxgkgzdt/202108/t20210827_69794034.html.

[80]汤欣健.贵安新区招果洞遗址入选2020年度全国十大考古新发现[N].贵阳日报，2021－04－14(A03).

[81]贵阳贵安要推动在数据融合新业态方面实现重大突破[EB/OL].(2020－09－28).黔资讯，http://www.gywb.cn/system/2020/09/28/030738192.shtml.

[82]江婷婷.借助科技“踏云出海”，云上贵州(国际)特色优质产品展启动[N].贵州日报，2021－09－08.

[83]贵阳国家高新技术产业开发区管委会，高新区大数据发展办公室.贵州省5G发展领导小组实地调研高新区5G应用示范项目[EB/OL].(2021－11－18).http://gxq.guiyang.gov.cn/gxqdt/gxqdtgzdt/202111/t20211118_71719131.

html.

[84]贵阳市人民政府.贵阳市第十二届旅游产业发展大会新闻发布会[EB/OL].(2021－09－17).贵阳市文化和旅游局官网,http://www.guiyang.gov.cn/jdhy/xinwenfabuhui_new/xwfbh2021/gysdsejlycyfzdh/twzb_5872499/202109/t20210922_70487503.html.

[85]《贵州省非物质文化遗产保护发展规划(2014—2020年)》起草说明[EB/OL].(2016－03－29).贵州省文化和旅游厅官网,http://whhly.guizhou.gov.cn/zfxxgk/fdzdgknr/ghxx/201903/t20190320_6789674.html.

[86]省委、省政府印发《关于推动旅游产业高质量发展和加快旅游产业化建设多彩贵州旅游强省的意见[EB/OL].(2021－01－12).贵阳市文化和旅游局官网,http://wlj.guiyang.gov.cn/xwdt/sjjs/202101/t20210112_66114975.html.

[87]贵阳市人民政府.5G＋文旅:科技赋能智慧景区[EB/OL].(2022－02－25).贵阳市大数据发展管理局官网,https://www.guiyang.gov.cn/zwgk/zwgkxwdt/zwgkxwdtbmdt/202202/t20220225_72707622.html.

[88]贵州省文化和旅游厅."聚焦新国发2号文件"一码贵州享趣睡:把握战略机遇,构筑创新平台[EB/OL].(2021－02－23).多彩贵州网·众望新闻,https://whhly.guizhou.gov.cn/xwzx/wldt/202202/t20220223_72656466.html.

[89]曹雯.数字创新助推文旅复苏[N].贵州日报,2021－03－05(A09).

[90]曹雯.以数字化推动文旅融合发展[N].贵州日报,2021－05－14(A08).

[91]钱丽.贵阳累计建成5G基站8006个,实现主城区核心区域全面覆盖[N].贵阳日报,2021－01－23 (A02).

[92]突出创新推动数字经济[EB/OL].(2021－08－24).清镇市人民政府网,http://www.gzqz.gov.cn/jgsz/zfbm/kjj/gzdt/202108/t20210824_69736801.html.

[93]贵阳市人民政府.奋力夺取数字经济发展"开门红"——贵阳贵安加快打造三个千亿级产业集群[EB/OL].(2021－01－25).贵阳市大数据发展管理局官网,http://www.guiyang.gov.cn/zwgk/zwgkxwdt/zwgkxwdtbmdt/202101/t20210125_66378807.html.

[94]钱丽.主要产业指标高位增长,重点企业持续发展壮大,贵阳贵安加速

打造三个千亿级产业集群[N]. 贵阳日报,2021－08－13(A01).

[95]贵阳市人民政府. 2021年政府工作报告[N]. 贵阳日报,2021－03－03(A01).

[96]白云区熊出没文旅小镇项目取得新进展[EB/OL]. (2018－07－04). 贵阳市投资促进局官网,http://tzcj. guiyang. gov. cn/newsite/tzzx/tzdt/202103/t20210316_67203194. html.

[97]前瞻产业园区库. 贵阳数字内容产业园[EB/OL]. 前瞻网,https://y. qianzhan. com/yuanqu/Item/21e8b5a825672bb5. html.

[98]贵阳数字内容产业园建设情况[EB/OL]. (2020－06－03). 白云区人民政府网,http://www. gzbaiyun. gov. cn/xwz/zwgk_5748401/gzjg/gzjg_5751310/byqdsjfzglj/gzdt_5757685/202009/t20200927_63500204. htm.

[99]安璐. 唤醒农村"沉睡"资源,画美爽爽贵阳村景图——贵阳市走农旅融合之路打造富美乡村[EB/OL]. (2018－10－18). 多彩贵州网,http://gy. gog. cn/system/2018/10/18/016866690. shtml.

[100]乌当区人民政府. 构建全域新格局推进旅游产业化[EB/OL],(2022－02－14). 天眼新闻,http://www. gzwd. gov. cn/xwzx/zwyw/202202/t20220214_72541608. html.

[101]高艳飞. 奋力谱写新时代"强省会"新篇章[N]. 贵阳日报,2021－12－22(005).

[102]云上梯田:云上科技助力乡村振兴[EB/OL]. (2021－09－16). 贵阳市文化和旅游局官网. http://wlj. guiyang. gov. cn/xwdt/bmdt/202109/t20210918_70464604. html.

[103]刘静. 新媒体技术对文化产业的影响力研究[J]. 环渤海经济瞭望,2016(4):56－57.

[104]以数字经济赋能西安经济社会高质量发展[EB/OL]. (2022－03－31). https://baijiahao. baidu. com/s? id＝1697463929732009870&wfr＝spider&for＝pc.

[105]2020年文化产业统计[R]. 澳门:澳门特别行政区政府统计暨普查局,2021:1－4

[106]文化产业基金年报2020[R]. 澳门:澳门特别行政区政府文化产业基金,2021:3－4.

[107]深澳创意周携湾区数字创意成果亮相澳门[EB/OL].(2021－12－14).中国日报,https://ex.chinadaily.com.cn/exchange/partners/82/rss/channel/cn/columns/j3u3t6/stories/WS61b87a6aa3107be4979fd126.html.

[108]澳门特别行政区政府文化局.澳门创意馆参展深圳文博会,助澳门文创界展成果拓商机[EB/OL].(2021－09－23),https://www.icm.gov.mo/gb/News/detail/19815.

[109]中央人民政府驻澳门特别行政区联络办公室.内地与澳门数字文化产业发展与合作论坛在澳门举行[EB/OL].(2021－06－07).http://www.zlb.gov.cn/2021－06/07/c_1211190768.htm.

[110]中央人民政府驻澳门特别行政区联络办公室.澳门光影节,一场流动的盛宴[EB/OL].(2022－01－11).http://big5.zlb.gov.cn/2022－01/11/c_1211525301.htm.

[111]澳门特别行政区政府旅游局."翱游澳门无人机表演盛会"12月上演[EB/OL].(2021－11－11).https://www.gov.mo/zh－hans/news/569629/.

[112]清华文创院与澳门自强文创智库、完美世界控股集团携手助推澳门数字文创发展[EB/OL].(2021－04－12).中国日报,https://qiye.chinadaily.com.cn/a/202104/12/WS6073b70da3101e7ce9748a0d.html.

[113]王一川.美学教程[M].上海:复旦大学出版社,2004.

[114]王齐国,张凌云.文化产业园区理论与实践[M].济南:山东大学出版社,2011.

[115]席勒.审美教育书简[M].冯至,范大灿,译.北京:北京大学出版社,1985.

[116]王齐国.文化创意:变革的力量[M].北京:开明出版社,2018.

附录 中国创意产业研究中心“创意书系”出版书目

2006年	《中国创意产业发展报告（2006）》，中国经济出版社
2007年	《中国创意产业发展报告（2007）》，中国经济出版社
	《创意为王——中国创意产业案例典藏》，科学出版社
	“奥运·创意”丛书之《科技奥运》，科学出版社
2008年	“奥运·创意”丛书之《绿色奥运》，科学出版社
	“奥运·创意”丛书之《人文奥运》，科学出版社
	“奥运·创意”丛书之《和谐奥运》，科学出版社
	“奥运·创意”丛书之《安全奥运》，科学出版社
	“奥运·创意”丛书之《财富奥运》，科学出版社
	“奥运·创意”丛书之《创意奥运》，科学出版社
	《北京——创新之都》，科学出版社
	《中国创意产业发展报告（2008）》，中国经济出版社
2009年	《中国创意产业发展报告（2009）》，中国经济出版社
	《思想力》，中国人民大学出版社
2010年	《中国创意产业发展报告（2010）》，中国经济出版社
	《首都文化创意产业标准化》，科学出版社
	《创意起步——中小型创意企业创业指导》，中国经济出版社
	《注意力——创意产业案例之影视戏剧篇》，中国城市出版社
2011年	《中国创意产业发展报告（2011）》（上、下），中国经济出版社
	《文化创意产业集群发展理论与实践》，科学出版社
	“创意城市蓝皮书”之《北京文化创意产业发展报告2011》，社会科学文献出版社
	“创意城市蓝皮书”之《青岛文化创意产业发展报告2011》，社会科学文献出版社
2012年	《中国创意产业发展报告（2012）》，中国经济出版社
	“创意城市蓝皮书”之《北京文化创意产业发展报告2012》，社会科学文献出版社
	“创意城市蓝皮书”之《青岛文化创意产业发展报告2012》，社会科学文献出版社

续表

2013 年	《中国创意产业发展报告（2013）》，中国经济出版社
	《工业遗产的保护与利用——创意经济时代的视角》，北京大学出版社
	《中外文化创意产业政策研究》，科学出版社
	《中国创意产业发展战略》，中国计划出版社
	“创意城市蓝皮书”之《北京文化创意产业发展报告 2013》，社会科学文献出版社
	“创意城市蓝皮书”之《无锡文化创意产业发展报告 2013》，社会科学文献出版社
	“创意城市蓝皮书”之《武汉文化创意产业发展报告 2013》，社会科学文献出版社
2014 年	《中国创意产业发展报告（2014）》，中国经济出版社
	《北京文化创意产业功能区发展研究》，中国经济出版社
	“创意城市蓝皮书”之《北京文化创意产业发展报告 2014》，社会科学文献出版社
	“创意城市蓝皮书”之《武汉文化创意产业发展报告 2014》，社会科学文献出版社
	“创意城市蓝皮书”之《无锡文化创意产业发展报告 2014》，社会科学文献出版社
	“创意城市蓝皮书”之《台北文化创意产业发展报告 2014》，社会科学文献出版社
	“创意城市蓝皮书”之《青岛文化创意产业发展报告 2013－2014》，社会科学文献出版社
	“创意城市蓝皮书”之《重庆创意产业发展报告 2014》，社会科学文献出版社
2015 年	《中国创意产业发展报告（2015）》，中国经济出版社
	“创意城市蓝皮书”之《北京文化创意产业发展报告 2015》，社会科学文献出版社
	“创意城市蓝皮书”之《武汉文化创意产业发展报告 2015》，社会科学文献出版社
	《北京文化创意产业功能区发展报告 2014》，中国经济出版社
	《中国创意城市指数评价体系研究》，中国城市出版社
	《文化产业（文化企业）案例分析》，经济日报出版社
2016 年	《中国创意产业发展报告（2016）》，中国经济出版社
	“创意城市蓝皮书”之《北京文化创意产业发展报告 2016》，社会科学文献出版社
	“创意城市蓝皮书”之《武汉文化创意产业发展报告 2016》，社会科学文献出版社
	“创意城市蓝皮书”之《天津文化创意产业发展报告 2015－2016》，社会科学文献出版社
2017 年	《中国创意产业发展报告（2017）》，中国经济出版社
	“创意城市蓝皮书”之《北京文化创意产业发展报告 2017》，社会科学文献出版社
	“创意城市蓝皮书”之《武汉文化创意产业发展报告 2017》，社会科学文献出版社

续表

2018 年	《中国创意产业发展报告（2018）》，中国经济出版社
	“创意城市蓝皮书”之《北京文化创意产业发展报告 2018》，社会科学文献出版社
	“创意城市蓝皮书”之《武汉文化创意产业发展报告 2018》，社会科学文献出版社
	“创意城市蓝皮书”之《成都市文化创意产业发展报告 2018》，社会科学文献出版社
	“创意城市蓝皮书”之《天津文化创意产业发展报告 2017－2018》，社会科学文献出版社
2019 年	《中国创意产业发展报告（2019）》，中国经济出版社
	“创意城市蓝皮书”之《北京文化创意产业发展报告 2019》，社会科学文献出版社
2020 年	《中国创意产业发展报告（2020）》，中国经济出版社
	“创意城市蓝皮书”之《北京文化创意产业发展报告 2020》，社会科学文献出版社
	“创意城市蓝皮书”之《成都市文化创意产业发展报告 2020》，社会科学文献出版社
	“创意城市蓝皮书”之《武汉文化创意产业发展报告 2019－2020》，社会科学文献出版社
2021 年	《中国创意产业发展报告（2021）》，中国经济出版社
	“创意城市蓝皮书”之《北京文化创意产业发展报告 2021》，社会科学文献出版社
2022 年	《中国创意产业发展报告（2022）》，中国经济出版社
	“创意城市蓝皮书”之《北京文化创意产业发展报告 2022》，社会科学文献出版社
	“创意城市蓝皮书”之《成都市文化创意产业发展报告 2022》，社会科学文献出版社